*표지그림은 일본의 놀이도감에서 일부 삽화를 인용하였음

초등학교 교과서속 일본놀이

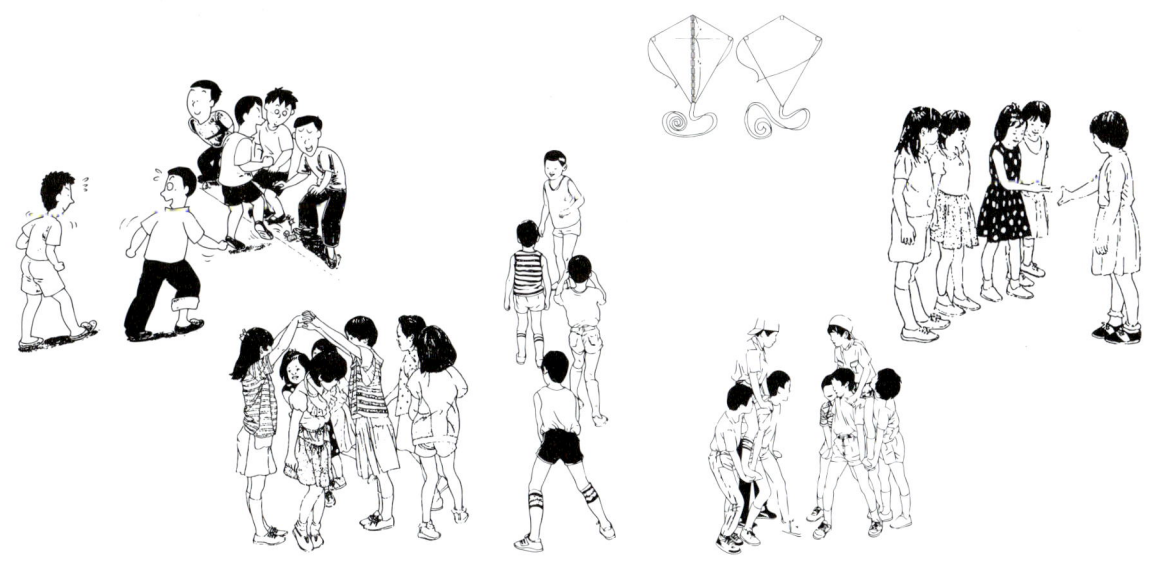

일러두기

◉ 이 책자는 초등학교 교과서에 수록된 놀이중 일부가 일본에서 들어온 일본 전승놀이 인데 교과서에는 자랑스러운 우리 전통·전래놀이라고 표기되어 있고, 그렇게 지도하고 있는 것을 바로잡기 위함이다.

◉ 일본 전승놀이는 일본에서 만들어 지거나 유럽의 놀이에 일본의 문화가 접목된 것이며, 일제강점기에 우리 문화를 말살시키고 그 자리를 차지한 내용을 자세히 설명하기 위함이다.

◉ 일본 전승놀이가 우리 놀이와 다른 것은 일본의 독특한 문화가 내포되어 있기 때문이다. 이를 이해 시키기 위하여 부록으로 일본의 독특한 대표문화 7개를 수록하였다.

◉ 이 책자는 2019년 교육부에 민원으로 제기한 내용을 중심으로 쓰여졌다. 때문에 이와 반대되는 의견에 대해서는 근거자료를 제시하여 설명하려고 노력하였다.

◉ 이 책자는 유치원·초등학교 선생님들께서 읽고, 학습에 참고하시기를 바라면서 발간하였다.

추천사

아이들에게 놀이는 가장 재미있게 세상을 배울 수 있고, 건강하게 키울 수 있는 가장 좋은 방법이라고 할 수 있다. 어려서 전래놀이는 별다른 물건이나 기구가 없어도 두 사람 이상만 모이면 해지는 줄 모르고 놀았던 기억이 생생하다. 그런데 연기향토박물관에서 발간한 '초등학교 교과서 속 일본 놀이'라는 책을 접하고 내가 즐겨 하던 놀이들 대부분이 일본에서 유래한 놀이였다는걸 알게 되었다. 나는 38년간 교단에 있으면서 일본 놀이를 우리 고유의 놀이로 알고, 이런 놀이를 통해 아이들이 바른 인성과 사회성을 기르게 하도록 노력하였고, 잊혀지지 않기를 바라는 마음으로 교육중심활동으로 삼기도 하였다.

'초등학교 교과서 속 일본 놀이'는 우리 아이들이 즐겨하던 23가지의 놀이를 소개하고 있으며, 마지막 부분에 일본의 풍토를 이해하는데 도움이 되도록 하기 위하여 7가지의 부록으로 짜여져 있다.

책의 본문에 의하면 오래전부터 오늘날까지 우리 아이들이 우리 고유의 전래놀이로 알고 재미있게 놀았던 것들이 일제 강점기 때 모두 일본에서 들어왔다는 점이 놀라웠다. 그런데 이런 놀이가 초등학생들이 사용하는 교과서에 가감없이 그대로 실려 있다고 하는데, 이의 심각성을 알고 연기향토박물관에서는 교과서에 수록된 130여 종의 전래놀이에 관한 내용을 모두 분석하였다. 보다 정확한 분석을 통하여 제대로 된 놀이 교육을 하고자 하는 열망에 찬사를 드린다.

　이를 바탕으로 우리 초등학교 교과서에 실린 전래놀이에 대하여 교육부에서도 촘촘하게 분석하여 오류를 바로 잡고 수정하고 검토하여 점차 바꾸어 나간다고 하니 우리나라 아이들의 정서에 맞는 놀이문화의 정착을 기대해 본다.

　이 책을 읽어 보면 우리가 알고 있는 전래놀이가 어떻게 우리나라에 들어왔고, 어떻게 정착했으며, 일본에서는 어떻게 놀았는지 아주 자세하게 분석되어있어 교육현장에서 교사들의 지침서로 가히 추천할 만하다 하겠다.

　'무궁화 꽃이 피었습니다.' '쎄쎄쎄', '여우야 여우야', '오뚝이', '진놀이' '비석치기', '땅따먹기', '가을 운동회 청군백군' 등 우리가 즐겨 놀았던 놀이들이 사실은 우리의 민족의 혼을 말살하고 일본의 정신과 침략을 기반으로 하는 군대문화를 정착시키기 위한 것이었다고 한다.

　그러나 전래놀이를 연구하는 일부 단체에서는 어떠한 고증도 거치지 않고 우리 고유의 전통놀이라고 소개하였으며, 해방 이후 지금까지 초등학생들이 사용하는 교과서에 일본의 군대문화정착 의도가 실린 놀이를 그대로 실어 활용해 왔던 것이다.

　일제 36년간의 강점기에 아이들까지 교묘하게 일본화하려는 일본의 잣대에 의해, 놀이라는 이름의 가면을 씌워서 그대로 전파시켰으니 우리 민족을 말살하기 위한 그들의 섬뜩한 집요함을 느낄 수 있다.

　늦었지만 지금부터라도 이런 놀이의 유래와 전래과정, 또 정착과정과 변천 과정을 연기향토박물관에서 제대로 파헤쳐 바로 잡고자 노력하여 잘 모르고 가르쳤던 과오를 바로 잡게 되는 계기가 되었으니 천만다행한 일이다.

　"그럼 이제부터 일본에서 유래한 놀이이니 앞으로는 하지 말란 말이냐?"

라고 의문을 갖게 된다. 이에 전래 놀이를 연구한 연기향토박물관장은
"놀이를 하지 말라는 것이 아니라 앞으로 이 놀이들의 유래와 전래 과정을 제대로 파악하여 아이들에게 전달해야 할 것이며, 우리 고유 정서에 맞는 놀이지도법을 연구하여 교육 현장에서 가르쳐야 한다."라고 말한다. 알고 가르치는 것과 모르고 가르치는 것은 큰 차이가 있다. 특히 요즘 유치원과 초등학교 저학년 교실에서는 놀이를 통한 학습법을 중요시하고 있다. 즉 놀이를 통해 배움을 익혀 나가도록 한다는 것이다. 놀이를 통한 학습은 자연스럽게 배움으로 연결되고 또한 이를 통해 사회성이 발달하고, 배려와 나눔을 실천할 수 있다.

'잘 놀아야 잘 큰다.'고 한다. 아이들에게 놀이가 얼마나 중요한지 알고, 올바른 놀이문화를 정착시켜 돌려주는 것은 우리 어른들의 아주 중요한 몫이라고 하겠다. '초등학교 교과서 속 일본놀이'를 통하여 더이상 무지에서 오는 가르침은 없을 것이며, 전통을 이어가고, 시대에 맞는 놀이를 발전, 발굴하여 아이들에게 바르게 전달해야 할 것이다.

이 책의 맨 뒷표지에 '우리 놀이의 독립을 위하여' 라고 기술하였는데, 일제 강점기 시대에 우리나라에 들어 왔지만 우리나라 아이들의 성향에 맞게 재구성한 놀이를 우리 것으로 만들어 나가는 것이 매우 절실하다.

'초등학교 교과서 속 일본 놀이'라는 책이 나오기까지 많은 연구를 하신 임영수 연기향토박물관장님과 전영숙 전통놀이다문화교육연구소다놂 대표님, 다섯 분의 자문위원님, 검수위원 여러분의 노고에 감사드리며, 이 책이 유치원과 초등학교 교육현장에서 놀이를 지도하는데 시금석이 되기를 기대한다.

2022. 6. 2.

전) 다빛초등학교장 *이길주*

책을 내면서

많은 우여곡절이 있었다.

"초등학교 교과서 속 전통, 전래놀이 일부가 일본놀이다." 라고 이야기하자 가장 먼저 달려온 질문이 "그럼 우리 어린이들은 어떤 놀이를 하며 놀지?" 였다. 질문자에게는 '일본놀이니까 놀지 말라' 라고 들린 것이다. 내 이야기는 일본놀이니까 놀지 말라는 뜻이 아니라 그러한 일본놀이가 우리의 전통놀이로 잘못 알려진 것을 바로잡기 위함이라고 설명해도, 그 놀이를 빼면 우리 어린이 들은 무슨 놀이를 하고 노느냐고 모두 반문만 해댈 따름이었다.

그것이 무리는 아니었다. 일본과 우리의 역사적 매듭을 생각할 때, 일본이라는 말만 나오면 과하게 흥분하는 것이 우리들이 아닌가? '오징어 게임' 에 나오는 놀이가 일본에서 유래한 놀이라고 했을 때도 댓글이 수없이 달리너니 심지어 전화기 문자로 가만두지 않겠다는 협박까지 날아들었다. 나는 졸지에 매국노보다 더 나쁜 놈이 되었다. 그런데, 이렇게 엄청난 일이 일어나고 있어도 정작 나는 태연해하고 있다. 왜일까?

2019년 5월 교육부를 찾아가서 교과서 속 놀이가 대부분 '일본놀이' 라고 민원을 제기했을 때 교육부로부터 환영을 받지 못했다. 그도 그럴 것이, 70년 동안 이러한 민원을 처음 접하는 교육부가 선뜻 받아들일 수 있었을까? 더군다나 초등학교 교과서가 133권인데, 이곳에 모두 놀이로 학습을 꾸며 놓았는데, '일본놀이' 라니 말도 안된다는 반응은 당연할 수도 있다.

그렇게 3년간 공방을 벌이다가 2022년 4월 28일 교육부에서 답변을 보내왔다. 올해 초등학교 교과서에서 「우리집에 왜 왔니」와 「무궁화꽃이 피었습니다」를 빼고 초등학교 교과서 3권을 개정한다고 했다.

기쁜 일인지 슬픈 일인지 분간이 안 된다. 여기에 한술 더 뜨면 「무궁화 꽃이 피었습니다」는 일본놀이기 때문에 교과서에서 무조건 빼는 것보다 일제강점기에 일본놀이 밖에 할 수 없는 처지에서, 남궁억 선생님께서 어린아이들에게 무궁화 꽃을 피우기 위해 일본놀이에 우리말을 넣은 일화를 알리면, 더 큰 교육이 되지 않을까라고 외치고 싶다.

그동안 교육부에서는 담당자가 네 번이나 바뀌었다. 담당자에게는 무엇을 요구할 때마다 그동안 있었던 일들을 또다시 모두 설명해야 한다. 담당자들은 교육부의 높으신 분들과 우리 사이에서 곤란을 겪고 있는 것 같았다. 우리가 낸 민원이 일본놀이라고 판명이 났으면 이에 대한 지침서처럼 교사들이 알아볼 수 있는 책자를 교육부에서 발간해야 하는데, 그러한 조짐이 보이지 않아 우리가 발간하게 되었다.

그런데 난관이 많다. 첫째 (사)한국민속학회와 풀리지 않는 관계이다. 예전에는 민속학회 회장님과 절친하게 지냈는데 의견이 다르다 보니 관계가 멀어졌다. 둘째는 (사)한국민속학회의 보고서가 교육부에 비치되어 있어 교육부의 입장을 나타낼 때마다 보고서 내용이 등장한다는 것이다. 분명 교육부는 보고서와 의견을 달리하기 때문에 교과서까지 개정하였으면서,

교육부에서 예산을 들여 시행한 결과물이기에 어찌할 도리가 없나보다. 그러니 하는 수 없이 우리가 책자을 만들어 이해를 돕고자 하는 것이다.

우리에게는 불행한 역사가 있다. 그 시대의 산물로 이러한 고통을 겪고 있다. 아무리 생각해도 이러한 책자는 두번 다시 발간되어서는 안 될 것이다. 내가 쓴 글을 읽은 이 중 몇몇은 엉터리라고 비난도 한다. 그러나 어쩌랴! 사실인걸! 그래서 이 책을 쓸 때는 나의 주장보다 여러 곳에 나오는 자료를 모아 편집하는 방법을 택하였다. 특히 일본 자료를 많이 찾으려 노력했고 이곳저곳 책자에서 그에 해당하는 자료를 골라 넣다 보니 수정이나 보충할 부분이 있을 수도 있다. 이에 호소하는 것은 우리가 알고 있는 전통·전래놀이가 일제강점기 일본에 의해 문화 말살 정책으로 우리 것을 금지하고 일본 것만 놀게 한 역사적인 사실을 증명하려는 일념으로 노력하였음을 알아주신다면 더없이 고맙겠다.

우리는 책을 한 권 더 기획하고 있다. 1권에서는 초등학교 교과서 속 일본놀이를 발간하였고, 2권에서는 일본이 금지한 진짜 우리 전통놀이를 발간할 것이나.

이 책이 나오기까지 도와주신 분들을 열거하려니 너무 많아 감사의 말만 전한다. 그분들의 도움과 격려가 없었다면 이 책은 꿈도 꾸지 못했을 것이다.

2022년 6월

박물관에서 임영수

목차

1. 무궁화 꽃이 피었습니다 ... 1
2. 쎄쎄쎄 ... 23
3. 여우야 여우야 ... 35
4. 오징어 연鳶은 일본 연鳶 ... 47
5. 가위·바위·보 ... 71
6. 줄넘기 놀이 ... 87
7. 고무줄 놀이 ... 105
8. 딱지 ... 119
9. 구슬치기 ... 143
10. 사방치기 ... 157
11. 비석치기 ... 185
12. 대문놀이 ... 203
13. 땅따먹기 ... 221
14. 우리 집에 왜 왔니 ... 233
15. 말타기 ... 277
16. 가을 운동회 청군 백군 ... 293

17. 꼬리잡기　　　　　　　　　　　　333

18. 수건돌리기　　　　　　　　　　　353

19. 기차놀이　　　　　　　　　　　　361

20. 오뚝이　　　　　　　　　　　　　371

21. 시소　　　　　　　　　　　　　　387

22. 끝말잇기　　　　　　　　　　　　393

23. 진놀이　　　　　　　　　　　　　401

　[부록]

　요바이　　　　　　　　　　　　　　423

　마비키　　　　　　　　　　　　　　427

　카고메카고메　　　　　　　　　　　432

　사무라이　　　　　　　　　　　　　436

　할복　　　　　　　　　　　　　　　444

　고려장　　　　　　　　　　　　　　455

　벚꽃　　　　　　　　　　　　　　　464

　초등학교 교과서 속 일본놀이에 참고한 자료들　　478

1 무궁화 꽃이 피었습니다

초등학교 교과서 속 일본놀이

※ 본 장은 아시아 강원 민속학회에서 발표한 내용을 편집한 것입니다.

무궁화 꽃이 피었습니다

사람들의 관심사는 〈무궁화 꽃이 피었습니다〉이다.

이는 무궁화가 우리나라 꽃이라는 상징성 때문에 설마 이 놀이가 일본 놀이라니 말이 안 된다는 반응이었다. 그래서 우선 우리나라 문헌 자료를 찾고 일본에서 수집한 자료를 비교하며 연구를 시작했다.

1. (사)한국민속학회의 최종 연구 보고서

어린이들이 노는 〈무궁화 꽃이 피었습니다〉는 마당에서 전봇대 혹은 벽을 중심으로 평평한 곳이라면 어디든지 가능하며 5~10여 명 이상이 즐길 수 있는 놀이이다. 가위바위보로 술래를 정하고 술래는 나무 기둥에 손을 대고 완급을 조절하며 '무궁화 꽃이 피었습니다' 열 글자를 말한다. 나머지 어린이들은 이때를 틈타 정해진 위치에서 술래를 향하여 전진하고 술래는 열 글자를 모두 말하고 뒤돌아보며 움직인 어린이를 포로로 잡는다. 잡힌 어린이는 술래 손을 잡고 길게 늘어선다. 나머지 아이 중 하나가 재빨리 술래가 열 글자를 말할 때 잡힌 아이들의 손을 채면 모두 도망가는데 이때 술래에게 잡힌 아이는 다음 차례 술래가 된다.

위 놀이가 초등학교 교과서 국어 1-2 듣기·말하기 표지, 생활의 길잡이 1.2 11쪽, 국어2-1 ㈏ 표지, 국어3-1 ㈎ 표지, 국어 3-1㈏ 표지, 사회 3-2, 93쪽에 수록되어 있다.[1]

(사)한국민속학회에서 2020년 4월 9일 교육부에 제출한 〈초등교과서 전래놀이의 교육적 적절성 분석 정책연구 최종보고서 - 한국, 일본, 중국 등 문헌 자료를 중심으로 - 〉에서 〈무궁화 꽃이 피었습니다〉의 총결은 다음과 같다.

가. 〈무궁화 꽃이 피었습니다〉

〈무궁화 꽃이 피었습니다〉는 '가기-서기-도망치기'를 중심 구조로 하는 놀이로써 '숨고 찾기+쫓고 쫓기기' 형 맨몸 놀이이다. 아동 발달의 측면에서 '이동 능력'과 '욕구 해소'를 극대화할 수 있는 교육성을 갖고 있다. 놀이의 난이도로 볼 때 유아~저학년에 적합한 놀이이다.

〈무궁화 꽃이 피었습니다〉는 문헌상으로 직접적인 용례를 찾을 수 없다. 그러나 윤기의 「문헌자집」1800년 전후과 스튜어트 컬린Stewart Culin의 「한국의 놀이」1895, 최영년의 「속아유회」1925, 기산 풍속화19세기 후반에 등장하는 술래잡기의 변형태로 볼 수 있다.

따라서 전통적인 숨바꼭질이나 술래잡기가 시대의 변화에 따라 변화된 형태로 보이며 10글자를 외는 것은 숨을 시간을 주기 위한 장치에 불과하다.

중국의 관련 놀이는 〈무궁화 꽃이 피었습니다〉와 정확히 대응되지 않지만, 놀이의 구성과 방식이 동일하다는 점에서 동류의 놀이이다.

서구의 관련 놀이는 「Red right, Green right」와 「What's the time, Mr. Wolf?」이다. 이들 놀이는 전 세계적인 분포를 보이는 술래잡기의 한 형태이다.

특히, 「Red right, Green right」는 〈무궁화 꽃이 피었습니다〉의 '10'을 세는 언표적言表的 예령구豫令句를 가지고 있다는 점에서 주목된다.

결국 이 놀이는 전 세계적인 보편성에 의해 연행되는 한국식 버전version의 놀이라고 할 수 있다.

굳이 영향 관계에 기반한 전파설을 반영한다면 '서구의 놀이→일본 놀이→한국 놀이' 또는 '서구의 놀이→한국 놀이'라는 가설을 잠정적 결론으로 삼을 수 있다.

다만, 〈무궁화 꽃이 피었습니다〉라는 놀이 제목이 놀이 전체를 포괄하지 못한 측면이 있기 때문에 〈신호등 놀이〉 등으로 개명할 필요가 있다.

〈무궁화 꽃이 피었습니다〉가 숫자 10을 의미하기도 해서 숨바꼭질할 때 100 대신 이를 10번 세기도 한다. 따라서 다가가다가 멈추고 도망치는 형태의 고유한 놀이는 이와 달리 고유한 이름이 있는 것이 좋다. 또한, 놀이명이 너무 길다는 점도 편의성을 고려해 고유한 놀이 이름이 필요해 보인다.

이 놀이의 전개 양상을 보면 '가다→서다'의 반복이다.

따라서 이를 상징하는 것으로 빨간 불에는 서고 녹색 불에는 가는 신호등이 있다. 서양에서 '레드라이트-그린라이트'라고 하는 것도 이와 같은 특성을 반영한 것이다. 따라서 이 놀이를 〈신호등 놀이〉라고 하면 어떨까 제안한다.

또한, 요즘 아이들이 이 놀이를 연행할 때 '무궁화 꽃' 대신 '할미꽃', '애기꽃' 등으로 꽃을 바꾸기도 한다. 동일 놀이를 하는데 그때마다 꽃 이름으로 놀이 이름을 바꿔 부를 수는 없다. 이 점이라도 〈신호등 놀이〉라 한다면 대상이 무한 대체 되어도 무방하다.[2]

(사)한국민속학회는 〈무궁화 꽃이 피었습니다〉는 전통적인 숨바꼭질이나 술래잡기가 시대의 변화에 따라 변화된 놀이라고 주장했다. 그리고 굳이 전파설을 따진다면 서구 놀이가 들어왔을 것이며 이를 세계적인 보편성에 의해 연행되는 한국식 버전version의 놀이라는 것이다.

---

[2] 이 보고서의 본문 pp.19-38. 검토 자료가 수록되어 있고, p.168. 전래놀이 10가지에 대한 연구진의 총결에서 첫 번째로 가.〈무궁화 꽃이 피었습니다〉가 p.169. 수록된 내용이다. 이어 p.177.자문자료로 김지선(동경예술대학 음악 학부 교수)의 연구대상 5건의 놀이노래에 대한 한일 상호간 연관성이 p.182. 수록되어 있고, 이어 김혜정(경인 교대 교수)의 자문자료 〈초등교과서 전래놀이의 교육적 적절성 분석 정책연구〉 중 놀이노래에 대한 의견이 pp.183-188. 수록되어 있다.

즉 일본 놀이가 영향을 줬다는 것을 숨기려는 노력을 많이 한 결과적인 표현이다.

(사)한국민속학회의 주장은 몇가지 모순을 가지고 있다. 첫째, 이○○ 민속학자의 주장이 반영된 것이 모순이고, 두 번째는 우리 전통놀이에서 기원했다며 숨바꼭질과 술래잡기를 억지로 꺼내어 연결하려 했으나 논리에 어긋남을 알 수 있다.

우선 이○○ 민속학자의 주장이 무엇이 모순인지 살펴보자.

보고서에는 이○○ 민속학자가 쓴 「한국민속예술사전: 민속놀이」의 〈무궁화 꽃이 피었습니다〉를 인용하였다. 그런데 「한국민속예술사전: 민속놀이」의 원문을 보면 다음과 같은 내용이 말미에 쓰여 있다.

> 특징 및 의의 : 요즘 아이들끼리 어떤 놀이를 제안하고 하는 경우가 거의 없는데, 이 놀이는 자기들끼리 알아서 하는 놀이 중 하나이다.
> 그만큼 좋아하기 때문이다. 큰 아이들보다 어린 아이들이 많이 한다.
> 일본에서는 '오뚝이가 넘어졌습니다' 또는 '스님이 방귀를 뀌었다' 라는 형태의 놀이를 하는데, 우리와 같이 10음절로 이뤄졌고 놀이 방법도 거의 같아 홍양자는 일본에서 건너온 놀이라고 주장한다.
> 일견 타당하지만, 일본에서 시작되었기에 하지 말아야 하는 것은 아니다. 우리 정서에 맞고 아이들이 즐겨 하는 것이 더 중요하다.[3]

이 내용을 통해 우리가 알 수 있는 중요한 사실은 저자가 일본 놀이라는 인식을 하고 있다는 것이다. 그런데, 이 내용을 인용에는 넣지 않았다. 즉 앞부분만 넣어 이러한 내용이 있었다는 것을 드러내지 않았다. 또한,

---

3) 이○○, 「한국민속예술사전-민속놀이」, 국립민속박물관, 2015.12.18. p.132.
　위의 내용은 글 말미의 '특징과 의의'에 수록되어 있다.

보고서 내에는 동경예술대학 음악학부 김지선 교수의 주장을 아래와 같이 수록하였다.

> 일본에서는 숨바꼭질할 사람 여기 붙어라(카쿠렌보스루모노 코노 유비 토마레 かくれんぼするものこのゆびとまれ 숨바꼭질 할 사람, 이 손가락 멈춰)라고 부른다. 열을 헤아리는 것으로 오뚝이가 넘어졌다(다루마상가 고론다 だるまさんがころんだ), 스님이 방귀를 뀌었다 (보상가헤오코이타 ぼさんがへをこいだ)가 있다.
> 김지선은 '연구대상 5건의 놀이노래에 대한 한·일 상호간 연관성 논의 소견'에서 〈무궁화 꽃이 피었습니다〉의 음률은 「솔시b도」내의 단순한 2박 계통의 리듬으로 구성되었는데, 이는 보편적으로 3박 계통으로 구성된 한국 전통음악에서 별로 사용하지 않는 2박 계통과 「솔시b도」선율 진행은 일본식 민요 선율로 만들어졌다고 보고 있다.
> 〈무궁화 꽃이 피었습니다〉 노래 예령구 豫令句는 식민지 시기 노래 형태가 해방 이후 변형되어 정착했을 가능성도 제기되고 있다…(생략)[4]

보고서 내에 이러한 내용이 있음에도 불구하고 〈무궁화 꽃이 피었습니다〉가 우리 전래놀이며 세계 보편 놀이라고 주장한 이유가 궁금했다.

그래서 (사)한국민속학회에서 이와 같이 주장한 이유와 일본 놀이가 아니라고 한 것에 대해 분석해 보았다.

2. 한국과 일본 자료 비교

우선 〈무궁화 꽃이 피었습니다〉가 일본의 〈다루마상가 고론다 だるまさんがころんだ〉 놀이라는 것을 알 수 있는 자료가 한국과 일본에 있다. 1987년 5월 20일 일본의 오쿠나리 다쓰 奥成達가 글을 쓰고 나가타

---

[4] (사)한국민속학회, 〈초등교과서 전래놀이의 교육적 적절성 분석 정책연구 최종보고서 한국, 일본, 중국 등 문헌 자료를 중심으로〉, 2020.4. pp.177-182.

하루미ながた はるみ가 그린 놀이도감遊び図鑑 ~いつでも どこでも だれとでも~을 일본에서 발간하였다.

　이곳에는 딱지놀이, 고무줄놀이, 말타기, 여우야 여우야 뭐하니, 다루마상가 고론다だるまさんがころんだ, 무궁화 꽃이 피었습니다 등 우리가 어렸을 때 놀았던 놀이 대부분이 수록되어 있다.[5]

　이 책은 한국에서 1991년 김○○이 번역하여 진선 출판사에서 「놀이도감 언제·어디서·누구나」라는 제목으로 출간하였다. 1999년에 10번 출간할 정도로 많은 양이 판매되었으며 한국에서 놀이 관계자와 학교 교사가 많이 구매하여 본 책이다.

　그런데 이 책은 몇 가지의 결함이 있다. 즉 일본의 놀이도감을 우리말로 번역만 해야 하는데, 한국판에는 우리 전통놀이인 윷놀이가 삽입되어 있고 연날리기는 일본의 가오리연이 아닌 우리의 방패연으로 교체되어 있어, 표지에 한글로 '글 오쿠나리 다쓰, 그림 나가타 하루미'라 쓰지 않았으면 우리의 전래놀이 책으로 착각했을 것이다.

　이○○ 는 일본의 놀이도감을 표절하여 한국의 전래놀이 책자를 집필하였다가 곤혹을 치렀으니[6], 이 책은 민속학자에게 또 한국의 어린이들에게 결코 좋은 책이 아니다.

　이 중 〈무궁화 꽃이 피었습니다〉는 다음과 같다.

---

[5] 「놀이도감」은 화초놀이 42가지, 야외놀이 49가지, 자연놀이 89가지, 일본 전승놀이 49가지, 만들며 논다 60가지로 총 250여 개의 일본 놀이가 수록되어 있다.
[6] 이○○는 2014년 경기문화재연구원에서 발행한 「한국의 전래놀이 자료집」의 집필진으로 참여하여 일본의 놀이도감에 수록된 놀이 중에서 삽화 10여 개를 복사하여 한국의 전래놀이에 사용하고 마치 우리나라 놀이인 양 집필하고 자료집에는 각주나 참고문헌에 「일본 놀이도감」에 대하여 표시하지 않은 사실이 알려져 경기문화재연구원에서 이 책을 폐간처리 하였다.

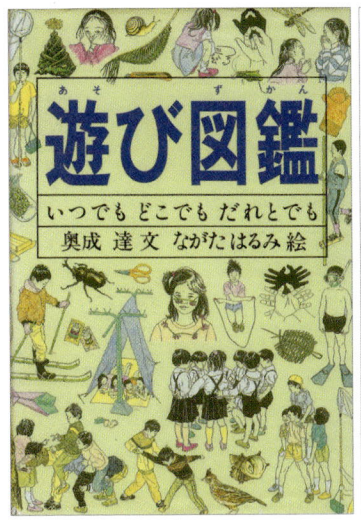
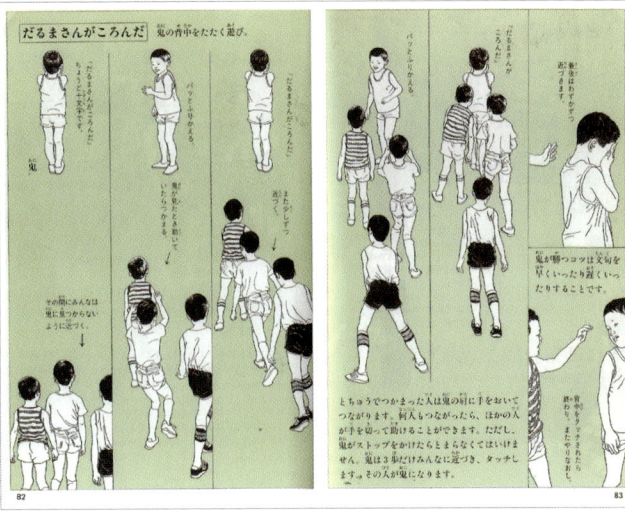

▲ 〈일본책 놀이도감〉

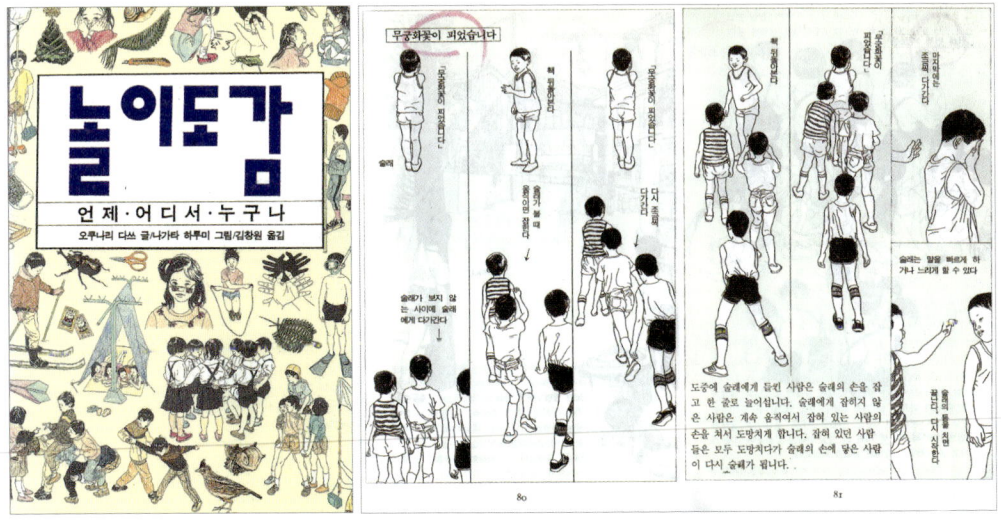

▲ 이곳에는 '무궁화 꽃이 피었습니다'로 번역되어 수록되어있다. 〈한국 번역책 놀이도감〉

이런 예는 또 있다. 일본만화 「신이 말하는 대로」에도 '다루마상가 고론다 だるまさんがころんだ'가 나오는데, 이곳 역시 한국어로 번역할 때 '무궁화 꽃이 피었습니다'와 같은 놀이라고 표시되어 있다.

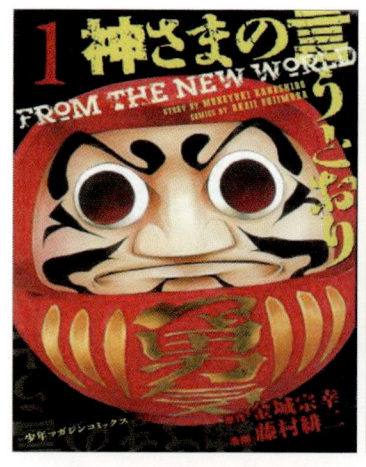

◁ 일본만화
'신이 말하는대로'

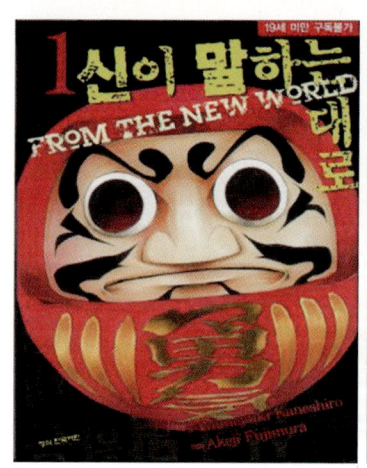

이곳에도 '무궁화 꽃이 피었습니다'로 표기 되어 수록되어있다.

◁ 일본만화
'신이 말하는대로' 번역본

    심지어 휴대전화의 번역기에도 '다루마상가 고론다 だるまさんがころんだ'를 입력하면 '무궁화 꽃이 피었습니다'로 번역된다.

한국어	번역된 일본어
무궁화	ムクゲ무쿠게
무궁화꽃	ムクゲの花무쿠게노 하나
피었다	咲いた사이타
피었습니다	咲きました사키마시타
무궁화 꽃이 피었습니다	다루마상가 고론다だるまさんがころんだ
다루마상가 고론다だるまさんがころんだ	무궁화 꽃이 피었습니다

3. 한국 자료가 일본에서 비롯되는 근거

1) 남궁억 선생의 무궁화 사랑

일본놀이 '다루마상가 고론다だるまさんがころんだ'가 어떻게 '무궁화 꽃이 피었습니다'가 되었을까?

그에 대한 답은 홍양자의 「빼앗긴 정서 빼앗긴 문화」, 「우리 놀이와 노래를 찾아서」에서 찾을 수 있었다. 오사카 출신의 재일동포 3세인 홍양자는 일본 음악을 전공한 음악 교사이다. 홍양자는 한국의 놀이문화와 일본의 놀이문화를 비교하며, 한국 어린이들이 노는 놀이가 대부분 일본에서 전래 된 놀이라고 주장하면서 한국과 일본 현지에서 자료를 채록하였다. 그녀가 집필한 「빼앗긴 정서 빼앗긴 문화」, 「우리 놀이와 노래를 찾아서」에 〈무궁화 꽃이 피었습니다〉는 다음과 같이 수록되어 있다.[7]

---

[7] 이 책은 다림출판사에서 발간하였으며, 일본의 〈다루마상가 고론다〉와 한국의 〈무궁화 꽃이 피었습니다〉를 비교하여 정리하였는데, 놀이의 유래와 노는 방법이 쓰여있다.

일제 때 독립운동가들이 무궁화를 조국에 대한 영원한 사랑의 뜻으로 삼았다는 것, 그리고 1896년 독립문 정초식에서 윤치호가 작사했다는 애국가를 배재학당 학생들이 불렀다는 역사적 사실 등이 떠올랐다.

물론, 그 당시의 애국가는 지금의 애국가와는 다르게 부른 것이긴 해도 그 가사 후렴에 '무궁화 삼천리 화려강산'이라는 구절이 들어가면서 무궁화가 조선의 국화가 되었다는 이야기가 전한다. 그리고 1933년 남궁억이 민족정신을 앙양하고자 전국적으로 무궁화 심기 운동을 전개하였다가 일제의 탄압을 당한 무궁화 사건도 있었다. 더욱이 「제주전승동요」라는 책에 '무궁화 꽃이 피었습니다'라는 것은 이 노래가 일제강점기 동안에 불려졌던 점으로 보아 해방을 의미한 것으로 보인다"고 나와 있어서 내 예감이 틀림없다고 생각했다.

위의 내용으로 보아 일제강점기 때 무궁화 보급 운동을 전개한 한서 남궁억이 관계됐다는 것을 짐작할 수 있다.

2012년 펴낸 「전통놀이의 뿌리를 찾아서」[8]에서 일본 놀이에 '무궁화 꽃이 피었습니다'를 넣은 사람은 바로 남궁억(1863~1939)이다.

남궁억은 우리나라에서 무궁화 보급에 큰 힘을 쓰신 분이다.

평생을 무궁화 보급에 힘써 왔으며 우리나라 방방곡곡에 무궁화나무를 심었는데, 일본 경찰이 이를 방해하기 위하여 무궁화를 뽑고 불태운 것이 8만 주가 넘는다고 한다.

당시 무궁화를 심어 민족정신을 고취시키려 한 것을 일본인은 '사상불온죄'로 지목하였고, 그 당시

▲남궁억이 도안한 무궁화 수틀

8) 연기향토박물관, 「전통놀이의 뿌리를 찾아서」, 성원출판사, 2012.

무궁화를 심으면 범죄자 취급을 받았다. 그러자 남궁억은 '우리나라 무궁화 꽃 수놓기' 운동을 주도하였다. 한반도 지도 모양에 모두 열세 송이의 무궁화 꽃을 수놓았는데 무궁화 열세 송이는 전국 13도를 뜻하며, 여학생들에게 수놓게 함으로써 수실 한 올 한 올마다 민족애와 국화애를 심게 하였다.

그러나 일본 경찰에게 발각되어 여학생들이 수놓은 무궁화 자수들을 모두 압수해 불태웠다.

남궁억이 무궁화를 심고자 결심한 것은 1896년 독립문 정초식에서 윤치호가 작사했다는 애국가를 배재학당 학생들이 불렀는데, 애국가의 후렴에 '무궁화 삼천리 화려강산'이라는 구절이 들어가 있어 이를 듣고 삼천리강산에 무궁화 꽃을 피우겠다는 결심을 하게 된다.[9]

▲한서 남궁억

당시, 그의 나이는 33세로 독립협회의 수석 총무로서 사법위원을 겸하였다.

1898년에 독립협회 관계로 투옥되었고 석방되자 황성신문사 사장이 되었다. 1902년에는 러·일의 한국 분할설과 러·일 협정을 공박하였으며, 성주목사와 양양군수를 역임하고 양양에 현산학교를 설립하고 1907년에는 대한협회 회장이 되었다. 1908년 교육「월보」를 간행하였고 관동학회 회장이 된다. 1910년부터 8년간 배화학당 교사로 재직하다가 1919년 강원도 홍천 서면에 교회와 학교를 세우고 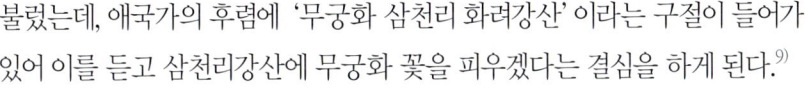「무궁화 묘포苗圃-수틀」를 만들었다가 1933년에 홍천 모곡리 무궁화 사건으로 체포되어 복역하였다.[10]

---

9) 윤치호와 남궁억은 기독교 감리교회로 인하여 만나 사돈이 된다. 1920년대 윤치호가 매국의 길을 걸었고 두 집안은 이혼하게 된다.

10) 남궁억은 민족정신 앙양을 목적으로 전국에 무궁화 심기 운동을 전개하기로 하고 자신이 설립한 강원도 홍천의 모곡학교 학생 실습지에 무궁화 묘목을 재배하여 전국각지에 보내어 무궁화 심기운동을 벌였다. 1933년 일제는 남궁억의 이와 같은 사업이 불온사상을 고취하고 치안을 교란시킨다 하여 모곡 학교 교직원과 교회 목사 그리고 친척들까지 모두 체포하였고 무궁화 묘목 8 만주를 불태워버렸다. 이 사건을 내사하던 중 기독교인으로 구성된 비밀결사 십자당(十字黨)이 발각됨으로써 사건이 확대되고 수 많은 인사들이 구속되었다. 남궁억은 이때 체포되어 1935년 병보석으로 출소할 때까지 옥고를 겪었다.

일제가 민족정신을 말살하기 위하여 일장기와 벚꽃을 보급하고 장려하는 것에 항거해 당시 모곡리의 감리교 전도사로 일하던 남궁억은 동지들과 더불어 민족정신 고양을 위해 무궁화 묘목을 전국에 배포하였다.

남궁억은 1935년 복역 중 병으로 석방되었으나 4년 뒤 1939년 4월 76세로 사망하였다.

〈무궁화 꽃이 피었습니다〉는 남궁억이 1935년 무렵 병으로 석방된 후 거동이 불편하여 겨우 집 밖에 의자를 놓고 앉아서 바깥의 풍경을 바라보는 것이 전부였을 때 만들어졌다.

1937년 일본은 중일전쟁을 일으키면서 전선에 군인을 조선의 청년들로 내보냈는데, 이때 일본과 조선은 하나라며 1938년 제3차 조선교육령 내선일체內鮮一體를 내세우기 시작하였고 우리 문화를 말살했으며 1943년 제4차 조선교육령 조선어교육을 없애고 교육과정을 전시체제에 맞게 바꾸었다. 아이들은 일본말로 일본 놀이만 해야 하는 시대였다.

이때 남궁억이 골목에서 아이들이 노는 모습을 보고 아이들을 불러 일본 놀이 '다루마상가 고론다だるまさんがころんだ'에 '무궁화 꽃이 피었습니다'를 넣어서 놀아 달라 부탁하였고 이때부터 아이들이 몰래 이 놀이를 하였으며 해방 후 전국으로 퍼졌다는 이야기이다.

2) 달마를 좋아하는 일본

일제강점기 때 일본은 우리 놀이를 금지하고 일본 놀이만 놀게 하였고, 무궁화를 보급하던 남궁억은 1937년~ 1939년 사이 어린이들에게 무궁화를 간직하도록 일본 놀이 〈다루마상가 고론다だるまさんがころんだ〉에 말만 바꾸어 〈무궁화 꽃이 피었습니다〉로 부르도록 하여 만들어진 놀이라는 것을 알아야 한다.

그러면 일본 놀이 〈다루마상가 고론다だるまさんがころんだ, 오뚝이가 넘어졌습니다〉는 언제부터 놀았을까?

홍양자가 집필한 「빼앗긴 정서 빼앗긴 문화」, 「우리 놀이와 노래를 찾아서」에는 이렇게 정리해 놓았다.

> 일본의 '오뚝이가 넘어졌습니다だるまさんがころんだ'라는 말은 원래 11세기 가인歌人 후지와라 데이카藤原定家가 웃기는 말로 재미 삼아 노래한 것이다.
> 그것이 대대로 내려와서 숨바꼭질 할 때나 술래잡기를 할 때 10을 세는 대신 쓰게 된 것이다. … 일본의 오래된 술래잡기 놀이였으니 아마 18, 19세기 쯤 생겨난 놀이가 아닌가 싶다.
> 우리 아버지는 일제 때 일본에서 태어나신 분이다. 그 시기를 생각하면 적어도 1930년대에 이 놀이가 생겨났고 1940년대에 유행했던 놀이라고 할 수 있다.

일본의 민속학자 오시노 유코吉野裕子가 1995년 저술한 「달마의 민속학ダルマの民俗学」에는 달마가 중국으로부터 일본으로 유입된 시기를 다음과 같이 보았다.

> 일본에서도 선종이 훌륭했던 시대이다. 그 땅의 이 부도옹은 일본에도 일찌감치 유입되었다. 그것이 종이로 만든 「일어서는 부도옹(오뚜기)」, 즉 「달마(오뚜기)」가 되었다고 추측 된다.
> おそらく対明貿易の盛んであった室町時代(それは日本でも禅宗の興隆をみた時代であるが)、彼地のこの不倒翁は日本にもいち早く輸入され、それが張り子の「起き上がり小法師」すなわち「ダルマさん」にたったと推測される。

달마가 일본으로 유입되어 동일본과 서일본에 퍼지기 시작했으며, 동일본 관동 평야의 광대한 농업 및 양잠 지대가 다루마달마 신앙의 메카로 유지된 나름대로의 이유는 곡식과 누에의 생육을 위해 고온이 필요하였고, 이에

조선시대 김명국이 그린 달마

달마가 화火 즉 불을 상징하는 신앙으로 발전하여 농가에서 수제품으로 만들어 장터에서 팔기 시작하였다.

반면 농업보다 상업이 우선인 서일본에서는 대부분의 경우 업자의 손에 의해 「장사 번창」, 「합격」 등을 기원하는 사람들에게 계절을 불문하고 배포되어 왔다.[11]

일본은 다루마 즉 달마와 관련된 놀이가 많다.

대표적인 것이 「다루마 오토시だるま落とし」, 「달마 떨어뜨리기」, 「다루마상가 고론다 'だるまさんがころんだ, 오뚝이가 넘어졌습니다」 등이다.

다루마는 중국의 선종 창시자 달마達磨를 지칭한다.

처음에는 다루마가 노란색이었는데 붉은색으로 바뀌었다. 중국에서는 그들이 중심이기에 노란색을 고집하였고 일본이 붉은색으로 고친 이유는 달마가 수행할 때 붉은 가사(법복)를 입기에 붉은색으로 칠한다. 또한 요시노 유코吉野裕子는 붉은색은 오행에서 화火를 상징하고 일본이 필요한 것은 바로 화火이기 때문이라고 했다.

손발이 없는 모양은 달마 대사가 좌선을 하는 모습을 본뜬 것이다.

일본이 다루마 즉 달마達磨를 좋아하는 것은 달마라는 인물에서 일본이 처한 입장을 생각하면 이해가 빠를 것이다.

일본 설화에 의하면 달마는 인도에서 왕자로 태어나 중국으로 건너와 선종을 전파했다. 달마가 인도를 떠날 때 강가에는 커다란 고기가 죽어있어 감히 이것을 치우고 배를 띄울 수 없는 지경이었는데, 달마가 신통력을 발휘하여 이것을 치우고 중국으로 왔다. 누구도 할 수 없는 일을 해낸

---

11) 요시노 유코(吉野裕子), 달마의 민속학(ダルマ民俗学), 岩波新書, 1995년, pp.140~142.

것이다. 달마는 중국의 소림이란 굴속에 들어가 9년 동안 면벽面壁수행을 하여 손과 발이 없어졌으나, 넘어지지 않고 꼿꼿하게 앉아서 수행을 하였다. 그래서 인내력을 발휘하여 넘어지지 않는 오뚝이가 된 것이다.

　죽음에 이르러서도 달마를 죽이려고 음식에 독을 탔어도 그것을 태연히 먹어주었으나 죽지 않았고, 스스로 죽음에 이르러서도 눕지 않고 꼿꼿하게 앉아 열반하였다.

　이러한 달마의 모습을 일본인들은 단순히 추앙하는 것이 아니라 달마가 일본을 지켜준다고 믿었다. 또한 일본인 개개인이 달마가 되어야 한다고 굳게 믿고 있었다.

　일본이라는 나라는 자연재해가 심한 곳이다. 산에서는 화산이 분출하고 곳곳에서 온천이 출현하는 것은 그것으로 땅덩이가 뜨거워 농사를 지을 수 없다는 것을 의미한다. 지진이 수시로 일어나 땅이 갈라지고 집이 무너지고 바다에서는 쓰나미가 밀려오니, 자연재해의 피해는 사람의 힘으로는 막을 수 없는 지경에 이르렀다. 그러므로 초인간적인 힘을 가진 달마에게 도움을 요청할 수밖에 없다.

　그래서 달마는 오뚝이를 낳았고 다루마だるま가 되었다. 이것을 빗대어 가인歌人이 달마가 넘어졌다는 우스갯소리를 한 것이 놀이로 변화되어 〈다루마상가 고론다だるまさんがころんだ-오뚝이가 넘어졌습니다.〉가 되었다.

　일본에서는 이 놀이가 쇼와昭和시대에 유행하다 일제의 전쟁 야욕으로 우리나라를 침략하여 내선일체內鮮一體라 주장하면서 우리의 문화와 언어를 말살하고 일본화할 목적으로 일본 말만, 일본 글만, 일본 놀이만 하게 하여 우리나라 어린이들에게 놀게 한 일본의 놀이가 우리 놀이로 둔갑한 것이다.

　다행히 이 놀이가 일본말 그대로 전해진 것이 아니라 남궁억 선생에 의하여 '무궁화 꽃이 피었습니다'로 말을 바꾸어 놀게 되었으니, 비록 일본 놀이이지만 남궁억 선생의 무궁화 사랑을 느낄 수 있는 좋은 놀이로 재탄생된 것이다.

그래서 우리는 이러한 과정을 알아야 하고, 그 시대 불행했던 역사 속에서도 우리 것을 지키려고 노력한 애국지사의 뜻을 이 놀이를 통하여 이야기하고 느껴야 한다.

이상으로 한국 놀이 〈무궁화 꽃이 피었습니다〉와 일본 놀이 〈다루마상가 고론다だるまさんがころんだ〉와의 관계 연구에 관해 재고해 보았다.

그리고 〈무궁화 꽃이 피었습니다〉 놀이가 일본의 영향을 받은 전래놀이라는 상황 또한 살펴보았다. 오늘날 이 땅의 어린이들이 즐겨 노는 놀이 중 일제강점기에 일본의 영향을 받은 놀이 대부분은 내선일체를 꿈꾸며 황국신민을 길러내기 위함이었다. 황국신민의 서사비, 동요에서 대중가요에 이르기까지 일본의 노래에 빼앗긴 자리, 우리는 아직도 일제 35년의 기억을 간직하고 있다. 우리가 웃고 춤추며 부르는 노래 속에 일본의 잔재는 아직 살아 숨 쉬고 있다.

일제는 1941년 '황국 신민의 학교'인 국민학교령을 제정하고 이를 기념하기 위한 황국신민서사비皇國臣民誓詞碑를 세웠다. 황국신민학교는 전시에 동원할 조선 아이들 양성소였다.[12]

(사)한국민속학회에서는 연구보고서에서 〈무궁화 꽃이 피었습니다〉는 우리 전래놀이 숨바꼭질, 술래잡기와 같은

황국신민의 서사비

---

12) 이것은 1938년 제3차 조선 교육령 공포로 내려진, 소학교를 국민학교로 부르라는 일왕의 칙령이다.

놀이인데, 이들 놀이가 변하여 만들어진 놀이라고 하였다. 그러나 〈무궁화 꽃이 피었습니다〉는 숨바꼭질과 술래잡기와 다른 놀이임을 분명히 밝힌다.

즉 술래잡기는 술래가 눈을 가리고 나머지 아이들을 잡는 것이고, 숨바꼭질은 술래가 정해진 숫자를 셀 때 나머지 아이들이 숨으면 술래가 숨은 아이들을 찾아내는 것이고, 〈무궁화 꽃이 피었습니다〉는 술래가 벽이나 전봇대, 나무 기둥에 손을 짚고 돌아서서 "무궁화 꽃이 피었습니다"라고 말할 때 나머지 아이들은 정해진 자리에서 빨리 술래 쪽으로 들키지 않게 한 발짝씩 다가가는 것이다.

그러므로 눈을 가리고 잡는 술래잡기와 찾아 나서는 숨바꼭질과 움직인 사람을 잡아내는 〈무궁화 꽃이 피었습니다〉는 분명 다르다는 것을 알 수 있다.

(사)한국민속학회는 또 〈숨바꼭질〉과 〈술래잡기〉가 시간이 흘러 변형되어 〈무궁화 꽃이 피었습니다〉로 되었다고 했다. 그런데 시간이 흘러 변했다는 추측만 해놓고 언제, 어떻게 변했는지는 근거나 자료를 제시하지 못하고 주관적으로 서술했을 뿐이다.

네이버 검색창에 일본 놀이 〈다루마상가 고론다 だるまさんがころんだ〉를 한글로 입력하면 검색 결과는 다음과 같다.

> 일본어사전 결과 - 무궁화 꽃이 피었습니다(놀이) だるまさんがころんだ[達磨さんが転んだ]
> 子供の遊戯の一。鬼が後ろを向き「だるまさんがころんだ」と唱えている間に、他の者は少しずつ鬼に近づく。鬼が見ている間は体を動かしてはならず、動いたことを指摘された者は鬼の子となる。
> デジタル大辞泉 (小学館)[13]

---

13) 네이버 검색창에 '다루마상가 고론다'에 대한 검색 결과

> 번역: 아이들의 유희의 하나. 술래 뒤를 향해 「오뚜기가 넘어졌다」라고 외치고 있는 동안, 다른 사람이 조금씩 술래에게 다가간다. 술래가 보고 있는 동안은 몸을 움직여서는 않되고, 움직인 것을 지적 받은 사람은 술래의 졸병이 된다.

이는 일제강점기 말년에 일본이 문화 말살정책으로 우리말과 글을 못 쓰게 하고 우리 놀이를 하지 못하게 할 때, 남궁억이 일본 놀이 〈다루마상가 고론다 だるまさんがころんだ〉의 말을 같은 열 글자인 〈무궁화 꽃이 피었습니다〉로 바꾸어 부르게 한 것이 해방된 후 어린이 놀이로 자리 잡아 현재까지 전해져 내려온 것이다.

이러한 내용은 재일동포이며 일본의 음악 교사였던 홍양자가 자료를 찾아 기록한 것이 가장 정확할 것이다.

(사)한국민속학회는 〈무궁화 꽃이 피었습니다〉가 우리나라 전래놀이인 술래잡기의 변형 놀이라고 주장하면서 이 놀이의 이름을 서양의 〈신호등 놀이〉로 바꾸면 어떻겠냐며 제안하였다. 이것은 상식 밖의 주장이다. 〈무궁화 꽃이 피었습니다〉가 우리 전래놀이이면 그대로 〈무궁화 꽃이 피었습니다〉로 불러야 한다.

자랑스러운 우리 것을 구태여 서양 놀이 이름으로 바꿀 필요가 없다. 이 놀이가 일본 놀이라는 것을 알고 있기에 이러한 주장을 하는 것이 틀림없다.

이 놀이가 비록 일본 놀이이지만, 애국지사 남궁억의 무궁화 보급 의지가 숨어있는 놀이이다. 그러기에 이 놀이가 일본 놀이라고 부끄러워하지 말고, 그 시대 불행했던 역사 속에서 우리의 정체성을 찾으려는 애국지사 이야기를 들려줄 수 있는 좋은 자료로 활용해야 한다.

나라를 빼앗기면 문화도 빼앗긴다. 불행한 과거 역사를 되풀이하지 않으려면 이러한 이야기를 통하여 반성하고 새롭게 결심해야 나라를 찾으려고 목숨을 바친 선인들이 보람을 느끼고 대한민국이 발전할 것이다.

본 연구는 초등학교 교과서 속 전통놀이를 주제로 한 기초 연구이면서, 동시에 학교 교육에서 우리나라 전통놀이의 뿌리를 찾아 교육이 바로 서야 나라가 바로 설 수 있다는 남궁억의 말처럼, 일제의 식민정책으로 왜곡된 우리 문화와 역사를 교사들이 학교 현장에서 바르게 가르쳐야 한다.

교육부는 자라나는 어린이들에게 민족 정체성에 흠집을 내는 교과서를 바로 잡아야 할 필요가 있다. 본고는 우리 전통문화를 바르게 이해하는데 도움을 줄 수 있을 것으로 기대하고 어린이들이 우리 조상들의 얼과 지혜가 담겨 있는 우리 전통과 문화를 잘 배우고 익혀서 영원무궁토록 지지 않는 무궁화처럼 대대로 보존하고 계승 발전시키는데 보탬이 되고자 한다.

참고문헌

- 이상호, 「한국민속예술사전: 민속놀이」, 국립민속박물관, 2015.
- 田仲豊德(발행인), 「일본놀이 교과서 にほんのあそびの教科書 유치원과 선생님을 위한-」, 2015.
- 오쿠나리 다쓰 글, 나가타 하루미 그림, 「놀이도감 언제·어디서·누구나 (遊び図鑑 ~いつでも どこでも だれとでも~)」, 1987.
- 오쿠나리 다쓰 글, 나가타 하루미 그림, 「놀이도감 언제·어디서·누구나 (遊び図鑑 ~いつでも どこでも だれとでも~)」, 김창원(역), 진선출판사, 1991.
- 강성복, 「금산의 민속놀이」, 금산문화원, 1994.
- 강성복, 「논산지역의 민속놀이」, 논산문화원, 1996.
- 이상호, 「한국의 전래놀이 자료집」, 경기문화재연구원, 2014.
- 스튜어트 컬린, 「한국의 놀이 유사한 중국, 일본의 놀이와 비교하여」, 윤광복(역), 열화당, 2003.
- (사)한국민속학회, 〈초등교과서 전래놀이의 교육적 적절성 분석 정책연구 최종보고서 – 한국, 일본, 중국 등 문헌 자료를 중심으로〉, 2019.
- 홍양자, 「빼앗긴 정서 빼앗긴 문화」, 다림 출판사, 1997.
- 홍양자, 「우리 놀이와 노래를 찾아서」, 다림 출판사, 2000.
- 무라야마 지준, 「조선의 향토 오락」, 조선총독부, 1941.
- 이상호, 「한국 아동놀이의 지속적 변화」, 안동대학교 대학원, 2018. (민속학과 민속학 전공 문학박사 학위 논문)
- 임영수, 전영숙, 『아시아강원민속』 제34집, 아시아강원민속학회, 2020.
- 김혜정, 〈초등교과서 전래놀이의 교육적 적절성 분석 정책연구 최종보고서 한국, 일본, 중국 등 문헌 자료를 중심으로〉 자문자료 1, 2020.
- 김지선, 〈초등교과서 전래놀이의 교육적 적절성 분석 정책연구 최종보고서 – 한국, 일본, 중국 등 문헌 자료를 중심으로〉 자문자료 2, 2020.
- 좌혜경, 홍양자, 「일본 전래동요(와라베우타) 연구」, 민속원, 1997.
- 후지무라 아케, 「신이 말하는 대로(神さまの言うとおり)」, 코단샤, 2011.
- 후지무라 아케, 「신이 말하는 대로」, ㈜학산문화사, 2014.
- 요시노 유코, 「달마의 민속학」, 岩波新書, 1995.

2 쎄쎄쎄

초등학교 교과서 속 일본놀이

2
쎄쎄쎄

    쎄쎄쎄는 주로 여자아이 둘이 마주 앉아 노래에 맞춰 손을 마주치며 노는 놀이이다. 쎄쎄쎄를 할 때, 한국 아이들이 가장 많이 부르는 노래가 「아침 바람」이다. 이 노래의 가사와 이 노래를 부르며 쎄쎄쎄를 할 때의 손동작은 다음과 같다.

아침 바람

셋셋세	서로의 두 손을 잡고 위아래로 흔든다.
아침 바람 찬 바람에	자신의 손뼉을 치고 다음에 상대방의 손뼉을 친다.
울고 가는 저 기러기	우는 시늉을 하고, 한 손을 하늘을 향하여 기러기가 나는 곳을 가리킨다.
우리 선생 계실 적에	양손으로 X자를 만들어 가슴을 안는다.
엽서 한 장 써주세요	각자의 손바닥에 글씨를 쓰는 흉내를 낸다.
한 장 말고, 두 장이요	한 손으로 한 장과 두 장을 가리킨다. 이때, 한 장은 아니라고 손을 젓는다.
두 장 말고, 세 장이요	두 장은 아니라고 손을 젓고 세 장을 가리킨다.
구리 구리 구리 구리	손을 앞으로 내밀어 엇갈리게 돌린다.
짱, 껨, 뽕	서로 가위바위보를 한다.

위의 노래를 언제 누가 만들었는지 정확한 기원은 알 수 없으나, 1940년 발행된 「한글」이란 잡지에 수록되어 있으며, 그 이전 기록은 없는 것으로 보아 일제강점기 때 만들어졌을 가능성이 높다.

이 노래는 아이들이 공치기 놀이와 줄넘기 놀이를 할 때에도 사용하고 있다.

노래의 첫머리 셋셋세 せっせっせ 와 뒷부분 구리구리 ぐりぐり 혹은 구루구루 グルグル 와 마지막 짱껨뽕 じゃんけんぽん 은 분명 일본 어휘이다.

일본은 1871년 우체국을 개설하였다. 이때, 우편郵便 풍속을 노래한 줄넘기 노래로 「우체국 아저씨」가 있는데, 가사 내용 중 엽서를 세는 부분이 같은 것으로 보아 「아침 바람」이 「우체국 아저씨」의 영향을 받았음을 알 수 있다.

노래·놀이 연구가 재일동포 홍양자는 「아침 바람」의 원곡으로 일본의 17세기 손뼉치기 노래인 「마루야마 언덕에서 丸山上手から」를 소개하였는데, 이 노래는 남녀의 사랑 이야기이다. 또한 단순한 남녀의 사랑 이야기가 아닌, 우리의 민요처럼 그 시대의 세속 이야기, 사회적 모순과 비리를 풍자·비판한 내용을 담은 노래로 참요적讖謠的[1] 요소도 있으며, 원래 어른들의 손뼉치기 노래였는데, 그것을 어린이들이 보고 흉내 내어 따라 부르게 된 것이다.

이 노래가 19세기부터 20세기를 거쳐 유행하면서 가사 내용도 문명개화의 영향을 받아 서양풍과 일본풍이 혼합되어 그 당시의 독특한 풍습을 노래하고 있다.

「마루야마 언덕에서 丸山上手から」는 일본 전국으로 퍼져나가면서 지방에 따라 제목이 변하였는데, 도쿄 「아오야마 언덕에서 青山上手から」, 홋카이도

---

[1] 참요讖謠 음양오행설에 바탕을 두고 앞일에 대한 좋고 궂음을 예언하는 뜻으로 지어 부르는 노래. 민요〈출처: 한국민족문화대백과〉

「하코다테 언덕에서函館上手から」 등이 있으며, 이중 「아오야마 언덕에서 青山上手から」가 한국 어린이들이 부르는 「아침 바람」과 가장 흡사하다.

아오야마 언덕에서 青山上手から

셋셋세-노요이요이요이 せっせっせーのよいよいよい	서로 손을 잡고 흔든다. 번역: 셋셋세 시작 좋아 좋아 좋아
아오야마 언덕에서 青山上手から	손을 가슴에 X자로 댄다.
동쪽을 바라보면 바라보면 東の方を見れば示見れば示	오른손을 이마에 대고 동쪽을 바라보는 시늉을 한다.
파란 새가 세 마리 세 마리 青い鳥が3つ3つ	오른 손가락으로 3을 만들고 손목을 흔든다.
하얀 새가 세 마리 세 마리 白い鳥が3つ3つ	오른 손가락으로 3을 만들고 손목을 흔든다.
그 뒤를 멋쟁이가 その後ハイカラさんが	멋쟁이가 지나가는 흉내를 낸다.
바지를 입고 구두 신고 はかまはいて靴はいて	바지를 입고, 구두를 신는 시늉을 한다.
구리구리(빙글빙글) 돌려서 グルグルまわして	양손을 서로 부딪치지 않게 굴린다.
가위, 바위, 보 じゃんけんぽん	서로 가위바위보를 한다.

한국 아이들이 쎄쎄쎄를 하며 「아침 바람」 다음으로 많이 부르는 노래가 「감자에 싹이 나서」이다.

이 노래는 일본 시즈오카와 시마네에서 부르던 노래가 우리나라에 들어온 것인데, 일본에서는 세월의 흐름에 따라 변형되어 원모습을 잃었음에도 우리나라에서는 변형 없이 지금도 그대로 부르고 있다.

감자에 싹이 나서 いもに芽が出て

셋셋세-노요이요이요이 せっせっせーのよいよいよい	서로 손을 맞잡고 흔든다.
감자에 いもに	주먹을 낸다
싹이 나서 芽が出て	가위를 낸다
이파리 나서 葉が出て	보를 낸다
짬껨뽕 じゃんけんぽん	서로 가위바위보를 한다.

일본의 민속학자 '고이즈미 후미오'는 세계 여러 나라를 돌며, 일본의 놀이가 어느 나라에 전파되었는지 조사하였다.

이때 페루, 브라질, 미국에서 「셋셋세 せっせっせ」를 수집하였는데, 브라질에서는 「셋셋세세세세」라고 하고 미국에서는 세世의 발음이 없으므로 '시si:'로 바꿔어 「see see see」 또는 「see see sea」와 같이 소리 내어 부르면서 가사도 "바다를 보았더니 바다 바닥에 보물이 있었다. 그것을 선원sailor이 주워 왔다……" 등 어조가 좋은 내용으로 바꿔 손뼉치기 놀이를 하는 것을 채록했다고 한다.

▲ 「쇼와 어린이 250경」, 스즈키 토시 著, 77p 그림

　일본의 놀이 관련 책자에는 「셋셋세せっせっせ」가 빠지지 않고 들어가 있다. 일제 강점기 때 어린이 놀이를 수록한 「쇼와 어린이 250경昭和のこども250景」에는 셋셋세せっせっせ하는 장면을 그림으로 그려 넣었고, 1987년 오쿠나리 다쓰가 쓴 「놀이도감 언제·어디서·누구나遊び図鑑 ~いつでも どこでも だれとでも~」에도 「셋셋세せっせっせ」 놀이가 수록되어 있는데, 이 책의 한국어 번역본(김○○ 역, 진선출판사, 1991년 발행)에는 셋셋세(또는 쎄쎄쎄)가 빠져있다.

　이 책은 일본 놀이 중, 오징어 연과 같이 일본을 상징하는 놀이는 제외하고 한국의 전통 연인 방패연을 넣었고, 일본식 제기 대신 자치기를 넣었다.
　다시 말해 이 책이 많은 양이 인쇄되어 팔린 결과, 놀이를 연구하거나 지도하는 사람들이 이 책을 인용하거나 이 책으로 어린이들에게 한국의 놀이를 가르쳤으니, 일본에서 유래된 일본 놀이가 우리 고유의 전래놀이로 소개되는 잘못된 역할을 한 것이다.

쎄쎄쎄

팔십팔야
(쎄쎄쎄의 좋다 좋다 좋다)

여름도 다가오는 여든여덟 밤
(톤톤)

들에도 산에도 새 잎이 우거진다.
(톤톤)

저기에 보이는 것은 찻잎 따기가 아닌가.
(톤톤)

아카네다스키(적갈색으로 물들인 어깨 걸이)**에 사초**莎草 **삿갓**(사초로 엮은 삿갓)
가위바위보.
(톤톤)

※「일 곱하기 이 곱하기」도 쎄쎄쎄에 놉니다.

▲ 일본 「놀이도감」에는 수록되어 있고, 한국 번역본에는 빠져 있는 쎄쎄쎄)

2015년 일본에서는 '아동 보육이나 초등학교 선생님을 위한 아이들에게 전하고 싶다'는 부제목과 함께 「일본의 놀이 교과서 59종 수록」이라는 제목으로 놀이 교과서가 발행되었다.

　부제목과 제목 밑에는 '아이들이 사는 지혜와 풍요로운 마음을 키우는 일본의 전승 놀이. 자세한 규칙이나 놀이 방법, 만드는 방법을 그림과 글로 알기 쉽고 정중하게 설명하고 있습니다.'라는 내용이 있으며, 놀이 방법과 놀이의 역사를 포함한 잔지식까지 수록하였다.

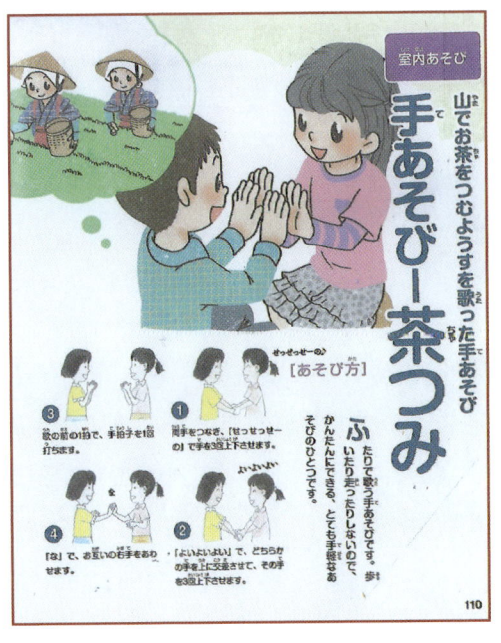

〈해석〉

〈일본의 놀이 교과서, 110p〉
실내놀이

산에서 차를 따는 모습을 노래한 손놀이

손놀이 - 채따기

둘이서 노래하는 손장난이에요. 걷거나 뛰지 않기 때문에 쉽게 할 수 있는 매우 간단한 놀이 중 하나입니다.

〈일본의 놀이 교과서, 111p〉
놀이의 잔지식

여든여덟 밤이 언제야?

가사 안에 있는 '여든여덟 밤'은 입춘(매년 2월 5일경)부터 세어 팔십팔일째로, 5월 2일 경의 것으로, 여름이 시작될 무렵에 녹차 잎을 따는 계절에 해당합니다. '차 채취'는 산에서 찻잎을 따는 모양을 노래한 것입니다.
'아카네 다스키'란 기모노의 소매를 정리하기 위해 사용하는 적갈색 어깨 띠(천 끈)를 말합니다. 그리고 '스게우산'은 '스게'라는 식물을 엮어 만들고 뒤집어쓴 것이죠.

이로 보아 쎄쎄쎄는 일제강점기 때 셋셋세せっせっせ라는 일본의 놀이가 전파되어 오늘날까지 놀게 된 것이다. 놀이 속의 일본 말은 일본에서 건너온 놀이이기에 자연스럽게 삽입된 것이고, 「아침 바람」과 「감자에 싹이 나서」 또한 일본 노래가 우리 식으로 바뀐 것일 뿐이다.

앞에서도 언급했듯이 일본의 「셋셋세せっせっせ」 놀이는 지방에 따라, 시대에 따라, 변하고 있는데 우리나라 쎄쎄쎄는 일제 강점기 때 들어와 큰 변화 없이 지금도 그대로 놀고 있으니 신기할 정도이다.

| 참고문헌 |

- 홍양자, 「빼앗긴 정서 빼앗긴 문화」, 다림출판사, 1997.
- 홍양자, 「우리 놀이와 노래를 찾아서」, 다림출판사, 2000.
- 오쿠나리 다쓰 글, 나가타 하루미 그림, 「놀이도감 언제·어디서·누구나(遊び図鑑 ~いつでも どこでも だれとでも~)」, 福音館書店, 1987.
- 오쿠나리 다쓰 글, 나가타 하루미 그림, 「놀이도감 언제·어디서·누구나」, 김창원(역), 진선출판사, 1991.
- 田仲豊德(발행인), 「일본놀이 교과서 にほんのあそびの教科書 아동보육이나 초등학교 선생님을 위한」, 株式会社滋慶出版/つちや書店(발행처), 2015.
- 스즈키 토시, 「쇼와 어린이 250경」, 朋興社, 1995.

3 여우야 여우야 뭐하니

3
여우야 여우야 뭐하니

'여우야 여우야 뭐하니'를 검색하면 다음과 같이 나온다.

정의
일본에서 전래된 놀이로, 한 명의 술래(여우)가 여러 놀이꾼을 잡거나 건드리는 어린이놀이. 외래놀이.

개설
한 명의 술래(여우)가 여러 놀이꾼을 잡거나 건드리는 놀이이다. 일본의 전래 노래인 '여우야 여우야 きつねさん きつねさん'를 우리나라 말로 바꾸어 불렀으며, 방식도 일본의 어린이들이 하는 방식에서 따온 놀이이다.[1]

'여우야 여우야 뭐하니'는 유치원, 초등학교 저학년 어린이들이 많이 노는 놀이이다.

10여 명의 어린이가 놀기 적당한 장소를 찾고, 같이 놀기로 한 어린이 중 여우 역할 할 사람 한 명을 뽑는다.

뽑힌 사람은 두 가지 형태로 놀 수 있는데, 첫 번째는 둥글게 원을 그려 손을 잡고 서면 여우는 가운데에서 손으로 눈을 가리고 앉아 놀이를

---

1) 여우놀이, 「한국민족문화대백과사전」, http://encykorea.aks.ac.kr/Contents/Item/E0077306

시작한다. 두 번째는 한쪽에 어린이들이 모두 서 있고 여우는 서너 발짝 앞에서 손으로 눈을 가리고 앉아서 놀이를 시작하는 것이다.

처음에 어린이들은 여우를 향하여 노래를 부른다.

아이들: "**한 고개 넘어서, 두 고개 넘어서**" 라고 한 다음,
아이들: "**여우야! 여우야 뭐하니?**" 라고 물으면,
여　우: "**잠잔다**" 라고 대답한다. 그러면 아이들은
아이들: "**잠꾸러기**" 라고 놀려서 깨우고는 또다시 묻는다.
아이들: "**여우야! 여우야 뭐하니?**" 라고 하면 여우는
여　우: "**세수한다.**" 라고 대답한다. 그러면 아이들은
아이들: "**멋쟁이**" 라고 말하고 또다시 묻는다.
아이들: "**여우야! 여우야 뭐하니?**" 라고 물으면, 여우는
여　우: "**밥 먹는다.**" 라고 대답한다. 그러면 아이들은 또다시 묻는다.
아이들: "**무슨 반찬**" 이라고 물으면 여우는
여　우: "**개구리 반찬**" 이라고 대답한다. 그러면 아이들은 또다시 묻는다.
아이들: "**살았니? 죽었니?**" 라고 물었을 때,
여우가 "**죽었다.**" 하면 제자리에 서서 움직이지 않고, 만약 움직이면 술래가 된다. "**살았다.**" 라고 하면 여우를 피해 도망간다. 이때 여우가 뛰어가는 어린이 중 한 명을 잡으면 잡힌 아이는 여우가 된다.

이 놀이의 핵심은 여우이다.

여우가 무엇을 하는지 궁금한 어린이들은 여우의 행동에 따라 여우가 어린이들이 원하는 행동을 할 때까지 계속 물어보는 것이다. 어린이들이 이렇게 계속 물어보는 목적은 '밥을 먹을 수 있도록 해 달라.'고 하기 위함이다.

어린이들이 여우에게 밥을 요구하는 이유는 무엇일까?

우리나라에서 여우가 상징하는 것은 얄미운 여자이다. 나보다 예쁜 여자가 얄미운 짓을 했을 때, '여우같다'라고 표현한다. 반면 얄미운 남자를 표현할 때는 '늑대'라고 표현한다.

옛날 TV 프로그램 '전설의 고향'에서 꼬리가 아홉 달린 여우가 예쁜 여자로 둔갑하여 사람을 홀리는 이야기가 나왔을 때, 당시 그 내용을 본 사람들은 무서움에 떨며 여름밤을 서늘하게 보냈다. 그런데 이 놀이에서는 여우를 경계하는 우리의 정서와는 아무런 관계가 없이 밥을 먹을 수 있게 하는 데 초점을 두고 있다.

즉, 이 놀이의 줄거리를 다시 해석하면 이러한 내용이다.

아침에 일어나 아침밥을 먹어야 하는데, 아침밥을 먹을 수 있게 도와주는 여우가 잠을 자고 있었다. 아이들은 '잠꾸러기'라고 놀리며 여우를 깨운다. 그런데 빨리 밥을 주어야 하는 여우는 이번에는 '세수'를 한다고 늑장을 부린다.

배고픈 어린이는 '너는 멋쟁이니, 빨리 밥이나 달라.'고 조른다. 그랬더니 드디어 밥을 먹을 수 있게 되었고, 아이는 반찬 투정을 하듯 무슨 반찬인지 묻는다. 이때 나오는 반찬에 따라 맛있게 또는 맛없게 먹는 것이 이 놀이의 구성이다.

이렇게 밥과 관련된 여우는 일본 여우이며, 이 놀이에 등장하는 여우가 하는 일과 동일한 일을 하고 있는 여우는 일본 신사에 있는 여우이다.

일본 신사에서 토속 신앙 중 곡식과 관련된 신사를 이나리 신사 稲荷神社 라고 부른다.

일본에는 전역에 이나리 신사가 분포되어 있는데, 약 3만여 개의 크고 작은 신사가 있다. 즉 마을에 있고, 집집마다 신사가 있으니 다른 신사보다

이나리 신사는 일본 사람들에게 가장 친숙한 신사가 되었다.

이나리 신사에서 모시는 이나리 신은 쌀농사를 보호하는 신이자 번영의 신으로, 직장인과 상인 계층에서 많이 숭배 받는다.

쌀의 신인 이나리는 어떤 신사에서는 식량의 여신인 우케모치노카미 保食神와 연관되기도 한다. 다양한 모습으로 묘사되는데, 때로는 하얀 여우를 타고 있는 수염 기른 남자로, 때로는 볏단을 들고 긴 머리를 멋지게 늘어뜨린 여자로 나타난다.

그런데 이나리 신사에 들어서면 입구를 지키고 있는 두 마리의 여우가 있다. 보통 돌로 조각하여 신사에 세우는 도리이鳥居[2] 앞에 앉아 있는데, 여우의 목에는 붉은 천을 두르고 있고 한 마리는 입에 열쇠를 물고 있다.

일본에서 여우는 자비심과 사악함 모두를 상징하는데, 이곳에서는 곡식의 신, 이나리 신, 이나리를 도와주는 신하 심부름꾼로서 물고 있는 열쇠는 곡간의 열쇠이다. 즉 여우가 곡간 문을 열어줘야 쌀을 꺼내 밥을 해 먹을 수 있는 것이다.

일본 전역에 산재하는 많은 이나리 신사중에서 가장 유명한 곳은 교토京都 근교에 있는 후시미伏見 이나리 신사이다.

이나리 신사 입구를 지키면서 심부름을 하는 여우에게 일본 사람들은 친근하게 말을 건다. "여우야! 여우야 오늘 뭐 할까?", "여우야! 여우야 나 좀 도와줄래?" 라는 형식으로 만들어진 놀이가 '여우야! 여우야 뭐하니' 이다.

일본에서는 여우를 '키츠네きつね' 라고 하는데, 지방에 따라 '오콘おこん',

---

[2] 신사 입구에 세우는 'ㅠ' 자 모양의 문

▲ 이나리신

▲ 후시미 이나리신사

'옷쿤산おっくんさん', '콘콘사마こんこんさま'라고도 한다. 또한 이나리 신사를 여우 신사라고도 부르며, 여우의 별명을 '오이나리산お稲荷さん', '오이나리사마お稲荷さん'라고도 한다.

홍양자는 일본에서 부르는 '여우야 여우야 뭐하니'를 다음과 같이 정리하였다.[3]

이 놀이는 일본에서 17세기부터 행해졌던 "여우의 창"이라고 불린 술래잡기 놀이인 '여우놀이きつね遊び'가 변한 것으로, 가사의 문답 부분이 발전하였다. 1830년에 일본 사람이 쓴 책을 보면 '여우놀이'의 놀이 방법이 나와 있는데 다음과 같다.

---

3) 홍양자, 「우리 놀이와 노래를 찾아서」, 다림, 2000, p.154.

술래의 일종에, 술래를 산의 여우라고 하여 불러내 밑에 앉게 한다. 모두 띠꽃을 뽑자고 하면서 띠꽃을 뽑는 흉내를 낸다. 그리고 술래를 보고 집게손가락과 엄지손가락으로 원형을 만들어 그 안에서 들여다보고 이것이 뭐냐고 물어보자 법사法師의 옥玉이라고 하면 다 도망가고 술래가 쫓아가서 잡는다.

당시 유행하였던 여우놀이는 다음과 같다.[4]

여우야 여우야 きつねさん きつねさん

애들: 한 고개 넘어가 두 고개 넘어가 一山越えて二山越えて
　　　세 고개 넘어가서 三山の奧の
　　　여우야 여우야 밖에 나가 놀자 きつねさん きつねさん 遊ぼじゃないか
여우: 지금 잠잔다 今寢てる最中
애들: 잠꾸러기 お寢坊じゃないか
　　　여우야 여우야 밖에 나가 놀자 きつねさん きつねさん 遊まじゃないか
여우: 지금 세수한다 今顏洗っている最中
애들: 멋쟁이 おしゃれじゃないか
　　　여우야 여우야 밖에 나가 놀자 きつねさんきつねさん 遊ぼじゃないか
여우: 지금 밥 먹는다 今ご飯食べている最中
애들: 무슨 반찬 おかずはなあに
여우: 뱀과 개구리의 통구이 へびとかえるのまるやき
애들: 살았니, 죽었니? 生きているか死んでいるか?
여우: 살았다(죽었다) 生きている(死んでいる)

일본에서 여우놀이는 1876년에 유치원이 개설되면서 유행하기 시작했는데, 문답 형식으로 술래와 노래를 주고받으면서 노는 술래잡기 놀이였다.

---
4) 홍양자, 「우리 놀이와 노래를 찾아서」, 다림, 2000, p.153-154.

'여우놀이' 외에도 오래 전부터 이러한 문답 형식의 연극적 술래잡기 놀이가 여러 가지 있었는데, 그중 지금 남아있는 대표적인 놀이가 '올해의 모란꽃', '연꽃을 딸까 꽃을 딸까', '팥이 부글부글 끓었다' 등이 있다.

이러한 노래들의 가장 뚜렷하게 나타나는 공통점은 어린이들이 술래와 대화하면서 술래잡기 놀이의 긴장감이 점점 높아지고, 마지막 순간 술래에게 "무슨 반찬?"이라고 물어보며, 이때 술래가 '개구리', 혹은 '뱀 통구이'라고 하면 도망가는 것이다.

일본에서 여우놀이는 1970년대까지만 해도 흔하게 볼 수 있었지만, 시대가 흐르며 새롭게 생기거나 변화된 놀이들에 밀려 지금은 '팥이 부글부글 끓었다'라는 노래가 대신하고 있다. 그러나 우리나라에서는 일본의 놀이가 전해진 후 형태의 변화가 거의 일어나지 않고 그대로 전승되어 지금도 아이들이 놀고 있다.

일본에서 놀았던 여우놀이 노래의 가사를 몇 개 더 소개한다.

여우야 おコンさん

아이들: 똑똑 여우야 안녕 とうんとうん お狐さん今日は 여우아 밖에 나가 놀자 お狐さん遊びましょ
여　우: 지금 잠잔다 今寝ています
아이들: 늦잠꾸러기 여우야 안녕 朝寝坊だナ お狐さん今日は 여우야 밖에 나가 놀자 お狐さん遊びましょ
여　우: 지금 세수한다 今顔洗っている
아이들: 여우야 안녕 お狐さん今日は 여우야 밖에 나가 놀자 お狐さん遊びましょ
여　우: 지금 밥 먹는 중이다 今ご飯食べている最中
아이들: 무슨 반찬? おかずはなあに
여　우: 뱀 요리에 도깨비 뿔 へびのおつくりに鬼の角
아이들: 무 무 무서워 こわ こわ こわい

일본에서 여우놀이 노래의 도입 부분 가사의 의미는 같지만, 지방에 따라 표현이 다양하다. 예를 들면, 험한 산이 있는 동북 지방에서는 '바다 너머, 고개 너머' 또는 '산 너머, 강 너머'라고 하지만, 산이 없는 도쿄에서는 '바다 너머' 혹은 '강 너머'라고 한다.

옛날에는 '세 번째 고개 멀리 깜빡이는 불빛이 보인다'라는 여우신을 나타내는 가사도 있었다.

여우님 コンコン様

아이들: 산 너머 강 너머 여우님이 있어? 山越えで 川越えで コンコン様居だがん
대　장: 있어 [없어] 居だぞい [居ねぞい] (이 부분은 마음대로 '있다', '없다'를 할 수 있다.)
아이들: 뭐 하니? [어디 갔나?] 何してだい [どこさいった]
대　장: 지금 부엌에서 뼈를 먹고 있다 今流しで骨かじってた
　　　　[산에 갔어] [山さ行った]
아이들: 야-걸귀 걸귀(우아, 치사해) ウワーいやしこいやしこ
아이들: 산 너머 강 너머 여우님이 있어? 山越えで 川越えで コンコン様居だがい
대　장: 있어 居だぞい
아이들: 뭐 하니? 何してだい?
대　장: 지금 2층에서 화장하고 있다 今二階でお化粧してだ
아이들: 야- 멋쟁이 멋쟁이 ウワーおしゃれコ おしゃれコ
아이들: 산 너머 강 너머 여우님이 있어? 山越えで 川越えで コンコン様居だがん
대　장: 없어 居ねぞい
아이들: 거짓말, 꼬리가 보인다 ウン しっぽがみえる
아이들: 야, 손도 보인다 アレ 手も見える
아이들: 야, 쫑긋쫑긋 귀도 움직인다 アレ ピクピク 耳がらごく
여　우: 찾았다. 붙잡을거야 みつかったなつかむぞ
아이들: 와글와글 와글와글 ワーイワーイワーイワーイ

위의 놀이는 일본의 동북 지방에서 수집한 놀이이다.

노는 방법이 다른 지방들과 조금 다르고, 시대적으로도 다른 노래보다 오래된 것이다. 가위바위보로 술래여우와 대장(일본말로는 '오야親'라고 하여 놀이를 할 때 주도적인 역할을 하는 사람)을 정한다.

술래는 대장 뒤에 숨고, 다른 어린이들은 서로 손을 잡고 옆으로 늘어서서 대장과 거리를 두고 마주 선다. 첫 번째 노래를 부르면서 어린이들이 대장에게 다가간다. 대장이 대답하면 어린이들은 반복하다가, 마지막에 여우가 대답하면 어린이들은 도망가고, 여기서부터 술래잡기가 시작된다.

이러한 방법으로 세 명 이상 몇 명이든 할 수 있는데, 지방에 따라 여우가 어린이들을 잡는 것이 아니라 대장이 쫓아가는 경우, 세 명으로 할 때 술래아이, 여우, 대장으로 나누어 술래가 여우를 쫓는 방법도 있다.

이 놀이가 간사이關西 지방으로 전해져서 여우를 둘러싸고 노는 지금의 방식으로 변하고 그것이 그대로 우리나라에 들어온 것이다.

여우놀이는 일제강점기 이후 전래되어 현재까지 전승된 측면에서 또 다른 중요성을 지니고 있는 놀이로 사료된다.[5]

| 참고문헌 |
- 홍양자, 「우리 놀이와 노래를 찾아서」, 2000.
- 여우놀이, 「한국민족문화대백과사전」, http://encykorea.aks.ac.kr/Contents/Item/E 0077306

---

5) 여우놀이, 「한국민족문화대백과사전」, http://encykorea.aks.ac.kr/Contents/Item/E0077306

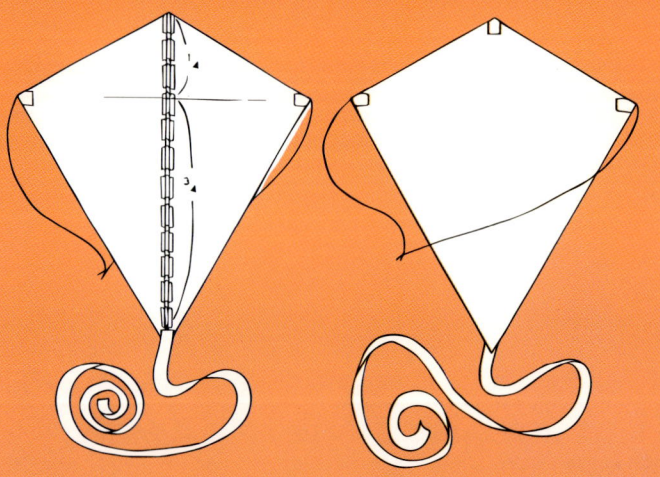

4 오징어 연鳶은 일본 연鳶

초등학교 교과서 속 일본놀이

4
오징어 연鳶은 일본 연鳶

초등학교 교과서에 연鳶이 많이 수록되어 있다. 연이 나오는 그림에는 방패연과 오징어 연이 나란히 그려져 있는데 이에는 이유가 있다.

우리나라 연을 상징하는 것은 방패연이지만, 방패연은 만들기 쉽지 않다. 반면 오징어 연은 만들기 쉬워서 방패연과 오징어 연이 나란히 그려져 있는 것이다.

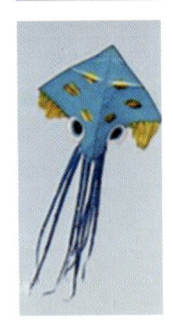

우리나라에서 연鳶이 처음 나타난 것은 삼국시대 김유신이 날린 기록이다.
비담이 난을 일으키자 때마침 하늘에서 별이 떨어져서 떨어진 별을 다시 하늘로 올려야 하는데, 김유신이 연을 이용하여 해결했다는 이야기이다.
고려 시대에는 최영 장군이 제주에서 일으킨 목호의 난에 연鳶을 이용하여 해결했고, 조선 시대에는 이순신 장군이 연鳶을 전쟁 중 신호로 사용했다는 기록이 있다.
이로써 우리나라 방패연은 전쟁과 관련된 내용이 많음을 알 수 있다.

그리고 세시풍습에서 연鳶은 정월 보름까지 날리다 보름날 연鳶에다 액厄을 담아 멀리 날리는 풍습이 있다.

그러니 우리나라에서는 연鳶이 전쟁에서 적군을 막고 액厄을 막아내기에 막는다는 뜻을 담아 이름이 '방패'이고, 모양도 전쟁에서 사용하는 방패와 같이 생겨 '방패연'이라 부르고 있다.

그러면 우리나라 사료史料에 나오는 기록을 우선 살펴보자.

「삼국사기」의 기록이다.

> 647년 진덕여왕이 즉위하자, 대신 비담毗曇과 염종廉宗이 정사를 잘못한다며 내쫓으려 들었다. … (중략) … 비담의 군사는 명활성明活城에, 왕의 군대는 월성月城에 있었다. 10여 일이 지난 날丙辰 밤 큰 별이 월성에 떨어지자, 비담은 병사들에게 "별이 떨어지는 곳에 반드시 피가 흐른다고 한다. 이는 틀림없이 여왕이 패망할 징조라"고 떠들었다.
>
> 군사들의 고함 소리가 천지를 진동시켰다. 임금은 두려워 떨었다. 김유신이 "길흉은 오직 사람에게 달렸습니다. … (중략) … 걱정 마십시오." 하며, 인형에 불을 붙여 연鳶에 띄우자 별이 하늘로 오르는 것처럼 보였다.
>
> 이튿날 유신의 군사들은 "어제 저녁에 떨어진 별이, 간밤에 다시 하늘로 올라갔다."는 소문을 퍼뜨렸다. 적군은 혼란에 빠졌다.
>
> 「김유신 열전」

위의 내용으로 보아 김유신은 연에 철사로 불덩어리를 연결하여 하늘 높이 띄워 마치 떨어진 별이 다시 하늘로 올라간 것처럼 연출한 것이다.

고려 시대의 기록은 「고려사」에 전한다.

> 궁노宮奴가 아이들의 지연紙鳶을 빼앗아 충선왕에게 바치자 "어디서 얻었느냐?" 묻고 "왜 남의 것을 내게 주는가?" 꾸짖으며 돌려주라 일렀다.
>
> 「세가」 권33 충선왕

연을 임금에게 바칠 정도였으니 당시 연이 얼마나 중요했는지를 느끼게 하는 내용이다. 같은 시대 이규보가 쓴 시에도 연에 관한 내용이 있다.

> 유월 염천炎天에 연 보기 어렵더니
> 가을로 접어든지 사흘만에 한결 쌀쌀해졌네.
> 이웃 아이들 모여 부산하게 떠들며
> 좋아라 높은 하늘에 연鳶 날리네.
>
> 이규보李奎報, 1168~1241 - '칠월 삼일에 바람을 읊는다'. 七月三日詠風.
> 「동국이상국집」 「후집」 제1권

「동국세시기」의 최영 장군과 연에 대한 내용은 다음과 같다.

최영 장군은 제주에서 목호의 난이 일어났을 때, 섬 둘레의 가시나무 때문에 상륙이 어렵자 연鳶에 참억새를 잔뜩 잡아매 이곳저곳에 날려서 씨를 퍼뜨렸다. 그리고 가을에 불을 붙여 가시나무를 태운 뒤 상륙하였다는 것이다.

또 높이 솟은 성벽에 탱자나무가 꽉 차서 병사가 못 오르는 것을 보고, 대서연에 병사를 실어 안으로 들여보냈다고 한다.

위의 내용을 정리하면, 1374년 제주 목호의 난에 최영 장군이 출전하여 진압했는데 이때, 연鳶을 이용했다는 내용이다.

연으로 참억새 씨를 퍼트려 가을에 불을 질렀다는 내용은 과장된 표현이나, 대서연으로 병사를 실어 안으로 들여보냈다는 말은 '목호를 수괴로 하는 반란 집단이 제주 남쪽 범섬으로 도망갔을 때 절벽을 기어오르기 쉽게 타고 간 배의 돛을 이용하여 대형 연을 만들어 병사 어깨에 연결하여 절벽을 오르게 하여 전투를 승리로 이끌었다.' 는 이야기가 당시 참전한 임난수 장군 일대기에 쓰여 있어 이 이야기를 나타낸 것일 것이다.

조선 시대에는 임진왜란 때 평양성 전투에서 성안의 소식을 연鳶을 날려 밖으로 알렸다는 것과 이순신 장군이 신호 연을 만들어 사용했다는 설이 있다.

신라의 김유신, 고려의 최영, 조선의 이순신은 전투마다 승전한 출중한 장군으로서 전투의 대명사이며 이들이 이용한 연鳶 또한 전쟁에 쓰인 유용한 연이다.
그리고 그때 쓰인 연은 모두 방패연이다. 모양이 방패처럼 생겼지만, 상대편을 막아야 하는 상황이기에 방패연을 사용했다.

또 한 부류는 세시풍속 속의 연鳶이다.
「동국세시기」에 우리나라 연은 겨울부터 정월 대보름까지 즐긴다고 했다.
정월 대보름이 지나면 농사를 지어야 하기에 연날리기를 금지해야 했다. 그래서 이름과 생년월일을 적은 이른바 액연厄鳶을 날렸다. 불붙인 새끼줄을 잡아매고 그 불로 실이 끊어져서 멀리 날아가게 하는 것이다. 이로써 한해 액운이 없어진다고 여겼다.

16세기의 정철鄭澈은 「속전 지연가俗傳 紙鳶歌」에 이렇게 읊조렸다.

> 내 집 모든 액을 너 홀로 가져다가
> 인가人家에 전치 말고 야수野樹에 걸렸다가
> 비 오고 바람 불 때 자연소멸自然消滅 하거라.

명종실록에도 재미있는 기사가 있다.

> 예부터 대보름에 연鳶을 날렸지만, 연鳶이 떨어진 집에 반드시 액운이 깃들인다고 한다.
> 평소라면 이를 금할 까닭이 없으나, 오늘은 다르다.
> 중궁이 외궁外宮에 나가 아직 돌아오지 않았는데, 여염에서 연鳶을 멋대로 날려 궁궐에 많이 떨어졌으니, 오부 관령을 추고하여 치죄토록 하라.
>
> 1566년명종21년 1월 15일, 명종실록

위의 내용은 대보름날 액연厄鳶을 날렸는데, 그것이 하필 궁궐로 들어가 떨어졌으니 민가의 액厄이 궁궐로 들어온 격이다.

연에는 띄운 사람의 인적사항이 쓰여 있으니, 누가 날렸는지 알아낼 수 있어 그를 벌주라는 내용이다.

위의 액연厄鳶 또한 방패연을 만들어 띄운다. 그런데 방패연과 같이 띄우는 오징어 연에 대하여는 아무런 내용이 없다. 그 이유는 오징어 연은 우리 고유의 연이 아니라 일본에서 건너온 연이기 때문이다.

오징어 연에 대하여 전하는 기록은 없다. 1936년부터 1941년까지 일본의 민속학자 무라야마 지준이 조사하여 발간한 「조선의 향토오락」에는 연날리기가 215곳에 기록되어 있고, 364가지 놀이 중 가장 많이 조사되어 있는 것은 모두 '방패연'이다.

서울

연날리기, 겨울, 청소년

〈놀이법〉 대쪽으로 틀을 짜고 그 위에 종이를 발라 만든 장방형 연의 한가운데에 구멍을 뚫는다. 종이연에는 실을 매고, 얼레를 조정해서 하늘 높이 날린다. 서로 그 높이를 겨루기도 하고, 서로 실을 엇걸어 당겨서 상대방의 연줄을 끊어 연을 날려 버리기도 한다. 정월 보름날에 이 종이연에 자기 생년월일, 출생 시간 혹은 액막이의 글귀를 써넣었다가, 해질 무렵 실을 끊어 연을 날려버리면 그해의 액을 막을 수 있다.
〈유래〉 고려 최영 장군으로부터 시작되었다.

경기도 광주

연날리기, 정월, 어린이

〈놀이법〉 서울 지방과 같다.
〈유래〉 고려 때, 제주도를 정벌했던 최영 장군이 섬에 가시덤불이 많아서 상륙할 수 없자, 큰 종이연을 만들어서 연에 억새풀 씨를 실어서 날려 올렸다. 그해 가을에 억새풀이 우거지자, 가시덤불을 마른 억새풀과 함께 불을 질러 태워 없애버리고, 드디어 진격했다는 데서 유래한다.

경기도 포천

연날리기, 겨울 특히 정월, 남자 어린이

〈놀이법〉 경기도의 다른 지방과 같다.

〈유래〉 옛날 최영 장군이 제주도의 여왕을 공격했을 때 성벽에 나무창이 많이 세워져 있어서 넘기 어렵자, 소년들에게 종이연을 띄우게 하여 연을 성안에 떨어뜨렸다. 그리고는 그 줄을 밧줄로 삼아 성벽을 넘었다. 그때부터 소년들이 연을 날리기 시작하였다고 한다.

경상북도 대구

연날리기, 정월 전후, 남자 어린이
〈놀이법〉 연은 반달 모양으로 만든다. 재액을 쫓는다는 의미에서 심지를 달고, 불을 붙여 멀리 날려 보낸다.

경상남도 동래

연날리기, 정월, 남자
〈놀이법〉 종이연을 만들어 실에 매달아 바람에 띄워 올려 상하좌우로 자유롭게 움직이며 즐긴다. 혼자서 놀 때도 있지만, 대부분은 실에 유리 가루를 칠하여 서로 싸우다가 먼저 끊어진 쪽이 지게 된다.

강원도 춘천

연날리기, 정월, 남자
〈유래〉 당나라의 안록산이 궁중의 양귀비와 연락하기 위해서 날렸던데서 유래한다고 한다.

강원도 양구

연날리기, 봄, 남자 어린이

〈놀이법〉 춘천 지방과 같다. 때로는 연싸움이라고 하여, 두 편으로 나뉘어 서로 상대방의 연줄을 끊는다. 또 정월 보름에는 연에 주문을 적어 높이 띄운다.

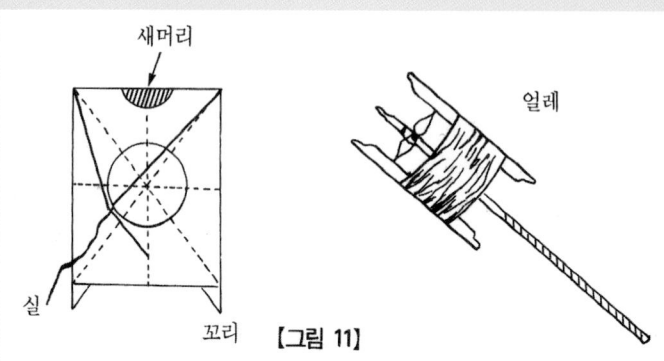

[그림 11]

평안남도 평양

연날리기, 정월·초가을, 청소년

〈놀이법〉 정월에는 종이연에 액막이의 글을 써서 높이 띄우고, 연의 실을 잘라 멀리 날려 보낸다. 초가을에는 경연을 벌이기도 하는데, 상대방 종이연의 연실에 자신의 연실을 엇걸어서 연싸움을 벌여 승패를 결정한다.

평안북도 의주

연날리기, 여름·가을, 어린이

〈놀이법〉 여러 가지 색을 칠하거나 또는 문자를 써넣은 연을 높이 띄우며 즐긴다. 또한 자신의 연을 다른 사람의 연에 엇갈리게 해서 상대방의 연실을 끊는 시합도 있다.

함경남도 원산

연날리기, 겨울, 청소년

〈놀이법〉 사각형 또는 원형의 연을 만들어 연결한 실에는 유리 가루를 발라 띄운다. 서로 실을 엇걸어 잡아당겨 승패를 짓는데, 먼저 끊어지면 지게 된다. 〈유래〉 신라 시대 김유신이 적의 성을 공격할 때에 짚 인형을 만들어 연에 달아 날려 적이 놀라 뿔뿔이 도망치게 만들었다는 데서 비롯되었다고 한다.

함경북도 경성·나남

연날리기, 겨울 · 봄, 청년

〈놀이법〉 개인 또는 편을 짜서 마을 대항으로 종이연을 날리는데, 연실을 서로 엇걸어 당겨 끊기를 경쟁하며 논다.
〈유래〉 정월 보름에 동전을 연에 매달아 그 연을 하늘 높이 올린 후에 실을 끊어 버림으로써, 그해의 액운을 물리친다는 속신俗信에서 시작되었다고 한다.

함경북도 온성

연날리기, 정월 보름, 소년

〈유래〉「동국세시기」와「열양세시기」에는 "집안 식구 아무개는 무슨 생인데 몸의 액을 없애 버리려 한다는 글귀를 연에 써서 그 연을 띄우다가 해질 무렵에 연줄을 끊어 버린다."라는 내용이 있다. 이전에는 재앙을 없애는 의미로 연을 날렸다

이처럼 1941년까지 오징어 연은 우리나라에 들어오지 않았고 방패연만 만들어 날렸다.

일본의 오징어 연이 기록된 책은 1895년 미국의 스튜어트 컬린이 쓴 「한국의 놀이 유사한 중국·일본의 놀이와 비교하여」이다. 여기에 그 내용이 자세히 소개되어 있다.

이 책의 저자는 한국을 한 번도 방문한 적이 없는 미국의 펜실베이니아 대학의 교수였던 민속학자 스튜어트 컬린이다. 그에게 당시 한국위원회 유능한 비서관이자 워싱턴에서 한국 정부의 공사公使로 있는 박영규가 한국의 놀이를 들려주고 놀이기구를 제공하여 주었다. 그 후 1893년 미국 시카고에서 열린 세계 컬럼비아 박람회 만국박람회에서 전시를 하고 「한국의 놀이」를 집필한 것이다.

그가 부제목으로 「유사한 중국·일본의 놀이와 비교하여」는 중국과 일본을 직접 방문하여 놀이 자료를 수집하였으나, 그가 처음 접한 것이 한국의 놀이였기에 한국(당시 대한제국)을 큰 제목으로 쓰고 한국의 놀이를 앞에 수록하고 뒤에 중국과 일본 놀이를 덧붙인 것인데, 모르는 것은 사전을 찾아가며 심도 있게 썼다.

이 책에 연Kite은 처음에 한국의 연鳶을 소개하였는데, 신라의 김유신 이야기를 사백년 전 일본과의 전쟁때라며 임진왜란과 혼동하여 수록하였다. 그러면서 방패연의 그림을 그려 넣었고 조선 말기 풍속화가인 김준근이 그린 '연날리는 아이들' 그림을 넣었다.

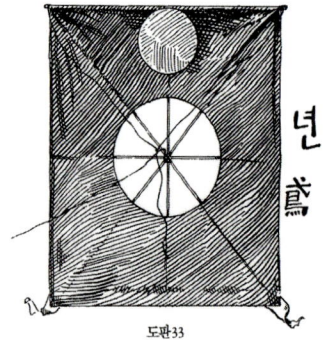
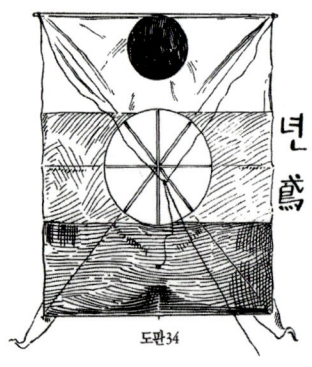

◀ 33 · 34. 연. 한국.
펜실베이니아 대학 고고학 박물관

◀ 35. 연날리는 아이(연날리기)

  이 책에서 일본 오징어 연에 대한 내용이 그림과 같이 수록되어 있는데, 이는 1712년에 일본에서 발간된 「화한삼재도회」를 인용하였으며 그 내용은 다음과 같다.[1]

> 「화한삼재도회」에서는 이카노보리 紙鴟, 도판 37 와 가
>
> 미토비 紙鳶, 紙鴟 즉, '종이 매'라는 이름하에 연을 기술하고 있다. 또한 후쇼 風箏 즉 '윈드 하프 노래하는 연을 뜻함'와 세로세 紙鵂 즉 '종이 부엉이'라는 이름도 실려 있다. 1712년, 즉 그 책의 출판 시기에 연은 '이카 烏賊, 오징어'라고 불렸으며, 일본의 동부 지방에서는 '다코 章魚, 문어'라 불린다고 기술하고 있다. … (중략) …

---

1) 스튜어트 컬린, 「한국의 놀이-유사한 중국·일본 놀이와 비교하여」, 윤광봉, 열화당, 2003, pp.59-65.

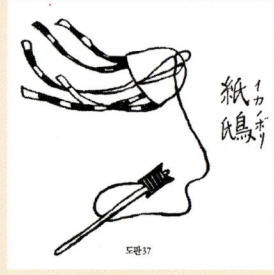

▲ 37. 이카노보리(紙鳶, 오징어 연, 일본)「화한삼재도회」중에서

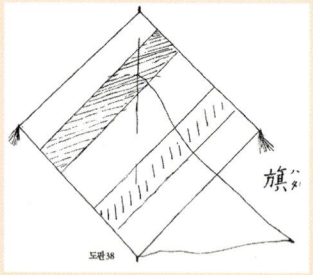

▲ 38. 하타(旗, 깃발 연), 나가사키, 일본

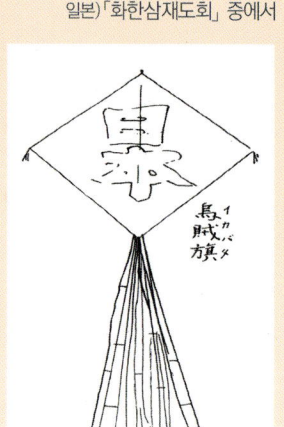

▲ 39. 이카바타(烏賊旗, 오징어 연), 나가사키, 일본

연은 현재 일본에서 다코문어 또는 이카오징어라고 대중적으로 알려져 있다.

매우 다양한 형태의 연들이 있고, 각각 특별한 이름을 가지고 있다. 나가사키長崎에서는 일반적으로 연싸움에 사용되는 연을 '하타깃발'라 부른다. 도판 38 그것은 거의 정사각형이고 두 가닥의 실이 붙어 있는데, 그림에서 보이듯이 하나는 가운데 위 중간쯤에, 그리고 다른 하나는 맨 아래 모서리에 붙어있다. 그것은 일반적으로 빨간색, 하얀색, 파란색 줄무늬로 장식되어 있는데, 마치 네덜란드 국기 같다는 데서 하타라는 이름이 유래되었다.

나가사키에서 아이들이 사용하는 '이카바타烏賊旗'라 불리는 연은 도판 39와 같다. 그것은 앞서 말한 하타와는 달리 약 십이 인치 길이의 하얀 종이로 만든 시포, 즉 꼬리가 있다. 이 꼬리들 중 서너 개 정도는 끝과 끝을 풀로 붙이고, 오징어처럼 보이게 그 꼬리들을 모두 연 밑에 매단다. 연줄은 하타와 똑같은 방법으로 고정시킨다. 이 두 연의 뼈대는 직각 모양의 대나무 줄기 두 개로 만들어진다. 하타는 모서리에 실이 연결되어 있지만 이카바타에는 없다.

스루가駿河와 돗토리鳥取 지방에는 연싸움에 사용되는 연들을 '부카'라 부른다. 형태는 직사각형이고, 때때로 밑이 뾰족한 것은 '통가리' 또는 '뾰족한 부카'라고 한다. 그 연들의 색깔은 항상 매우 밝다.

도쿄에서 남자아이들이 흔히 사용하는 연은 직사각형 모양이며, 보통 '다코'라고 알려져 있다. 그 연은 대체로 그림으로 장식을 하는데, 황새와 거북이 그림이 일반적이다. 황새는 진홍빛 땅에 하얀색으로 표현하고, 거북이는 파란색 물에 하얀색으로 그린다. 쇼키鐘馗는 도쿄에서 연에 그림을 그릴 때 선호되는 또 다른 그림이다. 도판 41

▲ 41. 쇼키(鐘馗) 연. 도쿄. 일본.

이런 단순한 형태들뿐만 아니라, 일본에는 다양하고 기발한 연들이 보편적으로 존재한다. 어린이들은 새 형태로 된 연을 날린다. 도쿄와 나가사키에서는 '야코바타奴旗'라 불리는 연이 매우 인기가 있다. 도판 42

▲ 42. 야코바타(奴旗, 노비 연), 일본.

또한 나가사키에는 '스루가메鶴龜'라고 하는 인기 있는 연이 있다. 도판 40 또 다른 인기 있는 연은 '오기노지가미扇地紙'라고 한다. 도판 43 후자는 때때로 '카사네오기重扇'라는 형태의 연으로도 만들어진다. 도판 44 나가사키의 어린이들은 '오니다코鬼紙鳶'라는 연도 날리는데 도판 46 이 연에는 어느 유명한 이야기에 나오는 유명한 전사 라이코의 얼굴 그림이 있고, 머리 위에 오니鬼를 얹고 있다. … (중략) …

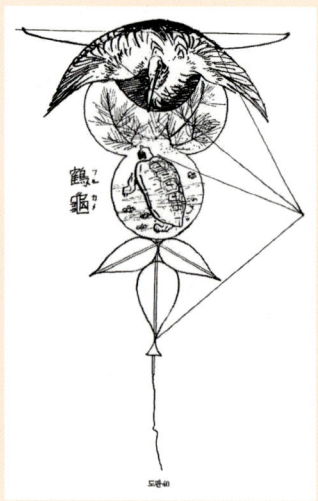

▲ 40. 스루가메(鶴龜, 학과 거북이 연)
나가사키, 일본.

▲ 43. 오기노지가미(扇地紙, 부채 연)
나가사키, 일본

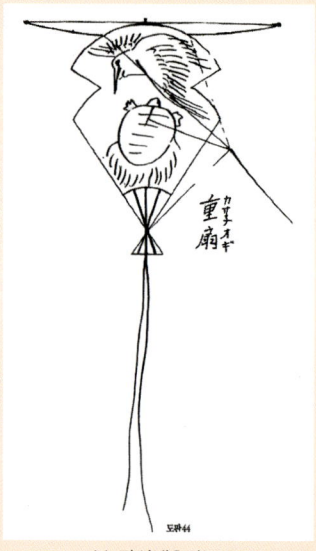

▲ 44. 카사네오기(重扇, 쌍부채 연),
나가사키, 일본

▲ 45. 오니다코(鬼紙鳶, 악마 연),
나가사키, 일본

연을 날리는 시기는 … (중략) … 도쿄에서는 1월 1일에 시작하며, 여름에는 절대로 연을 날리지 않는다. 나가사키에서 연을 날리는 날은 3월 3일, 10일, 15일, 그리고 25일 등의 축제 날이다. 나가사키에서는 결코 1월에 연을 날리지 않는다. 일본의 다른 지방에서는 5월 5일이 연을 날리는 특별한 날이다.

스루가駿河, 시즈오카 현의 옛 지명라는 지방에서는 여유가 있는 모든 가정의 남자아이들이 이날 연을 갖는다. 이 지방에서 자신의 연을 잃어버리는 아이는 매우 불행하다고 여겨진다.

그것은 언젠가 이 축제 날에 자신의 연을 잃어버린 한 아이가 몇 달 후에 죽은 이야기와 관련이 있다.

수색대가 잃어버린 연을 찾으러 가는 것이 관례인데, 때로는 심지어 삼 킬로미터 남짓의 거리를 가기도 한다. 그 연을 갖고 돌아오는 사람들은 환대를 받고 '사헤'라는 선물을 받는다. … (중략) …

연들이 나타내는 것에 대해 일본에서는 많은 이야기들이 통용되고 있다.

그 이야기들 중 하나는 우이 쇼세쓰에 관한 것이다. 17세기에 도쿠가와德川 정부를 전복시키려 했던 그는, 에도江戶 성을 내려다보기 위해 커다란 연을 만들어 거기에 올라탔다고 한다.

16세기에 이시가와 코에몽石川五右衛門이라는 유명한 도둑이 연에 올라타서, 나고야名古屋 성에 장식된 유명한 금붕어에서 금을 훔치려 했다는 이야기도 있다. 그때 이후로 커다란 연은 오하리尾張 지방에서는 금지되었다고 한다.

위의 자료를 보면, 일본에서는 오징어 연을 일찍부터 만들어 날렸음을 알 수 있다.

우리나라 연은 가운데 방구멍이 있다. 그래서 날릴 때 바람의 방향과

세기를 조절할 수 있다. 그러나 일본의 연은 방구멍이 없다.

대신 다양한 형태와 화려한 색을 넣기도 하고, 사면이 바다로 되어 있어서 그런지 해양생물의 형태가 많다. 그러니 바다 고기의 대표 격인 오징어 연을 만들어 놀았으며, 그것이 우리나라에 전해져 놀게 되었다.

오징어는 자산어보에 이름의 유래가 나온다.

한자로 쓸 때에는 오적어烏賊魚라고 쓰며, 오징어가 바다에서 죽은 척 바다 위에 떠 있으면 까마귀가 죽은 오징어를 먹으려고 바다로 내려올 때, 오징어가 까마귀의 부리를 잡고 물속으로 들어가 까마귀를 잡아먹는다고 한다.

그래서 까마귀의 적이라 하여 오적어烏賊魚라 쓴다는 기록이 있다. 일본에서 쓰는 오징어는 이러한 연유로 오적어烏賊魚로 표현하고 있는 것이다.

나라마다 독특한 모양과 특징이 있는 연을 만들어 날린다. 우리나라의 대표 연은 방패연이고 일본의 대표 연은 오징어 연이다. 그런데 우리는 방패연과 오징어 연을 같이 만들고 가지고 논다.

나라가 처해있는 지형은 그에 맞는 문화가 형성되는 것이다.

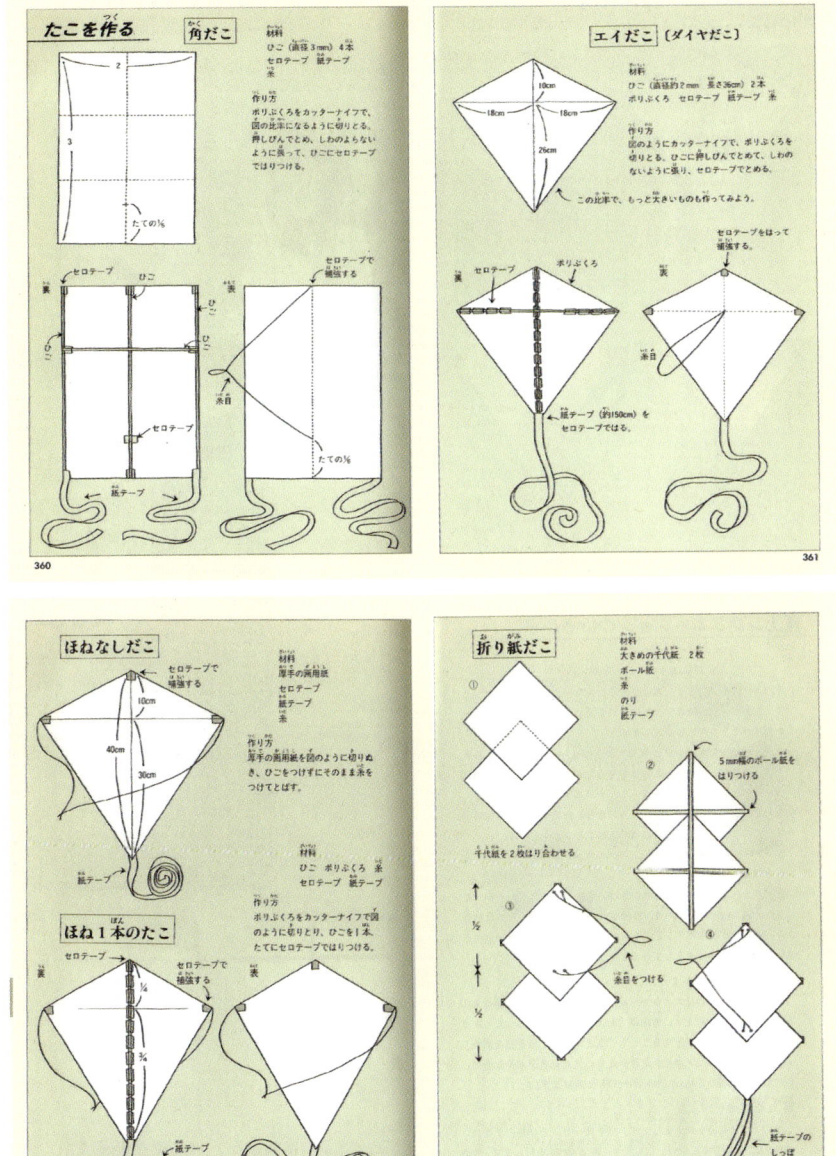

▲ 「놀이도감」(1987년) 오쿠나리 다쓰 글, 나기타 하루미 그림

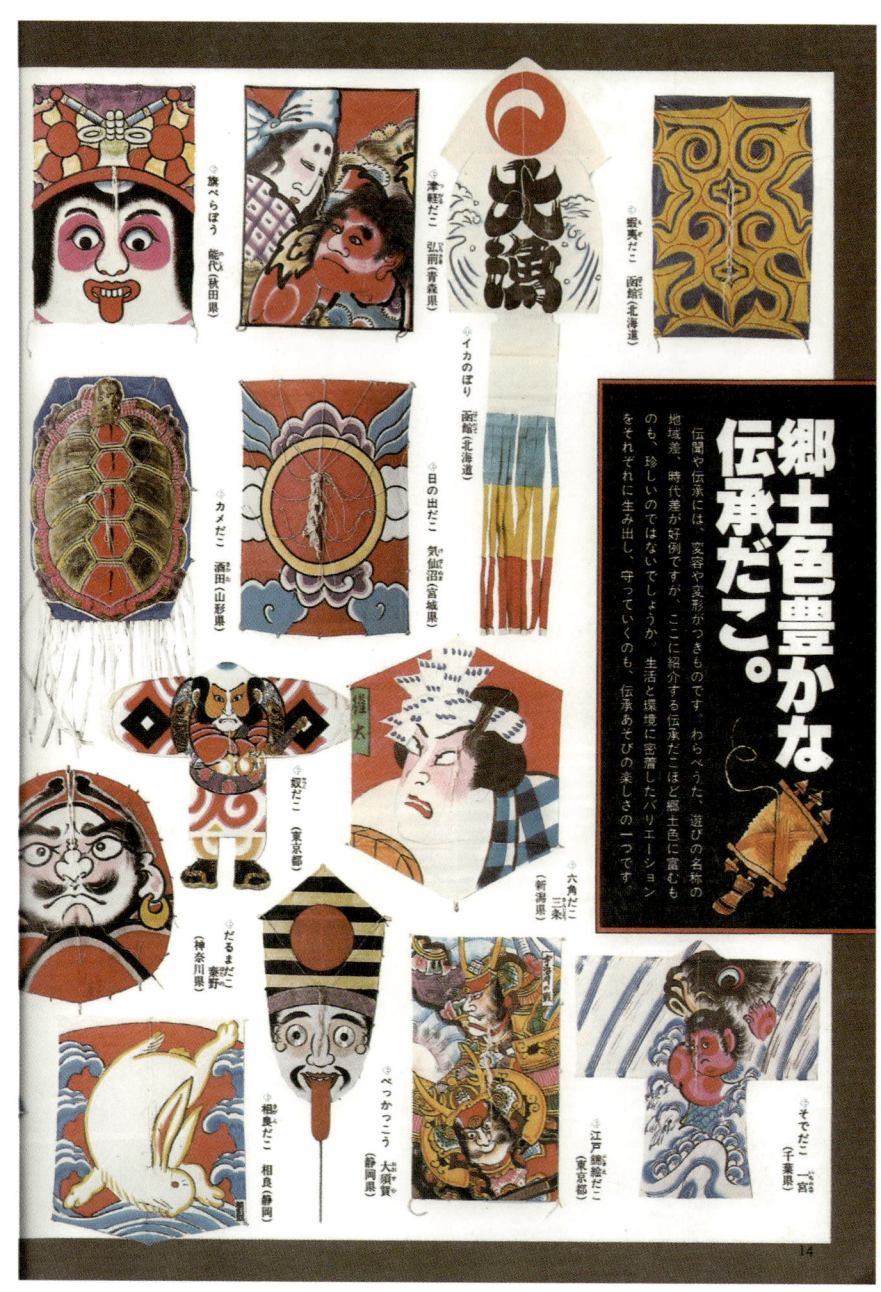

▲ 「아이와 즐기다 전승놀이 백과」(1978년 소학관)

▲ 「아이와 즐기다 전승놀이 백과」(1978년 소학관)

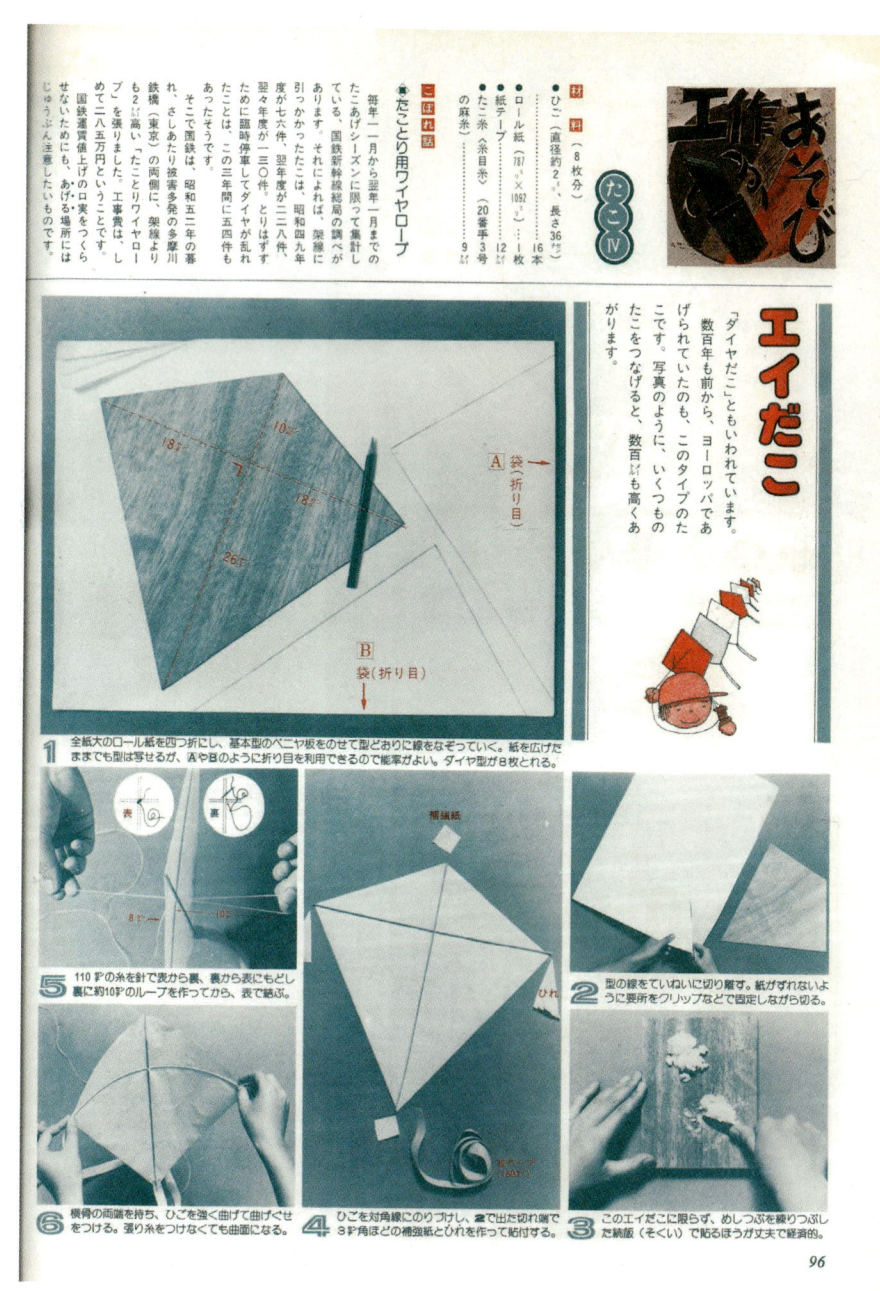

▲「아이와 즐기다 전승놀이 백과」(1978년 소학관)

▲「아이와 즐기다 전승놀이 백과」(1978년 소학관)

▲ 「일본놀이 교과서 80p」 바깥놀이 일본의 설 풍물시의 하나, 연날리기

| 참고문헌 |

- 「삼국사기」, 「김유신 열전」, 「고려사」, 「조선왕조실록」, 「명종실록」
- 「동국이상국집」 후집,, 「동국세시기」, 「속전 자연가俗傳 紙鳶歌」(정철)
- 무라야마 지준, 「조선의 향토 오락」, 박전열, 집문당, 1992.
- 스튜어트 컬린, 「한국의 놀이 유사한 중국·일본의 놀이와 비교하여」, 윤광복(역), 열화당, 2003.
- 오쿠나리 다쓰 글, 나가타 하루미 그림, 「놀이도감 언제·어디서·누구나(遊び図鑑 ~いつでもどこでも だれとでも~)」, 1987.
- 溶口国雄 [ほか], 「전승놀이의 백과」, 小学館, 1978.

5 가위·바위·보

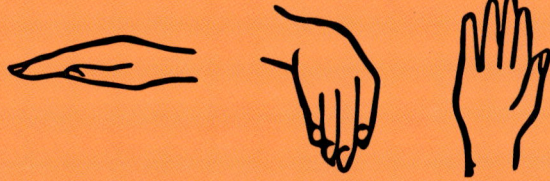

초등학교 교과서 속 일본놀이

5
가위, 바위, 보

　가위, 바위, 보는 놀이를 할 때, 순서를 정하거나 편을 가를 때의 수단으로 이용하기도 하고, 그 자체를 놀이로 즐기기도 한다.

　가위, 바위, 보에서 '가위'는 한 손으로 엄지와 검지를 벌리고, 나머지 세 개의 손가락을 접은 후, 앞으로 내밀며 부르는 소리이다. 종이나 천을 자르는 가위를 지칭한다.
　'바위'는 다섯 손가락을 모두 접은 후 앞으로 내면서 부르는 소리이다. 단단한 바위를 지칭한다.
　'보'는 다섯 손가락을 모두 펴고 앞으로 내면서 부르는 소리이다. 물건을 싸서 들고 다닐 수 있도록 네모지게 만든 천인 보자기를 지칭한다.

　이들의 관계를 보면, '가위'는 보자기를 자를 수 있어 '보'에게는 이기지만, '바위'에게는 진다. '바위'가 '가위'를 때리면 가위는 부서지기 때문이다. '보'는 '가위'에게는 지지만, '바위'에게는 이긴다. 보자기인 '보'는 '바위'를 덮거나 싸 담을 수 있기에 이기는 것이다.
　즉 가위는 보를 이기고, 바위에게는 진다. 바위는 가위에게는 이기나 보에게는 진다. 보는 가위에게는 지나 바위를 이긴다.

가위, 바위, 보 놀이는 상대방이 무엇을 낼지 눈치가 빨라야 하고, 상대방이 무엇을 낼지 상대방의 심리를 잘 파악해야 하며, 대담하고 순발력이 집중되는 심리 놀이이면서 운이 따라야 하는 운 놀이이기도 하다.

놀이를 시작할 때, 놀이 순서를 결정짓고, 또는 놀이를 종결지을 때 사용하기 때문에, 놀이에서 필수적으로 거쳐야 하는 과정이라고 해도 과언이 아닐 것이다.

그런데 어른들 적어도 1960년 이전에 태어난 사람들은 '가위, 바위, 보'보다는 '짱, 껨, 뽕'이나 '묵, 찌, 빠'가 익숙한 소리이다. 그것은 일제강점기 때, '가위, 바위, 보'가 아니라, 일본 말 '짱, 껨, 뽕じゃんけんぽん'이나 '묵, 찌, 빠グー・チョキ・パー'로 불러왔기 때문이다.

'가위, 바위, 보'라는 표현은 해방 이후 만들어졌으니, 우리나라의 가위바위보는 일본의 영향을 받은 어휘를 우리 식으로 번역한 것이다.

가위바위보를 처음 언급한 자료는 1895년에 발간된 「한국의 놀이 유사한 중국, 일본의 놀이와 비교하여」라는 책이다. 이는 미국의 펜실베니아 대학에 재직 중이던 스튜어트 컬린Stewart Culin, 1858~1929이 쓴 것으로, 이 책은 제목이 「한국의 놀이」지만 일본과 중국 놀이를 함께 소개하고 있어 당시의 동아시아 놀이를 비교해 볼 수 있는 소중한 자료라 할 수 있다.

이 책에서는 '37. 수벽치기: 손뼉치기Hand-Clapping'라고 제목을 쓰고 다음과 같이 기록한 대목이 있다.[1]

---

1) 스튜어트 컬린 저, 윤광복 역, 「한국의 놀이 유사한 중국·일본의 놀이와 비교하여」, 열화당, 2003, p.100.

두 사람이 마주 보고 서서 그들 중 한 명이 실수하거나 질 때까지 주어진 순서대로 어떤 손동작을 동시에 취한다.

처음에 각각은 두 손바닥으로 자신의 넓적다리를 친 다음 같은 방법으로 가슴을 친다. 그런 다음, 손뼉을 치고 쭉 뻗은 왼손을 오른손으로 친다. 그다음 손뼉을 치고 뻗친 오른손을 왼손으로 친다. 그리고 나서 자신의 손뼉을 치고, 손바닥을 쫙 펴서 상대방의 손바닥을 친 다음, 둘 다 자기 손뼉을 친다.

자신의 손뼉을 치는 동작부터 시작해서 손뼉을 치고 끝나는 마지막 동작을 두 사람이 처음에 한 대로 세 번 반복한다. 동작이 점점 빨라지면서 놀이는 매우 어려워진다.

위의 내용에는 가위바위보가 없다. 제목이 손뼉치기였듯, 손뼉치기 놀이를 설명한 것이다. 그런데 그 뒤에 붙여진 일본의 손뼉치기를 읽어보면 오늘날의 가위바위보가 어느 나라 놀이인지 알 수 있을 것이다.[2]

이 놀이는 일본에서도 똑같은 방법으로 행해지며, 어린이와 어른들에게 보편적 놀이이다. 이 놀이는 보통 노래를 부르면서 하고 '켄拳'이라고 한다. 여러 가지 놀이 방법이 있는데, 동작과 같이 하는 노랫말의 첫 단어들에 따라 구분 짓는다.

'켄'이라는 이름은 일본에서 두 사람이 손과 손가락으로 하는 많은 놀이들을 가리킨다. 이 놀이들 중에서 가장 보편적인 것들 중의 하나는 이시켄石拳으로, 보통 '잔켄가위,바위,보'이라고 부른다. 이시켄에서는 주먹을 이시돌이라고 부르며, 펼친 손을

---

2) 스튜어트 컬린 저, 윤광복 역, 「한국의 놀이 유사한 중국·일본의 놀이와 비교하여」, 열화당, 2003, pp.100-101.

가미종이, 쭉 편 검지와 엄지를 하사미가위라고 한다.

놀이 참가자들은 동시에 자신의 손을 내민다. 가위는 돌을 자르지 못하기 때문에 돌은 가위에게 이긴다. 종이는 돌을 감쌀 수 있기 때문에 종이는 돌을 이긴다. 그리고 가위는 종이를 자르기 때문에 종이한테 이긴다.

가위바위보는 종종 어떤 의무나 일을 수행해야만 하는 사람을 결정할 때 사용되곤 한다. 따라서 인력거꾼은 누가 손님을 모실지를 결정하기 위해 그것을 한다. 이 경우에 '하나, 둘, 셋' 하고 소리치는 것이 관례인데, 그것은 각 개인이 확실한 손동작을 내기 전에 세 번 반복하는 치찰음이다.

위의 내용을 보면, 오늘날 우리가 놀고 있는 가위바위보가 일본에서 만들어져 놀기 시작한 것과 동일함을 알 수 있다.

이 책을 저술한 스튜어트 컬린이 동양의 놀이를 처음 접한 것은 한국당시 대한 제국사람 박영규를 통해서였다.

그는 1893년 미국 시카고에서 열린 콜롬비아 박람회에 한국 위원회의 유능한 비서관이자, 워싱턴에서 한국 정부의 공사公使로 근무하면서 스튜어트 컬린 교수를 만났고, 그에게 한국의 놀이에 대한 자료를 제공하여 주었다.

스튜어트 컬린은 박영규에게 얻은 놀이 정보가 처음이기 때문에, 이를 중심으로 동아시아의 놀이들을 정리하였고, 덕분에 책의 제목이 「한국의 놀이」가 된 것이다. 그는 한국을 한 번도 방문한 적이 없고, 중국과 일본은 직접 방문하였다. 특히 일본의 자료는 그가 일본에 가서 직접 수집한 것이기에 자료가 풍부하다.

이를 정리하면, 스튜어트 컬린은 대한제국 사람인 박영규를 만나 한국의 놀이 자료를 수집하였고, 이는 동아시아의 놀이에 대한 관심을 증폭시켜 중국과 일본의 놀이 자료를 수집하게 되었다.

다만 스튜어트 컬린은 한국의 놀이 자료를 먼저 제공받았기 때문에 중국과 일본의 놀이가 한국의 놀이에 영향을 받아 형성된 것이라 생각하였다. 그래서 책을 만들 때, 한국의 놀이를 주로 다루고 이어 중국과 일본의 놀이를 넣었기에 부제목으로 '유사한 중국 일본의 놀이와 비교하여'라고 썼다.

그러나 이때는 놀이의 발상이 주로 중국에서 한국, 일본으로 건너간 것이 많았고, 일본은 미국을 통하여 서양에 문호가 개방되어 서양 놀이가 일본으로 들어오는 시기였다.

이 책에는 일본의 가위바위보가 다른 놀이에 비하여 많은 양이 수록되어 있는데, 좀 더 소개하면 다음과 같은 내용도 있다.[3]

> 무시켄虫拳은 가위바위보처럼 한다. 엄지를 헤비蛇, 뱀, 검지를 카에루蛙, 개구리, 소지를 나메쿠지蛞蝓, 민달팽이라고 부른다. 뱀은 개구리한테 이기고, 개구리는 민달팽이한테, 민달팽이는 뱀한테 이긴다.
>
> 이것은 진지한 경기라기보다 놀이이다. 하지만, 일반석으로 기츠네켄狐拳이라고 알려진 다음의 켄 놀이와 같은 경우는 조금 다르다. 기츠네きつね, 여우라고 부르며, 넓적다리에 공손한 태도로 놓은 두 손을 쇼야莊屋, 村長 촌장, 뻗은 검지를 댓포鐵砲, 총라 한다.
>
> 이 놀이에서 기츠네는 쇼야를 이긴다. 왜냐하면 여우는 사람을 속일 수 있기

---

3) 스튜어트 컬린 저, 윤광복 역, 「한국의 놀이 유사한 중국·일본의 놀이와 비교하여」, 열화당, 2003, p.101.

일본의 여우권(狐拳)

때문이다. 쇼야는 댓포를 이기는데, 총은 촌장을 쏠 수 없기 때문이다. 그러나 총은 여우를 죽이므로 댓포는 기츠네한테 이긴다.

기츠네켄에서는 형상을 표현하기 위해 손을 놓는 위치가 아주 다양하다. 기츠네에서는 스물다섯 개나 되는 다른 동작들이 사용되며, 쇼야에도 열 개나 사용된다.

기츠네켄은 약 이백 년 전, 이 놀이가 아주 인기가 있었을 때, 한 떠돌이 돌팔이 의사가 이것을 '도하치藤八'라고 이름 붙인 이래, 더 적절하게 말해 '도하치켄藤八拳'이라고 한다.

당시 일본에서는 가위바위보가 일본 열도 전역에 걸쳐 놀았던 인기 놀이였고, 놀이의 형태가 지역마다 약간씩 변형되어 행해졌다. 일본의 도쿄에서는 시합이 열릴 정도로 활성화가 되었는데, 당시 기록을 보면 다음과 같다.[4]

평소에는 교사인 그 놀이의 강사들은 정기적으로 도하치켄을 지도했다. 도쿄에서는 마치 고토부키 테이처럼 그 놀이를 위해 제공된 장소들에서 경기가 열렸다. 그리고 광고지를 돌리고 입장료를 받았다. 매우 많은 관중들이 모여들고, 낮과 밤 동안 칠십 회에서 백이십 회의 시합이 열린다. 선수들을 위해 네 개의 대나무 기둥을 버팀목으로 한 사각의 가건물인 시혼바시라四本柱라는 구조물이 세워진다. 이 천막은 스모에 사용되었던 것보다 좀 더 작을 뿐, 그것과 거의 비슷하다. 그 네 기둥은 사계절을

---

[4] 스튜어트 컬린 저, 윤광봉 역, 「한국의 놀이 유사한 중국·일본의 놀이와 비교하여」, 열화당, 2003, p102.

표현하기 위해 스모 경기장의 기둥과 같은 방식 녹색, 빨간색, 하얀색, 검은색으로 칠해져 있다.

선수들은 각각 그 천막의 양 측면에서 서로 마주 보고 앉는다. 그 안에는 켄다이拳臺라는 작고 좁은 탁자가 놓여 있고, 선수들은 그 위에 팔꿈치를 얹는다. 교지行司와 무코교지라고 하는 두 명의 심판은 씨름 심판들이 했던 것처럼 군바이단센軍配団扇이라는 부채를 들고 다른 쪽에 앉는다.

각 모퉁이에는 도시요리年長者라고 부르는 네 명의 남자들이 앉아서 경기를 지켜본다. 그들은 주로 시합에서 은퇴한 이 놀이의 전문가들로서, 논쟁이 일어날 때 도움을 준다. 도시요리는 각각 아사쿠사淺草, 시바, 간다神田, 고치마치라고 불리며, 그 이름들은 도쿄의 네 개의 주요 행정 구역에서 따온 것이다.

우승자에게는 비싸지 않은 시계나 기모노 같은 작은 상을 준다.

가위바위보가 일본에서 어떠한 풍토를 낳았는지 표현한 대목도 있다.[5]

일본에서 켄 놀이는 종종 벌칙이 따른다. 일반적인 것들 중 하나가 사케바츠酒罰, 벌주이다. 놀이 참가자들 사이에 술 한 잔을 놓고, 각 판이 끝나면 패자가 그것을 마셔야 한다. 때때로 패자는 약속에 따라 노래하거나 춤을 추어야만 한다. 게이샤들은 이 놀이를 할 때, 손님들의 여흥을 위해 아무것도 걸치지 않을 때까지 장신구와 옷을 계속 벗는다.

이곳에는 일본의 가위바위보가 중국에서 전래 되었다는 자료도 있다. 중국에서는 손으로 노는 놀이를 권拳이라 부르는데, 원래는 어린이의 놀이가 아니라 술자리 놀이로 행해졌다고 한다.

---

[5] 스튜어트 컬린 저, 윤광복 역, 「한국의 놀이 유사한 중국·일본의 놀이와 비교하여」, 열화당, 2003, p104.

일본의 개화기 이전1688년~1704년경에 중국에서 전해졌는데, 유일한 개항 도시로 외국과 무역을 했던 일본 남쪽 땅 나가사키에 들어와 '나가사키켄長崎拳'이라고 이름을 붙였다. 나가사키켄은 나가사키에서 일본 전역으로 퍼져 나가면서 각 지방에 따라 '요츠야켄四谷拳', '타이헤이켄太平拳', '나니코켄何箇拳'등 다양한 변화형도 생겼다.

중국에서 일본으로 전해질 때, 중국에서 놀았던 내용이 스튜어트 컬린의 「한국의 놀이」에 쓰여 있어 소개한다.[6]

많은 놀이들에서 다음과 같은 방법으로 부하 또는 대장을 뽑는다. 아이들은 짝을 맞춰 서서, 각각 갑자기 팔을 내밀어 손가락 하나를 낸다. 옆의 사람이 내민 것보다 약하다고 판단되는 손가락을 내밀면 그 사람이 진다.

엄지는 지방의 신神이라 하고, 검지는 닭, 중지는 총銃, 약지는 여우, 소지는 하얀 개미라고 한다.

엄지와 검지가 대립하면 엄지가 이기는데, 닭이 보통 신에게 바칠 제물로 도살되기 때문이다. 엄지와 중지가 대결하면 신이 총보다 더 위대하기 때문에 엄지가 이긴다. 총은 신의 존재를 알리는데 종종 사용되곤 한다. 엄지와 약지가 대결하면 승리도 패배도 없다. 왜냐하면, 신과 여우는 언제나 친한 관계이기 때문이다. 그래서 다시 해야만 한다. 엄지와 소지가 대결하면 하얀 개미가 종종 신상神像을 먹어 치우기 때문에 엄지가 진다.

검지와 중지가 대결하면 중지가 승자다. 총이 닭을 쓰러뜨리기 때문이다. 검지와 약지가 대결하면 검지가 진다. 여우가 닭을 먹기 때문이다. 검지와 소지가 대결하면,

---

[6] 스튜어트 컬린 저, 윤광복 역, 「한국의 놀이 유사한 중국·일본의 놀이와 비교하여」, 열화당, 2003, pp.104-105.

닭이 하얀 개미를 먹기 때문에 소지가 진다.

중지와 약지가 대립하면 총이 여우를 죽이기 때문에 약지가 진다. 중지가 소지와 대립하면 다시 해야만 한다. 왜냐하면, 총과 개미는 아무런 상호 영향을 주지 못하기 때문이다.

약지와 소지가 대결하면 비긴다. 왜냐하면, 여우와 하얀 개미는 서로 관계가 좋은지 나쁜지 모르기 때문이다.

각각 두 사람이 대결해서 진 사람이 결정되면, 진 사람들은 둘씩 짝을 짓고 손을 내밀어 마지막으로 부하가 결정될 때까지 경쟁을 계속한다.

위의 내용은 스튜어트 컬린에게 필드(A.M. Fielde)가 중국의 놀이라고 들려준 내용이다.[7]

▲ 사쓰마켄(薩摩拳), 일본, 보쿠센의 그림

다른 인기 있는 켄 놀이는 사쓰마켄薩摩拳이다.

놀이 참가자들은 한 손 또는 양손의 손가락을 동시에 뻗어, 다른 사람이 낸 숫자를 맞히려고 크게 숫자를 외친다. 그들은 이 놀이에서 다음과 같은 중국어를 사용한다. 이치, 리안, 싼, 오사이, 고, 로쿠, 쳇, 타마, 콰이(1, 2, 3, 4, 5, 6, 7, 8, 9).

이 놀이는 보편적인 중국의 손가락 맞히기 놀이, 차이무이猜謎와 같은 것이다. 일본의 그 놀이가 중국에서 기원되었다는 것은 토진켄 또는 중국켄 이라는 다른 보편적인 일본 이름에서 확인할 수 있다.

---

7) 스튜어트 컬린 저, 윤광복 역, 「한국의 놀이 유사한 중국·일본의 놀이와 비교하여」, 열화당, 2003, p.102.

가위바위보, 즉 일본말로 하면 '짱, 껨, 뽕'인 놀이 외에 '묵, 찌, 빠' 놀이도 있다. '묵, 찌, 빠'나 '짱, 껨, 뽕'은 같은 놀이이지만 표현이 다르다. 이 경우 '묵, 찌, 빠'는 '구, 쬬끼, 빠'에서 변형된 말이다.

'구'는 '군함'을 뜻하며 "묵"이라고 읽는다. '쬬끼'는 '침몰'이라는 뜻이며 "찌"라고 읽는다. '빠'는 '파열'이라는 뜻이며 "빠"라 읽는다. 즉, '구'는 '군함', '쬬끼'는 '침몰', '빠'는 '파열'이란 의미이며, 손 모양으로 '구'는 '주먹', '쬬끼'는 '가위', '빠'는 '보자기'로 표현하는 것이다.

1904년 러일전쟁에서 일본은 러시아의 최강무기 발틱함대를 물리치고 전쟁에서 승리를 이루었다. 1894년 청일전쟁과 1904년 러일전쟁에서 일본이 청나라나 러시아와 싸워 승리하리라고는 누구도 예측하지 못했다.

그런데 기적처럼 일본이 승리하자, 일본은 갑자기 세계 강국으로 급부상하였다.

그래서 이 사실을 자랑하기 위해서 만들어 낸 손동작이 바로 '구, 쬬끼, 빠'이고, 이를 '군함 놀이'라고 불렀다.

1904년 2월 8일 일본 함대가 뤼순항에 있던 러시아 함대를 기습 공격하면서 러일전쟁이 시작되었다. 이어 일본은 제물포 앞바다에서 러시아 군함 2척을 격침 시킨 후 한성을 점령했다. 주도권을 잡은 일본은 1905년 3월 펑톈에서 러시아와 격전을 치르게 되었다.

펑톈 전투에서 패한 러시아는 전세를 뒤집기 위해 유럽에 있던 발틱함대를 파견한다. 그러나 발틱함대는 1905년 5월 동해에서 당시 일본의 연합함대사령장관 도고 헤이하치로가 이끈 일본 연합 함대에 참패하였다.

설상가상으로 '피의 일요일' 사건이 일어나 국내 상황마저 불안해진 러시아는 이로써 패전을 현실로 받아들여야 하는 처지에 놓인다.

예상 밖으로 일본이 승리한 이유 중 하나는 영국과 미국의 적극적인 지원이었다. 두 나라는 일본이 부담한 전쟁 비용의 3분의 2를 빌려줬다. 또한 영국은 러시아의 발틱 함대의 움직임을 둔화하게 만들고 그 움직임을 일본에 속속 알려줬다.

그렇다면 가위바위보는 언제 우리나라에 들어왔을까? 그 시기는 바로 일제강점기이다.

1936년에서 1941년까지 조선총독부가 조사하여 만든 「조선의 향토오락」에 경기도 광주에서 풍계묻이 놀이를 할 때 가위바위보로 놀이의 선후를 정했다는 대목이 발견된다.

그 외에도 숨바꼭질, 국기 놀이, 꽃놀이, 땅 뺏기, 소경놀이, 허수아비 놀이, 고누, 말타기 놀이, 자치기, 도둑잡기, 눈 가리고 찾기, 수건돌리기, 치기 장난, 골뱅이 놀음, 참봉 놀이, 통차기, 호박 따기 등 여러 놀이에서도 가위바위보를 하여 놀이를 진행하였다는 내용이 있다.

이들 놀이는 일제강점기에 새로 만들어진 놀이와 일본에서 들어온 놀이가 대부분이며, 따라서 가위바위보가 빠짐없이 들어가 있다. 이로 보아 가위바위보는 1936년 이전에 우리나라로 들어왔다.

1939년 12월 17일 동아일보에 실린 '까막 술래잡기'라는 만화를 보면, "누가 술랜가~, 짱껨뽀- 아이고다쇼-"라는 대사가 있다. 이때는 일본말 "짱껨뽕"에 해당하는 말이 한국에는 없었기 때문에, 그것이 처음 전해졌을 때는 일본 발음을 그대로 쓰다가, 손 모양을 나타내는 말, 즉 '가위,

바위, 보자기' 모양에서 따와 현재의 '가위, 바위, 보'가 된 것이다.
"아이고다쇼"는 '아이코데쇼 あいこでしょ-비겼죠'를 가리키며, 다시 하자는 뜻으로, 승리가 결정될 때까지 가위바위보를 되풀이한다.

가위바위보가 일본에서 우리나라에 들어오지 않았을 때, 놀이를 시작하거나 편을 가르고 하는 일을 어떻게 하였을까?
어른들은 윷을 던져 "도 아니면 개" 하면서 외치곤 하였다. 즉 윷을 던져 나오는 결과로 놀았는데, 그 자리를 일본의 '짱껨뽕'이 차지한 것이다.

일본의 민속 음악학자 고故 고이즈미 후미오小泉文夫 전 도쿄예대 교수는 세계 각국을 현지 조사한 결과 이 놀이가 일본에서 외국으로 많이 전파된 놀이라고 말한 적이 있다.
페루에서는 일본 발음대로 "짱껨뽕"이라고 하지만 미국의 동해안 지방에서는 "짱께 노뽀"라고도 한다. 재미있는 것은 "아이코 데쇼"를 "I canna can not show"라고 하는 것이다.
이것은 분명히 일본말을 귀에 들리는 대로 미국인들의 언어로 옮기다 보니 생긴 현상인데 의미도 통하게 만들었다. 이것을 와음화 현상이라고도 한다.
가위바위보는 전 세계에서 노는 놀이이다.
그렇다고 해서 일본의 놀이가 전 세계로 퍼진 것으로만 볼 수는 없다. 그 지역에서 자연 발생 된 놀이도 매우 많기 때문이다.
참고로 세계 여러 나라에서 놀고 있는 가위바위보, 또는 가위바위보와 유사한 놀이를 소개하면 다음과 같다.[8]

• 이탈리아 모라morra에서는 오른손 엄지손가락·집게손가락·가운뎃손가락

---

8) 이후 이어지는 세계 각국의 가위바위보 내용은 해당 서적에서 인용했다.
김광언, 동아시아의 놀이, 민속원, 2004.

셋을 쓴다. 또 대장과 졸병 또는 아버지와 아들로 나뉘어서 대장은 세 번, 병졸은 다섯 번의 결과로 승부를 짓기도 한다. 양쪽이 소리를 냄과 동시에 셋 가운데 하나를 내되, 양쪽이 같으면 대장이, 다르면 졸병이 이긴 것으로 친다. 이긴 경우에는 '이치이' 소리와 함께 '뽕' 하는 가락을 울린 다음, 다시 손가락을 내어서 다시 이기면 이번에는 '니이' 하고 외친다.

- 미얀마에서는 몸으로 지휘관·병졸·범 꼴을 짓는다. 허리에 두 손을 얹은 채 상반신을 뒤로 젖히고 선 지휘관은 철포를 쥔 시늉의 병졸을 이기고, 철포를 가진 병사는 손톱을 세우고 달려드는 범을 이기고, 범은 지휘관을 이긴다.

- 인도네시아에서는 코끼리·인간·개미가 등장한다. 코끼리엄지손가락는 인간집게손가락을, 인간은 개미새끼손가락를, 개미는 코끼리를 이긴다. 인도네시아 발리섬에서도 이와 같다.

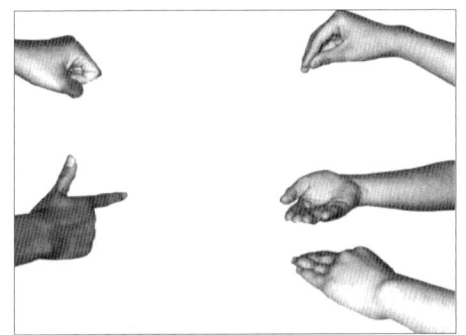

- 싱가포르에서는 다섯 손가락으로 짓는 용·돌·물을 꾸민다. 용은 물을, 물은 돌을, 돌은 용을 이긴다.

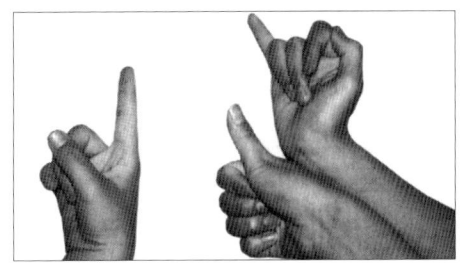

- 말레이시아의 가위바위보는 중국 광동성처럼 다섯 가지로 구성되지만, 이름은 새·돌·권총·널板·물이다.
- 영국에서는 돌·종이·가위로,
- 프랑스에서는 돌·가위·우물로,
- 미국에서는 바위·종이·가위로,
- 베트남에서는 망치·못·종이로 한다.

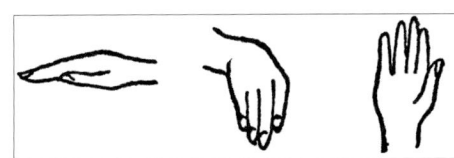

▲미국 원주민의 가위바위보. 땅(왼쪽), 물(가운데), 불(오른쪽)

| 참고문헌 |

- 김광언, 「동아시아의 놀이」, 민속원, 2004.
- 홍양자, 「빼앗긴 정서 빼앗긴 문화」, 다림출판사, 1997.
- 홍양자, 「우리 놀이와 노래를 찾아서」, 다림출판사, 2000.
- 무라야마 지준, 「조선의 향토오락, 박전열(역), 집문당, 1992.
- 스튜어트 컬린, 「한국의 놀이 유사한 중국 일본의 놀이와 비교하여」, 윤광복(역), 열화당, 2003.
- 스즈키 토시, 「쇼와 어린이 250경」, 朋興社, 1995.
- 溶口国雄 [ほか], 「전승놀이의 백과」, 小学館, 1978.
- 오쿠나리 다쓰 글, 나가타 하루미 그림, 「놀이도감 언제·어디서·누구나 (遊び図 鑑 ~いつでも どこでも だれとでも~)」, 1987.

6 줄넘기 놀이

초등학교 교과서 속 일본놀이

6
줄넘기 놀이

    줄넘기는 줄을 넘으며 노는 놀이를 말한다. 짧은 줄은 주로 혼자 놀 때 사용하고, 긴 줄은 여럿이 놀 때 사용한다.

    혼자서 놀 때 사용하는 짧은 줄은 놀이를 하는 사람의 체력을 증강 시키기 위한 수단이며, 노는 방법으로는 혼자 어려운 동작을 실수 없이 하는 것과 여럿이 편을 갈라 노는 것이 있다.
    가장 보편적인 것은 혼자 오래 돌리기이며, 줄을 앞으로도 돌리고 뒤로도 돌리며 8자 모양으로 돌려 넘기, 몸이 공중에 떠 있는 동안 줄을 두 번, 세 번 또는 그 이상 빨리 돌려 넘기, 한 사람이 돌리고 또 한 사람이 들어가 둘이 넘는 것, 난이도를 높여 줄을 돌리고 있는 사람 앞뒤로 들어가 셋이 넘는 것이 있다.
    또한 무릎을 굽혔다가 펴면서 한 다리를 뻗은 채 외다리로 넘는 방법, 한 손으로 땅을 짚거나 만세를 부르기, 물건 줍기가 있으며, 뛰는 기법으로는 양발 뛰기, 오른발과 왼발을 번갈아 가면서 한 발 뛰기, 한 발로 혹은 양발로 뛰면서 앞으로 나가기, 앞과 뒤로 이중 돌리기 등 여러 가지 방법으로 놀이를 한다.

긴 줄로 여럿이 노는 방법은 여러 가지가 있는데 다음과 같다.

사람이 적을 때는 줄 한쪽을 나무나 기둥에 묶고 한 사람이 돌리면 다른 사람이 들어가 줄을 넘는 것, 여럿일 경우 양쪽에서 두 사람이 줄을 돌리고 한 사람씩 들어가 줄을 넘는 것, 여럿이 한꺼번에 줄을 많이 넘는 것, 한 사람씩 오른쪽으로 들어가면 한 사람씩 왼쪽으로 나오는 방법이 있다.

또한 여럿이 들어가 노래에 맞춰 뛰다가 노래가 끝나면 한 사람씩 나오는 방법, 두 편으로 나누어 한 편에 한 사람씩 둘이 들어가 가위바위보를 하여 진 사람은 나오고 이긴 사람은 남아서 다음 사람과 또 가위바위보를 한다. 이때 줄이 발에 닿으면 그 사람은 실격 처리되며, 상대방을 많이 이긴 편이 승리한다.

수 더하기는 한 사람, 두 사람, 세 사람 등 정해진 수만큼 줄 안으로 들어가 뛰다가 무사히 나오면 이기는 놀이이다.

위의 놀이 방법은 주로 일본에서 줄넘기 놀이를 할 때 놀았던 방식이며, 일부는 한국 아이들의 창작 놀이가 가미되었다. 즉 줄넘기 놀이 자체가 일본의 것은 아니나, 최소한 한국에서 현재 아이들이 즐기는 줄넘기 놀이의 방식은 일본에서 건너온 것이라고 보아야 한다.

교과서에서는 줄넘기의 역사를 이렇게 표현하고 있다.

여러 나라에서 여자아이들의 놀이로 시작되었다. 조선 말엽의 문헌에 의하면 새끼줄을 이용해서 줄넘기를 행하였다고 한다.

줄넘기의 놀이 유래를 우리나라 기록에서 찾아보면, 임진왜란 때 의병장인 중봉重峯 조헌趙憲, 1544~1592이 만들었다는 '도삭희跳索戲'와 관련이 있다. 이 도삭희에 대해 1921년 최영년崔永年, 1856~1935이 지은 「해동죽지海東竹枝」에서는 다음과 같이 기록하고 있다.

> 옛날 풍습에 아동이 새끼줄로 그 양끝을 잡고 돌리고 뛰어서 곧 천여 번에 이른다. 한편에서는 조중봉 선생이 아동을 시켜서 이 놀이를 만들었다고 하는데, 다리의 힘이 건강해지고 붓기가 없어진다고 한다. 명명하기를 '도삭희'라 하였다.
>
> 「해동죽지」
>
> 舊俗 兒童以索執其兩端 且越且跳 乃至千餘度一云 趙重峯先生 使兒童作此戲 健脚力 消脚氣云 名之曰 跳索戲
>
> 「海東竹枝」

이로 보아 줄넘기는 400여 년 전부터 놀았던 우리 놀이라는 것을 증명할 수 있다. 그러나 지금 우리나라 아이들이 놀고 있는 줄넘기가 그 시대 놀았던 놀이를 계승한 것이라는 기록은 존재하지 않는다. 임진왜란 때의 줄 놀이 '도삭희跳索戲'를 일제강점기인 1921년 최영년이 「해동죽지海東竹枝」에 기록한 것이 전부이다.

또한 임진왜란 때 놀았다는 '도삭희跳索戲'는 놀이라기보다 신체 단련을 위한 개인 훈련에 가까우므로, 오늘날 우리나라 어린이들이 노는 여러 가지 줄넘기 놀이 형태와는 큰 차이점을 가지고 있다.

그러니 줄넘기 자체는 우리 민족이 오래전부터 하던 것이나, 현재 우리나라 어린이들이 즐겨 노는 줄넘기 놀이는 일본식 줄넘기로 보는 것이 타당하다.

줄넘기 놀이의 대표적인 방식은 긴 줄넘기이다.

양쪽에서 줄을 돌리면 한쪽 편이 정해진 숫자의 사람이 반대쪽 편이 돌리고 있는 줄 안에 들어가 부르는 노래의 행동을 하고 무사히 밖으로 나오는 것이다.

그 대표적인 노래가 바로 '꼬마야' 노래이다.

꼬마야 꼬마야 뒤를 돌아라
꼬마야 꼬마야 땅을 짚어라
꼬마야 꼬마야 한 발을 들어라
꼬마야 꼬마야 만세를 불러라
꼬마야 꼬마야 인사를 하여라
꼬마야 꼬마야 잘 가거라

위의 노래를 모르는 사람은 거의 없다. 그런데 이 노래에서 '꼬마'는 무엇을 의미할까? 당연히 '작은 아이'를 지칭한다고 대부분의 사람들은 생각할 것이다.

그러나 이 놀이의 원형인 일본 줄넘기 놀이의 가사를 보면 놀라운 반전이 있다. 이 놀이의 꼬마는 원래 곰돌이였는데, 곰돌이 놀이가 서양에서 발생하여 일본을 거쳐 한국으로 들어오면서 '꼬마'로 변한 것이다.

이 놀이는 1868년 이후 서양에서 일본으로 들어와 1920년대에 보급되었다.

1937년~1938년경 일본 어린이 잡지에 번역 소개된 미국의 전래동요 '테디 베어 Teddy Bear'가 일본에 수입되어 일본의 줄넘기 노래 '구마산 まさん, 곰돌이라는 뜻'으로 정착하였다.

이것이 다시 한국에 와서 일본 말 '구마' 즉, 곰이 쎈 발음이 되어 '꼬마'가 된 것이다.

① 서양의 곰돌이 노래

곰돌이 Teddy Bear

곰돌아 곰돌아 뒤를 돌아라 Teddy bear teddy hear turn around
곰돌아 곰돌아 땅을 짚어라 Teddy bear teddy bear touch the around
곰돌아 곰돌아 신발을 보여줘 Teddy bear teddy bear show your shoe
곰돌아 꿈돌아 박수를 쳐라 Teddy bear teddy bear clap your hands
곰돌아 곰돌아 괜찮네요 Teddy bear teddy bear that will do
곰돌아 곰돌아 잘 가거라 Teddy bear teddy bear say good bye

② 일본의 곰돌이 노래

곰돌이 くまさん

곰돌아 곰돌아 오른쪽으로 돌아라 くまさん くまさん まわれみぎ
곰돌아 곰돌아 땅을 짚어라 くまさん くまさん 手をついて
곰돌아 곰돌아 한 발 들어라 くまさんくまさん 片足あげて
곰돌아 곰돌아 만세를 불러라 くまさん くまさん 両手をあげて
곰돌아 곰돌아 인사를 하여라 くまさんくまさん おじぎして
곰돌아 곰돌아 업어라 くまさん くまさん おんぶして
곰돌아 곰돌아 괜찮아 くまさん くまさん もらよろし
곰돌아 곰돌아 잘 가거라 くまさん くまさん さようなら

　일본의 무라야마 지준이 1938년에서 1941년까지 전국 학교를 통하여 조사한 결과가 담긴 「조선의 향토오락」에는 줄넘기가 11곳에서 기록되어있고, 그중 제주도에서 놀았던 줄넘기는 다음과 같이 기록하고 있다.

줄넘기, 수시, 여자

〈놀이법〉 1.8 미터 정도의 끈을 원형으로 만들어 돌리면서 노래에 맞춰 논다.

〈노래〉 안녕 삼각. 또와라 사각. 사각은 두부.
두부는 하얗다. 하얀 것은 토끼. 토끼는 난다.
나는 것은 까마귀. 까마귀는 검다.
검은 것은 굴뚝. 굴뚝은 높다.
높은 것은 하늘. 하늘은 푸르다
푸른 것은 바다. 바다는 깊다.
깊은 것은 부모의 은혜

이 시기 일본에서 부르는 노래가 하나 있다. '이로하니 별사탕' 이라는 노래로, 후에 우리나라 아이들이 즐겨 부르는 '끝말잇기' 의 '원숭이 엉덩이는 빨개' 라는 노래로 바뀌게 되었다.

이것은 고무줄놀이에서 이 노래의 내용을 약간 변형시킨 내용으로 놀이를 한 것이다. 원형이 되는 일본 노래는 다음과 같다.

이로하니 별사탕 イロハニ ユンベイトウ

이로하니 별사탕, 별사탕은 달다 イロハニ ユンベイトウ, ユンベイトウワ 甘イ
달면 설탕, 설탕은 하얗다 甘イワ オ砂糖, オ砂糖ワ 白イ
희면 구름, 구름은 빠르다 白イワ 雲, 雲ワ 速イ
빠르면 기차, 기차는 까맣다 速イワ 汽車, 汽車ワ 黒イ
검으면 연기, 연기는 가볍다 黒イワ 煙, 煙ワ 輕イ
가벼우면 석유, 석유는 비싸다 輕イワ 石油, 石油ワ 高イ
높으면 후지산, 후지산은 멀다 高イワ 富士山, 富士山ワ 遠イ

멀면 도-코, 도-교는 위대하다 遠イワ 東京, 東京ワ 偉イ
위대하면 천황 偉イワ 天皇

재일교포 놀이·노래 연구가 홍양자가 수집한 줄넘기 노래 중 함경북도 경흥에서 수집된 숫자풀이 노래가 있다. 이 노래는 우리말로 하고 있지만 일본 노래를 따라한 것이어서 우리말과 일본말이 섞여 있다.

잇지(1) 가라 닛폰日本, 니(2)가라 시(4)금치, 곰보(5) 닥지 로시아(6), 고슬고슬 할머니(8), 구두(9) 신어 보자구.
기로구바니 이십삼 새금치, 발금치도 설르설르, 이루와 주구, 우시 잠보
(괄호 안의 숫자는 숫자를 일본어로 발음할 때 그 두음을 나타내는 숫자)

1942년이 되면 아이들에게 조선어 사용을 금지하고 일본말만 하게 했다. 이때 우리말과 일본말의 같은 음을 가지고 다른 뜻을 나타내는 동음이어同音異語를 잘 짜서 만든 노래가 있다.

호랑이가 죽으려구 뱅뱅뱅 돌아とら
꿩이 살살 기지きじ
흙이 있어야 쓰지つち
낫을 가지고 가마かま
새끼를 가지고 나와なわ
돈 받으러 가네かね
참외 따러 막가まっか
오이 따려고 기우리きゅうり느냐

여우가 죽을라구 기쓰네きつね
도야지돼지가 죽을까 부다ぶた
내 술 좀 사께さけ
게가 어떻게 걸어가니かに

    1895년 미국의 스튜어트 컬린이 쓴 「한국의 놀이 유사한 중국·일본의 놀이와 비교하여」에는 줄넘기에 대하여 다음과 같이 기록하고 있다.[1]

27. 줄넘기 Jumping Rope

    줄넘기는 오직 남자아이들만이 하는 놀이로, 혼자서 줄을 돌리며 뛰어넘는 것이다. 일본에서 남자아이들은 혼자서 줄을 돌리며 뛰어넘거나, 때로는 두 명이 줄을 돌리고 한 명이나 두 명이 들어가 점프를 하며 줄을 넘는다. 이것 또한 '도비코시' 또는 '쓰나토비綱飛'라고 불린다. 중국 광동에서는 줄넘기를 '휴싱跳繩'이라고 하는데, 이따금 혼자서 줄을 돌리며 뛰어넘는다.

    2004년 김광언이 저술한 「동아시아의 놀이」에서는 다음과 같이 서술한다.

---

1) 스튜어트 컬린, 윤광복 역, 「한국의 놀이 유사한 중국·일본의 놀이와 비교하여」, 열화당, 2003, pp.95-96.

줄넘기는 19세기 후반 이후 구미에서 들어간 듯하다. 1887년에 나온 「소학운동도해 小學運動圖解」 등 그림이 보인다. 1901년의 「일본 아동 유희집」에서는 도쿄의 소학교에서 유행된다고 하였다. 초등학교를 중심으로 퍼져나간 것이다.

중국의 어린이들은 물론이고 북아메리카 원주민 어린이들도 줄넘기를 즐긴다. 중국의 경우 6세기의 문헌에 줄넘기가 설명된 것은 놀라운 일이다. 우리 줄넘기는 일본에서 들어왔을 것이다.

재일교포 홍양자는 「우리의 놀이와 노래를 찾아서」에서 한국과 일본 아이들의 줄넘기 놀이 특징에 대하여 다음과 같이 기술하였다.

줄넘기 놀이

우리나라에서는 고무줄놀이가 발달한 대신 줄넘기 놀이는 그다지 발달하지 않았다. 반대로 일본에서는 고무줄보다 줄넘기가 발달한 셈이다.

현장조사를 해보니 우리나라 아이들 중 고무줄을 가지고 다니는 아이는 많지만, 줄넘기를 가지고 다니는 아이는 없었다. 그런데 일본에서는 아이들 대부분이 줄넘기 줄을 가지고 다니지만, 고무줄을 가지고 다니는 아이는 거의 없었나. 고무줄놀이를 아주 즐겨 하는 아이 외에는 가지고 있지 않았던 것이다. 더욱이 노래를 부르면서 하는 고무줄놀이를 아는 아이는 고학년 어린이밖에 없었다. 3학년 아이 하나가 할머니께 배웠다며 하는 아이가 있었지만 잘하지는 못했다. 우리나라에서는 3학년이면 고학년과 같이 아주 능숙하게 고무줄놀이를 할 수 있는 아이가 많다.

일본에서 줄넘기가 발달한 이유 가운데 하나는 학교 교육에 있다. 1학년이 되면 학교에서 쓰는 필수 학용품 중에 줄넘기 줄이 들어간다.

일본 학교에 가면 흔히 볼 수 있는 풍경이 쉬는 시간이면, 운동장에서 저학년 꼬마들이 줄넘기 줄을 가지고 끼리끼리 놀고, 고학년 아이들은 한꺼번에 10명이나 20명이 들어갈 수 있는 긴 줄을 가지고 집단적으로 놀고 있는 것이다.

이러한 긴 줄은 개인 것이 아니라, 보통 각 반이나 소유하고 있는 놀이 기구의 하나이다. 운동회의 중요한 종목으로 쓰이는 줄넘기는 평소에도 건강을 위해서 혹은 누구나 쉽게 할 수 있는 운동이므로 학교에서 장려하고 있다.

이에 비해 우리나라 초등학교에 가면, 운동장 구석이나 건물 뒤쪽 혹은 큰 나무 밑 그늘진 곳에서 여자아이들이 고무줄놀이를 하고 있는 모습을 흔히 볼 수 있다.

우리나라 아이들은 고무줄놀이는 노래를 바꾸면서 한 시간 정도 계속하지만, 줄넘기 놀이는 10분이나 길어도 15분 정도면 싫증을 내고 끝내버린다. 또 고무줄은 그렇게도 잘하면서 줄넘기는 금방 줄에 걸리고 만다.

아마 우리나라 아이들이 줄넘기 놀이보다 고무줄놀이를 좋아하는 것도 집단 놀이의 연속성 때문이 아닌가 생각된다. 고무줄은 걸린 사람이 생겨도 그 사람만 빠져나가면 다른 사람들은 지장 없이 계속할 수 있지만, 줄넘기는 한 사람이 줄에 걸리면 줄이 돌아가지 않아서 다시 처음부터 시작해야 하기 때문에 놀이가 중단되어 재미를 잃게 되는 것이다.

흔히 말하기를, 일본 사람은 개개인의 힘은 별로 없어도 집단성이 강한 민족이고, 한국 사람은 개개인의 능력은 강하지만 집단성이 약하다고 한다. 어린이들이 하는 줄넘기 놀이와 고무줄놀이를 비교해 볼 때조차 놀이의 지향성이 그 민족의 속성을 나타내고 있음을 알 수 있다.

일본의 자료를 좀 더 살펴보면, 스즈키 토시의 「쇼와의 어린이 250경」(붕홍사, 1995년)에서 쇼와시대 昭和時代1926~1989 한국에서는 일제강점기였던 시대에 일본에서 놀았던 줄넘기 놀이의 그림과 노는 방법을 소개하고 있다.

이 「쇼와의 어린이 250경」은 1977년도 6월에서 1979년 3월까지 요미우리

신문의 도시권 판에 일본의 쇼와시대 昭和時代 1926년 시작 어린이들이 놀았던 놀이를 포함한 당시의 전반적인 풍토를 「쇼와 어린이 풍토기」라는 이름으로 연재하였는데, 이것을 1980년에 작품들을 선택해 책으로 엮어 펴내고 1995년에는 새롭게 작품 50장을 추가함과 동시에 내용을 일신하여 「쇼와의 어린이 250경」이라는 책으로 출판한 것이다.

〈해석〉
큰 파도 작은 파도

큰 파도 작은 파도로, 뒤집혀 앗밧바······.
우체부 씨, 분실물, 엽서 10장이 떨어졌어요. 주워줍시다.
1장, 2장, 3장, 4장, 5장······. 고마워요, 00씨.
「1빠짐, 2빠짐」「가위바위보 줄넘기」 등 줄넘기는 다양하다.

1987년 발행한 「놀이도감遊び図鑑」(오쿠나리 다쓰 글, 나가타 하루미 그림)에는 '혼자 줄넘기, X자 줄넘기, 파도 넘기, 두껍아 두껍아, 뛰어넘기, 8자 줄다리기, 줄 허리씨름, 줄 돌리기'가 그림으로 그려져 있고, 고무줄 노래인 '큰 파도 작은 파도, 가위바위보 줄넘기, 우체부 아저씨'가 수록되어 있다.

그런데 이 일본 서적을 1991년 김○○이 번역하여 진선출판사(주)에서 출판을 하였는데 줄넘기 그림은 그대로 해석을 하여 넣었으나, '점프 실력을 겨루는 줄넘기 놀이'라는 소제목과 설명에서는 일본의 원본 내용을 무시하고 우리 아이들이 노는 놀이로 바꾸어 줄넘기 노래로 '꼬마야 꼬마야'를 넣었으며, '큰 파도 작은 파도'와 '가위바위보 줄넘기', '우체부 아저씨'는 빼서 편집하였다.

이는 일본 서적을 마치 우리 책처럼 편집한 것이니, 이 책을 보면 우리 전래놀이로 착각하기 쉽다. 그 영향 때문인지 아이들은 여전히 이 책에 수록되어 있는 내용대로 놀이를 즐겨 한다. 심지어 줄 허리 씨름은 이 책 덕분에 우리나라 어린이들에게 널리 퍼지게 되었다.

번역본 놀이도감은 일본 색이 짙은 것을 우리 것으로 바꾸어 수록하였다. 예를 들어 연은 일본의 오징어 연을 빼고 우리 고유의 방패연으로 바꾸어 놓았고 윷놀이, 자치기 등을 추가로 수록하는 등 번역과는 거리가 먼 것이 많은 양을 차지하고 있다.

따라서 사람들은 이 책의 놀이들을 단순한 일본 서적의 번역본으로 인식하지 않고 우리 전래놀이로 착각한 것이다. 이 책은 많은 양이 팔려나가 1999년에 10번째 인쇄를 하였다고 쓰여 있다.

일본의 놀이도감

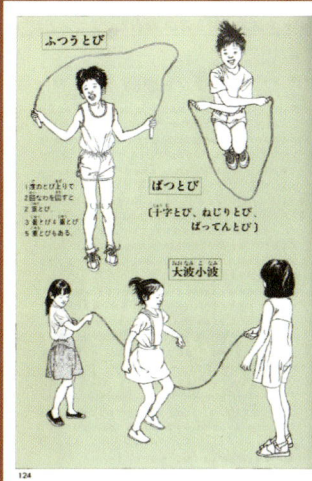

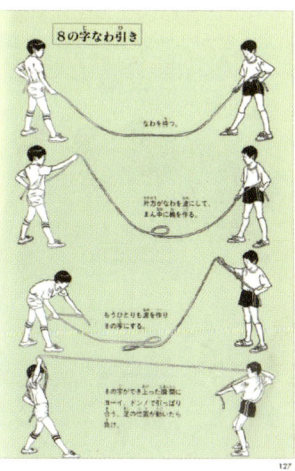

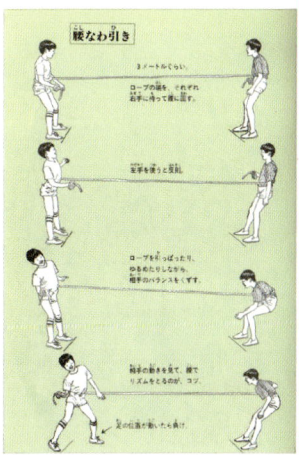

한국의 번역본 놀이도감

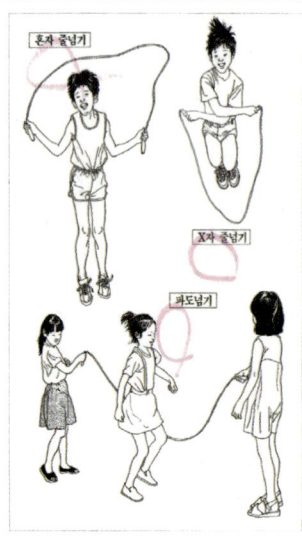

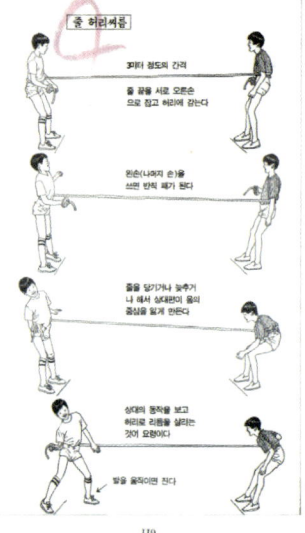

2015년에 발간한 「일본의 놀이 교과서 아동 보육이나 초등학교 선생님을 위한」에는 다음과 같이 수록되어 있다.

<해석>

바깥놀이

메이지 시대에는, 팽팽한 밧줄로 뛰었다

| 큰 줄넘기 |

  연속 뛰기는 사이가 벌어지지 않도록 한 번 줄을 돌릴 때마다 한 명씩 뜁니다. 많이 계속해서 뛴 성취감이나 걸리지 않도록 조심해서 뛴 긴장감으로 즐거운 놀이입니다.
  인원이 적을 때는 한쪽을 나무 등에 묶고 놀아요.

놀이의 역사

옛날 줄넘기는 고무줄 뛰기 같은 놀이

메이지 시대의 큰 줄넘기는 줄을 팽팽하게 펴고 그것을 뛰어넘는 놀이로, 규칙은 지금의 고무줄넘기와 같습니다. 뛰어넘을 때마다 높이를 점점 높여갔고, 소재는 짚이나 삼베를 사용하고 있었습니다. 당시는 일본 옷으로 속옷을 입고 있지 않았기 때문에 성인은 이 놀이를 금지하고 있었습니다. 그러나 아이들은 옷이 젖혀지지 않도록 옷자락을 두르고 놀았던 것 같습니다.

정리하면 우리나라에서는 400여 년 전 줄넘기를 이용하여 아이들의 체력을 증강 시켰다는 기록은 있으나, 이를 발전시켜 놀이로 놀았다는 기록은 없다.

일본이 침략하여 소학교를 중심으로 일본식 줄넘기가 보급되었고, 그 영향으로 지금까지 아이들이 일본식 줄넘기를 놀고 있다는 것이다.

| 참고문헌 |

- 김광언, 「동아시아의 놀이」, 민속원, 2004.
- 홍양자, 「빼앗긴 정서 빼앗긴 문화」, 다림, 1997.
- 홍양자, 「우리 놀이와 노래를 찾아서」, 다림, 2000.
- 스튜어트 컬린, 「한국의 놀이 유사한 중국·일본의 놀이와 비교하여」, 윤광복(역), 열화당, 2003.
- 무라야마 지준, 「조선의 향토 오락」, 박전열(역), 집문당, 1992.
- 스즈키 토시, 「쇼와 어린이 250경」, 朋興社, 1995.
- 오쿠나리 다쓰 글, 나가타 하루미 그림, 「놀이도감 언제·어디서·누구나 (遊び図鑑 ~いつでも どこでも だれとでも~)」, 福音館書店, 1987.
- 오쿠나리 다쓰 글, 나가타 하루미 그림, 「놀이도감 언제·어디서·누구나」, 김창 원(역), 진선출판사, 1991.
- 田仲豊德(발행인), 「일본놀이 교과서 にほんのあそびの教科書 아동보육이나 초등학교 선생님을 위한」, 株式会社滋慶出版/つちや書店(발행처), 2015.

7 고무줄 놀이

초등학교 교과서 속 일본놀이

7 고무줄놀이

고무줄놀이는 여자아이들만 노는 놀이이다.

남자아이들은 여자아이들이 놀고 있는 고무줄을 끊고 도망가는 것 말고는 고무줄놀이와는 아무런 관계가 없다.

고무줄놀이는 언제부터 놀았을까?

고무줄놀이의 필수 도구는 고무줄이다. 그러니 고무줄이 있어야 이 놀이는 성립된다.

우리나라에 고무가 들어온 것은 그리 오래되지 않았다. 고무의 쓰임에서 가장 먼저 들어온 것은 자동차 바퀴 즉, 타이어로 들어오고 이어 고무신 순서이다. 그러니 고무줄은 이들이 들어온 후에 놀이용 고무줄이 만들어졌을 것이다.

고무줄놀이는 일본에서 들어왔다. 고무가 일본을 통하여 들어왔기 때문이다.

김광언이 쓴 「동아시아의 놀이」에 일본 고무줄놀이가 소개되어 있는데 그 내용은 다음과 같다.

일본에서는 처음에 고무줄을 낮게 잡으며, 놀이가 진행됨에 따라 점점 높이 들어 올린다. 예컨대 줄을 잡은 아이의 신발 코 → 무릎 → 넓적다리 → 허리 → 가슴 → 어깨 → 귀 → 머리 위로 올리는 것이다. 일본에서는 흔히 줄을 둘이 잡지만 적으면 한 끝을 전봇대나 신사神社 도리이鳥居에 잡아맨다. 패를 가른 경우 앞 단계에 따라 줄을 넘다가 줄이 점점 높아지면서 한 둘씩 떨어져 나간다.

넘는 방법도 여러 가지다. 낮은 단계에서는 한 다리로 넘고, 허리께에 이르면 두 다리를 모아 뛰어넘는다. 이때는 멀리서 뛰어 몸에 실리는 탄력을 이용한다. 그리고 어깨나 머리에 이르면 물구나무서기로 넘는다. 또 줄을 한 다리에 걸어서 높이를 맞춘 다음 넘기도 한다. 같은 단계에서 세 번 실패하면 순서를 상대에게 넘긴다.

위의 고무줄놀이 내용은 '일본'이라는 국명만 빼면 우리나라 여자 아이들이 노는 고무줄놀이와 똑같다.

일본에서 초등학교 음악 교사를 지낸 홍양자의 「빼앗긴 정서 빼앗긴 문화」, 「우리 놀이와 노래를 찾아서」에 고무줄놀이가 일본에서 우리나라에 들어 온 시기를 다음과 같이 기술하였다.

현재 우리나라에서 여자 아이들이 많이 하는 고무줄놀이는 1930년대에 일본에서 유행하여 우리나라에 들어온 놀이이다. 고무줄놀이를 하기 위해서는 고무줄이 없으면 안된다. 1876년 일본에서 고무풍선이 판매 되었으며 한국에서는 1919년에 서울시에 대륙 고무공장이 설립되어 고무신을 만들기 시작했으니 이 고무줄놀이는 적어도 일제 때 고무가 들어와서 발달된 놀이라고 볼 수 있다.

일본은 개항1868년 하면서부터 근대식 놀이완구를 만들기 시작했다. 1881년 '라무네ラムネ'라고 하여 지금의 사이다와 같은 탄산음료가 등장하였는데 그 속에 유리로 된 구슬을 넣어 판매하면서 1897년에는 그 구슬이 아이들의 놀이 도구로 보급되어 구슬치기 놀이가 시작되었다. 또한 딱지치기에서 쓰는 딱지도 처음에는 1879년에 등장한 납으로 만든 딱지가 1898년에는 종이로 만든 딱지가 상품화 되었는데 종이를 접어서 만들기도

> 했다. 이러한 것들을 생각하면 일본에서는 우리나라보다 일찍부터 공치기놀이나 고무줄놀이, 구슬치기놀이 등 공장에서 만든 근대식 놀이 기구를 가지고 노는 놀이가 발달한 셈이다

위의 내용으로 보아 일본에서 한국으로 고무줄놀이가 들어온 것은 1930년대라 하였는데, 이를 뒷받침하는 자료가 있다. 일본의 학자 무라야마 지준이 1936년 조선총독부를 통해 각 지방의 보통학교에 의뢰하여 수집한 보고서를 바탕으로 작성한 「조선의 향토오락」에 실린 고무줄놀이가 강원도 평창 한 곳에서 수집되었는데 그 내용은 다음과 같다.

> **고무줄놀이** 수시, 여자 어린이
> 〈놀이법〉 둥근 고무줄을 약 2m 정도 되게 묶어서 두 사람으로 하여금 양쪽 끝을 잡고 있게 하고 고무줄을 뛰는 사람이 한 명씩 "하나부터 일본, 셋부터 시베리아, 다섯부터 러시아, 일곱부터 할빈, 아홉부터 열까지, 그리고 열하나부터 스물까지"의 노래를 부르면서 고무줄을 뛰어넘어서 마지막 스물까지 계속 뛰어넘으면 한번 이기게 된다. 서울 지역에서 전해졌다.

여기에 수록된 노래는 일본의 선생 노래다.
일본 군인들이 부르던 노래를 아이들은 고무줄놀이에 넣어 부르고 있다. 그것은 일본 아이들이 부르는 노래를 그대로 따라 했으니, 일본 전쟁 노래를 부르고 있는 것이다.

1927년에 출판된 「소년 소녀 교육 유행 창가집」에는 '효순의 한절', '표모의 한절', '가을밤의 한절'이라는 노래가 수록되어 있는데, 이 세 곡은 가사만 우리말일 뿐 멜로디는 모두 일본 동요이다. 그런데 1950년대까지만

해도 고무줄놀이를 할 때 우리나라 어린이들이 이 노래를 즐겨 불렀다고 한다.

고무줄놀이가 일제 때 일본에서 들어왔다는 또 하나의 예가 있다. 1970년대에 일본 학자 사쿠라이 데쓰오桜井哲男가 제주도에서 전래동요를 채집한 동요 중 고무줄노래 두 곡이 일본 것이라고 밝힌 적이 있다.

그중의 하나가 '백반 줄까'라는 노래인데 이것은 옛날에 일본 유행가 우스쿠다라ウスクダラ의 멜로디인 것이다. 다른 하나는 '우리 민족'이라는 노래인데 이것도 일제 강점기 때 만든 노래 '기적일성 신바시를汽笛一聲新橋を'의 선율이다. 가사 내용을 보니 일제 강점기 때 생긴 노래인 것 같다. 이 외에 현재 하고 있는 고무줄 노래에서도 일제 강점기의 흔적을 찾아볼 수 있다.

인절미 おはぎ

인절미가 시집 갈 적에는 おはぎが出嫁に行くとよきは
팥고물과 콩고물로 화장을 하고 ぁでぎときなこでお化粧して
동그란 쟁반에 싣고 まぁるいおはんに乘せられて
도착한데가 응접실 着いたところは 應接室

위의 노래 원곡은 1940년대에 만들어진 노래 '기원 2600년 봉축가'이다. 황기 2600년은 1940년으로 축전 때 일본 정부가 국민들에게 부르게 한 노래로 매일같이 라디오에서 방송을 하고 학교에서도 가르친 노래이다.

지금 80대 어른들이면 이 노래를 기억할 수 있을 것이다. 일본에서 이 노래를 기억하는 분들 중에는 그 당시 일본이 태평양 전쟁을 일으키면서 국민들의 감정을 오로지 전쟁·국가·천황天皇에만 집중시켰기 때문에 이 노래를 들으면 좋지 않은 이미지를 느낀다고 한다. 그러나 동시에 어릴 때

무의식적으로 배운 노래라서 어딘가 향수도 느껴진다고 한다.

일본의 작곡가가 미국 남북 전쟁 때 북군이 부른 '공화국 찬가Battle Hymn of the Republic'를 편곡해서 만든 곡이다.

> **기원 2600년 봉축가** 紀元 2600年 奉祝歌
>
> 금빛으로 빛나는 일본 きんしかがく日本の
> 영광의 빛을 온 몸에 받아서 榮ぁる光身に受けて
> 지금이야 축하하리라 이 미래를 今こそ祝えこの明日
> 기원 2600년 紀元は2600年
> 아아 일억의 가슴이 울린다 あぁ一億の胸ほ鳴る

태평양 전쟁을 일으키면서 당시 일본 사회는 경제적으로 불안정하고 물가가 오르는 추세였는데 그때 담뱃값도 많이 올랐다. 거기에 불만을 가진 서민들이 매일같이 라디오에서 나오는 '기원 2600년 봉축가'의 가사 중 '긴시きんし'와 '히카리光'가 담배 이름이기도 해서 가사를 바꾸어 만든 풍자적인 노래가 있다.

> **긴시 올라서** きんし 上がつて
>
> '긴시' 올라서 15전 'きんし' 上がつて 15錢
> 영광의 '히카리' 30전 榮ぁる '光' 30錢
> 더욱 더 올라 간다 담뱃값 ますます 上がる たば二代
> 기원은 2600년 紀元は2600年
> 아아 일억 민중이 운다 あぁ一億の 民衆がなく

또 하나 가사를 바꾸어 부르는 고무줄놀이가 있다.

'기원 2600년 봉축가'를 '동쪽에 빛나는 일본'이라 하여 부르는 노래이다. 이 노래는 지방에 따라 그리고 연도에 따라 멜로디와 가사가 조금씩 차이가 나기는 해도 고무줄을 다리에 얽고 풀고 하는 방법으로 노는 고무줄놀이의 대표곡이다.

원곡과 비교하면 풍자적인 요소가 엿보인다. 일본 국가를 찬양하는 원곡에 비해 일본 국가를 노려보는 것 같다. 동쪽에 빛나는 그 악명 높은 '일본 뇌염'이 외국으로 퍼져 나가면서 사람 죽이는 집단적인 도둑놈이 된다고 부르짖는 것 같다.

동쪽에 빛나는 일본 東輝く日本

동쪽에 빛나는 일본뇌염 東輝く日本腦炎
외국 미국 유럽 外國アメリカヨー國シバ
아시아 바지나 전쟁국 アシアバジナ戰國の
나라는 고기집의 큰도둑 國は肉屋の大どろばう

고무줄을 할 때 아이들은 좋아하는 창작 동요나 만화 주제가도 즐겨 부른다.

그 중 '은하철도 999 銀河鐵道 999'는 일본에서 1970년대에 등장하여 굉장한 인기를 끈 만화 영화다. 이것이 우리나라에서 처음 방송된 것은 아마 1980년대 초라고 생각한다. 비슷한 시기에 '캔디 캔디 キャンデイー キャンデイー', '베르사이유의 장미 ベルサイコのベラ'가 방영되었는데 이것도 물론 일본 만화이며 일본에서는 '은하철도 999'보다 약간 일찍 등장했다.

이 세 가지 만화 주제가뿐만 아니라 수집된 만화 주제가의 대부분이 일본 만화다. 주로 1970년대에 일본에서 방영되어 인기를 끈 만화가 많다. 그런데 지금 일본에서는 만화 주제가나 창작 동요로 고무줄놀이를 하는 일이 없다.

우리나라에서 이런 현상이 나타난 것은 일본 만화가 들어오기 시작한 1960년대 후반부터라고 생각된다. 지금 30~40대 사람이면 '우주소년 아톰鐵腕アトム', '철인 28호鐵人28號', '요술공주 세리魔法使いサリ-' 등을 기억할 것이다.

'은하철도 999'는 은하철도가 우주에 흩어져있는 별을 찾아다니며 인간사회의 문제점과 모순을 지배자와 피지배자의 관계로 집중시켜 묘사한 만화로서 다른 만화와 성격이 다르다. 어떻게 보면 어린아이가 이해하기 어려운 만화다.

일본 만화가 아무리 시대를 넘어 미래를 배경으로 만든 것이라 해도 그 속에는 일본적인 정서가 담겨 있다. 예를 들면 '은하철도 999'에서 주인공 철이가 엄마를 생각하는 장면에서 일본의 자장가가 흘러나온다거나, 기계 인간 로봇의 옷이 옛날 일본 무사가 입었던 옷을 현대화해서 만든 것이라든지 일본 옛이야기에 나오는 초가집 등이 그것이다.

이러한 것들을 보면 우리 어린이들이 만화를 보면서 알게 모르게 일본 정서에 빠져들어가고 있음을 느낀다. 번역자를 밝히기는 하지만 어느 나라 만화인지는 밝히지 않는다. 더군다나 어린이들은 우리 만화와 외국 만화를 구별하지도 못 한다.

옆집에 사는 어떤 여학생은 어릴 때 재미있게 봤던 '캔디 캔디'가 우리 만화인 줄 알고 자랐다고 한다. 그런데 재작년 국제학생교류로 일본에서 온 여학생이 '캔디 캔디'의 만화주제가를 부르는 순간 깜짝 놀랐다고 한다. 스물한 살 먹을 때까지 이 만화가 우리 만화인 줄 알고 지냈는데 일본 것이라고 하니 그 충격이 너무나 크고 어린 시절의 기억이 한순간에 허물어진 느낌이었다는 것이다.

만약 어릴 때부터 알고 지냈더라면 이 학생이 이 정도까지 충격을 받지는 않았을 것이다. 무엇이 우리 것이고 무엇이 외국에서 들어온 것인지 구별할 줄 아는 사람이 될 수 있도록 해야 한다. 일본 만화라고 다 나쁜 것은 아니다. 일본 만화 중에는 '은하철도 999'와 같이 인간의 존재성과 사회를 생각하게 하는 것도 있고 어린이들에게 꿈을 심어주는 만화도 많다. 문제는 우리 것도 아닌 것을 우리 것인 양 무방비하게 보여주는 데 있다.

<해석>

바깥놀이

시작된 것은 고무가 등장한 메이지 시대 무렵

| 고무줄넘기 |

　한 명씩 고무줄을 뛰어넘는 놀이입니다. 고무의 높이는 복사뼈에서 점점 높아집니다.
　허리보다 높을 때는 옆 구르기와 물구나무서기 등 몸에 고무를 걸치고 넘습니다. 쉬운 것부터 연습합시다.

(일본의 놀이문화연구회, 「일본의 놀이 교과서」, 2015, p.52 번역)

<해석>

놀이의 역사

고무줄넘기는 메이지 시대

   고무줄넘기는 고무가 등장한 메이지 시대부터 놀았습니다. 쇼와 시대 초반까지 고무줄넘기용 고무는 막과자 가게나 장난감 가게 등에서 판매되고 있었습니다. 고무가 없을 때는 갈색 고무줄을 2m 정도의 길이로 연결했습니다. 지금은 수예용 고무줄을 쓰면 편해요

   뛰는 방법은 '남자 뛰기'와 '여자 뛰기' 등 당시부터 이렇게 불렸으나 왜 이런 이름이 붙었는지는 알려져 있지 않습니다.

(일본의 놀이문화 연구회, 「일본의 놀이 교과서」, 2015, p.54 번역)

일본의 놀이문화 연구회, 「일본의 놀이 교과서」, 株式会社滋慶出版/つちや書店, 2015.

아이와 즐기다 「전승놀이 백과」, 소학관, 1978.

ゴムとび

ゴムとびは、女の子の遊びのビッグスリーの一つ。低いところから、だんだん高くしていくのだが、女の子は勇敢な姿でワザを競い合う。「足かけ」は"サッチョダチ"とも言った。「ケンケンとび」、「男（女）とび」などにも夢中になった。

80

고무줄 넘기

  고무줄 넘기는 여자아이 놀이의 빅 쓰리 중 하나. 낮은 곳에서 점점 높아지는데, 여자아이는 용감한 모습으로 기술경쟁을 한다. 「다리걸기」는 '삿쵸다치'라고도 했다. 「깡총 뛰기」, 「남자(여자) 뛰기」 등에도 열중했다.

스즈끼 도시, 「소화(昭和) 어린이 250경」, 朋興社, 1995.

◀「놀이도감」, 1987.
오쿠나리 다쓰 글, 나가타 하루미 그림

| 참고문헌 |

- 김광언, 「동아시아의 놀이」, 민속원, 2004.
- 홍양자, 「우리 놀이와 노래를 찾아서」, 다림, 2000.
- 무라야마 지준, 「조선의 향토 오락」, 박전열(역), 집문당, 1992.
- 일본의 놀이 문화연구회, 「일본의 놀이 교과서 にほんのあそびの教科書 아동보육이나 초등학교 선생님을 위한」, 株式会社滋慶出版/つちや書店, 2015.
- 스즈끼 도시, 「소화(昭和) 어린이 250경」, 朋興社, 1995.
- 溝口国雄 [ほか], 「전승놀이의 백과」, 小学館, 1978.
- 오쿠나리 다쓰 글, 나가타 하루미 그림, 「놀이도감 언제·어디서·누구나(遊び図鑑 ~いつでも どこでも だれとでも~)」, 福音館書店, 1987.

8 딱지

초등학교 교과서 속 일본놀이

8
딱지

　딱지는 두 종류가 있다. 하나는 그림 딱지이고, 다른 하나는 접는 딱지이다.
　그림 딱지는 네모나, 둥근 원 안에 그림이 인쇄되어 있는데, 주로 만화 주인공, 역사 인물, 이야기의 줄거리, 스포츠 영웅 등 다양한 내용이 주제별로 그려져 있다.

　그림 딱지 놀이 방법은 다음과 같다.

1) 별 많이, 글 많이, 번호 높이, 사람 많이

　'별 많이'는 딱지 그림이 주로 전쟁과 관련된 내용일 경우에 별이 그려져 있다. 일반 그림에도 별이 그려져 있는 것이 있는데, 별이 많은 쪽이 이기는 놀이이다.
　두 사람이 놀 때도 있고 여러 사람이 놀 때도 있는데, 선을 정 한 뒤, 선은 가지고 있는 딱지를 상대방이 보이지 않게 섞어 두 곳에 나누어 엎어 놓는다. 상대방이 별이 많이 있는 쪽을 선택하면 딱지를 딴다.
　선先이 딱지를 뒤집어 보여줬을 때 별이 많은 사람이 먹는데, 선先이 졌을 때는 상대방이 제시한 딱지 수만큼 선先이 지급한다.

'글 많이'는 딱지에 쓰여있는 글자 수로 따지고, '번호 높이'는 딱지에 쓰여있는 숫자가 높은 것, '사람 많이'는 딱지에 그려져 있는 사람의 수로 결정짓는 것이다. 반대로 적은 것이 이길 수도 있다.

2) 불어먹기

여러 사람이 책상이나 종이에 금을 그어놓고 그 안에 딱지를 한 장씩 놓은 다음, 가위바위보를 하여, 이긴 사람이 입으로 바람을 일으켜 딱지를 금 밖으로 밀어내거나, 탁자 아래로 떨어뜨리거나, 상대방 딱지에 올라타면 딱지를 딴다.
일명 '파파먹기'라고도 한다.

3) 침 발라 먹기

각기 한 장씩 바닥에 놓고 가위바위보로 순서를 정한 뒤, 일등은 자신의 손가락에 침을 발라 상대의 딱지에 대고 붙여서 위로 들었다 떨어뜨리거나 살짝 옆으로 굴리듯 날려서 상대방의 딱지가 뒤집어지면 따는 것이다.

4) 날려 먹기

딱지를 약손가락 혹은 새끼손가락에 끼어서 날려 가장 멀리 날아간 사람이 나머지 딱지를 따는 놀이이다.

5) 전쟁놀이

딱지에 그려져 있는 군인의 계급을 높은 순서대로 정하고, 선先이 딱지를 엎어놓으면 높은 그림에 딱지를 건다. 선先이 딱지를 열었을 때, 선先보다 낮은 이는 잃고 높은 이는 건 만큼 가져간다. 반대로 선이 '낮은 순서대로 먹는다' 라고 말하고 딱지를 걸면 다른 사람은 선보다 낮은 계급의 딱지를 걸어야 한다. 군인이 아니고 다른 내용이라도 사전에 순서를 정해놓고 놀이를 한다.

6) 붙여먹기

가위바위보를 하여 순서를 정하는데, 이때는 진 사람이 가장 먼저 한다.

벽의 높이를 정하고 딱지를 날려 딱지가 떨어지면, 그다음 사람이 딱지를 날려 상대방 딱지 위에 올라타면 따는 것이다.

그러므로 마지막에 한 사람이 가장 유리하며 가장 멀리 간 사람이 따는 것도 있다.

이번에는 접는 딱지이다.

종이 한 장으로 접기도 하고 주로 두 장을 이용하여 접는데 앞면은 X자가 나오고 뒷면은 민자 모양이다. 두껍고 빳빳한 종이를 이용하여 튼튼하게 접는다.

이것을 가지고 놀이하는 방법은 상대방의 딱지를 땅에 놓고 내 것으로 상대방이 딱지를 내리쳐 넘겨 띠는 것이다. 그밖에 벽치기라 하여 딱지를 벽에다 던져 딱지가 벽을 맞고 튕겨나가 멀리 간 사람이 따는 방법이 있으나, 주로 쳐서 넘겨 따는 방법을 가장 많이 사용한다.

딱지는 일본에서 건너온 놀이이다.

조선총독부에서 1936년부터 한국의 놀이를 조사하여 1941년에 펴낸 「조선의 향토오락」에 딱지가 수록되어 있지 않은 것으로 보아 그 이후에 들어온 것 같다.

홍양자는 「우리 놀이와 노래를 찾아서」에서 딱지가 우리나라에 들어온 시기를 1936년도라 했다.[1]

1936년을 기점으로 우리 민속은 점점 사라지기 시작한다. 그리고 그 자리를 일본 문화가 차지한다. 우리 문화와 일본 문화의 교차기交叉期인 것이다.
이 시기에는 이미 일본 말이 많이 보급되어 우리나라 곳곳에서 쓰였음을 알 수 있다.
일본에서 들어온 놀이들을 일본말로 부르거나 일본식으로 해석한 우리말로 부르곤 했던 것이다.
요즘은 보기 드문 놀이지만 1970년대까지만 해도 남자 아이들의 주된 놀이였던 딱지치기도 1936년 보급되기 시작한 놀이이다.
1936년 당시 경기도 개성과 제주도에서 했던 이 놀이는 '팟찐バトチン파토찐'이라고 불렀다. 일본에서 딱지치기를 멘코面子라고 하지만, 방언으로 '팟찐バトチン'이라고 하는 지방도 있는데, 이 말을 그대로 받아쓴 것이다.

같은 책에 딱지가 일본에서 들어와 한국 아이들이 놀게 된 이유를 다음과 같이 이야기했다.

---

1) 홍양자, 「우리 놀이와 노래를 찾아서」, 다림, 2000, p.230.

1941년 일본은 태평양 전쟁을 일으키면서 국민학교령을 공포公布하여 교육의 전시체제戰時體制를 강화했다.

학교에 가면 일본 말만 배우고 군사훈련을 받았다.

뿐만 아니라 일제는 우리 민족문화를 말살하려는 흉악무도한 정책을 실시했다. 우리말과 우리글을 못 쓰게 하고 우리의 민요, 동요, 대중가요까지 부르지 못하게 했다. 집에서나 학교에서나 일본 말만 사용하고 일본 노래만 부르도록 강요한 것이다.

일본의 군가, 국민가요만을 부르게 하니, 우리의 동요는 그 모습을 감춰버렸다. 이 시기에 새로 만들어진 우리말 노래는 부를 수가 없었다. 겨우 5년이란 짧은 기간에 우리 아이들은 우리말을 잊어버리고 해방 직후 우리말로 된 교과서를 읽을 수 없게 되었다.

우리말을 쓰지 못하고 일본말만 사용한 이 5년이란 기간은 우리 아이들에게 제일 중요한 우리의 정서까지 빼앗았다. 해방 후 반세기가 지난 지금도 아이들이 하고 있는 놀이와 노래에는 일본말만 남아있고 그 당시의 흔적이 보인다.

딱지가 우리나라에 들어온 시기는 일본이 대동아전쟁을 일으켜 철저하게 우리를 일본화해야 하는 시기인 것이다.

즉 일본이 내세운 구호는 내선일체內鮮一體와 황국신민화皇國臣民化이다. 내선일체는 일본과 우리나라는 한 몸이라 하면서 황국신민화는 우리나라를 일본 천황의 신하라고 부르짖었다.

딱지가 우리나라에 들어온 시기는 일본이 내선일체와 황국신민화를 부르짖던 시기이다. 위의 내용을 뒷받침해주는 증언이 있다.

2011년 세종문화원에서 발간한 연기, 전의 관아 조사 에 당시 84세의 임헌서옹 연남초 27회 졸업생, 연기군 남면 양화리 이 증언한 딱지에 대한 내용이다.

일제강점기 일본이 우리말과 글을 못 쓰게 하기 위하여 학교에서 딱지를 나누어줬는데, 딱지에는 교장 선생님 명의로 도장이 찍혀있고 담임선생님께서 1인당 10장씩을 나누어 주었다.

학교에서 만약 실수로 조선말을 하다 발각되면 상대방의 딱지를 한 장 빼앗았다. 월요일 날 딱지 검사를 하여 딱지를 모두 빼앗긴 사람은 벌을 받았다.

내가 학적부를 우연히 본 적이 있는데, 학적부에는 양반, 평민, 천민이 구분되어 쓰여 있었다. 철저하게 그 집에 대한 상세한 기록이 있었으며, 모두 일본식으로 이름을 개명하였다.

위와 같은 증언은 많았다. 여러 곳에서 있었으며, 어떤 이는 딱지에 일본 사무라이 그림이 인쇄되어 있었고, 또 일본 영웅이 그려져 있는 것도 있었다고 했다.

그분들은 모두 일본이 태평양 전쟁을 일으킨 1941년도에서 해방이 되기 전에 국민학교를 다녔던 분들이다.

딱지 소설에 나오는 이야기 한 토막이 있다.

다나까 선생이 급장에게 나무패 하나를 주고 노는시간에 조선말을 쓰는자가 있거든 그것을 주어라 했다.

그것을 받은자는 조선말을 하는 동무가 눈에 띄는 즉시 다시 넘겨주고 종례시간에 패를 가지고 있는 사람은 무조건 손바닥을 열 대씩 맞았다.

*마사꼬의 질문 손연지 동화집 – 푸른책들

일본은 태평양 전쟁으로 군인이 부족하자 어린 학생들까지 학도병으로 끌고 갔다. 그리고 딱지를 이용하여 우리말과 글을 못 쓰게 막고 철저하게 일본말과 글을 배우도록 하였다. 그래서 우리글과 말이 빨리 사라진 것이다.

그런데 해방이 되자 이번에는 한국 선생님들이 학생들에게 딱지를 나누어 주었다. 일본 말을 쓰면 딱지를 빼앗아 오라는 것이다. 그 덕에 우리말과 우리글이 빨리 돌아오게 되었다.

일본의 딱지는 두 가지 종류가 있다.

홍양자는 「우리 놀이와 노래를 찾아서」에서 일본이 딱지놀이를 시작한 것은 18세기에 도로멘코泥面子라고 부르는 딱지가 나오면서 시작됐는데, 이에 따라 멘코라 불렀다고 한다.

얼굴을 그린 거푸집에 찰흙을 넣어 구운 데서 멘코라는 이름이 유래되었으며, 1898년에 판매되기 시작하여 1904년에는 전국적으로 유행하였다고 한다.

▲5. 납으로 만든 딱지(大阪)

김광언이 쓴 「동아시아의 놀이」에는 "일본 딱지 이름인 '멘꼬めんこ, 面子'는 옛적에 진흙을 빚어 만든 데에서 왔다. 동전銅貨 크기의 동그라미 안에 여러 가지 꼴을 돋을새김한 것으로, 면타面打·면형面形·면모面模라고도 불렀다."고 한다.[2]

일본의 딱지는 납으로 만든 딱지였는데, 이것이 종이 딱지로 바뀌게 된 동기가 있었다.

▲5. 납으로 만든 딱지(東京)

---

2) 김광언, 「동아시아의 놀이」, 민속원, 2004, pp.654-655.

일본의 놀이 교과서인 「일본의 놀이 교과서 아동 보육이나 소학교 선생님을 위한 아이들에게 전하고 싶다」 (2013년 간행) p.62, p.65에 해당 내용이 있다.

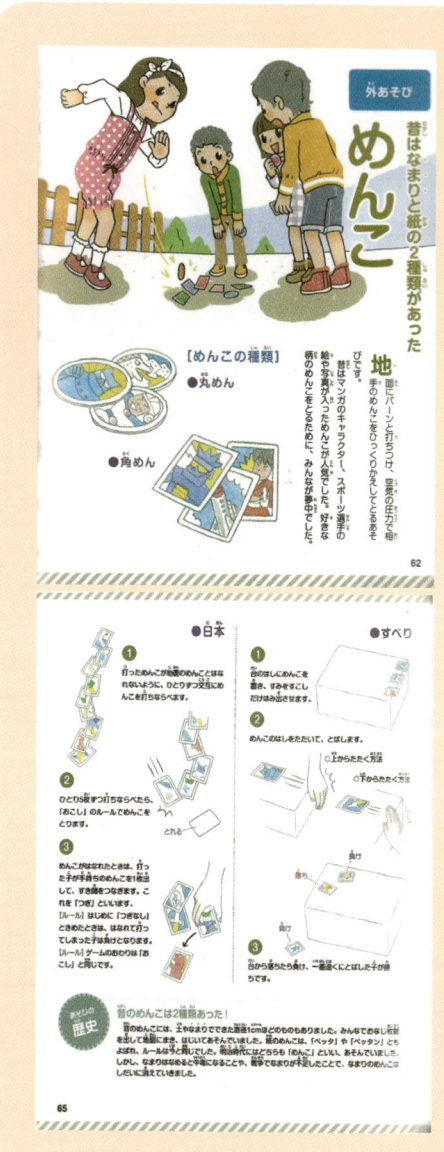

<해석> 바깥놀이

옛날에는 납과 종이 두 종류가 있었다

| 딱지 |

지면에 쾅 하고 부딪쳐 공기의 압력으로 상대의 딱지를 뒤집어 따먹는 놀이입니다.

옛날에는 만화 캐릭터, 스포츠 선수의 그림이나 사진이 들어간 딱지가 인기였습니다. 좋아하는 무늬의 딱지를 차지하기 위해 모두가 열중했습니다.

| 놀이의 역사 |

옛날 딱지는 두 가지가 있었다!

옛날 딱지에는 흙이나 납으로 만든 직경 1cm 정도의 것도 있었습니다. 모두 같은 장수를 꺼내서 땅에 뿌리고, 튕기며 놀았습니다.

종이 딱지는 '벳타' 나 '펫탄' 이라고도 불리며, 규칙은 지금과 같았습니다. 메이지 시대에는 모두 [딱지치기]라고 하며, 놀았습니다.

그러나 납은 핥으면 중독된다는 점과 전쟁에서 납이 부족해지면서 납 딱지는 점차 사라져갔습니다.

위의 내용으로 보아 납으로 만든 딱지가 사라진 이유를 알 수 있다.

1830년에 발간된 「희유소람嬉遊笑覽」에는 이에 대한 설명이 있다.

> 19세기 후반에 종이 딱지로 바뀌었으며, 군인이나 무장武將을 그린 그림 딱지가 나돌았고, 뒤에 야구선수와 씨름꾼도 등장하였다. 이밖에 납·생철·나무로 만든 것도 나왔다. 원형과 장방형 두 가지이며, 크기는 여러 가지이다.

일본에서 납으로 만든 딱지가 먼저 만들어지고 그 후에 종이로 만든 딱지가 만들어졌는데, 납으로 만든 딱지 때문에 아이들이 납에 중독이 되고 전쟁물자로 쓰기 위해 납딱지 생산을 중단했다는 것이다.

일본에서 아이들이 딱지놀이를 할 때, 납으로 만든 딱지는 동그라미 안에 놓인 딱지를 제 것으로 밖으로 쳐내어 따는 방법이 있고, 남의 것을 내리쳐서 뒤집어 따거나, 담이나 벽에 세게 던져서 더 멀리 보낸 쪽이 따는 방법도 있다.

키즈きず 놀이도 있다. 땅에 금을 그어놓고 수 미터 떨어진 곳에서 딱지를 던져 금에 가까이 가면 이기고 선을 넘으면 지는 것이다.

김광언의 「동아시아의 놀이」에 있는 일본 딱지에 대한 내용이다.[3]

---

[3] 김광언, 「동아시아의 놀이」, 민속원, 2004, pp.655-657.

종이딱지는 청일전쟁 직후인 1897년 이전에 널리 퍼진 듯 하다. 군인·군함·전투 장면 그림이 주류를 이룬 까닭도 이에 있다. 원형이 장방형보다 먼저 나왔으며, 지름 2센티미터의 작은 것에서부터 20센티미터나 되는 큰 것도 있었다. 얇은 화선지 같은 것에 청·홍의 색종이에 동판화銅版畵 특유의 검은 선을 찍고, 이를 황색 판지에 붙여서 둥글게 잘라낸 딱지는 세게 치면 '빵' 소리가 났다.

판지를 붙이지 않은 그림딱지도 선보였다. 55센티미터 및 70센티미터의 종이 가운데에, 크고 작은 그림을 찍은 것이다. 이를 오려서 담배곽 상자나 두터운 종이에 밥풀로 붙여 딱지를 만들었다.

둥근 그림 딱지가 도시에서 지방으로 퍼져 나갈 즈음, 네모 딱지가 나왔다. 큰 것은 세로 6센티미터에 가로 3.5센티미터이며, 작은 것은 4.6×2.5센티미터였다. 이밖에 4센티미터의 정방형도 돌았다. 그림은 둥근 것과 큰 차이가 없으나, 카드처럼 되어서 끈으로 꿰어 보관하였다. 19세기 후반에서 20세기 초 사이에 완성된 둥근 딱지와 네모 딱지는 근래까지 큰 변화 없이 이어져 왔다. 제2차대전이 일어나면서 움츠러들었던 딱지치기는, 1953년 텔레비전 방송이 시작되면서 되살아났다. … 중략 …

1968년 대중예능연구회 주최의 성인 딱지치기 대회가 열렸고, 이를 텔레비전에서 중계하였다. 1970년 1월에는 아사히朝日신문 지상에 한 학교東京豊島區의 딱지치기 시비론이 벌어졌으며, 토요일에 교정을 개방해서 자유롭게 즐기게 하였다. 이 신문사는 같은 해 3월, 한 학교에서 딱지치기 대회를 열었으며, 어머니들이 심판을 보는 등 적극적으로 도왔다.

딱지치기 방법 몇 가지이다.

1) **뒤집기**起こし

가위바위보에서 진 아이가 딱지를 땅에 놓으면, 이긴 아이가 딱지 옆을 쳐서 바람을 일으켜 뒤집어 먹는다. 실패하면 차례를 넘긴다. 진 쪽이 상대가 실패할 때까지 딱지를 이어 대거나, 성공 여부에 관계 없이 번갈아가며 한쪽의 딱지가 다 없어질 때까지 치기도 한다. 딱지를 놓는 쪽은 조금이라고 틈이 생기지 않도록 손바닥으로 땅을 잘 쓸어내고, 치는 쪽은 입김을 불어서 작은 먼지 한 톨까지도 날려 보낸 다음, '뽕' 하고 딱지를 두드리는 주술(?)을 베푼다.

장방형이나 직사각형 딱지를 치는 아이는 얼굴을 땅바닥 가까이 대고 어느 방향으로 치는 것이 유리한가를 살핀 뒤, 웃저고리 단추는 물론, 배꼽이 드러나도록 허리띠까지 풀어헤친다. 딱지를 힘차게 내려칠 때 몸에서 나오는 바람을 이용하기 위해서이다. 그러나 힘이 지나치면 제 것까지 뒤집힌다. 이와 달리 둥근 딱지는 땅을 훑듯이 내리쳐서 바람을 일으키는 외에, 딱지 등을 쳐서 뒤집기도 한다.

딱지를 치기 전에, 1)발을 땅에 대고 치기, 2)발을 쓰지 않고 치기, 3)땅바닥 쓸기, 4)그대로 치기 가운데 어느 방법으로 할 것인지 정한다.

2) 갈아치기 ツギメン

앞에서는 같은 딱지로 상대가 실패할 때까지 이어 가지만, 이 방법은 칠 때마다 새것을 쓰며, 성공하면 땅에 놓인 모든 딱지를 먹는다. 다만 뒤집힌 딱지가 반드시 다른 것 위에 걸쳐져야 한다. 또 두 장이나 석 장 위에 걸쳐져야 먹거나, 수십 장을 쌓아 놓고 그 위의 것을 쳐서 뒤집어 먹기도 한다.

3) 밀어넣기

제 딱지를 남의 딱지 밑으로 넣어 먹는다.

4) 일본 ニッポン

갈아치기처럼 걸쳐져야 먹되, 20~30장을 일본 국토처럼 길게 늘어놓고 쳐서 먹는다. 일본ニッポン이라는 이름은 이에서 왔다. 친 딱지가 일본 열도에서 떨어져 나가거나 열도 자체가 끊기면 진다.

5) 들기

잔뜩 쌓아 놓은 딱지더미 위에 제 것을 날려서 끼워 넣되, 그 위의 것을 모두 먹는다.

6) 밀어내기

책상 따위의 한 쪽에 딱지 한끝이 조금 나오도록 걸쳐놓고, 손가락으로 쳐서 멀리 보낸 아이가 먹는다. 아래로 떨어지면 지므로, 힘을 조절해야 한다.

7) 쌓아놓기

각기 딱지를 책상 모서리에 놓고 위에서 내리쳐서 떨어진 것을 먹는다. 두 장 이상 떨어뜨려야 하며, 석 장 떨어지면 두 장 먹는다. 여러 종류의 딱지를 바닥에 놓고 특정한 딱지 위로 떨어뜨려야 먹는 방법도 쓴다.

8) 떨어뜨리기

벽이나 담에 그은 금에 장방형 또는 직사각형 딱지를 대고 있다가, '하나둘셋' 하는 소리에 맞추어 손을 떼어 멀리 떨어지는 쪽이 먹는 방법이다. 너무 일찍 떼면 주르르 흘러 떨어지고 만다.

9) 엎기

둥근 딱지를 반쯤씩 걸쳐서 쌓아 놓고, 맨 아래 것을 번쩍 들어 올리면 맨 위 딱지가 솟았다가 떨어진다. 이때 뒤집혀서 본디 자리에 떨어뜨린 쪽이 먹는다.

정리하면, 일본은 딱지가 18세기에 납과 흙으로 만든 딱지 즉 멘코面子가 먼저 등장했다가 아이들이 납에 중독되는 등 부작용이 일자 종이 딱지로 전환되었다.

또한, 전쟁에서 납이 필요하여 전쟁 무기를 제조하기 위해 납 딱지를 금지하여 사라지게 되었다.

일본의 종이 딱지는 일제강점기 때 특히 일본이 태평양 전쟁을 일으켜 우리말과 글을 못 쓰게 한 도구로 쓰이기도 했으며, 해방 후에는 우리말과 글을 되찾는 도구로도 쓰였다.

　딱지에 그려 놓은 그림은 그 나라의 풍습이나 사회상을 알릴 수 있는 좋은 기회로 제공하였고, 아이들은 딱지를 통하여 이를 느끼는데 직접적인 영향을 받았다.

　한국의 딱지는 두 가지가 있는데, 일본에서 들어온 그림 딱지와 아이들 스스로 종이를 접어 쳐서 노는 접어 만든 딱지가 있다. 접어서 만든 딱지가 일본에는 없는 것으로 보아 우리나라에서 아이들이 만든 딱지일 것이다.

〈해석〉

1) 딱지 (벳탄)

두꺼운 종이에 영화[4]의 인기 배우 반츠마(사카히가시 츠마사 부로)와 아라칸(아라시칸 쥬로), 군인들의 그림 등이 인쇄되어 있었다. "눗킨", "닛친", "카에신" 등 여러 가지 규칙이 있고, 2장을 붙여 맞춘 것들도 많았다.

2) 손수건 놓기[5]

손수건 놓기는, 여자아이들의 대중적인 놀이다.

스즈끼 도시, 「소화(昭和1927) 어린이 250경」, 봉흥사, 1995, p.101
1977~1979년 일본 요미우리신문에 스즈끼 도시가 연재한 「소화 아이들 풍토기」

---

4) 직역하면 활동사진. 영화와 동의어라 영화로 의역함.
5) 그림을 볼 때 수건 돌리기로도 의역이 가능해 보인다.

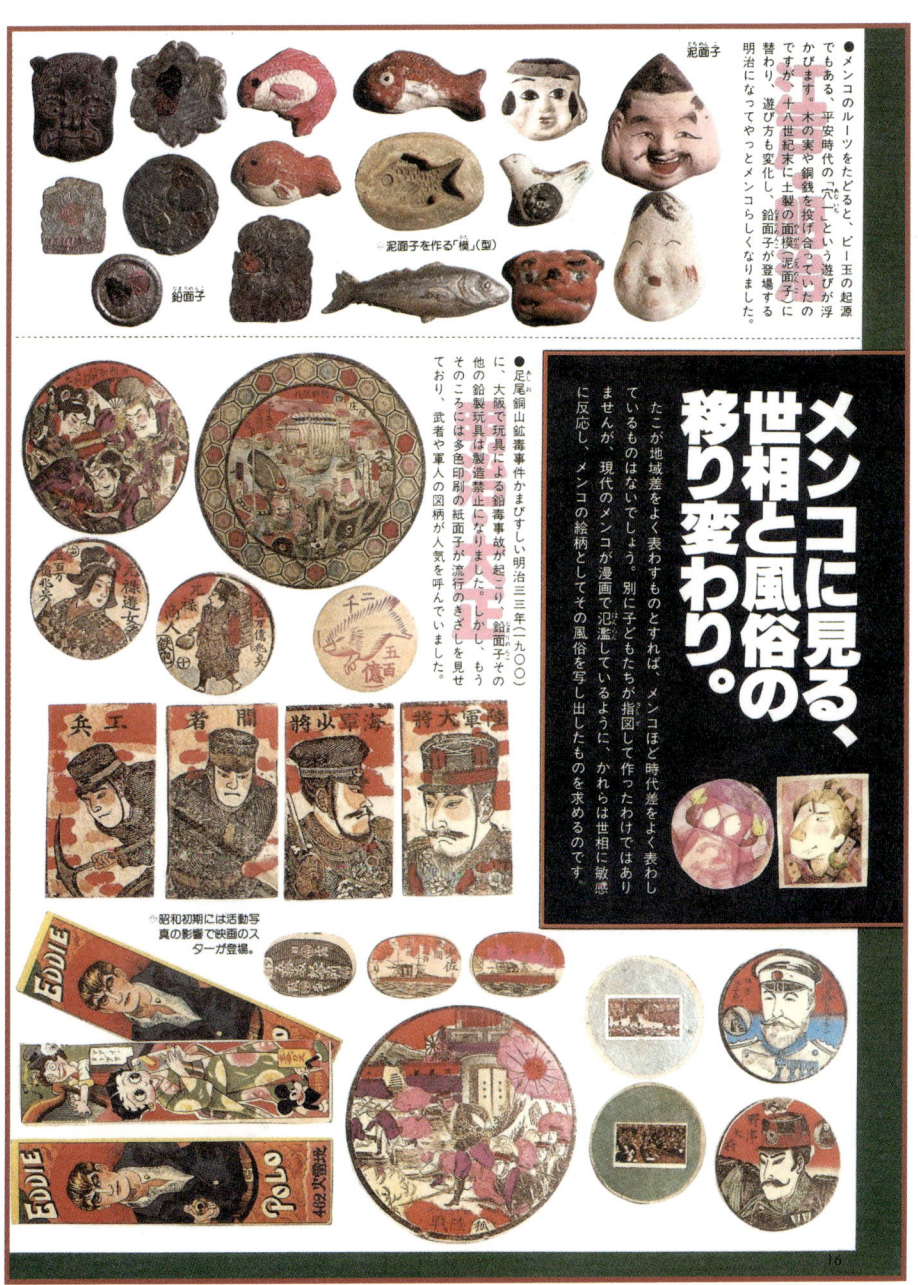

▲ 「전승놀이 백과 아이와 즐기다」, 1978년, 소학관

▲「전승놀이 백과 아이와 즐기다」, 소학관, 1978.

▲ 「전승놀이 백과 아이와 즐기다」, 소학관, 1978.

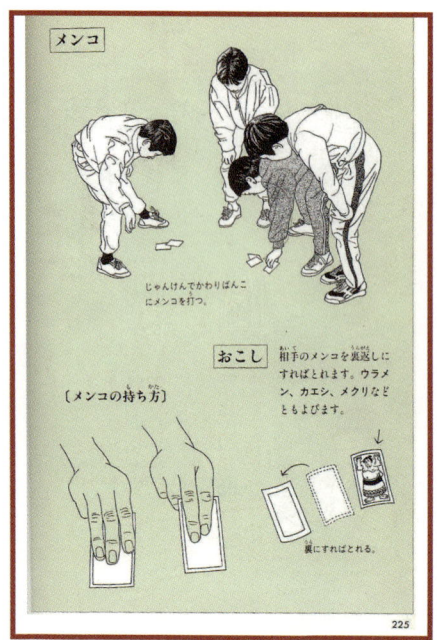

◀「놀이도감」, 1987년
오쿠나리 다쓰 글, 하루미 그림

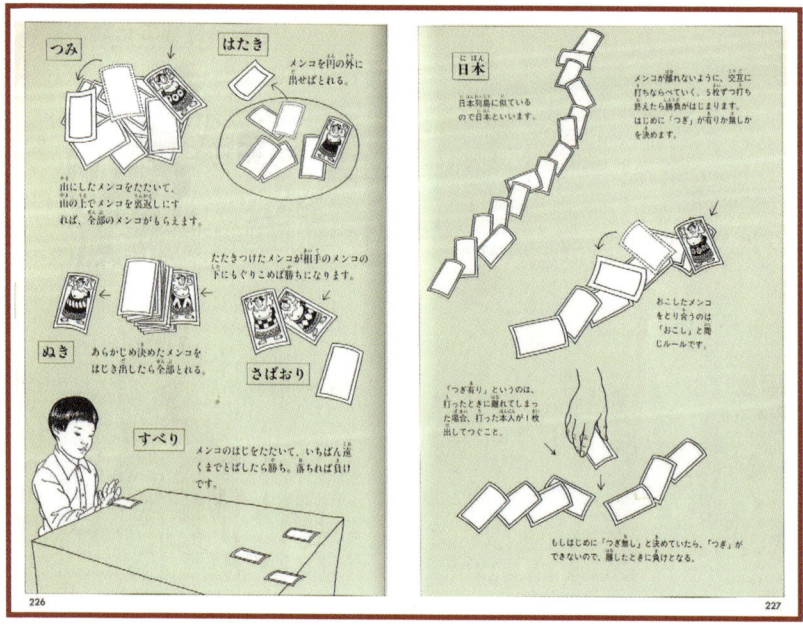

▲「놀이도감」, 1987년 오쿠나리 다쓰 글, 하루미 그림

▲ 일본딱지 일본놀이 연구차 오사카 방문시 수집한 딱지

▲ 일본딱지 일본놀이 연구차 오사카 방문시 수집한 딱지

▲여러 가지 그림 딱지
위와 가운데의 넉 장은 19세기 말에, 나머지는 20세기 초에 나왔다.

▲여러 가지 그림 딱지
윗줄의 것은 1930년대 초에, 다음 두 줄은 1930년대 후반에, 나머지는 1945년 이후에 나왔다.

| 참고문헌 |

- 무라야마 지준, 「조선의 향토 오락」, 조선총독부, 박전열(역), 집문당, 1992.
- 홍양자, 「우리 놀이와 노래를 찾아서」, 다림출판사, 2000.
- 김광언, 「동아시아의 놀이」, 민속원, 2004.
- 세종문화원, 「연기·전의 관아연구」, 2011.
- 강성복, 「부여의 민속놀이」, 부여문화원, 1994.
- 中田行平, 「日本の兒童遊戲」, 社會思想社, 1970. 「日本民俗大事典」
- 스즈끼 도시, 「소화(昭和) 어린이 250경」, 朋興社, 1995.
  1977~1979 일본 요미우리신문 연재
- 오쿠나리 다쓰 글, 나가타 하루미 그림, 「놀이도감」, 1987.
- 溶口国雄 [ほか], 「전승놀이의 백과」, 小学館, 1978.
  「일본의 놀이 교과서 아동보육이나 소학교 선생님들을 위한」, 2015.

9 구슬치기

초등학교 교과서 속 일본놀이

 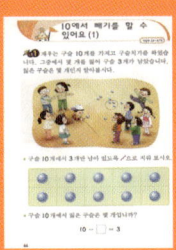   

9
구슬치기

'구슬치기'는 과거 '다마치기'라고 불렀다.
이는 일본에서 들어온 놀이이기 때문에 일본 말이 굳어져서 그렇게 부른 것이다.

'구슬치기'는 놀이도구인 '구슬'이 있어야 놀이가 가능하다. 구슬은 유리로 만든 것이 보통이며 간혹 쇠 구슬, 도자기 구슬도 있으나 극히 드물다.
구슬치기에서 구슬은 아이들에게 큰 놀이도구 재산이다. 딱지를 많이 가지고 있는 아이, 구슬을 많이 가지고 있는 아이는 부자가 된 것처럼 우쭐거리기도 한다.

구슬치기는 구슬을 가지고 쳐서 따먹기에 붙여진 이름이다. 둘이 혹은 서너 명이 이 놀이를 하는데, 놀이 방법은 다음과 같다.

1) 깔빼기

구슬치기에서 가장 많이 노는 놀이이다.

마당 한가운데에 삼각형을 그려 놓고 삼각형 안에 참여자가 정한 숫자만큼의 구슬을 두고, 이곳으로부터 2~3m 떨어진 곳에 금을 긋고, 순서를 정한 다음, 순번에 맞춰 자기가 가지고 있는 구슬로 삼각형 안에 있는 구슬을 맞춘다.

이때 구슬이 밖으로 나가면 나간 것을 먹고 또 던져 또 나가면 계속할 수 있다. 만약 던졌는데 구슬에 맞지 않았을 때 순번을 다음 차례에 넘긴다.

'깔빼기'는 구슬을 '까서 빼먹는다.'라고 해서 붙여진 이름이다. 이때, 삼각형 안의 구슬을 빼먹기 위해 다른 구슬보다 좀 크고 좋은 구슬을 하나씩 갖는데 이것을 '오야다마親玉-おやだま'라고 불렀다. 말하자면 으뜸 구슬이란 뜻이다.

지역에 따라 부르는 이름이 다른데 금산에서는 '꼴랑치기'라고 하고, 다른 곳에서는 '세모치기'라고도 부른다.

왕구슬로 세모 안에 있는 구슬을 밖으로 쳐냈어도 자기의 왕구슬이 세모 안에 머물러 있으면 실격이 되어 오히려 구슬 하나를 세모 안에 달아야 한다. 이때 자기 구슬이 세모 안에 들어간 것을 '꼴랑'이라 한다.

한편 꼴랑치기의 재미는 한 사람이 상대의 왕구슬을 먹으면 세모 안에 있는 구슬을 모두 차지하는 규정이다.

예를 들면 4명이 구슬치기를 할 때, 세모 안의 구슬을 쳐내는데 모두 실패한 경우, 왕구슬이 떨어진 자리에서 일등부터 다시 시작하는데, 일등이 세모 안에 있는 구슬을 쳐내지 않고 자기와 가까이 있는 곳에 다른 사람의 왕구슬을 맞히면 세모 안에 있는 구슬을 모두 차지한다. 일등이 상대방을 못 맞히면 순번대로 진행한다.

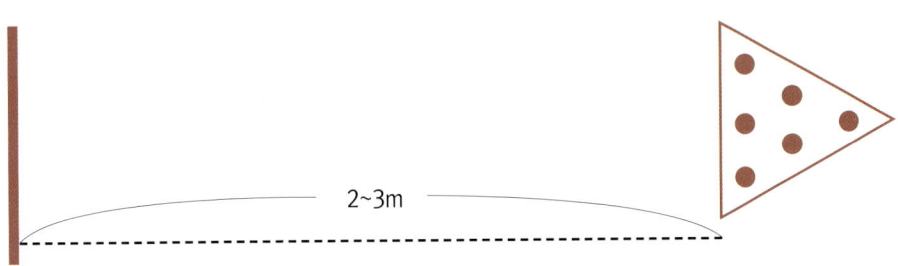

1) 깔빼기 그림

2) 구멍 넣기

구멍을 하나 만들고 그곳에서 2~3m정도에서 선을 긋고 순서대로 구슬을 던진다.

가장 단순한 것은 구멍에 들어가던지 구멍에서 가장 가까운 사람이 나머지 구슬을 모두 얻는다. 어느 마을에는 구멍에 들어가면 구슬을 두 곱으로 주는 곳도 있다.

마당이 넓지 않으면 가까운 곳에 구멍을 파고 구슬을 손가락으로 튕겨서 구멍에 넣는 방법도 있다. 이것을 '작은 구멍 넣기'라고 한다.

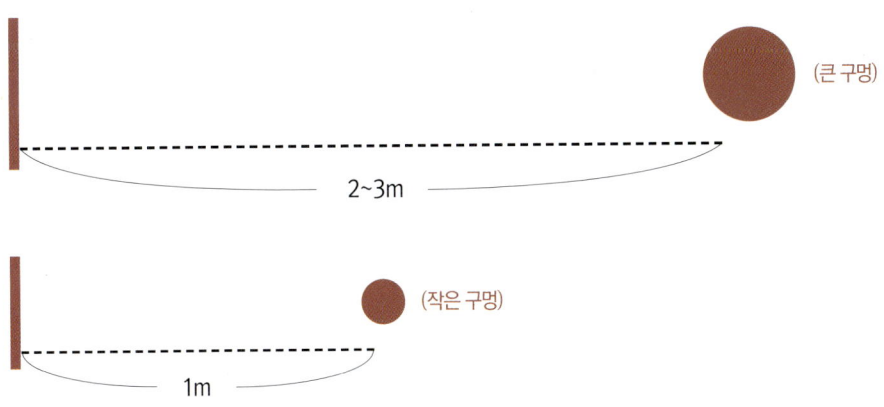

2) 구멍 넣기 그림

3) 피라미드

마당에 피라미드 형태의 금을 그어놓고 맨 위는 30점, 그다음부터 숫자를 줄여 표시한 다음, 출발선에서 구슬을 던져 가장 높은 점수 칸에 넣는 사람이 구슬을 모두 가져간다. 구슬을 모두 던졌는데 칸 안에 모두 안 들어오면 다시 하고 먼저 던진 구슬이 높은 곳에 있으면 이를 쳐낼 수 있는데, 자신의 구슬이 원 안에 들어가야 이긴다.

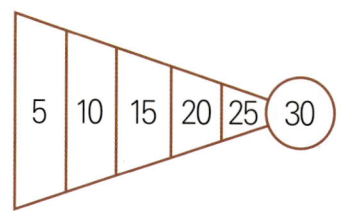

3) 피라미드 그림

4) 홀짝

둘이 실내에서 놀 때 가장 많이 논다. 여럿이도 할 수 있다.

선先은 손을 등 뒤로 돌려 구슬을 오른손에 쥐고 상대방에게 내밀면서 "홀, 짝" 하고 소리친다. 상대방은 "홀에 2개" 혹은 "짝에 3개"라고 외쳐서 손을 폈을 때, 맞히면 건 개수만큼 구슬을 줘야 하고, 틀리면 건 개수만큼 구슬을 내놓아야 한다.

그밖에 지역에 따라 노는 방법이 다양하다.

우리가 놀고 있는 구슬치기는 일본에서 언제 들어왔을까? 1936년 이전에 들어왔음을 짐작한다.

일본은 1869년도에 서양과 개항하면서 근대식 놀이 완구를 만들기 시작하였다. 1881년에 '라무네ラムネ'라고 하는 지금의 사이다와 같은 탄산음료가 등장하였는데, 그 속에 유리로 된 구슬을 넣어 판매하면서 1897년에는 그 구슬이 아이들의 놀이도구로 보급되어 구슬치기 놀이가 시작되었다.

이 당시 일본에서는 딱지치기, 고무줄 놀이, 공치기 놀이가 구슬치기와 함께 공장에서 만든 근대식 놀이기구로 가게에서 판매하였다. 일본에서는 이것을 '비-다마아소비ビ-玉遊び'라고 하여 1933년경에는 막과자 가게에서 구슬이 상품으로 판매되기 시작하였다.

1936년에 딱지와 같이 우리나라에 들어온 놀이는 함경북도 경원과 경기도 개성에서 일찍 보급되어 놀았으며 당시 우리나라에서도 '다마아소비玉遊び'라고 불렀다. 이 놀이는 중국에서도 하고 있으며 그곳에서는 '다마먹기玉먹기'라고 부른다. 이 말은 구슬이란 뜻의 일본말 '다마たま'와 우리말의 '먹기'가 합성된 말이다.

우리나라에서 구슬치기가 가장 먼저 기록으로 전하는 것은, 1936년도에 조선총독부에서 전국의 향토오락을 조사하여 1941년 발간한 「조선의 향토오락」에 다음과 같이 기록되어 있다.

전라남도 장성

구슬치기, 수시, 어린이

〈놀이법〉 유리구슬을 땅 위에 흩트려놓고 멀리서 구슬을 던져 맞히는 놀이이다.

강원도 춘천

구슬치기, 봄, 어린이

〈놀이법〉 구슬을 벽 등에 던진 후 튀어나와 멈춘 그 자리에서 구슬을 다시 집어서 상대방의 구슬을 친다. 단 보다 멀리 튀어나간 쪽이 상대방 구슬을 칠 수 있다.

평안남도 안주

구슬치기, 정월, 청소년

〈놀이법〉 세 사람이 각각 구슬을 다섯 개씩 가지고 있다가 각자 마음에 내키는 수만큼 주먹 안에 감춘다. 구슬을 모두 열다섯 개를 쥐었을 경우와 빈주먹일 경우에 알아맞히면 2점을 얻고 다른 수를 알아맞히면 1점을 얻는다.

위의 구슬치기는 놀이가 비슷한 돈치기와 구분이 된다.

돈치기는 돈을 가지고 하는 놀이로 '돈 따먹기'라고 하는데, 주로 가운데 구멍을 파고 2~3m 떨어진 곳에서 던져 돈을 맞히거나 구멍에 넣기, 돈 위에 얹기 등 언뜻 보면 구슬치기와 같아 보이나, 재료에서 차이가 나듯 다른 놀이이다.

그렇기에 「조선의 향토오락」에서는 같은 지역에 돈치기와 구슬치기가 같이 수록되어 있다. 이것은 다른 놀이라는 것을 입증하는 것이다.

구슬치기가 오래된 놀이라고 하는 이도 있다.

고구려 고분벽화에 나오는 농주弄珠 그림, 그리고 수나라 역사책인 「수서」에 백제인들이 농주弄珠를 잘했다는 기록으로 보아 구슬치기가 그때부터 시작되었다고 볼 수도 있다. 그러나 그 구슬과 오늘날 유리구슬은 분명 다르다. 당시는 나무를 둥글게 깎은 것을 공중에 날렸고, 오늘날 저글링처럼 공을 엇갈려 받는 놀이가 농주이다.

둥근 공을 가지고 놀이를 하는 것은 원초적 본능이다.
그러나 초등학교 교과서에 수록된 구슬치기는 원초적 본능 놀이가 아니라, 유리로 만든 구슬이 우리나라에 들어오면서, 근대적 서양놀이가 일본으로 건너가 일본화 되어있는 놀이가 일제강점기 때 우리나라로 들어온 것이다.

2015년 일본에서 발행된 「일본의 놀이 교과서」에는 일본 구슬치기의 역사가 쓰여 있는데, 그 내용은 다음과 같다.

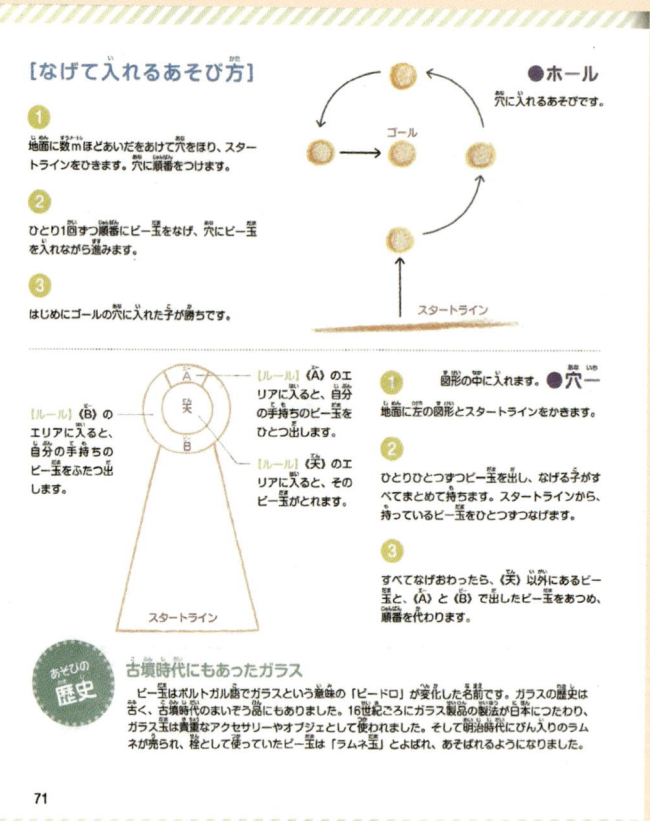

<해석> 놀이의 역사

고분시대에도 있었던 유리

유리구슬은 포르투갈어로 유리라는 뜻의 '비도로'가 바뀐 이름입니다. 유리의 역사는 오래되고, 고분시대의 매장품에도 있었습니다. 16세기경 유리제품의 제조법이 일본에 전해지면서 유리구슬은 귀중한 액세서리와 조형물로 사용되었습니다. 그리고 메이지시대에 병에 든 라무네가 팔리면서 마개로 사용하던 유리 구슬은 '라무네 구슬'이라고 불리며 놀게 되었습니다.

〈해석〉

1) 일광사진

햇빛으로 인화지에 인화하는 '일광사진'에 몰두하는 작은 예술가들도 많았다.

2) 유리구슬(라무네)

관동에서는 유리구슬, 관서에서는 라무네(음료수 라무네의 구슬에서 유래)라고 했다. 「눈알빼기」 「척새(자로 치수재기)」 「별」 등 여러가지 놀이 방법이 있고 다른 유파의 시합도 성행했다.

　위와 같이 일본에서는 '라무네'라는 음료수의 마개가 들어온 것이 놀이의 시작이다. 이것이 일제강점기 때 일본에서 우리나라에 들어온 놀이이다.

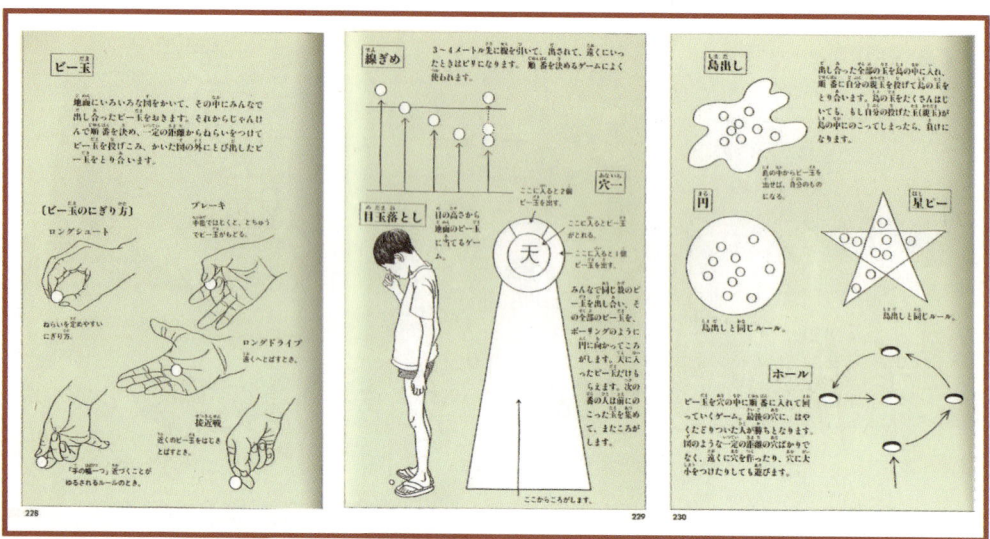

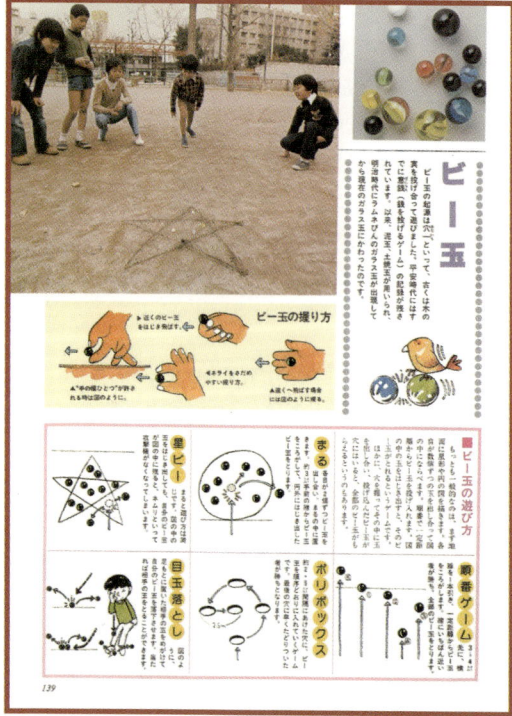

▲ 「전승놀이백과」 (1978년 소학관)

| 참고문헌 |

- 무라야마 지준, 「조선의 향토 오락」, 조선총독부, 박전열(역), 집문당, 1992.
- 오쿠나리 다쓰 글, 나가타 하루미 그림, 「놀이도감 언제·어디서·누구나」, 1987.
- 홍양자, 「우리 놀이와 노래를 찾아서」, 다림, 2000.
- 강성복, 「부여의 민속놀이」, 부여문화원, 1994.
- 임영수, 「전통놀이의 뿌리를 찾아서」, 성원문화사, 2012.
- 장장식 「초등교과서 전래놀이의 교육적 적절성 분석 정책연구 최종보고서」, 사단법인 한국민속학회, 2019.
- 일본의 놀이 연구위원회, 「일본의 놀이 교과서-아동보육이나 소학교 선생님을 위한」, 株式会社滋慶出版/つちや書店, 2015.
- 스즈끼 도시, 「소화(昭和) 어린이 250경」, 朋興社, 1995.
  1977~1979 일본 요미우리신문 연재
- 溶口国雄 [ほか], 「전승놀이의 백과」, 小学館, 1978.

10 사방치기

초등학교 교과서 속 일본놀이

10 사방치기(돌차기)

초등학교 복도나 평평한 바닥에 가장 많이 그려져 있는 놀이가 여러 가지 모양의 사방치기 도형이다. 실내외를 불문하고 가장 많이 그려놓은 이유는 어린이들이 장소에 구애 받지 않고, 좁은 공간에서도 친구들과 망을 던지고 차며, 다양한 방법으로 뛰어놀 수 있어 운동 겸 놀이를 할 수 있기 때문이다.

우리나라 초등학교에 가장 많이 그려져 있는 도형은 다음과 같다.

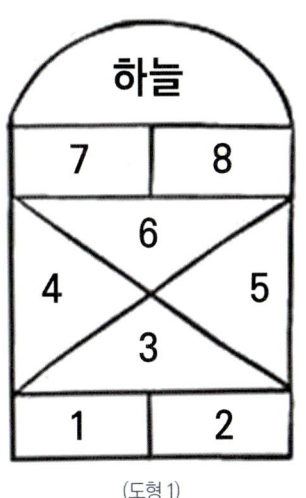

(도형 1)

노는 방법은 편을 나누기도 하고 개인별로 하기도 한다.

첫 번째로 출발하는 사람이 망을 1에 던져놓고, 2에 앙감질, 3에 앙감질, 4, 5는 양발, 6은 앙감질, 7, 8은 양발로 딛고 동시에 뒤로 돌아 역순으로 나오는데, 6은 앙감질, 4, 5는 양발, 3은 앙감질, 2에 앙감질로 서서 1에 있는 망을 주워 가지고 나오는 놀이이다.

이때 금을 밟거나 깨금발에 다리가 풀리거나 망을 주울 때 쓰러지면 실격된다. 실격이 되면 순서가 바뀌어 다음 사람이 시작한다. 실격이 안 되고 2, 3, 4, 5, 6, 7, 8까지 성공하면, 하늘에서 망을 발등에 놓고 높이 올려 두 손으로 받아 나온다. 뒤를 돌아 망을 던져, 숫자 칸에 떨어지면 돌이 떨어진 칸은 자기 땅이 된다. 망을 던졌을 때 금에 닿거나 밖으로 나가면 실격이다. 먼저 확보한 자기 땅에 또 떨어지면 다시 던질 수 있다.

위와 같이 땅을 가장 많이 차지하는 사람이 이기는 놀이이다.

또 하나의 도형이 있다.

① 출입구에서 망을 1에 던져놓고 깨금발로 차서 2로 보낸다. 또 깨금발로 2로 가서 망을 차서 3으로 보낸다. 3에서 4로 보내고 4에서는 쉬었다가 깨금발로 망을 1에 차고 출입구로 차 나간다. 이번에는 2에 망을 던져놓고, 깨금발로 차서 돌아 나오고, 3과 4도 마찬가지로 완료하면 첫 과정을 마친다.

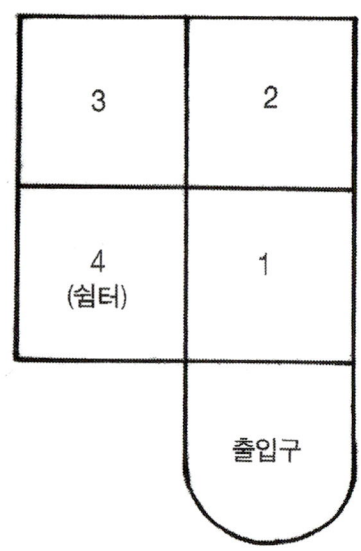

② 출입구에서 발등에 놓은 망을 높이 올려 한 손으로 잡는다. 이어 1에 던지고 깨금발로 2, 3, 4를 지나 다시 1로 돌아와 망을 출입구로 찬다.

③ 망을 출입구에 두고 눈을 감은 채 깨금발로 1, 2, 3, 4로 간다. 4에서

쉬면서 눈을 떴다가 다시 감고 깨금발로 1로 가서 출입구에 둔 망을 더듬어 찾아 나온다. 눈을 감은 까닭에 한 칸씩 옮길 때마다 "됐니?"라고 묻는다.

④ 이번에는 출입구에 서서 뒤로 돌아 망을 던진다. 망이 떨어지는 칸이 내 땅이 된다. 망이 금에 닿거나 땅 밖으로 나가면 무효이며, 던진 곳에 또 던져도 무효이다. 만약 다른 사람이 따놓은 땅에 떨어지면 깨금발로 들어가 망을 몰고 나오면 그 땅을 빼앗을 수 있다.

⑤ 이렇게 하여 땅을 가장 많이 확보한 사람이 이긴다.

이 놀이를 '사방치기', '땅따먹기', '돌차기'라고 부른다.
이는 방을 4개 만들어 놓으면 사방치기이고, 땅을 확보하기에 땅따먹기라고 부르며, 돌을 차서 놀기 때문에 돌차기라고 부르는 것이다.

이 놀이는 세계적인 놀이이지만, 우리나라에서 노는 놀이는 일본을 통하여 들어온 놀이이다. 그 시기는 일제강점기 때이며 다른 놀이보다 일찍 들어와 전국으로 퍼져 우리나라 전역에서 놀아왔다.

우리나라와 관련된 자료는 가장 오래된 것이 미국의 선교사 제이콥 로버트 무스가 저술한 「1900, 조선에 살다」에 〈사방치기〉 놀이를 기록하여 놓았는데 그 내용은 다음과 같다.[1]

> 아이들이 하는 놀이 중 사방치기가 있는데, 이 놀이를 하는 동안 등 뒤에 업힌 아이가 잠들기는 아마 힘들 것으로 보인다. 하지만, 사람들은 이것이 아이들의 교육에 꽤 도움이 된다고 생각하는 경향이 있다.
> 소년들이 이 활동적인 놀이를 하면서 뛰고 넘을 때, 그들 등에 업힌 아이의 목은 정말 부러질

---
1) 제이콥 로버트 무스 지음, 문무홍 외 옮김, 「1900, 조선에 살다」, 푸른역사, 2008, p.124.

> 듯이 위아래로 흔들린다. 그러나 아기는 별로 개의치 않는 듯이 보이고 마치 솜털 침대에 누운 것처럼 잘도 잔다.

위의 글을 저술한 제이콥 로버트 무스는 1890년부터 1910년까지 약 20여 년간 자전거로 조선 전역을 누비며 서민들과 함께 했던 사람이다.[2]

위 자료를 보면, 사방치기가 적어도 1910년 이전에 한국에 들어왔음을 알 수 있다.

경기도 개성
돌차기, 수시, 어린이

〈놀이법〉 땅바닥에 여러 칸을 이어지게 그리고, 돌이나 기와 조각을 발로 차며 다음 칸으로 나아간다. 구획선이나 돌을 밟은 사람은 권리를 잃어버리며 처음으로 돌아와서 다시 한다. 이런 식으로 보다 빨리 끝까지 나아가면 이긴다.

경기도 광주
돌차기, 수시, 여자 어린이

〈놀이법〉 땅 위에 여러 가지의 모양을 그려 놀이판을 만들고, 작은 돌멩이를 발로 차서 놀이판의 칸을 순차적으로 돌아, 실수 없이 빨리 돌아오는 쪽이 이긴다. 돌아오는 방법은 여러 가지가 있다.

경기도 포천
돌차기, 수시, 소년 소녀

---

2) 사단법인 한국민속학회, 「〈초등 교과서 전래놀이의 교육적 적절성 분석 정책연구〉 최종보고서」, p.101.

〈놀이법〉 땅 위에 원형이나 각형 등의 칸을 그어 한쪽 발로 돌을 차면서 지나가기 어려운 통로를 빠져나가는 놀이이다.

경기도 양평
돌차기, 가을, 어린이

〈놀이법〉 땅 위에 금을 그어 놓고 자기의 돌멩이를 한쪽 발로 도중에 설치되어 있는 술집에 들어가지 않도록 차며 나아간다. 술집을 뛰어넘어 끝까지 가야 하는데, 만약 술집에 들어가게 되면 그때까지의 득점은 무효가 된다.

경기도 이천
돌차기, 수시, 어린이

〈놀이법〉 땅바닥에 칸을 그려놓고 한쪽 발로 돌을 차면서 나가는 경기다.

경기도 용인
돌차기, 수시, 어린이

〈놀이법〉 땅 위에 여러 칸이 되도록 선을 긋고 한쪽 발로 각 칸마다 작은 돌을 차 옮기면서 앞으로 나아간다.

전라남도
돌차기, 수시 특히 달밤, 여자

경상북도 청송
돌차기칸수, 수시, 소녀

〈놀이법〉 지면에 갖가지 도형을 그려놓고, 돌을 가운데에서 한 발로 차면서 도형 내의 각 칸에 차례차례로 나가는 놀이이다.

경상북도 예천
돌차기, 수시, 어린이

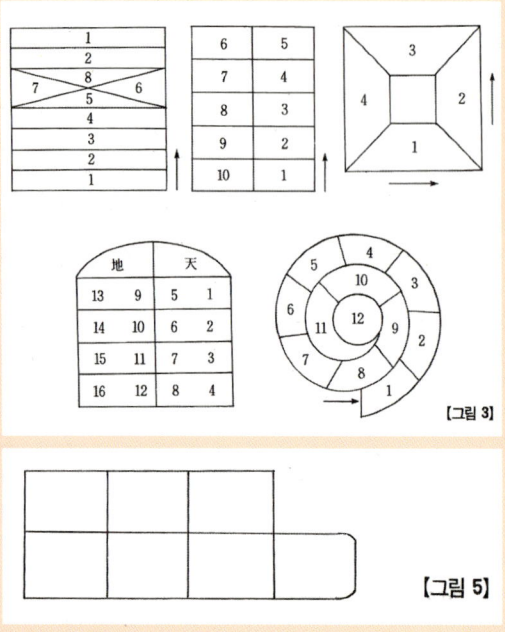

〈놀이법〉 다음과 같이 땅바닥에 줄을 그려놓고, 한 발로 하나의 돌을 차면서 선을 밟지 않고 차례대로 차 나가는 놀이다.

경상남도 창녕

돌차기, 수시, 여자 어린이

〈놀이법〉 땅바닥에 그림과 같은 모양을 그려놓고, 각 칸을 돌멩이를 차며 나간다. 횟수를 정해놓고 먼저 돌아오는 쪽이 이긴다.

황해도 장연

돌차기, 수시, 어린이

〈놀이법〉
1. 위의 그림과 같이 땅바닥에 줄을 긋는다.
2. 납작한 돌을 준비한다.
3. 앙감질로 화살표 방향을 향해서 돌을 차며 나아간다.
4. 돌이 줄에 걸리든지 바깥으로 나가면 무효가 된다.
5. 정한 횟수가 5회라면, 5회를 먼저 돌아오면 이긴다.

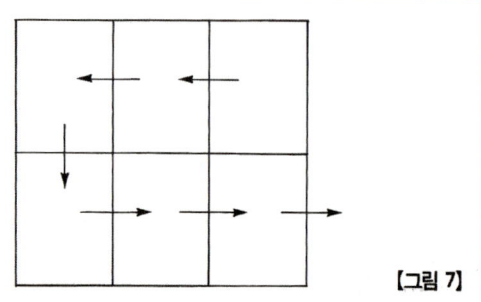

강원도 삼척

돌차기사방치기, 수시, 어린이

〈놀이법〉 땅 위에 칸을 그려놓고 그 칸 위를 돌을 발끝으로 차면서 정해진 횟수만큼 돌아오는 놀이이다. 먼저 돌아오는 횟수를 다음과 같은 방법으로 한다.

별표 칸에서 돌을 차서 ▨의 가운데 칸 안에 차 넣는다. 가운데 작은 네모 칸 안에 넣으면 단 한 바퀴를 돌아 나오는 것으로 졸업. ▨의 안이기는 해도 작은 네모 칸 바깥에 넣으면 학년 진급은 된다. 혹시 잘못 넣어서 ◎칸에 들어가면 낙제가 된다. 가운데 동그라미 안에 넣으면 완전 낙제, ◎의 안이지만, 동그라미 밖에 넣으면 한 학년만 낙제가 된다.

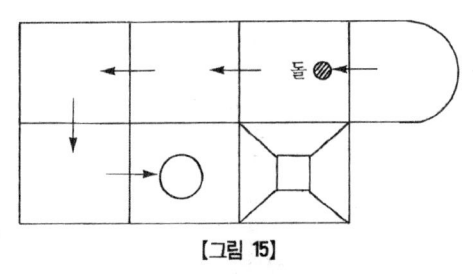

[그림 15]

평안남도 강동

돌치기머리망, 수시, 어린이

〈놀이법〉 작은 돌을 서로 던지며 전진해서 중앙선까지 먼저 도달하는 사람을 승자로 한다.

평안남도 용강

돌차기, 봄·가을, 어린이

〈놀이법〉 다음 그림과 같이 지면에 선을 그어 칸을 만들고 돌을 칸 안에 놓고 한쪽 발로 돌을 차서 다음의 칸 안으로 차 보낸다. 차례대로 이렇게 해서 전부를 잘 차서 돌아 나온 사람이 이기게 된다.

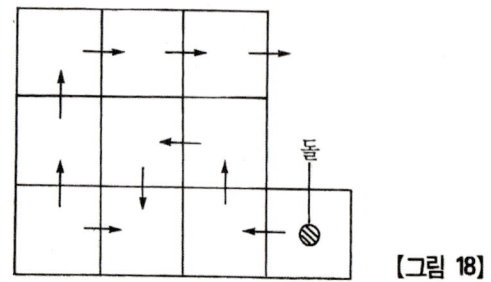

[그림 18]

평안남도 강서

돌차기, 수시, 어린이

〈놀이법〉 용강 지방과 같다.

평안북도 구성

돌차기, 봄·가을, 어린이

〈놀이법〉 두 사람이 하거나 여럿이 편을 나누어서 하는 놀이로서, 다음 그림과 같이 땅에 칸을 그리고 먼저 ①에 돌을 넣고 한발로 ②, ③, ⑥을 양발로 ④, ⑤와 ⑦, ⑧을 밟은 뒤, 물러나서 ②까지 돌아오면 돌을 주워서 밖으로 나온다. 도중에 선을 밟거나 돌을 차버리거나 하면 실격이 되어 다른 편과 바꾼다.

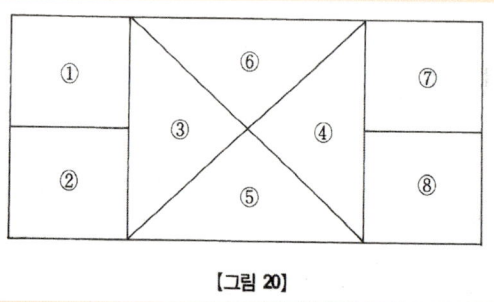

[그림 20]

> **함경북도 종성**
>
> **돌차기**, 봄, 여자 어린이
>
> 〈놀이법〉 한쪽 발로 뛰면서 땅바닥에 그려진 사각형 칸 안에 돌을 차서 넣는다.

우선 이 놀이가 서양에서 어떻게 놀고 있는지 민속학자 김광언이 쓴 「동아시아의 놀이」에 수록되어 있는 것을 보면 다음과 같다.

> 서양의 돌차기 도형은 뒤웅박·다이얄·달팽이·달력밭 등 다종 다양하고 또 복잡하지만, 기본형은 원형과 사각형이다. 노는 방법은 대체로 두 가지이다. 하나는 칸 밖에서 1에 말을 던진 다음, 앙감질로 차 나가는 것이고, 다른 하나는 1에 던진 뒤 다른 칸을 앙감질·두 다리·앙감질 순서로 돌고 나서 되돌아오며 1의 말을 집어 출발점으로 나오는 방법이다.
>
> 유럽에는 일곱 칸을 기본으로 하는 바실리카형과 기독교 이전의 미로도迷路圖형 두 계통이 있으며, 소용돌이형이 먼저 나왔다. 이것은 뒤에 기독교적으로 변용되어, 여섯 개의 네모 칸을 그린 장방형 바탕에 반원을 얹은 일곱 개의 바실리카 도형을 낳았다. 바실리카는 초기 기독교 교회 양식으로, 일곱 개로 나뉜 제일 안쪽에 제단을 붙이고 성소聖所로 삼는다. 일곱 개의 바실리카 도형과 이를 변형시킨 도형 맨 꼭대기에 천天 또는 천국天國, 또는 이와 비슷한 글이라고 써서 성소를 나타낸다.
>
> 네모 칸에 때로 밑에서부터 지옥·연옥·고뇌·탄식·링보지옥의 변경. 그리스도 탄생 이전의 선인(善人)과 세례를 받지 못하고 죽은 어린아이의 영혼이 머무는 곳·휴식·하늘이라고 쓴 것은 기독교적인 영혼 편력의 관념을 반영한 것이다. 이를 이탈리아에서 낙원, 스코틀랜드에서 예배소, 독일에서 천국과 지옥으로 부르는 점에서도, 기독교와의 깊은 연관성을 엿볼 수 있다.
>
> 로마시대에도 닮은 놀이가 있었다. 박물학자 폴리니우스23~79는 어린이들이 땅에

미로의 도형을 그리고 놀았다고 하였다. 따라서 소용돌이 도형이야말로 이 미로 도형의 잔존인 셈이다. 이것은 프랑스·영국·스페인 및 유럽 사람들이 이주한 아메리카 대륙 등에 남아 있다.

유럽과 미국의 보기이다.

영국에서는 돌을 1에 던져 넣은 다음, 2-3-4-5-4-3-2의 순서로 차 나간 뒤, 1로 되돌아온다. 다음에 2에 던지고 같은 과정을 반복한다. 이렇게 4까지 간 다음, 5로 던지지만, 이번에는 5에 들어간 채 말을 1에 넣는다. 그리고 말을 엄지손가락에 얹어서 5로 온다. 다시 2에 던진 다음 눈 근처에 올려놓고 돌아온다. 3에 던졌다가 손바닥에 올려놓고 돌아오며, 4에서는 머리에, 5에서는 등에 얹는다. 5에 이르면 말을 등에서 위로 치켜 올리며, 이때 땅에 떨어지기 전에 손으로 잡아채야 한다.

영국과 프랑스의 12단계 형에서는 1-2-3-4로 말을 찬 다음, 휴식에서 쉰다. 다시 지옥을 건너뛰어 들어가 차례로 돌아서 낙원으로 들어간다. 따라서 이것은 사후에 인간의 영혼이 여러 단계의 고행을 거쳐 낙원에

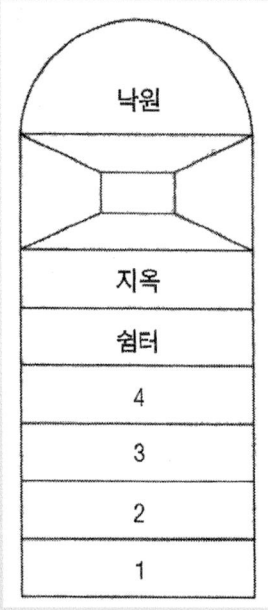

영국과 프랑스의 발

25	16	15	6	5
24	17	14	7	4
23	18	13	8	3
22	19	12	9	2
21	20	11	10	1

미국의 발

이르는 과정을 나타낸다.

그러나 미국에서는 말을 쓰지 않는다. 앙감질로 1에서 24까지 갔다가, 되돌아서 1로 온다. 이를 마치면 아무 칸에나 자기 이름을 적는다. 이어 같은 과정을 마치면 다시 이름을 쓰며, 상대는 이를 뛰어넘어야 한다. 결국 이름이 많은 사람이 이긴다.
한천항부(寒川恒夫)

민속학자 김광언은 같은 책에서 서양에서 일본으로 놀이가 들어가 일본에서 성행한 돌차기 놀이를 다음과 같이 수록하였다.

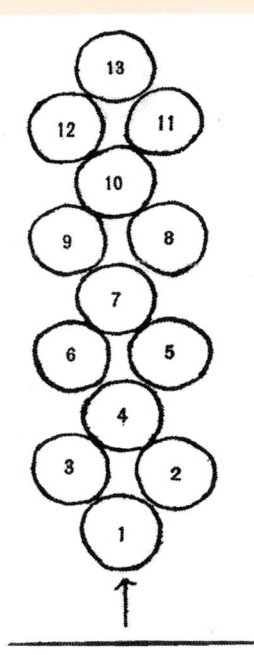

1) 둥근밭

1880년대의 것이다. 말을 1에 던진 뒤, 2와 3으로 들어간다. 동그라미 하나에서는 앙감질로, 둘에서는 두 다리로 딛는다.

이렇게 13까지 갔다가 되돌아 나와 다시 2와 3에서 두 다리로 딛은 다음, 2에서 앙감질로 1에 와서 말을 밖으로 찬다.

또 2에서 앙감질로 1의 말을 집어 들고 1을 앙감질로 밟은 다음, 제자리로 돌아온다.

이어 말을 2에 던진다. 앞과 같은 순서로 되돌아 나오며, 13까지 마치면 한 판이 끝난다.

던진 말이 금에 닿으면 차례를 넘긴다.

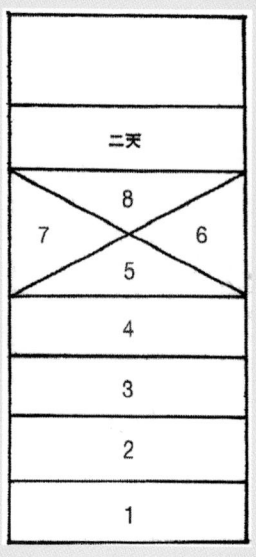

2) 긴 네모밭

1900년 무렵 유행하였다.

말을 1에 던지고 앙감질로 들어가 밖으로 찬 다음, 2에 던지고 같은 방법으로 들어가 찬다.

이렇게 이천二天에 가서 말을 집고, 앙감질로 위로 들어가 본디 자리로 찬다. 이때, 한 번 찰 것인지, 두 번 찰 것인지 말한다.

한 차례를 마치고, 다시 1부터 시작한다. 말을 본디 자리로 못 보내거나, 두 번 찰 때 모두 실패하면 차례를 넘긴다.

두 번 차면 점수를 반 얻는다.

3) 네모밭(가)

1915년에 유행하였다.

말을 1에 던지고 앙감질로 들어가 2로 차고, 앙감질로 들어가며, 다시 3으로 찬다. 같은 방법으로 5로 가서 말을 금 밖으로 찬다. 말을 6으로 보낸 뒤, 앙감질로 5에서 1로 온 다음, 6으로 찬다. 이렇게 10에 가면 한 판이 끝난다. 이밖에 1과 6 위에 그은 반원꼴 지붕에 말을 던졌다가 밖으로 차 낸 다음, 2에서 떠나 마지막까지 가기도 한다.

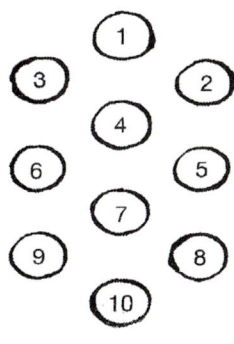

4) 둥근밭

앞과 달리 10이 제자리이다. 말을 1로 던지고 2로 차며, 2에서 3으로 이어 나가 10까지 가서 밖으로 찬다. 이어 말을 2로 보내고 같은 방법으로 10에 가서 찬다.

5) 네모밭(나)

말을 하늘天로 던진 다음, 앙감질로 가서 위의 동그라미로 찬다. 성공하면 말을 가지고 앙감질로 제자리로 돌아온다. 앞과 마찬가지로 땅地으로 갔다가 되돌아오며 다시 1에서 시작한다.

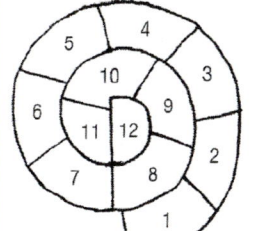

6) 달팽이밭

1950년대에 유행하였다.

말을 모두 1에 나란히 놓고 가위바위보로 순서를 정한다. 이긴 사람은 1에서 2로, 2에서 3으로 차면서 12까지 간다. 12에서 다시 1로 와 밖으로 찬다. 이어 2로 차고 같은 순서를 거쳐 1로 돌아와 말을 찬다. 다음은 3으로 간다. 이렇게 계속 앙감질로 해나가는 것은 매우 어렵다.

7) 하인밭 奴さん

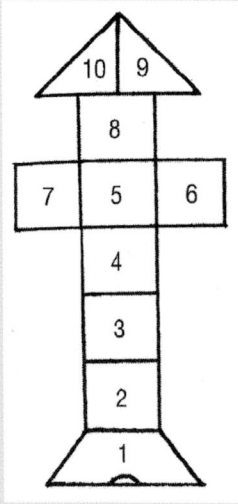

가위바위보로 순서를 정하고 말을 1에 던진다. 앙감질로 2로 건너뛰고 3-4-5로 간 뒤, 6·7에서 두 발로 딛는다. 8에서 오른다리로 딛고 몸을 틀어 왼다리로 9로 가고, 8의 오른다리를 10으로 옮겨 딛으며 몸을 돌려 1쪽으로 향한다. 이어 오른 다리로 8로 뛰고 6·7에서 두 다리로 딛는다. 5-4-3-2까지 앙감질로 간 뒤, 1의 말을 집어 밖으로 나온다. 마찬가지로 말을 2에 던지고 1에서 3으로 뛰고 이어 앞처럼 나간다. 실패하면 그 자리에 말을 놓고, 차례를 넘긴다. 진행은 앞에서와 같지만, 앞 사람이 말을 3에 놓은 경우, 다음 사람은 말을 1에 넣고 2·3을 넘어 4로 뛰며, 한 판을 마치고 돌아갈 때도 똑같이 건너뛴다. 만약 2·3에 말이 있으면 2의 말을 집기 위해 4에서 한 다리를 든 채 엎드려 집어야 하며, 3을 넘어 2·1을 거쳐 밖으로 나온다. 이 놀이는 둘이 한다.

8) 화자밭 花子さん

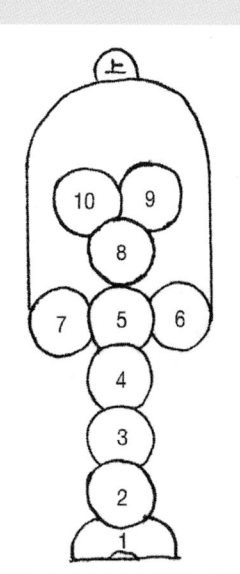

1835년에 유행하였다.

6·7은 손, 8은 얼굴, 9·10은 머리, 6에서 7로 그은 금은 줄넘기를 나타낸다. 방법은 하인밭과 같다. 줄넘기 금 안은 11이 되며, 마지막 상上에 이르러 두 다리로 쉬었다가, 몸을 돌린 다음 말을 1로 던진다. 이로써 한 판이 끝난다.

9) 온천 순례밭

말을 1에서 2로 차고 3으로 보낸 뒤, 4에 두 발을 딛고 쉰다. 방향을 바꾸어 오른발을 3에 놓고 5로 찬다. 앙감질로 말을 5에서 7로 찬 다음, 6에 두 다리를 딛는다. 앙감질로 7에 가서 말을 8로 차고 앙감질로 8을 거쳐 9로 가서 두 다리를 내린다. 왼발로 8의 말을 10으로 보내고 앙감질로 10으로 간다. 말을 10에서 11로 보내고 앙감질로 11로 가, 위 칸으로 차 넣는다. 11에서 앙감질로 뛰어 위 칸으로 가 두 다리로 쉰다. 몸을 1쪽으로 돌리고, 발 등에 놓은 말을 올려서 손에 쥐고 2로 던진다.

20세기에 들어와 말은 위가 둥글고 바닥이 평평한 색유리로 바뀌었다田中幸平.

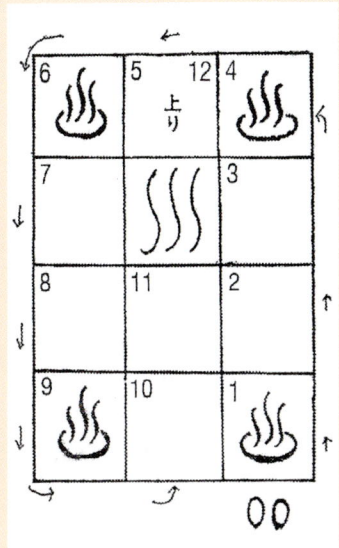

앞에서도 강조했지만 돌차기는 일본에서 들어와 현재에도 어린이들이 놀고 있다.

일본 오사카大阪에 있는 재일 한국인 학교에서 교사를 지냈던 홍양자가 저술한 「빼앗긴 정서 빼앗긴 문화」, 「우리 놀이와 노래를 찾아서」에 우리나라에서 조사한 내용이 수록되어 있다.

돌차기

땅에 도형을 그리고 납작한 돌을 앙감질로 차서 하는 돌차기놀이는 서양에서 일본에 들어와 19세기 말에 유행·보급된 놀이라고 한다. 이와 같은 놀이가 우리나라에도 있는 것은 다 알지만, 우리의 고유놀이가 아님은 잘 모를 것이다. 다양한 도형 중 〔도형 2〕와 같이 최고 위치에 '하늘天'이 있는 것도 있다. 이러한 도형은 서양에서도 볼 수 있다. 지금 우리나라에서는 〔도형 1〕로 하는 것이 일반적인데, 끈 위에 못을 박아 이 도형을 운동장에 그려놓은 학교도 있다.

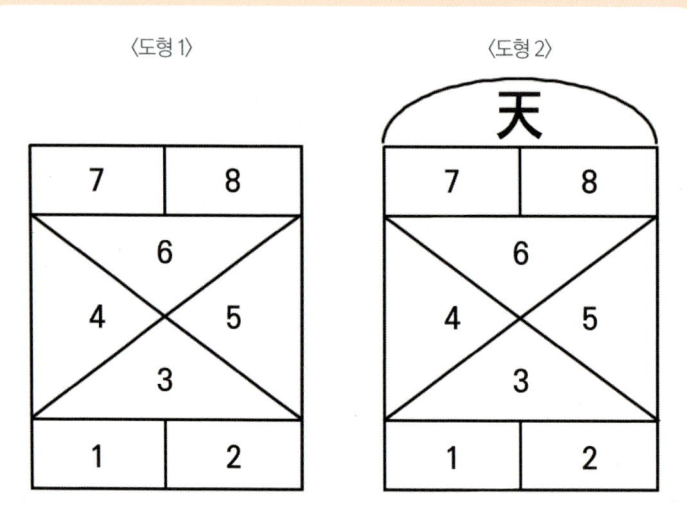

제주도에서 이 놀이를 수집했을 때 도리초등학교에서는 '땅따먹기'라고 하였다. 다른 데서는 이 놀이가 '고냉이 방치기' 혹은 '니시끼리'라고 불렸는데, '니시끼리'라는 말은 일본말에서 온 것이다. 일본에서는 이 놀이를 '이시케리(돌차기)'라고 하니까 아마 '이시케리'가 '니시끼리'로 발음된 모양이다.

놀이를 시작하기 전에 '하늘과 땅'으로 두 편을 나눈다. 한 사람이 뛰고 있으면 옆에서 다른 사람들은 "캥캥이 다시 빠―"라며 응원한다. '캥캥'은 앙감질이란 뜻의 일본말이다. '빠'도 일본말인데, 그 뜻은 다리로 가위·바위·보를 할 때 '보'의 자세, 곧 양다리를 옆으로 벌린 자세를 말한다. 그래서 일본에서는 이 놀이를 '캥빠'라고도 부른다. 아이들 사이에서는 '이시케리'보다 '캥빠'라고 부르는 것이 보통이다.

현재 우리나라의 돌차기 도형은 위의 두 가지 밖에 보이지 않지만, 1936년에 조선총독부가 실시한 조사자료에는 이외에 다른 도형도 몇 가지 보인다. 일본에서는 우리나라의 두 가지 도형은 물론, 총독부의 자료에 나타난 도형까지 포함해서 여러 형태의 도형을 볼 수 있다. 지금 두 가지 도형만 전해져 있는 것은, 아마 한국에 이 놀이가 들어왔을 때 가장 기본적인 것만 남아 있었기 때문이 아닐까 생각한다. 일본에서 들어온 놀이를 살펴보면, 일본말이 남아 있거나 그 놀이가 전해졌을 때의 기본적인 틀을 그대로 간직하고 있다.

일본에서 1977년 6월부터 1979년 3월까지 요미우리신문에 연재된 스즈키 토시의 「쇼와 어린이 풍토기」를 책으로 발행한 「쇼와 어린이 250경」이 있다.

이는 스즈키 토시가 쇼와昭和 - 1927년부터 1989년까지시대 즉, 우리로 치면 일제강점기 때부터 해방 후까지 일본 어린이들이 놀았던 놀이나 풍물, 일어난 사건 특히 일본이 일으킨 여러 가지 전쟁으로 일어난 사항을 삽화로 그리고 간단하게 설명을 덧붙였는데, 이것을 1980년 8월에 작품을 골랐고 여기에 새로운 작품 50개를 더해서 1995년에 펴낸 책이다.

스즈키 토시는 서문에서 「전쟁 전일제강점기, 전쟁 중태평양 전쟁 어릴 적 삶의 모습을 어떻게든 그려 남겨두고 싶다는 생각이 날마다 더해 가고, 놀이, 풍물, 아이와 전쟁의 관계 등 자료를 조사하기 시작하고 또한, 많은 분들의 협력을 얻으면서 차근차근 그려나갔다.」라고 했다. 그러니 이곳에 수록된 그림을 보면 1927년도, 일제 강점기 때의 일본 놀이가 수록되어 있다. 이중 가장 많은 것이 돌차기 이다.

그 내용은

▲ 「쇼와(昭和) 어린이 250경」
1977~1979년 일본 요미우리신문에 스즈키 토시가 연재한 「쇼와 아이들 풍토기」

* ① **켄켄**켄빠 - ケンケンケンパ
  - 차가 다니지 않는 도로에 「켄빠」의 고리가 퍼져 간다. 한 발로 뛰는 곳, 두 발 동시에 닿는 곳······. 돌 또는 유리를 차며 나아간다.

* ② **다이쇼**대정 **켄켄** - 大正ケンケン 앙감질 놀이
  - 1에서 9로 차례대로 돌을 던져 넣고, 한쪽 발로 간다. 8, 9에서 두 발을 벌리고 U턴해서 1로 돌아간다.

* ③ **우즈마키 켄켄**땅따먹기 - ウズマキケンケン
  - 켄켄 하면서 중심까지 갔다가 돌아오면, 자기 영토가 늘어난다. 도중, ♨표시에 잠깐 쉬는데, 힘든 게임이었다.

ウズマキケンケン ケンケンしながら中心までいって戻ると、自分の領土がふえる。途中、♨印で一服するのだが、しんどいゲームだった。

*④ **사농공상 놀이 - 士農工商でって**
 - 한쪽 발로 돌을 차면서, 상대방의 진지로 나아간다. 테두리 밖으로 나가면 아웃!

◀쇼와(昭和) 어린이 250경」
1977~1979년 일본 요미우리신문에 스즈키 토시가 연재한 「쇼와 아이들 풍토기」

◀「쇼와(昭和) 어린이 250경」
1977~1979년 일본 요미우리신문에 스즈키 토시가 연재한 「쇼와 아이들 풍토기」

* ⑤ 겐바쿠 게임 - ゲンバクゲーム

 - 돌이 가운데 겐바쿠로 들어가면 아웃. 1에서 4로 승격하는「겐바쿠 놀이」는 도쿄에서 대유행.

 이로 보아 일본은 돌차기 놀이를 다양하게 일찍부터 놀았는데 이 놀이는 전쟁과 관련된 땅따먹기가 주요 내용으로 이루어진 놀이이다.

〈해석〉**바깥놀이**

고대 로마에서도 놀았었다!

| 돌차기 |

원 안에 돌을 던져서 그 돌을 피하면서 켄켄파로 나아가는 놀이입니다.
원 밖으로 튀어나오지 않도록 하기 때문에 줄넘기의 균형도 매우 중요합니다.

| 놀이의 역사 |

2000년 전부터 있었던 놀이

돌차기의 역사는 오래되었고, 고대 로마에서도 놀았던 것이 1세기의 기록에 있습니다. 이탈리아에서는 '낙원'이라 불리며 기독교를 전파하기 위한 놀이였습니다. 앞쪽(자기에게 가까운 쪽)이 '지옥'이고 앞쪽이 '천국'입니다. 사람이 죽은 후에 고통의 세계를 돌아다니다가 마지막에는 천국이나 낙원에 이르는 모습을 나타냅니다. 일본에 남은 기록은 메이지 시대부터인데 언제쯤 시작됐는지는 알 수 없습니다.

▲ 일본의 놀이문화 연구회, 『일본의 놀이 교과서』, 株式会社滋慶出版/つちや書店, 2015, p.40.

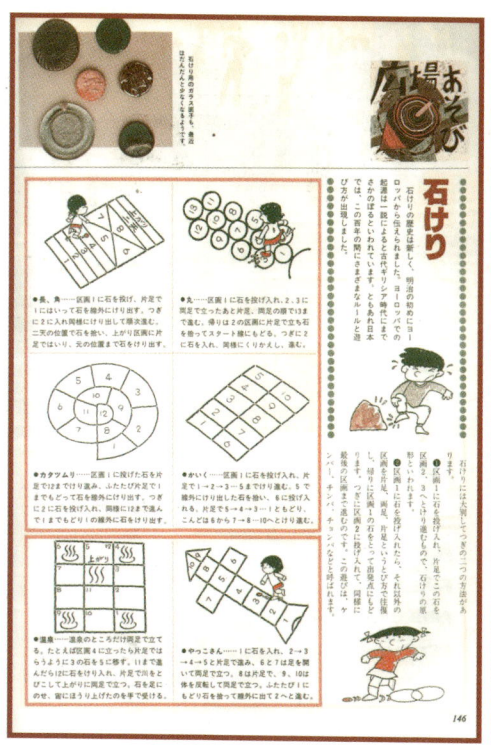

▲ 「아이와 즐기다 전승놀이백과」 1978년 소학관

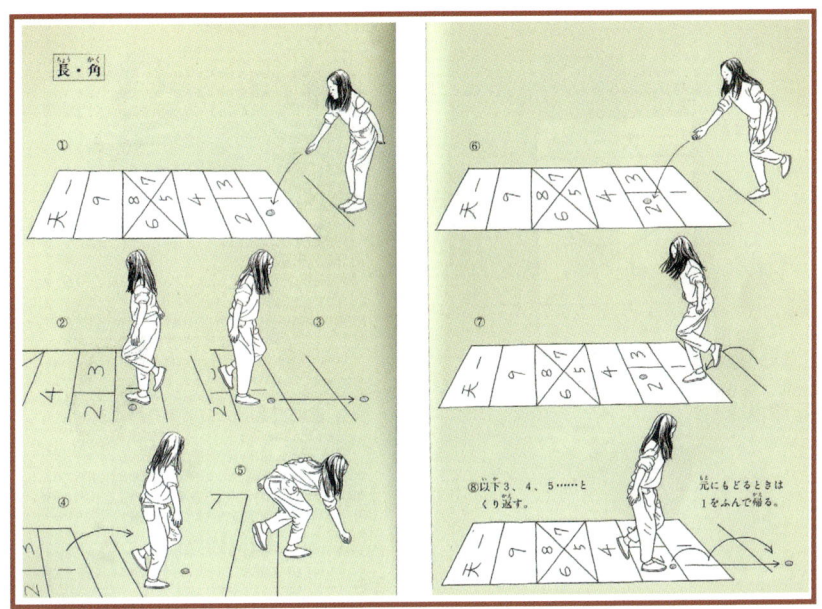

▲ 일본 「놀이도감」 1987년 오쿠나리 다쓰 글 나가타 하루미 그림

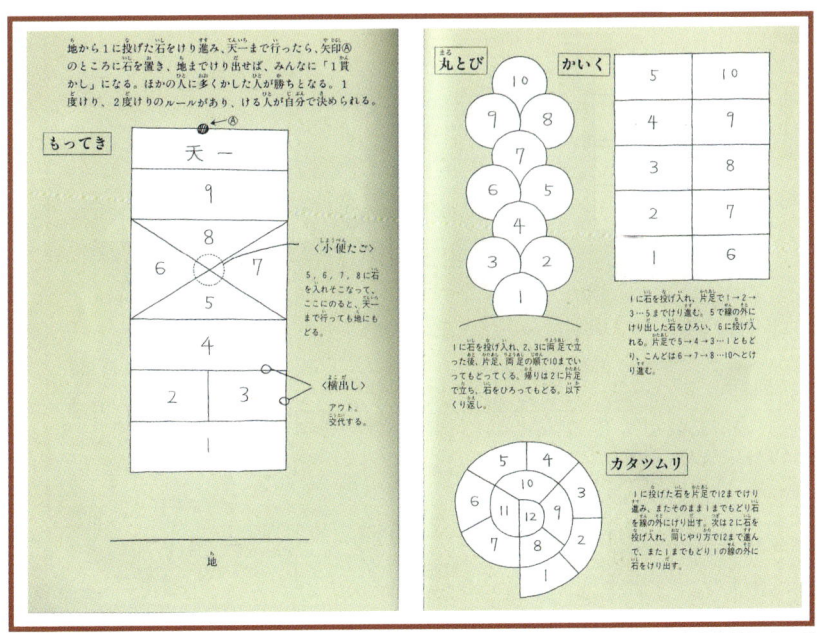

▲ 일본 「놀이도감」 1987년 오쿠나리 다쓰 글 나가타 하루미 그림

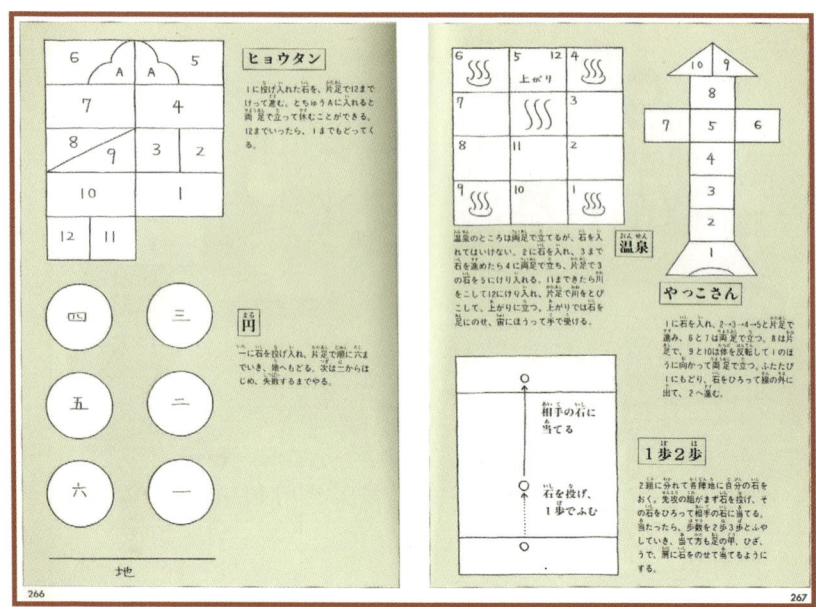

▲ 일본 「놀이도감」 1987년 오쿠나리 다쓰 글 나가타 하루미 그림

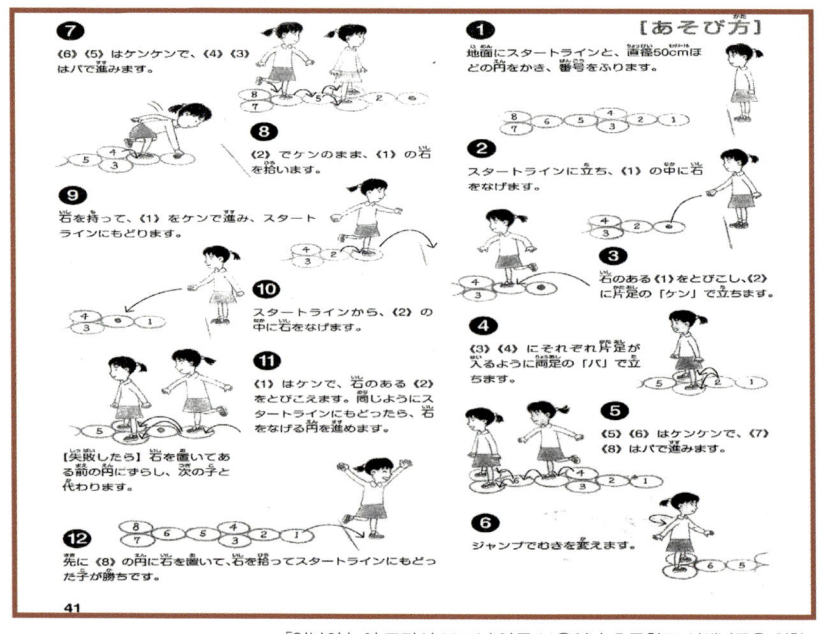

▲ 「일본의 놀이 교과서 2015년 아동 보육이나 초등학교 선생님들을 위한」

| 참고문헌 |

- 스즈끼 도시, 「소화(昭和) 어린이 250경」, 朋興社, 1995.
- 홍양자, 「빼앗긴 정서 빼앗긴 문화」, 다림, 1997.
- 홍양자, 「우리놀이와 노래를 찾아서」, 다림, 2000.
- 김광언, 「동아시아의 놀이」, 민속원, 2004.
- 강성복, 「부여의 민속놀이」, 부여 문화원, 1994.
- 무라야마 지준, 「조선의 향토오락」, 조선총독부, 1941.
- 리윤경, 「망차기와 돌아 잡기」, 「조선의 민속놀이」, 군중문화, 1964.
- 지춘상, 「돌차기」, 「한국민속대전」, 4. 고려대학교 민속 문화 연구소, 1982.
- 遠藤 ケイ-「こども遊び大全」, 新宿書店, 1991.
- 中田辛平 – 「日本の兒童遊戲」 社會思想社, 1970.
- 寒川恒夫, 「石蹴り」, 「民族遊戲大事典」 대수관書店, 1998.
- 제이콥 로버트 무스, 문무홍 역자, 「1900, 조선에 살다」, 푸른역사, 2008.
- 田仲豊德, 「일본의 놀이 교과서 -아동보육이나 초등학교 선생님을 위한-」, 株式会社滋慶出版/つちや書店(발행처), 2015.

11
비석치기

초등학교 교과서 속 일본놀이

비석치기

비석碑石치기는 비석 같이 생긴 돌을 세워놓고, 납작한 돌로 적당한 거리에서 던져 쓰러뜨리고, 단계별로 각각 다른 방법으로 상대방의 비석을 쓰러트려, 정해진 단계를 완료하면 이기는 놀이이다. 둘이서도 할 수 있으나 여러 명이 편을 갈라 노는 것이 보통이다.

비석치기 단계는 다음과 같다.

진편은 비석을 2~3m 떨어진 곳에 세워놓는다. 이때 비석은 놀이하는 사람의 한 편 숫자만큼 세운다. 예를 들어 한 편이 5명이면 5개를 세운다.

1단계는 이긴 편이 그어진 금에서 세워놓은 비석을 향하여 돌을 던져 쓰러뜨린다.
2단계는 돌을 땅에 놓고 깨금발로 몰고 가서 상대방 비석을 넘어뜨린다.
3단계는 돌을 발등에 얹어 놓고 깨금발로 가서 비석을 쓰러뜨린다.
4단계는 돌을 무릎을 굽혀 정강이에 끼워 가서 쓰러뜨린다.
5단계는 돌을 사타구니에 끼우고 가서 비석을 쓰러뜨린다.
6단계는 돌을 배에 얹어서 살금살금 가서 비석을 쓰러뜨린다.

7단계는 돌을 어깨에 얹어 조심스레 가서 비석을 쓰러뜨린다.
8단계는 돌을 턱 밑에 끼우고 가서 비석을 쓰러뜨린다.
9단계는 돌을 이마에 얹어 놓고 가서 비석을 쓰러뜨린다.
10단계는 돌을 머리에 이고 가서 비석을 쓰러뜨린다.

이렇게 10단계까지 완료하면 이기지만, 돌이 비석에 맞지 않으면 실격처리 되어 순서가 바뀌는 놀이이다.

초등학교 교과서에는 비석치기를 비사치기로 기록하고 있다.

2004년 서울 국립민속박물관에서 한·일 문화교류의 행사가 있으니, 한국의 놀이를 일본인들에게 알려주라며 우리를 불러서 참여한 적이 있다. 그런데 행사를 진행하다 깜짝 놀랄 일이 벌어졌다. 일본 측에서 어린이 20명과 어른 10명이 왔는데, 그들이 일본의 대표 놀이라고 선보인 놀이가 '비석치기, 오자미 놀이, 잠자리 날리기'였던 것이다.
우리는 굴렁쇠 굴리기와 제기차기를 준비해 오라 해서 준비하였다.

행사를 주관한 국립민속박물관 직원이 나에게 다가와 화가 난 어조로 "일본 측이 비석치기를 시범 보인다고 하니 과연 진행을 해야 할지 고민스럽다."고 하였다. 왜 그러냐고 묻자 일본이 침략 놀이를 선택하여 시범을 보인다니 당황스럽다고 했다.
그러나 그날 일본 측은 비석치기를 진행하였고 참석한 우리나라 아이들도 따라 했다. 그날 이후로 "비석치기가 왜 침략 놀이일까?"라는 의문으로 그 내용을 알아보는데 깊은 관심을 가졌다.

한·일 청소년 야외 민속놀이대회 운영(안)

1. 목 적
   - 민속놀이를 청소년에게 보급, 전통문화에 대한 한·일 상호이해 및 건전한 청소년 육성
   - 2005년 한·일 우정의 해를 맞이하여 청소년을 위한 민속놀이를 상호 지도 및 체험, 동반국가로 성장할 수 있는 계기 형성

2. 행사개요
   - 일   시 : 2005. 7. 31(일) 10:00-15:00
   - 장   소 : 국립민속박물관 어린이박물관 및 동편마당
   - 참가자 : 한·일 청소년 및 놀이 지도사 80명
   - 내   용 : 민속놀이 체험, 제작, 대회
   - 행사일정표

시 간	내 용	강 사	비 고
10:00-10:45	굴렁쇠놀이(한국)/공기놀이(일본)	임영수(연기향토박물관장) 및 일본 놀이 지도사	
10:45-11:30	팽이치기(한국)/팽이치기(일본)		
11:30-12:10	제기차기(한국)/대나무 잠자리 제작(일본)		
12:10-13:00	점심/일본(북) 공연(15분)		
13:00-14:40	투호(한국)/비석치기, 대나무 잠자리 날리기(일본)		
14:40-15:00	휴식 및 마무리		

10:00-10:20 공기놀이 (일본)   13:20-13:40 투호(한국)
10:20-10:40 굴렁쇠 (한국)
10:45-11:05 팽이 (일본)
11:05-11:25 팽이 (한국)
11:30-12:10 대나무 잠자리 만들기(한·일)
        〃   제기차기 (한국)

▲ 2005년 한·일 청소년 야외 민속놀이대회 기획당시 한국측에서 일본의 비석치기 프로그램을 삭제요청한 운영(안) 원본

▲ 기획과정에서 삭제된 비석치기를 일본측에서 대회 당일 청소년들에게 가르치는 모습

▲ 한·일 청소년 야외 민속놀이대회 단체사진

　이웃 마을 공주에 민속극 박물관을 개관하신 심우성 관장님이 「우리나라 민속놀이」(1966년, 동문선) 라는 책을 주셨다.

　이곳에 비석치기가 수록되어 있는데, 그 내용은 다음과 같다.

> 비석은 이 놀이의 도구로 어른 손바닥만 한 장방형의 돌을 말하는데, 그러면 비석치기는 비석碑石을 발로 차며 노는 놀이일 텐데 왜 비석을 차지 않고 돌맹이를 차고 노는 놀이인가, 이점을 밝혀본다.
>
> 우리나라 곳곳의 마을에 「장승백이」 또는 「비선거리」라는 지명이 있다. 주로 농민들이 모여 살고 있는 마을의 장승이 서 있는 곳을 「장승백이」라 한다. 또한 「비선거리」는 장승백이와 달리 벼슬아치 등의 권력층이나 부유층이 모여 살고 있는 마을의 가까운 거리를 말한다.
>
> 그들은 자기들의 조상 또는 자기들의 업적을 자화자찬하고 기리기 위해서 각종 기념물을 세웠는데 이것 중의 하나가 사람들이 많이 지나다니는 곳에 세워놓은 이른바 송덕비頌德碑라는 것이다.
>
> 송덕비란 바로 봉건적 관료체제의 전형적 산물로 다수 민중의 뜻에 의한 것이 아니고 몇몇 권력층의 자기 자랑 및 자기 과시에 불과한 것이다. 따라서 민중의 눈에는 송덕비라는 것이

곱게 보일 까닭이 없고 민중의 피땀 위에 세워진 기념물들은 그것을 세운 사람들에게는 아무 뜻도 없는 하나의 잘 다음어진 돌덩이 또는 달갑지 않은 수탈과 권력의 상징으로 보였을 것이다.

아이나 어른 할 것 없이 공덕비 앞을 지날 때 불끈 울화가 치솟아 아니꼬운 비석에 대고 욕설을 퍼붓거나 아니면 한두 번쯤 발길질로 비석을 차면서 평소 쌓여왔던 울분을 잠시나마 폭발시켰을 것이다.

비석치기란 바로 이와 같은 것에서 점차 놀이화 되었다.

위의 내용을 잘 분석해보면 비석치기는 결코 좋은 놀이가 아니다.

민중이 분개하여 권력층의 산유물인 송덕비에 화풀이한 것이 놀이로 표출되었다는 내용인데, 이를 다른 각도로 생각해 보자.

일본은 우리의 문화를 파괴하려고 만행을 저지른 예가 많다.[1)]

정통성을 없애려고 궁궐을 마음대로 부수어 그곳에서 박람회를 개최하고 궁궐 안에 동물을 넣어 창경원을 만들지 않나, 조선을 이씨 조선이라고 폄훼를 하고, 역사를 왜곡하려고 서적을 불태우고, 특히 나라가 위급할 때 일본과 맞싸워 나라를 지킨 충신들의 공적비를 수없이 깨뜨렸다.

---

1) 우리나라 최초의 동물원은 1909년 11월 1일 개원한 창경원 동물원이다. 창경원은 본래 태종이 아들 세종에게 왕위를 물려주면서 자신이 거처할 궁궐로 지은 수강궁(壽康宮)에서 시작되었다. 그 후 1484년(성종15년) 이 수강궁 자리에 별궁인 창경궁을 건립했다. 임진왜란 때 화재로 소실된 것을 1616년(광해군 8년)에 다시 세웠다. 이 궁궐은 1907년 고종이 강제 폐위된 뒤 순종의 처소로 쓰였다. 일제는 순종을 위로한다는 구실 아래 강제로 창경궁 안에 동물원과 식물원을 만든 다음 일반인에게 관람시켰으며, 1911년에는 동물원을 짓고 이름을 창경원(昌慶苑)으로 격을 낮추어 불렀다. 1984년 창경궁 복원과 동시에 전시된 동물들은 서울대공원으로 이전하여 국제 규모의 동물원으로 만들었다.
이재운·박숙희·유동숙 편저, 「뜻도 모르고 자주쓰는 우리말 어원 500가지」, 예담, 2008, p.318.

1919년 3월 1일 탑골 공원에서 시작한 만세운동은 전국으로 퍼졌고 일제는 커다란 충격에 빠진다. 손에 태극기 하나 들고 만세를 외쳤을 뿐인데, 전국에서 전 세계로 등불처럼 퍼져나가는 조선의 독립운동은 감당하기 힘든 상태에 이르렀다.

그래서 내놓은 특단의 조치가 바로 문화 말살 정책이다. 새로 부임한 조선총독부 사이토 총독은 1922년에 전국 학교에 「신교육 시책」을 지시한다.

> 조선인은 조선사를 모르게 하라.
> 먼저 조선 사람들이 자신의 일과 역사 전통을 알지 못하게 만듦으로써 민족혼과 민족 문화를 상실하게 하고 그들의 조상과 선인들의 무위無爲·무능과 악행들을 들추어내 그것을 과장하여 후손들에게 가르침으로써, 조선의 청소년들이 그 부조父祖들을 경시하고 멸시하는 감정을 일으키게 하여 그것을 하나의 기풍으로 만들면 그 결과 조선의 청소년들이 자국의 모든 인물과 사적史蹟에 관하여 부정적인 지식을 얻어 반드시 실망과 허무감에 빠지게 될 것이다. 그때에 일본의 사적, 인물, 문화를 소개하면 그 동화의 효과가 지대할 것이다.
> 이것이 제국 일본이 조선인을 반半 일본인으로 만드는 요격일 것이다.

위와 같이 사이토 총독은 '조선인은 조선의 역사를 모르게 하라'고 지시하였다.

그런데 조선의 역사를 왜곡하고 모르게 하려면 그 증거를 없애야 하는데, 종이로 만든 책과 나무로 만든 현판은 불에 태워 없애면 되지만, 돌에 새긴 비석은 태울 수도 없고 묻어도 썩지 않으니 깨서 없애는 것이 가장 상책으로 생각했을 것이다.

또한 마을 앞에 세워져 있는 비석은 송덕비뿐 아니라, 효자·효녀·열녀·충신 등 우리가 본받고 기려야 할 비석들이니, 이들을 일일이 없앨 수는 없어서 '이이제이以夷制夷처럼 너희 스스로가 비석을 깰 수 있는 방법은 놀이뿐이다.'라고 생각했을 것이다.

그때 우리나라 아동 놀이 중 비사飛砂치기라는 놀이가 있었는데, 그것은 사금파리를 동그랗게 만들어 날려서 노는 놀이로 당시 유행했던 돈치기 놀이와 유사한 놀이이다.
이 놀이의 이름을 살짝 바꾸고 노는 방법으로는 비석이 깨질 때까지 온갖 방법을 모두 동원한 것이다. 거기에다 유래를 그럴듯하게 붙여서 민중을 선동하게 만들어 비석을 깨뜨리면 한이 풀리고 울분을 잠재울 수 있다고 퍼뜨린 것이 아닐까 싶다.
게다가 일본 식민학자 다카하시 도로우1878~1967는 유교가 조선 망국의 원인이었다는 부정적 해석을 내놓기도 했으니 일면 상통하는 면이 있다.

그래서 비석碑石치기라는 말이 나오기 전에 비사飛砂치기가 먼저 나온 것이다.

북한에서 쓴 「재미있는 민속놀이」1994, 금성청년출판사에서는 제목을 '비사치기'라고 써놓고, 비사치기 놀이는 오랜 옛날부터 전해오는 어린이들의 민속놀이로써 지방에 따라 「비사째기」, 「비껴차기」, 「자새차기」 등 여러 가지 이름으로 불리었고 둥글납작한 돌을 곧바로 날려 보내지 않고 사선으로 날려 보내어 친다는 데서부터 나온 것이라고 한다.
비석碑石과는 아무런 관련이 없다.

비석碑石치기가 가장 먼저 기록된 것은 1941년 발행된 「조선의 향토오락」이다.
이것은 조선총독부가 무라야마 지준을 시켜 1936년부터 조사하여 5년 동안 전국의 소학교를 통하여 조사된, 당시 유행했던 놀이를 기록한 것인데 이중 비석치기는 9군데에서 조사되었다.

그 내용은 다음과 같다.

경기도 개성

비석치기 비사잭기, 수시, 남자 어린이

〈놀이법〉 약 5미터 정도 떨어진 양쪽에 선을 긋는다. 다음에는 한쪽에 돌을 세우고 다른 한쪽에서 돌을 언져서 세워 놓은 돌을 맞힌다. 순서에 따라 십여가지 방법으로 돌을 던지는데 계속해서 모두 맞히면 이긴다.

 * 던지는 법의 예
   1. 상대방의 돌을 향해 자기 돌을 앞으로 던져서 상대의 돌을 쓰러뜨리기
   2. 자기 돌을 발로 차서 단번에(또는 네 번까지 유효) 상대의 돌을 맞히기
   3. 발등에 돌을 싣고 너더댓 걸음 걸어가서 차 던져서 맞히기
   4. 양무릎 사이에 돌을 끼우고 가서 떨어뜨려서 맞히기
   5. 양발 사이에 돌을 끼우고 가서 떨어뜨려서 맞히기
   6. 가슴 위에 돌을 올려 놓고 윗몸을 젖히고 걸어가서 떨어뜨려서 맞히기
   7. 어깨 위에 돌을 얹고 가서 떨이뜨려서 맞히기
   8. 머리 위에 돌을 이고 가서 떨어뜨려서 맞히기
   9. 팔에 돌을 얹고 윗몸을 앞으로 굽히고 걸어가서 맞히기

경기도 광주

비석치기, 봄·가을, 어린이

〈놀이법〉 일정한 거리(1.5미터 정도)가 떨어진 곳에 돌을 세워놓고 가지고 있는 돌을 던져서 맞혀 쓰러뜨리는 놀이로, 쓰러뜨리는 방법에는 여러 가지가 있다.

경기도 연천

비석치기, 봄부터 가을, 소년

〈놀이법〉 상대편의 돌을 3미터 정도의 거리에서 맞혀 쓰러뜨리는 놀이로 그 놀이 방법에는 여러 가지가 있다.

전라북도 전주

돌치기, 수시

〈놀이법〉 밀어 넘어뜨리기, 한 발 뛰기, 두 발 뛰기, 세 발 뛰기, 강 건너기(뛰어서 다리로 넘어뜨리기), 가위 걸음(무릎 사이에 돌을 끼워 세 발 뛰어서 넘어뜨리기), 등 던지기(등에 돌을 얹고 가서 던져 맞히기), 두부 장수(어깨에 얹고 가서 넘어뜨리기), 턱 잡기(돌을 턱에 끼우고 걸어가서 넘어뜨리기), 떡 장수(머리 위에 돌을 얹고 가서 넘어뜨리기) 등, 보통 열 가지 종목으로 한다.

전라남도 광주

비석치기, 수시, 어린이

〈놀이법〉 두 편으로 나뉘어, 한 편은 돌을 세우고 다른 한 편은 그 돌을 여러 가지 방법으로 쳐서 넘어뜨린다. 돌이 넘어진 수에 따라 승패를 정하는 놀이이다.

강원도 양구

비석치기, 봄, 어린이

〈놀이법〉 5미터 앞에 돌을 세우고 다른 돌 하나를 가지고 세워놓은 돌을 맞힌다. 던지는 돌을 '금쇠'라고 한다. 던지는 방식은 다음과 같다.

 (01) 앞에서 던져 맞힌다.
 (02) 어깨 위로부터 던져서 맞힌다.
 (03) 금을 한 발자국 앞에 던져두고 외발로 가서 밟은 뒤에 물러났다가, 이를

주웠다가 다시 놓고 이를 차서 맞힌다.
(04) 다음에는 두 발자국 앞, 세 발자국 앞에 놓고 같은 방식으로 한다.
(05) 앞에 던졌다가 일단 한 번 금을 한발로 밟고 다시 잘게 네 번 찬 후에, 금을 차서 돌을 맞힌다.
(06) 발끝에 금을 끼우고 외발로 뛰어 네 발자국만에 맞힌다.
(07) 발등에 금을 올려놓고 네발로 걸어서 세웠던 돌을 친다.
(08) 다리 관절에 금을 끼고 가서 떨어뜨려 맞힌다.
(09) 등에 금을 얹어 놓고 뒤로 젖혀 떨어뜨린다.
(10) 가슴에 얹거나, 턱에 끼우거나, 오른쪽 어깨, 왼쪽 어깨 또는 머리 위에 올려놓았다가 떨어뜨려 맞힌다.
(11) 다음에는 실눈을 뜨고 아래, 위를 던져 맞힌다.
(12) 금을 던져놓고 눈을 감고 앉은 채 뒷걸음으로 가서 금을 주워서 금을 맞힌다.
(13) 발뒤꿈치로 금을 네 번 차서 돌을 맞히는데, 돌의 아래쪽을 두 번, 위쪽을 두 번 맞힌다.
(14) 등을 구부려 가랑이 사이로 금을 던져서 돌을 넘어뜨리면 이긴다.

강원도 통천

돌치기, 수시, 어린이

〈놀이법〉 공기 뛰기, 비사지기 등이 있다.

함경북도 경성·나남

돌치기, 여름, 어린이

〈놀이법〉 편을 나누어서 일정한 장소에 돌멩이를 세워 놓은 뒤, 이 돌을 잘 쓰러뜨리는 사람이 이긴다.

위의 자료를 보면, 경기도 개성에서는 '비석치기'에 '비사잭기'라고 부제목을 달아놓았다. 원래는 '비사잭기'가 원제목인데 비석을 치는 놀이로 바뀌었기 때문에 제목도 바뀐 것이다.

비석을 돌로 쳐야 하니, '돌치기'라고도 했다. 강원도 통천에서도 '돌치기'라 하고 '비사치기'라 썼다. 비석치기라고 하면 어감이 좋지 않아서인지, 우리나라 교과서에는 내용은 비석치기인데 제목은 모두 '비사치기'라고 썼다.

일본에는 어떤 자료가 있을까?

오사카의 놀이 박물관을 방문했을 때, 그곳에서 「소화昭和 어린이 250경」이라는 책을 주었다.

이 책에는 1927년경 일본 아이들이 놀았던 놀이가 그림으로 그려져 있는데, 우리나라에서 노는 비석치기와 비슷한 그림이 있다. 이곳에는 '기와 던지기 놀이'라고 쓰여 있고 그림이 2개가 전한다.

한 곳은 전쟁으로 마을 곳곳에 기와가 나뒹굴고 있는 것을 이용하여 아이들이 기와를 주워 비석치기를 하고 있고, 또 다른 하나는 폐차단지에서 폐차, 즉 시영전차·시영버스를 이용하여 주택으로 사용하는 마당에서 깨진 기와를 이용하여 비석치기 놀이를 하고 있다.

---

2) 공습이나 화재 따위에 대비하여 한 곳에 집중되어 있는 주민이나 시설물을 분산함.

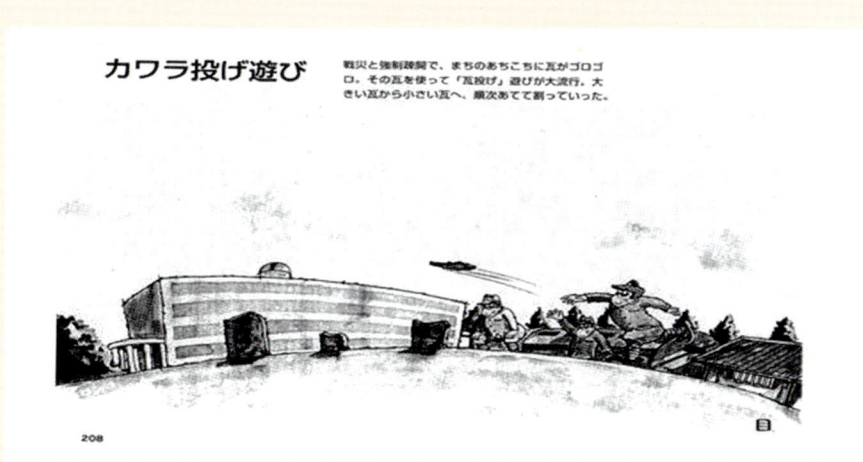

기와 던지기 놀이

전쟁과 강제 소개[2]로 마을 곳곳에 기와가 뒹굴뒹굴. 그 기와를 이용해 '기와 던지기' 놀이가 대유행. 큰 기와에서 작은 기와로, 순차적으로 맞혀 깨어나갔다.

폐차단지

불탄 자리에 시영전차, 시영버스의 폐차 이용 주택이 출현. 아직 방공호를 이용하는 사람들도 많았고, 폐차단지 거주지는 풍족한 편이었다.

위의 그림이 비석치기가 아닐 수도 있다. 그러나 우리가 오사카의 상업대학에 방문했을 때, 그곳에서 제공받은 놀이 책에는 비석치기가 있었다. 상업대학에서 발간한 「아시아의 놀이」라는 책이다.

1998년 주식회사 포프라사에서 인쇄한 이 책은 세계놀이를 알아보는 책으로 첫 번째 발간했으며, 아시아의 놀이 중 한국·일본·중국·대만의 전통놀이를 서너 가지 수록하였는데, 공교롭게도 한국은 윷놀이와 비석치기를 수록하였다.

왜 한국의 놀이는 비석치기가 대표 놀이로 되었을까? 한국의 놀이로 비석치기가 들어가야 하는 이유가 있지 않을까? 그 내용은 아래와 같다.

▲ 아시아의 놀이 1(국제 이해에 힘쓰다, 세계의 놀이1), 주식회사 포프라사, 1998년

일본은 비석치기를 하는 이유를 알고 있다.

더군다나 오사카의 상업대학은 세계놀이를 연구하는 곳이다. 우리를 안내하여 소장하고 있는 세계 놀이기구를 보여줬을 때 입이 떡 벌어졌다. 5층짜리 대형건물에 세계 놀이 관련 자료가 가득했고, 우리나라 놀이 또한 관련 책자에서 놀이기구까지 없는 것이 없었다.

그러한 놀이 전문기관이 한국의 전통놀이로 그네도 아니고 널뛰기도 아니고 비석치기를 한국의 대표 놀이로 수록한 것에 의아심이 들었다.

일본은 일제강점기 때 우리의 문화를 파괴하려고 고심하였고, 종이나 나무는 모두 태울 수 있지만 비석은 타지도 썩지도 않으니 깨서 없애는 방법밖에 없다.

그래서 고안한 것이 '비사치기'라는 비슷한 놀이를 '비석치기'로 바꾸어 그럴듯한 유래를 달아 퍼트렸고 실제로 일제강점기 때 금산의 칠백의총에 있는 비석, 이순신의 노량해전비 등 수없이 많은 비석을 깨트려버렸다.

그러한 의도가 숨어있는 놀이를 우리는 교과서에 수록하여 '비사치기'라고 이름을 달아 아이들에게 놀게 했다. 그러니 일본은 이 놀이를 하지 않고 우리나라 대표 놀이로 추천한 음흉한 속내를 알 수 있지 않은가?

| 참고문헌 |

- 심우성, 「우리나라 민속놀이」, 동문선, 1966.
- 한성겸, 「재미있는 민속놀이」, 금성청년출판사(북한), 1994.
- 무라야마 지준, 「조선의 향토 오락」 조선총독부, 박전열(역), 집문당, 1992.
- 스즈끼 도시, 「소화(昭和) 어린이 250경」, 朋興社, 1995.
  1977년~1979년 일본 요미우리 신문에 스즈끼 도시가 연재한 「소화 아이들 풍토기」
- 오사카 상업대학, 「아시아의 놀이」, 주식회사 포프라사, 1998.
  국제 이해에 힘쓰다, 세계의 놀이!

12 대문놀이

초등학교 교과서 속 일본놀이

12 대문놀이

대문놀이는 두 가지 유형이 있다.
첫 번째는 대문놀이 자체를 놀이로 하여 술래가 대문이 되어 놀기도 하고, 두 번째는 '우리 집에 왜 왔니'와 같이 두 편으로 나눌 때 편 가르기 용으로 이 놀이를 한다.

첫 번째 대문놀이 방법은 대문을 만들 사람을 뽑아 두 사람이 마주 보고 양손을 잡고 머리 위로 올려 대문을 만든다.
나머지 사람들은 한 줄로 서서 앞사람의 어깨나 허리를 잡는다. 놀이가 시작되면 한 줄로 서있던 사람들이 앞사람을 잡고 대문을 통과하는데, 이때 다 같이 부르는 노래가 있고 문답식 노래가 있다.
다 같이 부르는 노래는 '동대문'과 '무궁화'가 대표적이며 문답식은 '문 열어라.' 이다.

동대문은   동 동 동대문을 열어라
          남 남 남대문을 열어라
          열두시가 되면은 문을 닫는다~얏. (문을 내려 아이를 잡는다.)

무궁화는   무궁화 무궁화 우리나라 꽃
　　　　　삼천리 강산에 우리나라 꽃
　　　　　피었네 피었네 우리나라 꽃
　　　　　삼천리 강산에 우리나라 꽃~얏. (문을 내려 아이를 잡는다)

문지기는   아이들 : 문지기 문지기 문 열어라
　　　　　문지기 : 열쇠 없어 못 열겠네. (문을 내려 아이를 잡아 떼어낸다.)

　두 번째 편 가르기는 우선 편의 이름을 정한다. 청팀과 백팀, 혹은 감자와 보리, 나비와 벌 등으로 정한 뒤, 문을 만든 사람 한쪽이 나비, 반대는 벌로 정하고 문을 통과한다. 앞의 놀이에서 부르던 노래처럼 '동대문'이나 '무궁화' 노래를 부르다가 노래가 끝날 무렵 손을 내려 아이를 잡는다.
　잡힌 아이를 흔들면서 "나비가 좋으냐, 벌이 좋으냐" 물으면 잡힌 아이가 선택한 곳으로 보낸다. 이렇게 하여 참여한 아이들을 나비 팀과 벌 팀으로 나눈 후, 다음 놀이인 '우리 집에 왜 왔니' 놀이가 시작된다.

　우리나라에서 대문놀이를 놀기 시작한 시기는 일제강점기 때이다. 대문놀이가 기록으로 전하는 것이 1941년 조선총독부에서 발간한 「조선의 향토오락」에 다음과 같이 수록되어 있다.

경기도 가평

말놀이, 수시, 남자 어린이

〈놀이법〉 여러 사람 가운데에서 대장 두 사람을 정한다. 대장은 손을 위로 올려 마주 잡아 문 모양을 만든다. 다른 사람들은 앞사람의 허리띠를 잡고 일렬로 줄줄이 문

밑을 지나간다.

  이 줄의 마지막 사람이 지나가려 할 때, 손을 내려서 문을 닫아 막고 걸린 사람에게 "콩죽이 좋으냐, 녹두죽이 좋으냐" 하고 살며시 물어, 콩죽이 좋다 하면 콩죽 편이, 녹두죽이 좋다 하면 녹두죽 편이 되도록 한다.

  계속해서 문을 지나가게 하면서 콩죽 먹는 말의 편과 녹두죽을 먹는 말의 편, 두 편으로 나누어, 각 대장이 우두머리가 되어 줄다리기를 해서 승패를 결정한다.

경기도 이천

군사놀이, 수시(밤), 어린이

〈놀이법〉 여러 어린이가 먼저 손을 잡아 원을 만들고 다음과 같은 문답가를 주거니 받거니 한다. 노래가 끝나자마자 그중의 두 사람이 마주 잡은 손을 높이 올려 문을 만들면 한 줄로 늘어서 있던 나머지 사람들은 몸을 구부려 문을 빠져나간다.

〈노래〉	어듸 군산가	경기도 군살세
	몇천 명인가	삼천 명일세
	멧백 박쿠 돌었나	삼백 박쿠 도럿네
	무슨 칼을 찾나	장도 칼을 찻네
	무슨 신을 신었나	가죽 신을 신엇네
	동대문이 어듸인가	여길세

충청북도 충주

남대문 놀이, 봄·가을, 여자 어린이

〈놀이법〉 서로 손을 잡아 원을 이루고, 갑·을 두 편으로 나뉘어 대장을 정한다. 대장들은 다음과 같이 문답을 주고받는다.

갑 : 남대문을 열어라.
을 : 잠겨서 열리지 않는다.
갑 : 열쇠를 줄테니 열어라.
을 : 그러면 열어줄까?

라고 대답한 을의 대장은 자신의 오른손을 잡은 채 높이 들어 문 모양을 만들면, 갑의 대장은 자신의 부하를 이끌고 그 문을 통과하려 한다. 이때 을의 사람들은 될 수 있는 대로 세게 잡아당겨 갑의 행렬을 끊어뜨리려 하고, 갑은 끊기지 않고 전부 지나가려고 한다.

이렇게 해서 갑이 끊기지 않고 완전히 통과하면 갑의 승리, 행렬이 끊어지면 을의 승리가 된다.

충청남도 서천

문 빠져나가기, 봄·가을 달밤, 어린이

〈놀이법〉 전원이 손을 잡고 반달 모양으로 늘어선 후, "문 열었다."라는 소리에 따라서 좌우 끝의 사람이 팔을 들어서 높은 문을 만든다. 오른쪽혹은 왼쪽 사람부터 허리를 굽혀 그 문을 빠져나가면, 마지막에 손을 잡은 사람은 그대로 빙그르르 돌고 그 자리에 선다. 그다음은 잡은 손을 낮추어서 줄줄이 뛰어넘기도 한다.

충청남도 천안

군사놀이, 여름 밤, 어린이

〈놀이법〉 여자 어린이들이 손을 잡고 일렬로 늘어서서 작은 아이부터 앞사람의 팔 밑을 빠져나간다.

전라남도 무안

문지기 놀이, 정월·추석, 어린이

〈놀이법〉 우두머리인 두 사람이 손을 올려서 마주 잡고 서로, 다른 사람들은 모두 한 줄로 이 문을 빠져나간다. 이 행렬이 다 빠져나갈 때쯤 문을 닫아(손을 내려) 마지막 사람을 붙잡는다.

강원도 삼척

동대문 열기, 여름·가을, 어린이

〈놀이법〉 많은 사람이 원형으로 손을 잡으면, 인솔자가 먼저 손을 잡은채 한 곳을 기준점으로 하여 이어 잡은 손의 밑을 빠져나간다. 그 다음에는 전과는 반대 대형으로 한다. 기준점으로부터 순서대로 혹은 반대 순서로 되풀이하여 전부가 빠져나간다.

위와 같이 경기도 가평에서 이천, 충주, 서천, 천안, 무안, 삼척 등 7곳에 기록이 되어있다.

이중 경기도 가평은 말놀이, 이천과 천안은 군사놀이, 충주는 남대문 놀이, 서천은 문 빠져나가기, 무안은 문지기 놀이, 삼척은 동대문 열기라고 부른다.

이처럼 한 놀이가 다양한 이름으로 불리는 것은 놀이의 쓰임이 다양하다는 증거이다.

이를 정리하면 다음과 같다.

- 말놀이(가평) - 말이 먹는 콩죽과 녹두죽으로 나누어 대문놀이로 편을 가른 후 줄다리기를 한다.

- 군사놀이 이천, 천안 - 군사가 이동하면서 문을 통과하며 노는 놀이
- 남대문 놀이 충주 - 남대문을 통과하는 군사의 행렬을 끊어 노는 놀이
- 문지기 놀이 무안 - 문을 빠져나갈 때 마지막 사람을 잡는다.
- 동대문 열기 삼척 - 동대문을 통과하며 노는 놀이

이들의 공통점은 문을 통과하는 사람은 군사들이고, 군사를 잡아서 편을 가르거나 술래를 잡아내는 놀이이다.

이러한 형태의 놀이는 세계 여러 나라에서 행해지고 있다.

영국의 대문놀이를 살펴보면 다음과 같다.
노래로써는 「어미거의 노래」에 수록된 '오렌지와 레몬Oranges&Leons' 이라는 노래가 있다. 런던에 있는 16개 교회의 종소리를 소개한 내용이다.
아치를 만든 두 사람은 미리 '오렌지 반'과 '레몬 반'을 정하고 놀이를 시작한다. 걸린 사람은 오렌지와 레몬 중 하나를 선택하여, 선택한 팀의 아치 역할을 하늘 사람의 뒤에 선다. 오렌지 반과 레몬 반으로 다 나뉘면 두 팀으로 서로 잡아당기는 게임인 '전쟁 술래잡기Tag of War'를 한다.

미국에서는 '런던 다리가 와르르London Bridge is falling down'로 편 가르기를 하는데, 이때 팀은 '금'과 '은'으로 나뉜다.
'런던 다리가 와르르London Bridge is falling down'라는 노래는 영국의 전래동요이다. 그러니 미국의 대문놀이는 영국의 영향을 받았음을 알 수 있다.

일본에서 독립된 대문 놀이를 할 때, 영국의 전래동요 '런던 다리가 와르르London Bridge is falling down'라는 노래가 종종 쓰인다. 이 노래가 음악

교과서에 수록되어 있어 학교에서 영국의 대문놀이를 이 노래와 함께 가르쳤기 때문이다.

영국에서 '런던 다리가 와르르 London Bridge is falling down'라는 전래 동요로 독립적인 대문 놀이를 할 때 잡힌 사람은 아치가 되어, 먼저 아치가 된 사람 옆에서 손으로 아치를 만들어야 한다. 점점 아치가 길어지고 사람들이 다 아치가 되면 끝날 때도 있고, 맨 앞에서 아치를 만든 두 사람이 손을 풀고 아치 밑을 지나가는 방식으로 계속하는 방법도 있다.

한국에서 대문놀이는 '강강술래'의 대문놀이 노래인 '문지기'라는 전래동요나 독일의 민요곡에 우리말 가사를 붙인 번안 동요 '동동 동대문'이란 노래를 부르며 논다. 그렇지 않으면 창작동요 '우리나라 꽃'으로 하고 있다.

정리하면 영국에서 시작한 대문놀이가 처음에 미국과 일본으로 전해졌다. 이후 일본의 대문놀이가 한국으로 전해졌는데, 그 시기가 일제강점기 때이며 1936년 이전이다.
일본은 1867년 서구와 개항하면서 서구 여러 나라의 문물이 들어왔지만, 일본에 가장 큰 영향을 준 곳은 영국이다. 그리고 개항을 하게끔 만든 나라가 미국이다.

그런데 일본의 대문놀이는 특이한 점이 있다.
영국에서 들어온 대문놀이의 유형도 있지만, 일본 특유의 토속 놀이가 들어있는 것이다. 일본이라는 나라는 다른 나라에서 들어온 문화를 감쪽같이 자기화로 만들어서 마치 그것이 일본이 발생지인 것처럼 하는 예가 많다.

대문놀이도 일본이 1867년 개항했다지만, 일본은 일본에 있는 대문놀이의 유래로 그보다 훨씬 이전에 있었던 것을 들고 있다. 따라서 그것이 영국 혹은 미국의 영향을 받아 만든 놀이에 일본의 고유문화를 넣은 것인지, 아니면 일본에서는 일찍부터 만들어 놀고 있던 놀이인데 서구에서 이와 비슷한 놀이가 들어와 같이 놀게 되었는지 알 수 없으나, 일본에 있는 자료를 정리하면 아래와 같다.

일본에서는 토속신앙인 '천신님天神樣 : 신사의 하나'과 연관시켜 잡힌 아이를 흔들 때, "이 아이는 착한 아이. 부모님께 무엇을 드시게 할 거야?"라고 물어 대답을 듣고, 합격하면 극락으로 가라고 살살 흔들고 불합격이면 지옥으로 가라고 아주 심하게 흔든다.

일반적으로는 이 노래를 '지나가세요通りゃんせ, 도란세'라고 한다. 17세기경부터 보급된 전래동요지만, 지금도 일본 아이들은 대문놀이를 할 때 이 노래를 부르는 게 보통이다.

이 노래로 하는 일본의 대문 놀이는 세 가지가 있다.

하나는 편 가르기를 하는 것이고, 두 번째는 일반적으로 하는 대문놀이로 마지막에 걸린 사람이 문을 만든 사람과 교대하는 방법이다. 때로는 이 놀이를 술래 정하기에도 사용한다. 세 번째는 다른 나라에서 볼 수 없는 것으로 다음과 같다.

대문을 만들 때 한 사람의 왼손과 다른 한 사람의 오른손을 잡고 올린다. 이 대문 밑으로 지나가는 사람은 양쪽 중 어느 쪽으로든 지나갈 수 있으며, 대문을 만든 두 사람은 지나가는 사람의 엉덩이나 등을 친다.

그런데 이 노래는 가사의 내용과 멜로디의 분위기가 어딘지 어둡고 무서운 느낌을 주기도 한다. 마지막에 "갈 때는 좋지만 올 때는 무섭다. 무서워도

지나가. 지나가세요." 하는 말이 있는데 뭔가 불길한 예감이 든다.

 2015년에 일본에서 유치원 선생님과 초등학교 선생님을 위한 「일본의 놀이 교과서」를 발간하였다. 이곳에는 59종의 놀이가 수록되어 있는데, 주로 일본의 전승놀이를 노는 방법과 놀이의 역사를 써놓았으며, 대문놀이 또한 수록되어 있다.
 이 놀이는 에도시대 관문 모습이 노래가 되었다고 부제목을 달았고 노는 방법은 우리 아이들과 같다. 그런데, 놀이의 기원을 보면 이 놀이의 유래가 쓰여 있다.

<해석>

<일본의 놀이 교과서, 16p>

바깥놀이

에도시대의 관문 모습이 노래가 되었다

도랸세(지나가세요)

줄을 서서 손으로 만든 아치노래를 부르면서 빠져나갑니다. 노래가 끝난뒤에 아치 밑에 있던 아이는 끼어서 잡혀버려요.

낄까 지나갈까 하는 두근거림과 낀 뒤의 몸의 흔들림이 재미있는 놀이입니다.

일본의 놀이 연구위원회, 「일본의 놀이 교과서」, 2015, p.16 (대문놀이)

<해석>
〈일본의 놀이 교과서, 111p〉
놀이의 기원

「돌아오는 것이 무섭다」는 것은 왜?

'도랸세'는 에도시대 하코네 관문의 모습을 노래했다는 설이 있습니다. 하코네는 에도와 교토와 오사카를 잇는 토카이도 사이에 있어, 막부의 정보를 지키기 위해서 통행이 관리되고 있었습니다. 지나가기 위해서는 손도장허가증이 필요하지만 가족의 급한 병은 그냥 봐주기도 했습니다. 그러나 귀가 할때는 처음 지나갈 때처럼 지나가는 것이 어려웠기 때문에 「지나가는 것은 좋아 좋아 되돌아 가는 것은 무서워」라고 불려졌다고 합니다.

일본의 놀이 연구위원회, 「일본의 놀이 교과서」, 2015, p.17 (대문놀이)

위의 설명에서 대문놀이의 역사는 '하코네 관문'에서 유래되었다고 하였다. 하코네는 에도인 교토와 오사카를 잇는 토카이도 사이에 있는데, 지금도 그 당시의 관문 모습을 보존하면서 문화재로 지정하였고 당시의 모습을 인형으로 만들어 재현하여 놓았는데, 그 내용은 다음과 같다.

하코네 세키쇼箱根関所, 에도江戸로 가는 길목

하코네箱根는 헤이안平安 시대부터 발달해온 도시로, 도쿠가와 막부 시대에 에도江戸, 현재 교토로 통하는 길목으로, 역참이 있어 에도에 들어가기 위해서 반드시 이곳에서 검문을 거쳐야 했다.

당시 일본 전국 주요 관문에 53개의 관문이 설치되어 있었는데, 하코네 세키쇼는 에도 방위를 위해 만들어진 관문이었다.

당시 검문소를 만들어 사람과 무기의 출입을 단속했는데, 4대 세키쇼 중 하나던 하코네는 인질로 잡혀온 제후의 부녀자들을 단속했다. 에도시대 초기인 1619년 설치되었다가 약 260년 후인 1868년 정권이 교체된 후 폐지되었다.

하코네 세키쇼는 역사적, 건축적 가치를 인정받아 1922년 일본 국가 중요문화재로 지정되었다.

하코네 세키쇼에는 인질이 빠져나가는 것을 감시하는 모습의 실물 크기 인형이 전시되어 있다. '출입하는 자는 두건을 벗어야 한다.', '入り鉄砲に出女이리뎃포우니데온나 - 들어오는 대포에 나가는 처녀' 이것은 에도에 무기가 반입되지 않도록 하기 위한 것과 에도에 인질로서 들어와 있는 제영주의 처녀가 도주하지 않도록 하기 위하여 감시의 역할을 하였다.

하코네 세키쇼관문에서는 반대로 대포에 대한 검사는 실시하지 않고 나가는 처녀「出女」에 있어 엄격한 관문이라는 특징을 가지고 있다.
즉 이곳은 들어가는 사람에게는 통행증만 있으면 쉽게 들어가지만, 나올 때는 인질이 여성이니 아주 심하게 머리부터, 심지어 발바닥 점, 뜸 뜬 자국까지 기록하여 놓았으니, 이를 겪어본 사람은 두려움에 떨었을 것이다.
 이러한 세세한 자료가 관문 통과 수칙에서 통행을 막거나 위협하기 위한 도구 등 해당 사료 1,000여 점이 현재 이곳에 전시되어 있다.

▲ 하코네 세키쇼 관문 사진

▲ 전시된 실물 인형

가까운 곳에 도요토미 히데요시의 마지막 오다 와라성 전투가 벌어진 곳으로, 일본의 국가 사적지로 지정된 오다 와라성이 있다.
이 성은 15세기 센고쿠 시대에 지어져 어마어마한 크기의 성이었다. 산에서 바다까지 약 9km의 성루로 마을 전체를 휘감았던 크기인데 메이지 시대에 성이 불탔고 1960년대 다시 건설되었다.

이렇듯 일본에서는 대문놀이가 하코네 세키쇼에서 유래했기에 이 놀이를 노는 소녀들에게는 공포스러운 놀이이다. 그리고 군인들이 지키고 있는 군사시설이었기에 군사놀이이고, 이것이 우리나라에 들어와 '군사놀이, 문 빠져나가기'라고 부르다가 대문놀이가 남대문, 동대문과 같이 우리나라 4대문으로 바뀌었다.

우리나라 국보 1호는 숭례문崇禮門, 남대문이다. 그런데 이것은 우리가 순수하게 정한 것이 아니라 일제강점기 때 일본이 '조선 보물, 고적, 명승, 천연기념물 보존령'에 의하여 보물로 지정해 놓은 것을 1955년 대한민국 정부가 일본이 정한 보물을 국보로 승격시켜 지정한 것이다.

일본이 숭례문을 남대문이라 부르고, 임진왜란 때 조선으로 침략한 선봉장 가토 기요마사加藤清正가 이 문을 통하여 궁궐에 입성하였다고 하여 이를 기념한다는 내용이 일본이 조선 보물 1호로 지정하게 된 동기라고 한다.

1592년 도요토미 히데요시가 임진왜란을 일으켰을 때 그의 부하인 가토 기요마사는 선봉에 서서 잔인하게 싸웠기 때문에 조선인들은 그를 '악귀 기요마사'라고 불렀다.

그런데 우리는 놀이를 할 때, 일본의 관문놀이를 우리나라 동대문 흥인지興仁之門 혹은 남대문 숭례문崇禮門이라 부르며 "동 동 동대문을 열어라" 혹은 "남 남 남대문을 열어라"라고 부른다.
더군다나 '우리 집에 왜 왔니'는 일본 놀이 '꽃 한돈쭝(한송이) 花一もんめ'에서 온 놀이이고, 이들 놀이를 할 때 편을 가르는데, 이때 대문놀이로 하기 때문에 일본 전래가 맞는 것이다.

근대에 와서 일본의 꽃을 노래하는 '벚꽃'이라는 짧은 노래로 편 가르기 대문놀이를 했던 기록이 있다.

우리나라 꽃 '무궁화'라는 짧은 노래로 한국에서 편 가르기 대문놀이를 하게 된 것이 언제부터인지는 모르지만, 일제강점기 말기에는 우리 노래 부르는 것을 금지하였으니 '벚꽃'이라는 일본 노래로 하다가 해방 후 '무궁화'를 사용한 것이다.

할머니들께서 노래를 부르는 것을 들으면 일본 노래를 부를 때가 많다. 그중에는 "사쿠라 사쿠라 さくら さくら" 하며 '벚꽃' 노래를 부르는 할머니도 있다. 어떤 할아버지는 해방 후 하루아침에 일본 노래를 한국 노래로 대체한 일이 있었다고 한다.

이런 점을 생각하면 '우리나라 꽃', 즉 '무궁화'가 해방 후 일본의 '벚꽃' 대신 편 가르기 대문놀이 노래로 사용되어 그 후 어린이들 사이에서 계속 전승되어 왔음을 알 수 있다.

한국과 일본은 아주 가까운 곳에 위치하여 놀이문화를 서로 교류하기에 좋은 조건을 가지고 있다.

하지만 이는 평화로운 시대를 이야기하는 것이고, 지배와 피지배 관계에서 지배자가 피지배자의 문화와 민속을 말살하려고 할 때 일반적인 논리는 통하지 않고 일방성으로 흐른다.

1910년을 중심으로 일본은 한국을 지배하기 위해 우리나라를 다방면으로 연구하였다. 특히 우리나라 민속과 문화에 관한 연구는 철저했다.

일본은 1937년부터 전쟁 준비를 위해 우리 전통 민속놀이를 전면 금지시켰고 각 마을마다 하나 정도는 보관되어 있던 풍물 악기 중 쇠로 만든 징과 꽹과리까지 총알을 만들기 위해 빼앗아 가버렸다.

민속놀이를 금지시키지 않았다 해도 악기가 없어서 풍물을 못하게 된 것이다.

도랸세 도랸세, 장기, 진토리[1]

1) 도랸세, 도랸세. 여기가 어디 오솔길이냐. 천신님의 오솔길이야. 좀 지나가게 해 주세요……

2) 여름 해질녘에는, 도로가 놀이터가 된다. 시원한 평상[2]에 장기판을 두고, 한판 승부! 다른 한편에서는, 진토리땅따먹는 놀이의 모습이 펼쳐진다.

스즈끼 도시,「소화(昭和) 어린이 250경」, 朋興社, 1995, p.102.

---

1) 혹은, 진(땅) 빼앗기 놀이
2) 혹은, 납량용(納涼用) 평상. 납량은 여름에 더위를 피하여 서늘한 기운을 느끼는 것을 말한다.
  해당 번역본에서는 '시원한 평상'으로 의역함.

▲ 아이와 즐기다 「전승놀이백과」 1980년 소학관   ▲ 오쿠나리 다쓰 글, 나가타 하루미 그림, 「일본 놀이도감」, 1987

| 참고문헌 |

- 무라야마 지준, 「조선의 향토 오락」, 박전열(역), 집문당, 1992.
- 홍양자, 「우리 놀이와 노래를 찾아서」, 다림, 2000.
- 일본의 놀이 연구위원회, 「일본의 놀이 교과서-아동보육이나 소학교 선생님을 위한」, 株式会社滋慶出版/つちや書店, 2015.
- 스즈끼 도시, 「소화(昭和) 어린이 250경」, 朋興社, 1995.
- 1977년~1979년 일본 요미우리신문에 스즈끼 도시가 연재한 「소화 아이들 풍토기」
- 溝口国雄 [ほか], 「전승놀이 백과」, 小学館, 1980.
- 오쿠나리 다쓰 글, 나가타 하루미 그림, 「놀이도감 언제·어디서·누구나」, 1987.

13
땅따먹기

초등학교 교과서 속 일본놀이

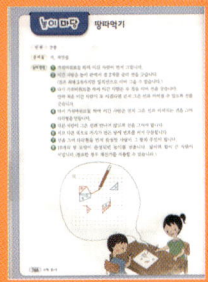

13
땅따먹기

아이들은 땅에다 커다란 원을 그리거나 네 명이면 큰 사각형을 그린다. 손으로 펼쳐 한 귀퉁이에 자기 집을 정하고 둥근 사금파리를 세 번 튕겨 내 집으로 들어오면 그은 선만큼 내 땅이 되는 것이다. 이렇게 따낸 내 땅이 많아야 이기는 이 놀이를 '땅따먹기'라고 한다.

땅따먹기는 일제강점기 때에 일본에서 들어온 일본의 대표 침략 놀이이다. 땅을 따먹는다는 글자가 말해주듯 일본의 군국주의를 나타내는 일본 문화의 정확한 표현이기도 하다.

일본은 일본의 역사 속에서 땅따먹기를 그친 적이 없다. 처음에는 일본 내에서 서로 영주가 되기 위해 땅따먹기를 했는데 이때 그들이 거느린 것이 '사무라이'이다. 사무라이가 사용한 것은 긴 칼과 작은 칼 두 자루였다. '사무라이侍'는 칼을 차고 귀인을 가까이에서 모시며 이를 경호하는 사람을 일컬었다.

섬나라 안에서 아옹다옹하던 그들은 내륙을 넘보기 시작했다. 그 첫 번째 땅따먹기가 1592년 일으킨 '임진왜란壬辰倭亂'이다. 당시 도요토미 히데요시는 조선에게 명나라를 칠 터이니 길을 빌려 달라 했다. 그것은 조선을 점령하고 명나라까지 차지하겠다는 속셈이었다.

그러나 조선의 바다를 지키던 이순신 장군에게 대패하여 물러갔지만, 그 근성은 '정한론'으로 이어졌다. 정한론征韓論은 말 그대로 한반도를 정벌해야 한다는 주장이다. 에도막부 말기에서 메이지 초기에 일본에서 등장한 조선 침략론을 가리킨다. 특히 1873년 10월 '정한론 정변' 당시의 주장을 말한다.

에도 후기에 국학이나 후기 미토학일본에 파생된 유학 사상의 입장에서 막부의 대조선 우호 정책을 비판하는 의견이 등장했는데, 이들은 야마토 정권이 조선을 지배했다는 「고사기古事記」와 「일본서기日本書記」의 기록을 토대로 조선 침략을 주장했다.

정한론이 정치적 주장으로 제시된 것은 에도 말기에 대외적 위기의식이 고조되면서 존왕양이尊王攘夷 운동이 활발해지면서부터이다. 요시다 쇼인이 그 대표인데 그는 일본이 서구 열강의 압박을 극복하기 위해서는 조선은 물론이고 만주와 중국을 정복해야 한다는 주장을 펼쳤다.

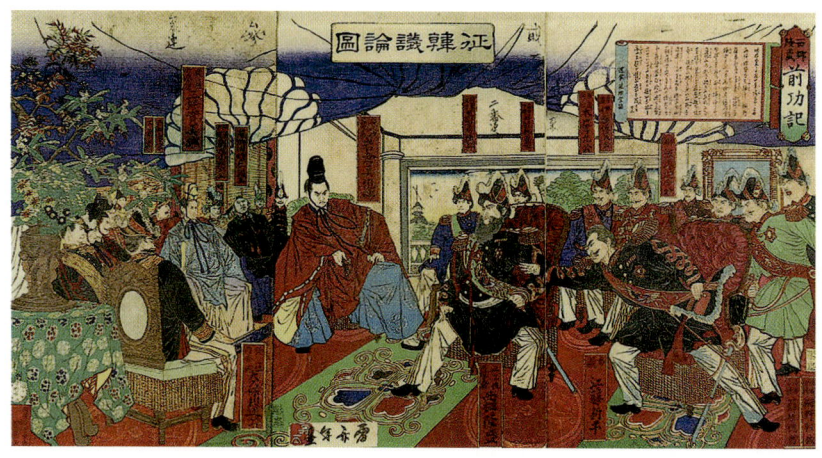

◀ 일본 정한론 토론 그림

일본은 1894년 청일전쟁을 일으켰고 1904년 러일전쟁으로 이어졌으며 이 두 전쟁에서 승리하자 일본은 본격적으로 땅따먹기에 온 힘을 기울인다.

그 결과 1910년 우리나라를 빼앗았고, 1931년 9월 18일 만주전쟁을 일으켜 중국의 동북지방 즉 만주를 점령하고 이곳을 '만주국'이라 하여 그들의 식민지로 만들었고, 1937년 7월 7일 중일전쟁을 일으켰으며, 1941년 태평양전쟁은 일본이 땅따먹기의 절정에 이르러 미국의 진주만까지 공격했다가 미국이 쏜 원자 폭탄으로 일본의 땅따먹기가 중단되고 패망하고 만 것이다.

▲ 욱일기

일본에서 땅따먹기를 상징하는 것 중 하나가 욱일기旭日旗이다.

일본 군대의 깃발로 적색 원에서 16개의 햇살이 방사형으로 퍼져나가는 것을 형상화한 도안이다.

일본 군국주의가 강화되던 1870년에 일본 육군의 군기로 채택된 이래 1889년에는 일본 해군도 군기로 사용하기 시작했고, 1940년대 태평양전쟁 때에는 '대동아기'라고 부르기도 했다.

한국과 중국 등 아시아권에서는 독일 나치의 하켄 크로이츠와 같은 전범기로 인식하고 있지만, 현대 일본에서는 육상 자위대와 해상 자위대의 군기로 사용하고 있다.

일본에서 땅따먹기를 상징하는 것이 또 하나 있으니 바로 야스쿠니 신사靖國神社이다.

메이지 유신을 위해 목숨을 바친 3,588명을 제사 지내기 위한 시설로 창건되었으며, 1879년 순국한 자를 기념한다는 뜻의 야스쿠니 신사로 개칭되었다.

태평양전쟁 등 침략전쟁 참전군인들, 즉 전범典範본보기가 될만한 모범들이 합사合祀되어 현재는 제사의 대상이 약 250만 명에 이르고 왕실의 숭배심도 두텁다. 1945년 이전에는 천황 숭배와 군국주의 보급에 중요한 역할을 수행하였으며, 패전 후 국가 관리에서 벗어나 오늘날에는 단독 종교법인으로 되어 있다.

총리 등 정부 관리의 공식적인 참배가 합사된 침략전쟁 전범들의 정당화를 의미한다는 점에서 일본 제국주의 피해국들의 반발을 사고 있다. 이곳에는 정한론을 주장한 요시다 쇼인도 합사되어 있다.

1894년 청일전쟁이 일어나자 일본 내에서는 어린이용 군인 모자나 나팔 같은 전쟁 완구가 잘 팔렸다. 어린이들이 군가를 부르면서 전쟁놀이를 하기 시작했던 것이다. 그 후 지속적으로 샤벨양검, 총, 군함기 등 전쟁 완구가 폭발적으로 팔렸고, 1903년 일본에서 유행한 땅따먹기인 '오하지키 진뺏기'가 있다.

'큰 원이나 사각형 안에 미리 작은 원을 많이 그린다. 각자 작은 돌을 가지고 작은 원 안에 놓고 이것을 튀겨서 상대의 돌을 맞히면 그 원은 자기 것이 된다. 마지막에 원을 다 차지하면 이긴다.'는 놀이이다. 1906년까지 전쟁놀이가 유행하였다.

1920년대 들어서면 일본에서 전쟁놀이는 다양한 놀이로 변하는데 집단 대항 술래잡기인 '진뺏기陣取り'와 사방치기와 비석치기 등 땅따먹기인 '이시아소비石遊び' 그리고 구니토리國取り·지시메地占め·지토리地取り라고 부른다.

이렇듯 일본에서 땅따먹기 놀이가 일찍 형성되어 우리나라에 영향을 주었으니, 땅따먹기가 전국으로 퍼져 각자 그 지역의 특성에 맞게 놀고 그 지역 이름으로 자리 잡았다.

1936년부터 약 5년간 조선총독부에서 지시하여 무라야마 지준이 전국의 초등학교를 대상으로 놀이를 조사하여 1941년 「조선의 향토오락」을 발간하였는데, 여러 곳에서 땅따먹기가 수집되었고 그 내용은 다음과 같다.

충청남도 연기(현 세종시)

땅 뺏기, 수시, 어린이

〈놀이법〉 땅바닥에 일정한 구역을 정해놓고, 가위・바위・보로 순서를 정한다. 이긴 사람부터 손을 잔뜩 벌려 뼘을 재어 돌려서 뼘 안에 들어간 넓이를 자기 땅으로 차지한다. 마지막에 가장 넓게 땅을 차지한 사람이 이기게 된다.

경상북도 대구

땅 따기, 수시, 어린이

〈놀이법〉 여러 방법이 있으나 그중 대표적인 예를 든다. 먼저 큰 원을 그리고 그 안에 또 작은 원을 많이 그려놓는다. 각자 돌멩이를 하나씩 작은 원 안에 던져놓고 한 사람씩 그 원 둘레에 엄지손가락을 대고 한 뼘을 반지름으로 하는 원을 그린다. 그런 원에 조금이라도 닿거나, 그 안에 들어온 원은 자기 땅이 된다. 이런 식으로 반복해서 마지막에 원을 모두 차지한 사람이 이긴다.

황해도 여백

땅뺏기, 수시, 어린이

〈놀이법〉 두 명 이상이 원형 또는 사각형을 땅 위에 그리고 가위바위보를 해서 이긴 사람이 먼저 땅을 차지하기 시작한다. 땅은 원내 또는 사각의 한쪽 구석에서 안쪽으로 향하여 엄지손가락과 가운데 손가락을 펴서 한 뼘 되는 길이를 반경으로 원을 그려서 원 안의 땅은 자기 소유로 한다.
차례를 바꾸어 가면서 이와 같이 여러 번 반복한 뒤 땅 넓이가 좁은 쪽 또는 완전히 점령된 쪽이 지게 된다.

강원도 양구

땅따기, 봄·여름·가을, 어린이

〈놀이법〉 각자 자기의 영토에서 돌을 튀겨 영토를 확장해 간다. 전원의 영토가 결정되면 돌을 튀겨서 상대방의 돌에 맞힌다. 맞힐 때는 그 영토를 한꺼번에 차지하여 확장하며 영토가 많은 사람 또는 모든 영토를 차지한 사람이 승리자가 된다.

평안남도 평원

땅따먹기, 봄·가을, 어린이

〈놀이법〉 지면에 사각의 선을 그어놓고 각각 두 구석을 나누어 차지한다. 한구석에 말을 두었다가 자신의 말을 손으로 튀기어 다른 말을 맞힌다. 만약 맞히면 자기의 말이 맞은 위치를 중심점으로 해서 뼘으로 주위를 둥글게 그려 자신의 땅으로 삼는다.

평안북도 의주

땅재먹기, 봄·가을, 어린이

〈놀이법〉 땅바닥에 원형을 그리고 가위바위보를 해서 이긴 사람은 그 원 내에 자신의 뼘으로 부채꼴 모양의 선을 하나 그려 그 안을 자신의 영토로 정한다. 이와 같은 방법으로 영토를 넓혀 마지막에는 상대방의 영토까지 전부 점령하는 놀이다.

위의 내용은 1936년 이전에 우리나라에 들어와 정착된 땅따먹기 놀이이다. 그리고 현재 우리나라에서 땅따먹기를 하는 이유를 기록한 책이 있다. 그 내용은 다음과 같다.

> 우리 조상들이 땅에 대한 친숙함, 그리고 더 넓은 토지를 갖고 싶어 하는 마음이 잘 나타나 있고, 어린이들은 장차 자신들의 삶의 터전이 될 땅에 자연 익숙해졌을 터이고 보다 넓은 토지를 소유한다는 것은 바로 풍요로운 삶과 직결된다 하겠다.
> 즉 땅을 넓힘으로써 잘 살 수 있다는 생각이 알게 모르게 아이들의 의식 속에 자리 잡게 된다. 이러한 생각들이 땅따먹기라는 놀이를 통해 한정된 토지를 독점하고 있는 지배 계층에 대한 분노를 터트리게 하고 나아가 더 넓은 삶의 터전을 쟁취하기 위한 민중들의 소망이 이 놀이에 담겨 있다 하겠다.

위의 내용을 잘 읽어 보면 땅따먹기가 순수한 놀이로써 보다 지배 계층에 대한 분노를 유발하고 민중들의 불만을 토로하는 것으로 결말을 지었다. 처음에는 땅에 대한 친숙함과 풍요로운 삶을 이야기했지만 본심은 뒤에 있었음을 알 수 있다.

1922년 조선총독부에 새로 부임한 사이토 총독이 전국에 지시한 신교육책을 보자.

> 조선인은 조선사를 모르게 하라! '먼저 조선 사람들이 자신의 일과 역사, 전통을 알지 못하게 만듦으로써 민족혼과 민족 문화를 상실하게 하고 그들의 조상과 선인들의 무위無爲, 무능과 악행들을 들추어내 그것을 과장하여 후손들에게 가르침으로써, 조선의 청소년들이 그 부조父祖들을 경시하고 멸시하는 감정을 일으키게 하여 그것을 하나의 기풍으로 만들면 그 결과 조선의 청소년들이 자국의 모든 인물과 사적史蹟에 관하여 부정적인 지식을 얻어 반드시 실망과 허무감에 빠지게 될 것이니, 그때에 일본의 사적, 인물, 문화를 소개하면 그 동화의 효과가 지대할 것이다. 이것이 제국 일본이 조선인을 반半일본인으로 만드는 요격일 것이다.'

이 지시를 읽고 위의 땅따먹기를 하는 이유를 다시 읽으면 일본이 왜 땅따먹기 놀이를 우리에게 전해주었나 알 수 있고, 이 글이 왜 쓰였는지도 알 수 있을 것이다.

1977년부터 1979년까지 일본 요미우리신문에 연재된 「소화昭和, 1926년~1989년 아이들 풍토기」는 일본이 이 시기 즉 태평양전쟁을 일으킨 1941년 전후에 아이들이 놀았던 놀이나 풍토를 그림으로 그려놓고 설명을 덧붙인 것으로 당시의 생활상을 잘 볼 수 있다.

일제가 우리에게 놀게 한 대문 놀이와 함께 수록되어 있는 이 놀이는 당시 일본의 사회와 어린이 놀이가 서로 일치함을 알 수 있다. 또 1987년 오쿠나리 다쓰가 쓰고 나가타 하루미가 삽화를 그린 일본 「놀이도감」에도 땅따먹기 놀이가 여러 가지 소개되어 있다.

우리나라는 900회가 넘게 외침을 받았어도 다른 나라 땅을 따먹기 위해 침범한 적이 단 한 번도 없다. 그렇게 우리 민족은 다른 나라를 탐하거나 괴롭힌 적이 없다. 그런데 일본의 침략 근성을 가진 땅따먹기가 우리 어린이들의 정서를 흐리게 하지 않을까 걱정스럽다.

도랸세 도랸세, 장기, 진토리

1) 도랸세, 도랸세. 여기가 어디 오솔길이냐. 천신님의 오솔길이야. 좀 지나가게 해 주세요······.

2) 여름 해질녘에는, 도로가 놀이터가 된다. 시원한 평상에 장기판을 두고, 한판 승부! 다른 한편에서는, 진토리땅따먹기 놀이의 모습이 펼쳐진다.

스즈끼 도시, 「소화(昭和) 어린이 250경」, 朋興社, 1995, p.102.

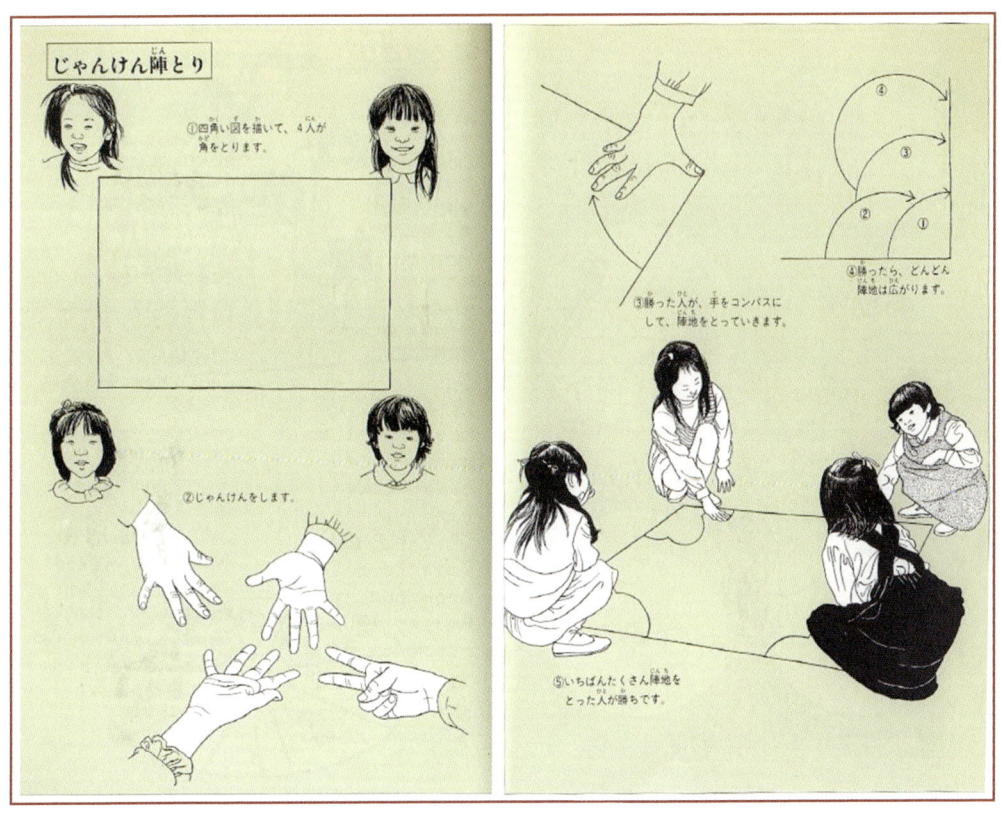

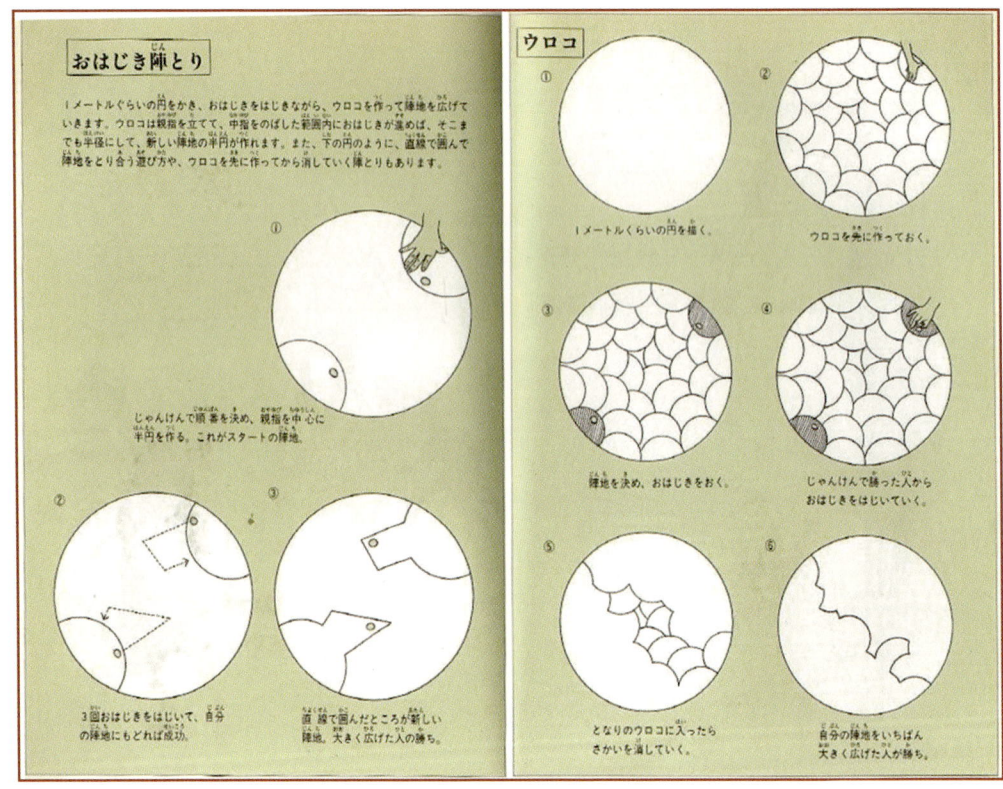

▲ 오쿠나리 다쓰 글, 나가타 하루미 그림, 「놀이도감」, 1987, pp.270~273.

| 참고문헌 |

- 무라야마 지준, 「조선의 향토 오락(1941)」, 박전열(역), 집문당, 1992.
- 홍양자, 「우리 놀이와 노래를 찾아서」, 다림, 2000.
- 스즈키 토시, 「소화(昭和) 어린이 250경」, 朋興社, 1995.
  「소화(昭和) 어린이 풍토기」 1977~1979년 일본 요미우리신문 연재
- 오쿠나리 다쓰 글, 나가타 하루미 그림, 「놀이도감 언제·어디서·누구나 -(遊び図鑑 ~いつでも どこでも だれとでも~)」, 福音館書店, 1987.

14 우리 집에 왜 왔니

초등학교 교과서 속 일본놀이

※ 본 장은 아시아 강원 민속학회에서 발표한 내용을 편집한 것입니다.

14
우리 집에 왜 왔니

  초등학교 저학년[1]들이 가장 재미있게 노는 놀이를 꼽으라면 〈우리 집에 왜 왔니〉가 들어간다. 이는 초등학교 1학년 2학기 수학에[2] 〈우리 집에 왜 왔니〉가 수록되어있고 교사들이 쉽게 배워 쉽게 가르칠 수 있기 때문이다. 이 놀이는 아무런 도구가 필요 없고 10여 명 이상의 어린이들이 적당한 공간만 확보되면 실내 건 실외 건 어느 곳에서나 놀 수 있다는 장점이 있다.

  그래서 우리는 종종 학교 놀이 수업에 이 놀이를 한다.[3] 아이들이 재미있게 놀면 교사들도 합류하여 놀았고, 교사들은 이 놀이를 자랑하는 이들도 있었다. 이 놀이를 '전래놀이 수업'이라고 구분지어 학교 놀이 수업 시 계획서를 작성하여 제출하기도 했다.

  우리는 가끔 이런 질문을 받았다. "아이들에게 가르치고 있는 전래놀이가 언제부터 놀았던 놀이인가요?" 그리고 "이 놀이가 가지고 있는 의미가 무엇이죠?"라는 선생님의 질문을 받고 아주 쉬운 것이라 생각하여, 우선 놀이의 뿌리를 찾아 나섰지만 찾지 못하였다. 대부분의 놀이 책들이 노는

---

1) 저학년-1,2,3학년, 고학년-4,5,6학년
2) 수학 1-2 익힘책, p70~71, 이야기마당-뭐하고놀까요?(사방치기, 고무줄놀이, 꼬리따기, 우리집에 왜 왔니), 교육과학기술부, 2009년 8월 15일 초판 발행, 편찬 : 서울교육대학교 국정도서 편찬위원회, 발행·인쇄: 두산동아(주), 저작권 : 교육과학기술부
3) 임영수는 연기향토박물관 놀이프로그램으로, 전영숙은 광주놀자학교 놀이프로그램으로 초등학교 수업시 활용하였다.

방법만 수록되어 있지 놀이의 유래가 명확히 기록된 것이 없었기 때문이다.

그런데 의외의 장소에서 이에 대한 의문을 가중시킨 일이 일어났다. 박물관장 모임으로 일본 규슈에 갔을 때 가이드가 한국과 일본의 문화 차이점을 설명하였는데, 귀에 솔깃한 내용이 있었다.[4] 그는 한국의 문화가 일본을 따라한다는 말을 하였는데 그 내용은 다음과 같다.

첫째, 일본에서 돈을 만들면 한국에서 따라 만든다.
둘째, 일본에서 TV프로를 방영하면 한국에서 따라 만든다.
셋째, 일본에서 놀이를 하면 한국 아이들이 따라서 논다.[5]

우스갯소리로 하는 말일 수 있지만 그 소리를 듣고 큰 짐을 진 것처럼 무거운 시간을 보내다 그 원인을 꼭 밝혀 보겠노라고 결심하였다. 특히 일본 놀이가 우리 놀이로 둔갑했다는 말과 그 예를 들은 놀이로 〈우리 집에 왜 왔니〉를 들었다. 그 말을 듣고 충격을 받았다. 가이드의 설명은 이러했다.

〈우리 집에 왜 왔니〉는 일본아이들이 놀았던 놀이로 일본 역사 속 인물인 도요토미 히데요시가 유곽을 만들었고, 유곽의 운영자를 포주라고 하는데, 포주는 가난한 집의 어린소녀들을 돈 주고 사다가 길러서 유곽을 운영하였다.
어느 날 딸 넷 가진 어머니가 쌀 살 돈이 없자 유곽의 포주를 찾아가 우리 딸 하나를 사달라고 사정 하였다. 포주가 내일 가겠노라고 하자 어머니는 부탁이 있다며 딸을 '꽃'이라 불러달라고 하였다.
다음날 포주가 찾아와 문을 두드리자 어머니는 "우리 집에 왜 왔니?"라고 물었고, 포주는 "꽃 찾으러 왔단다."라고 대답하였다. 어머니가 딸들을 세워놓고 "이 중에 어떤 꽃을 찾으러 왔느냐?"라고 묻자 포주는 "가운데 장미꽃을 찾으러 왔단다."라고 하며 소녀를 끌고 갔다.
소녀는 끌려가면서 "아이 무서워"라고 했단다.

---

[4] 2014년 6월 10일~13일의 일본 규슈 답사.
[5] 가이드는 일제로부터 해방되었지만 아직도 해방되지 않은 문화가 많다는 식의 설명을 한 것이다.

이러한 이야기를 듣고 충격을 받아 가이드에게 따로 질문을 던졌다. 그랬더니 가이드의 말은 우리 전래놀이가 다 일본말로 되었다는 것이 증거라고 하였다.[6] 그 때부터 전래놀이의 뿌리를 찾아 나섰다.

　한국에서는 전래놀이가 일본의 영향을 받았다는 내용의 자료가 많지 않았다. 그래서 기회만 있으면 일본을 찾았고 일본놀이 연구가와의 만남도 가졌다.[7] 우리는 일본 놀이 학자를 만났고 그들이 준 자료를 볼 때마다 몸서리가 쳐졌다. 일본놀이 책이 마치 우리 놀이 교과서처럼 보였고, 다만 글씨가 일본어와 한국어로 나뉜 것처럼 느껴졌다.

　더욱 놀라운 것은 오사카의 상업대학 교수들과 저녁을 먹으며 나눈 대화 중 〈우리 집에 왜 왔니〉, 「여우야 여우야 뭐하니」 등 여러 가지 놀이를 소재로 대화를 나누는데[8] 일본 교수가 우리가 이야기하는 놀이 중 몇 가지는 일본에서 어떻게 부르는지 설명하였는데 가장 먼저 〈우리 집에 왜 왔니〉였다. "이 놀이는 일본에서 「하나이치 몬메」라고 부르는데 인신매매 놀이이다."라고 말하며 그 유래를 들려주었다.

　일본 오사카 상업대학은 세계 놀이 관련 자료를 5층 건물 가득 수집하여 놓아서 우리를 놀라게 하였는데, 놀이의 유래를 들을 때마다 더욱 놀라게 했다. 그들이 제공한 자료를 들고 한국에 와서 정리하였다.

1. 〈우리 집에 왜 왔니〉 놀이의 한국 자료

　〈우리 집에 왜 왔니〉 놀이가 언제부터 놀았는지 정확한 문헌 기록은 없으나 보통 40~60대 연령의 사람들이 '어렸을 때 놀았던 놀이'로

---

6) 진또리(陣取り), 오재미, 빠찡고, 가이생, 오니(おに:도깨비), 이시케리(돌차기), 셋셋세(せっせっせー), 구리구리(グルグル), 짱껨뽕(じゃんけんぽん), 아이코데쇼(あいこでしょ:비겼죠).
7) 시미즈 야스지 - 일본 나라 현립 료바라 고고학연구소 지도연구원.
8) 오사카 상업대 高橋活德교수, 松村政樹 교수, 그리고 나라현 고고학연구소 淸水康二 연구원과 우리 일행 모두 다섯이서 대화를 나누었다.

표현한다. 이는 40~60대가 어렸을 때 즐겨 놀았으니 1970~1990년대쯤 가장 많이 놀았다고 보아진다.

〈우리 집에 왜 왔니〉가 정식으로 조사 보고된 것은 1994년 부여문화원에서 발행된 「부여의 민속놀이」이다. 이는 강성복[9] 씨가 부여지역의 민속놀이를 조사하여 수록한 책으로 이곳에 쓰여 있는 내용은 다음과 같다.

〈우리 집에 왜 왔니〉

우리 집에 왜 왔니 왜 왔니 왜 왔니 진 편
꽃 찾으러 왔단다 왔단다 왔단다 이긴 편
무슨 꽃을 찾으러 왔느냐 왔느냐 진 편
○○꽃을 찾으러 왔단다 왔단다 이긴 편

한편 양산면에서 조사된 달맞이 놀이는 가위바위보를 해서 편을 짜지 않고 먼저 '문놀이'를 한 다음 편을 구성하는 독특한 방식을 취하기도 한다.

동 동 동대문을 열어라
남 남 남대문을 열어라
열 두 시가 되면은
문을 닫는다

1996년 논산문화원에서 발행한 「논산지역의 민속놀이」에는 〈우리 집에 왜 왔니〉를 '사람 빼앗아 오기 놀이'라고 하였다.

---

9) 강성복 - 충청민속문화연구소, 경희대학교 민속학 교수, 금산문화원 향토사 연구위원, 논저 〈마을 공동체에서의 선돌 원탑의 성격〉, 〈금산의 탑 신앙〉, 〈금산의 민속놀이〉, 〈논산의 민속놀이〉, 〈부여의 민속놀이〉, 〈충청민속문화론〉.

이번에는 재일동포 음악교사인 홍양자가 1995년 9월 제주도의 영평초등학교에서 조사한 〈우리 집에 왜 왔니〉이다.[10]

〈우리 집에 왜 왔니〉

우리 집에 왜 왔니 왜 왔니 왜 왔니
꽃을 찾으러 왔단다 왔단다 왔단다
누구 꽃을 찾으러 왔느냐 왔느냐
00(사람 이름) 꽃을 찾으러 왔단다 왔단다.
가위, 바위, 보
이겨서 기쁘다 스토라이보 ストライボ
져도 좋다 스토라이보 ストライボ

마지막으로 2014년 경기문화재연구원에서 만든 「한국의 전래놀이 자료집」에 수록되어있는 〈우리 집에 왜 왔니〉이다.

〈꽃따기 우리 집에 왜 왔니〉

우리 집에 왜 - 왔니 왜 - 왔니 왜 왔니
꽃 찾으러 왔 - 단다 왔단다 왔 단다 -
무슨 꽃을 찾 - 으러 왔느냐 왔 느냐 -
0 0 꽃을 찾 - 으러 왔단다 왔 단다 -

-------- 가위·바위·보 --------
이 - 겼다 꽃바구니 하나 얻었 다 -
졌 - 다 - 분 - 하다 말도 말아 라 -

---
10) 조사자: 홍양자(재일동포 음악교사).

영동군 양산면에서는 이 놀이에 앞서 '달맞이 놀이_{동대문 놀이}'를 한다.

세 명이 조사한 자료를 수록하였다. 첫 번째 조사자는 지역의 향토 사학자로 10여 년간 조사 당시 민속놀이를 연구하며 활동한 강성복이 1994년에서 1996년까지 3년에 걸쳐 금산, 부여, 논산 지역의 민속놀이를 조사하여 엮어낸 책자이다. 이곳 중 〈우리 집에 왜 왔니〉는 부여와 논산에서 조사되어 정리하였고, 당시 아이들이 놀았던 모습을 그대로 정리하였다는데 가치를 느낀다. 그러기에 후에 민속놀이를 연구하거나 인용할 때는 이 때 조사된 자료가 요긴하게 쓰이고 있다.

두 번째 조사 집필한 홍양자는 일본에서 태어난 재일교포이다. 부모님이 한국 사람이며 한국 문화에 남다른 애착을 갖고 한국에서 대학을 다니며 1997년 「한국의 어린이가 부르고 있는 일본의 와라 베우타(전래동요)」를 석사 논문으로 썼으며 이를 정리하여 「빼앗긴 정서 빼앗긴 문화」를 1997년에 간행하였고, 2000년에 「우리 놀이와 노래를 찾아서」라는 책자를 집필하였다. 홍양자는 일본에서 음악 교사를 하였기에 일본의 자료를 풍부하게 가지고 있었으며 이를 근거로 한국과 일본의 자료를 비교할 수 있는 좋은 조건을 가지고 있었다.

마지막 경기 문화재단에서 발간한 「한국의 전래 놀이 자료집」은 목차가 1. 한국의 전래놀이의 이해, 2. 지역별 어린이 전래놀이 3. 전국의 어린이 전래놀이, 4. 현대의 어린이 전래놀이다. 이 중 2, 3, 4는 이○○가 집필하였으며 '우리 집에 왜 왔니'는 앞에서 기술한 강성복과 홍양자의 자료를 참고하여 정리하였다.

세 사람의 특징을 정리하면 다음과 같다.

1995년 강성복	금산, 부여, 논산 아이들이 놀았던 놀이를 그 시대 그대로 조사·정리하여 수록하였다.
1995년 홍양자	제주지역에서 운동회 때 아이들이 노는 모습을 보고 일본 놀이와 비교하였다.
2004년 이○○	강성복의 놀이 자료와 홍양자의 놀이 자료를 놓고 홍양자의 놀이 자료가 일본 노래의 영향을 받았다는 주장은 견강부회-牽強附會(가당치도 않은 말을 억지로 끌어다 대어 자기주장의 조건에 맞도록 함을 비유하는 한자어)[11]이며, 오히려 우리의 전래놀이 가운데 이와 유사한 놀이가 여럿 있는데 일본에서 차용해 간 측면이 있다고 했다. 그러면서 〈우리 집에 왜 왔니〉와 같은 대표적인 옛 놀이로 두 패가 마주보고 서로 밀고 밀리는 형태의 놀이로 '절구세'라는 놀이가 있으며 이는 '월월이청청'과 함께 하기도 하고 독자적으로 행해지기도 했는데 서로 어깨 높이로 손을 맞잡고 밀거나 밀리면서 노는데 밀 때 발을 앞으로 높이 들어 구르며 상대를 위협하는 행동 때문에 영향을 받았다고 주장했다.

홍양자는 조사할 때 분명히 한국에 있는데도 일본에 있는 것 같은 착각에 빠져 있을 때 갑자기 응원단의 징과 꽹과리가 요란하게 울려서 여기가 한국임을 느꼈다고 했다. 이것은 운동회 문화라는 것이 일제 때 들어왔고 그 당시 학교에서 사용했던 운동회용 레코드음악이 지금껏 잔존하고 있기 때문에 빚어진 결과라고 하면서 한국의 〈우리 집에 왜 왔니〉와 일본의 〈꽃 한 돈쭝花-もんめ〉과 비교하였다.[12]

2. 〈하나이치 몬메〉 놀이의 일본 자료

2019년 2월 25일 일본의 놀이학자 시미즈의 도움으로 오사카에 있는 작은 놀이박물관인 [미야모토 준조 기념관]에 들렸다. 그 곳에서 히구치

---
11) 「한국의 전래놀이 자료집」, 2014, 경기문화재연구원, p.556.
12) 홍양자, 「우리 놀이와 노래를 찾아서」, 다림, 2000. pp.168-169.

스카코 관장이 우리에게 일본 전통놀이 책자 두 권을 주었다. 그 중 하나가 「소화昭和 어린이 250경」이다.

이 책은 1977년부터 1979년까지 일본 요미우리신문에 스즈키 도시가 연재한 「소화 어린이 풍토기」를 책으로 엮은 것으로 1927년부터 1945년 해방 전까지 일본 어린이들이 놀았던 놀이와 당시의 풍물 등을 250가지 그림과 설명으로 수록하였다. 이 책에 수록된 놀이는 〈여우야 여우야 뭐하니〉, 〈우리 집에 왜 왔니〉, 〈땅따먹기〉〈사방치기〉, 〈비석치기〉, 〈말 타기〉 등 많은 놀이가 수록되어있다. 이 중 〈우리 집에 왜 왔니〉는 〈하나이치 몬메〉라 하여 다음과 같이 수록되어있다.

▲ 스즈끼 도시, 「소화昭和 어린이 250경」, 붕흥사, 1995
1977~1979 요미우리 신문에 연재한 것을 책으로 묶은 것

장롱장수직사각형의 긴 궤짝 농, 꽃 한 돈쭝한송이…….

1) 장롱장수,
   어떤 아이를 원하니?
   저 아이를 갖고 싶다
   저 아이는 몰라

2) 하나코를 갖고 싶다.
   뭐가 되어가니.
   토끼가 되어 오너라.

3) 이겨서 기쁜 꽃 한 돈쭝
   져서 분한 꽃 한 돈쭝

4) 3과 1과 3과 1에 ······.

도랸세 도랸세, 장기, 진토리[13)

1) 도랸세, 도랸세. 여기가 어디 오솔길이냐. 천신님의 오솔길이야. 좀 지나가게 해 주세요······.
2) 여름 해질녘에는, 도로가 놀이터가 된다. 시원한 평상[14)에 장기판을 두고, (한판 승부! 다른 한편에서는 진도리(땅따먹기 놀이)의 모습이 펼쳐진다.

▲ 「전승 놀이의 백과」, 소학관, 1978

[미야모토 준조 기념관] 히구치 스카코 관장이 준 또 하나의 책은 「전승놀이 백과」이다. 부제목으로 '아이와 즐기다'라고 쓰여 있으며 1978년에 소학관에서 발행하였다.

일본의 전승놀이는 화보와 함께 노는 방법, 만드는 방법까지 사진과 그림으로 수록하였다. 이곳에 수록된 놀이는 딱지, 일본 연, 하나이치 몬메 우리 집에 왜 왔니, 사방치기, 진 놀이, 팽이, 가위바위보, 구슬치기, 고무줄놀이, 대문놀이 등 많은 놀이가 수록되어 있다. 이 중 하나이치 몬메 우리 집에 왜 왔니는 다음과 같다.

---

13) 혹은, 진(땅) 빼앗기 놀이.
14) 혹은, 납량용(納凉用) 평상. 납량은 여름에 더위를 피하여 서늘한 기운을 느끼는 것을 말한다. 해당 번역본에서는 '시원한 평상'으로 의역함.

天神さまの細道

日本に古くからある関所あそびの一つです。江戸時代に発生し、明治になって流行したといわれています。《天神さまの細道》は、箱根の関所をさすとする説と、猿神退治伝説にまつわる、人身御供の人選びに関連して生じたとする説に分かれます。

門になる人を二人選びます。二人は向き合って頭上で片手をにぎります。他の子は一列にならび、門の二人とうたう問答をはじめます。うたが終わると全員がくぐり抜けたら、こんどは手をはなって二人が門をくぐって帰らねばなりません。そのとき、門の二人は手を離して、門を通過する人のお尻をたたきます。たたかれた子は、門の二人の両腕の中であちこちへとゆさぶられ、「地獄極楽さん魔さまにおこられたい」といいます。うまく通り抜けた子は腕の中で優しくゆすられて「地獄極楽さん魔さまにほめられた」というのです。

たたかれた子の中からジャンケンで門になる二人を選びます。

通りゃんせ　通りゃんせ
ここはどこの細道じゃ　細道じゃ
天神さまの細道じゃく
ちょっと通してくだしゃんせく
ご用のない者通しゃせぬく

この子の七つのお祝いにく
お札を納めにまいりますく
いきはよいよい　帰りはこわい
こわいながらも通りゃんせく

<천신님의 오솔길작은 길>

일본에서 옛날부터 있었던 관문 놀이 중의 하나입니다. 에도 시대에 발생하여, 메이지 시대 때 유행하였습니다. 《천신님의 오솔길》은, 하코네(지명)의 관문을 가리킨다는 설과 원숭이 신의 퇴치설이 얽혀있으며, 인신공양의 사람 선택과 관련해서 생겼다는 설로 나뉩니다.

문이 될 사람 두 명을 뽑습니다. 두 사람은 마주 보고 머리 위에서 한 손을 잡습니다. 다른 아이는 한 줄을 서고, 문간의 두 사람과 문답을 시작합니다. 노래가 끝나면 손을 잡고 일렬로 줄을 서서, 문을 빠져나갑니다. 모두 빠져나가면, 이번에는 손을 떼고 한 사람씩 문을 빠져나와 돌아가야 합니다.

그때 문 역할을 하는 두 사람은 한 손으로 문을 통과하는 사람들의 엉덩이를 때립니다. 맞은 아이는 문에 있는 두 사람의 양팔 안에서 이리저리 흔들려, 「지옥 극락 염라대왕께 꾸지람을 들었다.」라고 말합니다. 용케 빠져나간 아이는 팔 밖에서 부드럽게 흔들며 「지옥 극락 염라대왕께 칭찬받았다」라고 말합니다. 얻어맞은 아이 중에서 가위바위보로 문이 되는 사람을 고릅니다.

<노래 가사>

지나가라, 지나가라.
여기는 누구의 오솔길이냐 오솔길이냐
천신님의 오솔길이야 오솔길이야. 잠깐 비켜주세요.
볼일이 없는 사람은 통과하지 못한다.
이 아이는 7번째 축하 선물이니 감사드리러 갑니다.
가는 건 좋아 오는 건 무서워.
무섭지만 지나가라.

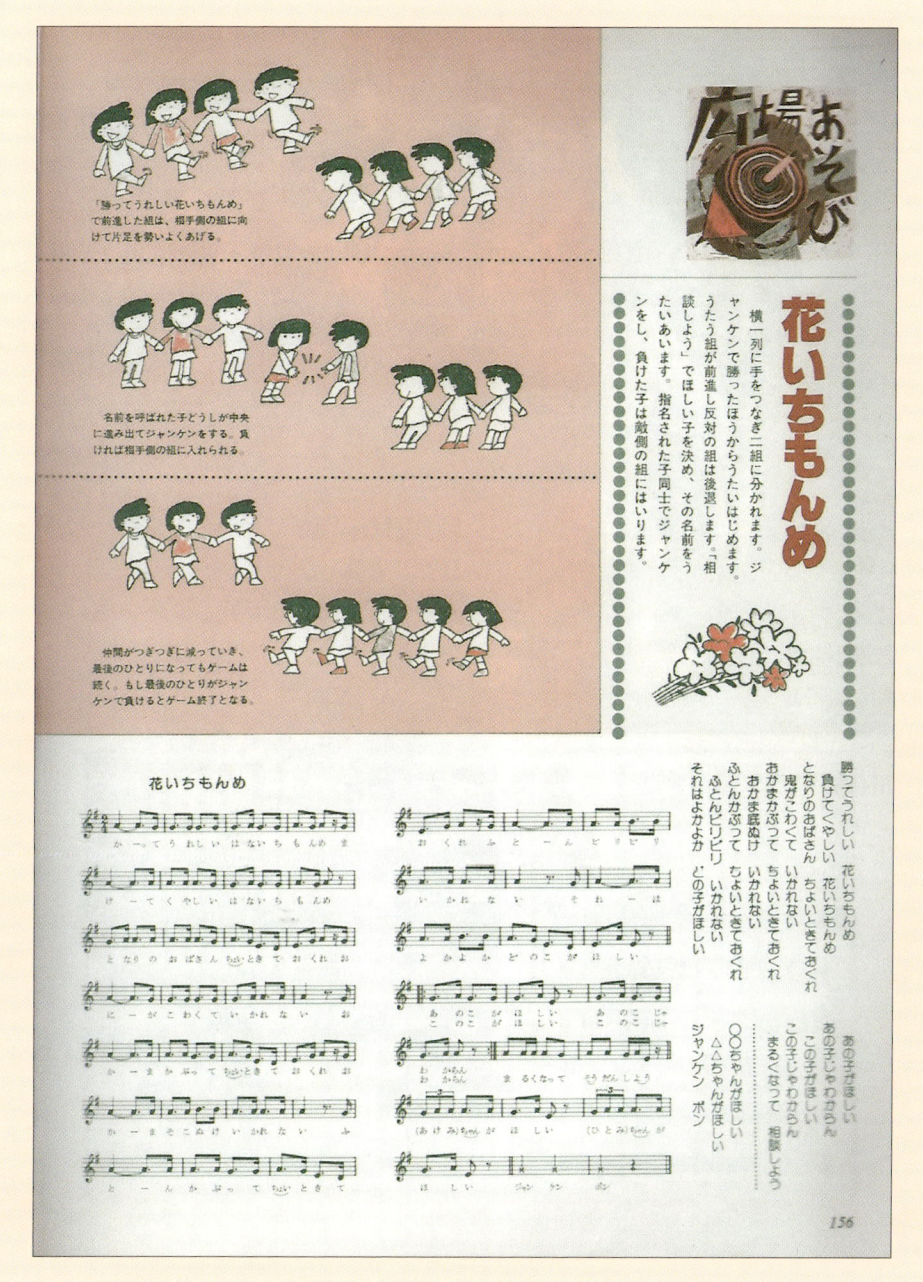

⟨꽃 하나에 1몬메⟩

가로줄로 손을 연결하고, 두 조로 나뉩니다. 가위바위보로 이긴 쪽에서 노래 부르기 시작합니다. 노래하는 조가 전진하고 다른 조는 후퇴합니다. 「의논하자」라고 갖고 싶은 아이를 정해, 그 이름을 부릅니다. 지명된 아이들끼리 가위바위보를 합니다. 진 아이는 적의 조에 들어갑니다.

「이겨서 기뻐 꽃 하나는 1몬메」라고 전진한 조는, 상대편을 향하여 발을 들어 올립니다. 지명된 애들끼리 중앙으로 나와 가위바위보를 합니다. 지면 상대방의 편을 듭니다. 동료가 잇달아 줄어들어서 마지막 혼자가 되어도 게임은 계속됩니다. 혹시 최후의 한 명이 가위바위보에서 지면 게임이 종료됩니다.

⟨노래 가사⟩

이겨서 기뻐 꽃 하나에 1몬메
져서 슬퍼 꽃 하나에 1몬메
이웃집 아주머니 와주시오
도깨비가 무서워서 가지 못해
솥을 뒤집어쓰고 와주시오
솥 밑이 빠져서 못가겠다
이불을 뒤집어쓰고 와주시오

이불이 너덜너덜해서 못가겠다
그것이 좋아 / 그 아이를 원해
저 아이를 원해 / 저 아이는 몰라
이 아이를 원해 / 이 아이는 몰라
원만하게 협의하자
OO짱을 원해 □□짱을 원해
가위 바위 보

오사카에 있는 서점에 들러 우리가 구입한 책은 「놀이도감」이다. '언제·어디서·누구나'라고 부제목을 첨부한 이 책은 1987년 오쿠나리 다쓰가 글을 쓰고 나가타 하루미가 그림을 그렸다. 이 책은 화초놀이 42가지, 야외놀이 49가지, 자연놀이 89가지, 전승놀이 49가지, 만들며 논다 60가지로 총 250여 개의 일본놀이가 소개되어 있는데 전승놀이는 ⟨가위바위보⟩, ⟨술래잡기⟩, ⟨꼬리잡기⟩, ⟨무궁화 꽃이 피었습니다⟩, ⟨손수건 돌리기⟩, ⟨동 동 동대문⟩, ⟨하나이치 몬메, 우리 집에 왜 왔니⟩, ⟨S자 진놀이⟩, ⟨딱지치기⟩, ⟨구슬치기⟩, ⟨사방치기⟩, ⟨땅따먹기⟩ 등이다. 이 중 ⟨우리 집에 왜 왔니〉는 〈하나이치 몬메〉로 소개되었다.

▲ 일본의 놀이도감

▲ [보기 1] 일본의 놀이도감 98p[15]

---

15) [보기 1]의 해석
〈노는 방법〉 우선 부모님을 두 명 정합니다. 부모는 손으로 아치를 만들고, 그 아래로 아이들이 노래를 부르며 빠져나갑니다. 「지나가라. 지나가라 / 여기는 오솔길이냐」라는 아이의 노래에, 부모는 「천신님의 좁은 길이야」라고 대답합니다. 「좀 비켜주세요」라고 아이가 부탁하면 「용무가 없는 사람은 지나 갈 수 없습니다」라고 부모가 말합니다. 「이 아이의 7번째 축하이니/감사인사를 하러 가겠습니다.」라고 아이가 말합니다. 「가는 길은 좋아 오는 길은 무서워/무섭지만 지나가라 지나가라」라는 노래의 마지막에 아치의 아래에 있는 아이가 붙잡혀 「지옥 극락, 염라대왕님 무서워」라고 팔 안에서 쥐고 흔듭니다.

▲ [보기 6] 일본의 놀이도감 99~100p[16]

---

16) 〈보기 6〉 99~100쪽 해석

〈꽃 하나는 1몬메(돈의 단위)〉

가로줄로 손을 연결해서 두 반으로 나뉩니다. 가위바위보로 이긴 쪽에서 노래 부르기 시작합니다.
「이겨서 기뻐」 앞으로 세 번 나아가, 발을 들어 올리고 「꽃 하나는 1몬메」 라고 노래 부르며 3 발자국 뒤로 돌아갑니다.
「져서 분해. 꽃 하나는 1몬메」, 「아카사카를 정리(통합)하여 꽃 하나는 1몬메」, 「고향을 정리(통합)하여 꽃 하나는 1몬메」, 「저 아이가 갖고 싶어(원해)」, 「저 아이는 몰라」 「저 아이가 갖고 싶어(원해)」, 「저 아이는 몰라」, 「원만하게 상의해서 결정해」.
의논해서 정합니다.
「A를 원해」, 「B를 원해」.
A와 B가 나가서 가위바위보를 합니다.
진 아이는 이긴 아이의 편에 들어갑니다.
동료가 점점 사라지고, 마지막에 혼자 남아도 게임은 계속됩니다.
마지막 한 명이 가위바위보에서 지면, 게임은 끝납니다.

오사카에 있는 [상업대학]에는 방대한 놀이 자료가 수집되어 있었다. 일본 놀이학자 시미즈의 소개로 상업대학 교수 세 명과 만나 안내를 받았다. 이곳에는 [상업대학 놀이 박물관]을 추진하고 있었다.

그들이 우리에게 두 권의 놀이 관련 책자를 주었는데 「아시아 놀이1」라는 책과 「일본의 놀이」 책이다. 「아시아 놀이1」는 '국제 이해를 위한 세계의 놀이'가 부제목으로 붙어있고 1998년에 '포풀러사'에서 발행했으며 표지에 한국의 제기차기 그림이 그려져 있고 속표지에는 윷놀이가 그려져 있다. 이 책은 중국, 한국, 대만, 일본 4개국의 대표 놀이가 소개되어 있는데 우리나라는 비석치기가 수록되어있고 일본은 〈하나이치 몬메〉가 수록되어있다.

「일본의 놀이 교과서」 책자는 2015년 발간된 것으로 놀이 교과서이다. 표지에는 아동보육이나 소학교 선생님을 위한 교과서로 '아이들에게 전하고 싶다. 아이들의 삶의 지혜와 풍부한 마음을 기리는 일본의 전승놀이'라고 쓰여 있으며 책 속에는 59종류의 놀이가 수록되어 있는데 노는 방법, 규칙, 만드는 방법 등이 그림과 글로 알기 쉽게 자세히 설명해 놓았다.

〈꽃 하나는 1몬메〉

이겨서 기뻐 / 꽃 하나는 1몬메
져서 분해 / 꽃 하나는 1몬메
옆집 아주머니 / 좀 와주시오
오니가 무서워서 / 못 가겠다
솥으로 때려서 / 좀 와주시오
밑 빠진 솥 / 못 가겠다
이불을 뒤집어쓰고 / 좀 와주시오
이불 너덜너덜 / 못 가겠다(좌로)
그것은 좋아 좋아
/ 어느 아이가 원해 이 아이가 원해
/ 이 아이 모르겠다 저 아이가 원해/ 저 아이 모르겠다
원만하게 상의하자
★
A가 원해 B가 원해 가위 바위 보

▲ 아시아 놀이 1

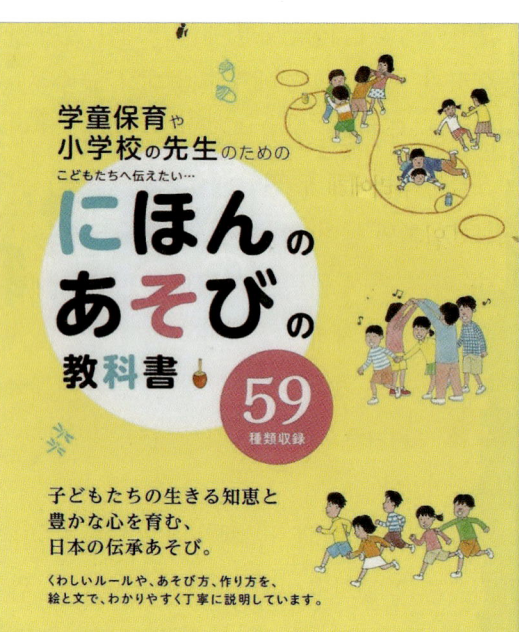
▲ 일본 놀이의 교과서

▲ 일본 놀이의 교과서

3. 한국의 〈우리 집에 왜 왔니〉와 일본의 〈하나이치 몬메〉 비교

우선 한국에서 조사된 〈우리 집에 왜 왔니〉와 일본의 〈하나이치 몬메〉의 관계를 알아보자. 이는 기본적으로 세 가지를 가지고 파악하는데 첫째는 가사의 내용이고, 두 번째가 놀이 방법, 세 번째는 노래의 음률을 파악하는 것이다.

① 가사 내용

한국의 〈우리 집에 왜 왔니〉 가사는 다음과 같다.

〈우리 집에 왜왔니〉
우리 집에 왜 왔니 왜 왔니 왜 왔니
꽃 찾으러 왔단다 왔단다 왔단다
무슨 꽃을 찾으러 왔느냐 왔느냐
00꽃을 찾으러 왔단다 왔단다
가위바위보

일본의 〈하나이치 몬메 꽃 한 돈쭝〉 가사는 다음과 같다.

〈꽃 한 돈쭝〉
이겨서 기쁘다 하나이치 몬메
져서 분해 하나이치 몬메
어떤 아이가 갖고 싶어?
저 아이가 갖고 싶어
저 아이는 모르겠어
상담해보자
그래보자
A가 원해 B가 원해 가위바위보

〈우리 집에 왜 왔니〉는 처음에 집에 온 이유를 묻는다. 그러면 꽃을 찾으러 왔다고 한다. 보통 꽃을 찾으려면 산이나 들로 가는데 집으로 꽃을 찾으러 온 것은 집에 뭔가가 있고, 그것을 꽃이라 부르기 때문이다. 그런데 그 꽃은 한 송이가 아니라 여러 송이였고 그것을 가져가려면 대가를 치러야 하는데 그것은 바로 가위 바위 보에서 이기는 것이었다.

〈하나이치 몬메〉에서는 원하는 아이가 있는데 그 아이를 데려가려면 돈을 지불해야한다. 팔고자 하는 사람은 돈을 많이 받고 싶고 사고자 하는 사람은 싸게 사고 싶은데 그 결과는 가위바위보를 해서 결정짓는다. 이것으로 보아 〈우리 집에 왜 왔니〉와 〈하나이치 몬메〉는 같은 목적을 가지고 같은 방식의 내용을 담고 있다. 또한 〈하나이치 몬메〉는 대상이 '꽃'이고 〈우리 집에 왜 왔니〉 또한 '꽃'이 주제이다. 이것을 '꽃'이 '여자'라고 비유하면 둘 다 무리 없이 일치한다.

〈우리 집에 왜 왔니〉에서 '이겼다 꽃바구니 하나 얻었다'와 '졌다 분하다 말도 말아라.'는 내용이 끝부분에 덧붙여있다. 이는 가위바위보에서 승패로 나누는 입장이다. 이긴 쪽은 꽃을 가지고 간다. 그것은 한 사람을 데리고 가는 행동으로 이겨서 기쁘다는 표현이고, 진 쪽은 한 명씩 빼앗기다 보면 다 빼앗겨 져서 분하다는 표현이다.

〈하나이치 몬메〉에서도 가위바위보가 끝나면 아이를 데려간다. 데려가는 사람은 '이겨서 기뻐'라고 하고 끌려가는 사람은 '져서 분해'라고 한다. 이 또한 이긴 자와 진 자의 입장을 표현한 것으로 이긴 자는 당연히 기쁘고 진 자는 분하다는 내용이다.

가사 내용 중 '꽃'은 한국의 전래놀이에서 나타나지 않는 소재이다. 즉 우리나라는 수확의 과정을 모의하여 풍요를 기원하는 행위와 송아지나 닭처럼 친근한 가축과 쥐를 잡아 풍요를 방해하는 요소를 제거하는 등의 소재가 많고 일본처럼 '꽃' '여우' '아이' 같은 소재는 사용하지 않는다.[17]

② 놀이 방법

〈우리 집에 왜 왔니〉는 우선 두 편으로 나눈다. 편을 나눌 때 대문놀이를 하여 편을 나누어 노는 곳이 있다. 일본에서도 편을 나눌 때 대문놀이를 한다. 한국과 일본의 대문놀이는 공통점이 있다. 잡힌 아이를 흔들고 어느 편으로 갈 것인지 묻는 것이다. 일본 대문놀이는 에도 시대에 있었던 사건을 유래로 설명하면서 지나가는 것은 자유지만 돌아올 때는 마음대로 하지 못한다는 섬뜩한 내용이 들어있다. 이것은 에도 시대에 유행한 유곽과 관련이 있는 것 같다. 이어서 두 편이 손을 잡고 왔다 갔다 하면서 밀고 당기기를 여러 번 한다. 이는 〈우리 집에 왜 왔니〉와 〈하나이치 몬메〉가 모두 같다.

승부의 결정은 '가위 바위 보'로 하는 것도 두 놀이가 똑같다. 다만 〈하나이치 몬메〉에서는 의논하는 모습이 추가되어있다. 이것이 〈우리 집에 왜 왔니〉에는 빠져 있는데 이는 이 놀이가 전달되는 과정에서 일부 변형이 되었을 뿐이다. 즉 쉽게 말하여 생략되었을 뿐 흐름으로 보아 그 내용이 포함되어 있다.

③ 음률

일본의 와라베우타 わらべ唄—전래동요는 아이들이 놀이를 하는 중에 생겨난 노래로 가사와 밀접한 관계가 있고, 단순한 리듬과 일본 민요 테트라코드 도미♭파솔시♭도 와 같은 간단한 소리 조직의 선율로 이루어졌다. 또한 놀이의 신체 동작과 일체가 되어 불리는 것이 많다. 일본의 전래동요인 와라베우타 わらべ唄의 특징은 각 시대의 영향을 강하게 받고, 세대에 따라서

---

17) 김혜정, 〈놀이 노래에 대한 의견〉, 「초등 교과서 전래놀이의 교육적 적절성 분석 정책연구 최종보고서 자문자료2」, p.186.

전승되는 노래가 급격하게 변화하는 것이다.[18]

일본의 전통 시가의 율격 가운데 가장 많은 형태가 7·5조이다. 그리고 이것의 형태로 간혹 8·5나 6·5가 나오기도 하지만 7·5조에 맞추려고 노력하는 경향이 있다. 그에 비해 한국의 율격은 4·4조가 가장 흔하고 그것을 맞추지 못하더라도 비슷하게 유지하려는 경향이 있다. '동애 따세 동애 따세'나 '제적일레 제적일레'처럼 반복적으로 4글자가 나열되는 형태가 가장 전형적인 한국 민요의 가사이다.

이에 비해 일본의 동요에는 7자와 5자의 단위가 가장 흔하다. 〈우리 집에 왜 왔니〉는 한국 전통적인 음률과 박자가 아닌 일본 민요인 와라베우타의 특징을 수용하고 있다. '우리 집에 왜 왔니', '꽃 찾으러 왔단다' 가사는 7글자인 전형적인 와라베우타이다.[19]

물론 〈하나이치 몬메〉는 일본놀이이니 와라베우타이다. 〈우리 집에 왜 왔니〉와 〈하나이치 몬메〉가 음률과 박자가 다르게 느껴지는 것은 일본어를 한국어로 번역할 때 음률의 변화가 생기기 때문에 2박 계통의 놀이 음률과 맞는 내용으로 변형, 수용할 수도 있다.

즉 〈우리 집에 왜 왔니〉는 일본의 와라베우타와 함께 전해져 온 놀이 문화가 당시에는 일본식 그대로를 답습하였던 것이 해방 이후에 변형되어 지금에 이르게 되었다고 보는 것이 타당하지 않을까? 일본 와라베우타わらべ唄의 속성은 시대에 따라 변형되는 특징을 가지고 있는데 놀이 형태는 같아도 멜로디의 형태는 일정 틀, 일본민요 선율 안에서는 얼마든지 변형이 가능하다고 보기 때문이다.[20]

---

18) 김지선(동경예술대학음악학부), 「초등 교과서 전래놀이의 교육적 적절성 분석 정책연구 최종보고서 자문자료1」, p.177.
19) 김혜정(경인교대), 「초등 교과서 전래놀이의 교육적 적절성 분석 정책연구 최종보고서 자문자료2」, p.186.
20) 김지선(동경예술대학음악학부), 「초등 교과서 전래놀이의 교육적 적절성 분석 정책연구 최종보고서 자문자료1」, pp.178~179.

4. 〈하나이치 몬메〉가 〈우리 집에 왜 왔니〉가 된 이유

아이들 놀이의 대부분이 일제강점기 때 우리나라에 들어왔다. 일본은 한국을 점령하고, 한국을 일본 만들기에 열을 올렸다. 특히 1919년 3·1 만세 운동을 계기로 무력 침략에서 방향을 바꿔 문화 침략으로 전환하였고 중일전쟁과 태평양전쟁시 내선일체를 부르짖은 것이 가장 큰 계기가 된 것이다.

아이들 놀이는 아이들 스스로 자연과 생활 속에서 만들어 내는 것도 있지만 가장 큰 작용은 교육을 통하여 전달되는 것이 많다. 그러므로 일제가 들어와 감행한 신교육의 학교 교육은 아이들에게 쉽게 일본 문화를 주입할 수 있는 좋은 기회였다.

근대에 와서 우리 생활 속에 일본 문화가 스며들기 시작한 것은 조일수호조규朝日修好條規가 체결되어 많은 일본인들이 조선으로 이주함과 동시에 일본의 문화가 들어오게 되었다. 그 후 1910년 한일합병이 되어 일본인들의 한국 이주는 급속도로 증가하였는데 1911년에 21만 689명이었던 재조일본인은 1942년에 75만 2823명으로 증가하였다. 특히 경성부의 일본인 인구 비율을 보면 1920년 당시 조선인 18만 1829명에 대해 일본인은 6만 7,850명으로 경성 인구의 약 36%가 일본인으로 구성되어 있다는 것을 알 수 있다.[21]

이와 같이 일본인이 한국에 대거 이주하면서 일본의 문화가 한국 아이들에게 대거 유입되었을 것이다. 일본은 우리의 서당과 서원을 철폐하고 소학교를 설립하였는데 특히 교육을 통하여 전파된 놀이는 그 영향이 컸을 것이다. 근대화된 초등교육은 1912년 시점에서 인구 1만 명당 28.5명으로 2.1%였던 취학률이 1942년 시점에서는 697.2명으로 47.7%의 취학률로

---

21) 「昭和十七年朝鮮總督府統計年報」 pp.16-17.

올라가게 된다.[22]

1922년 칙령 제19호로 제2차 조선 교육령이 공포 시행됨으로써[23] 일본인과 조선인의 학제가 동일화되어 보통학교-고등보통학교/여자고등보통학교-전문학교/대학교의 순으로 진학이 가능하게 되었다. 이후 1938년 칙령 제103호로 제3차 조선교육령이 공포 시행됨으로써[24] 종래의 일본인 교육과 조선인 교육의 차별을 철폐하는 것을 공표하고 황국 신민화 교육을 실시[25], 국어 일본어 교육을 강화하여 조선인을 일본인화 日本人化하는 동화정책 同化政策에 의해 교육을 하게 된다. 이때는 학교에서 수업 외 쉬는 시간에도 일본어로 말하고 놀이도 일본어로 하게 되었다는 것을 말한다. 이와 같이 초등교육의 증가와 일본어 교육이 강화됨과 동시에 초등교육 교과목의 교수법 연구가 1930년대 이르러 활발하게 진행되는데 그 성과 중 하나가 1935년 편찬된 「각과 교육의 동향 科教育の動向」이다. 이 책은 부산보통학교장인 니시가와 수에기치 西川末吉가[26] 편찬한 것으로 당시 부산보통학교는 경상남도 연구지정 학교로 동교 교원들이 각 과목 18교과[27]의 동향에 대해 연구, 조사하여 펴낸 것이다.

일본의 식민지 시대에는 일본인들이 많이 이주하여 일본놀이 문화를 퍼뜨렸고 학교 교육에서는 동화정책 同化政策으로 한국인 아동을 일본인화

---

22) 오성철, 「식민지 초등교육의 형성」, 서울교육과학사, p.125.
23) 문부성내 교육사 편수회編纂会, 1939, 제10권, pp.620~626.
24) 조선총독부학무국 학무과편, 「朝鮮学事例規」, 경성: 조선교육회 pp.181~183.
25) 조선총독부, 경성: 조선교육회, pp. 344~345.
26) 니시가와는 1915년 조선에 부임 후 조선각지에 있는 초등교육기관에서 교원활동을 하였음.
27) 修身科, 読方科, 綴方科, 話聴科, 書方科, 朝鮮語科, 算術科, 國史科, 地理科, 図画科, 唱歌科, 體操科, 遊戯科, 裁縫科, 職業科, 家事科, 作法科(西川末吉 編, 1935, 「各科教育の動向」, 釜山: 三重出版社, 목차).

日本人化하는 교육이 진행되어 일본어가 생활화 되어 있었다. 당시에는 일본어로 말하고 노래하고 놀이하고 생각하였기 때문에 일본 그대로의 놀이문화를 교육현장 내외에서 답습할 수밖에 없는 환경이었다.[28]

일본 놀이가 일제강점기 때 한국에 유입된 내용을 자료로 보더라도 미국 스튜어트 컬린이 쓴 「한국의 놀이」와 일본 무라야마 지준이 쓴 「조선의 향토오락」으로 비교하여도 그 시기를 알 수 있다. 예를 들어 스튜어트 컬린이 쓴 한국의 놀이는 1895년에 쓴 책이다. 이 책은 미국의 외교관으로 참여했던 박영규를 통하여 한국의 놀이를 제공받았으며 이때 기록되어있는 것은 일제가 침략 전이기 때문에 우리 놀이가 모두 쓰여 있다.

일본의 무라야마 지준이 쓴 「조선의 향토오락」은 1941년 발간되었고 조사 기간은 1936년부터이니 당시 한국에서 아이들이 놀았던 놀이가 쓰여 있지만 이때는 일제의 침략이 있은 후 30여 년이 지난 시기이기 때문에 일본 문화 즉 일본 놀이가 상당히 자리 잡고 있는 시기이다. 그래서 「조선의 향토오락」에는 일본에서 들어온 말 타기, 땅 따먹기, 고무줄놀이, 구슬치기 등이 자리 잡고 있다.

즉 일본 놀이가 본격적으로 자리 잡은 것은 조선의 향토오락이 발간된 그 다음부터이다. 1941년 이후에는 일본이 '조선어'를 말살하고 '국어일본어' 만 사용하게 했으니 우리 놀이는 자취를 감추기 시작했고 일본 놀이가 자리 잡은 것을 쉽게 짐작할 수 있다. 그러므로 〈우리 집에 왜 왔니〉가 「조선의 향토오락」에 나오지 않은 것은 이 놀이가 1942년 이후에 우리나라로 들어왔을 것이기 때문이다.

---

28) 김지선(동경예술대학 음악학부), 〈연구대상 5건의 놀이 노래에 대한 한일 상호간 연관성〉, 「초등교과서 전래놀이의 교육적 적절성 분석 정책연구 최종보고서 자문자료1」.

5. 유곽과 인신매매

'〈우리 집에 왜 왔니〉는 위안부 놀이이다' 라는 말은 언론에서 가장 큰 관심거리가 되었는데 우리가 주장한 27가지의 일본 놀이 중 유독 〈우리 집에 왜 왔니〉만 주목을 받게 된 것은 '위안부 놀이' 라는데 초점이 맞춰졌기 때문이다.

그런데 "아이들이 재미있게 놀았던 놀이가 위안부 놀이라니" 라는 설마 하는 의견들이 생겨나기 시작했고 엉터리 비약이라는 비난도 쏟아졌다.

언론이 보도한 내용을 보면 〈우리집에 왜 왔니〉가 왜 일본 위안부 놀이라는 표현으로 이어졌는지 그 이유가 무엇인지 묻지도 않고 단순히 자극적인 언어만 선택하였고 보도 내용을 분석해보면 앞뒤가 맞지 않는 경우도 생겼다. 즉 'SBS뉴스' 에서는 전문가로 일본에서 귀화한 세종대 호사카 유지 교수를 내세워 이 놀이가 '위안부 관련 놀이' 인지 질문하고 호사카 유지 교수는 인신매매와 관련은 있으나 일제 말에 즉 위안부가 성립된 1936년도에 생겨난 놀이는 아니라는 것이다. 우리는 그렇게 표현한 적이 없는데 본질의 앞뒤를 뚝 잘라버리고 자극적인 내용으로 시청자의 눈과 귀를 속였다.

그래서 〈우리 집에 왜 왔니〉가 '위안부 관련 놀이' 라고 표현한 이유를 밝히고자 한다.

일본을 상징하는 것을 말하라고 하면 벚꽃, 온천, 여성의 친절, 근검절약 등 좋은 것도 있지만 유곽遊郭이라는 독특한 공창제公娼制[29]가 있다. 유곽遊郭은 일본에서 도요토미 히데요시豊臣秀吉가 1585년 오사카大阪의 게이세이초傾城町를 유곽으로 공인했으며 다음 해에는 교토京都에도 유곽을

---

29) 공창제(公娼制) 1916년부터 1948년까지 일본에 의해 식민지 조선에서 실시된 성매매 관리제도. 〈출처 한국민족문화대백과〉

허가했다. 도요토미 히데요시는 치안과 풍기 단속을 이유로 성매매 여성들을 한곳에 모아 울타리를 치고 거주를 제한하면서 유곽을 만들었다. 유곽의 여성들은 포주가 관리하였는데,

일본의 유곽 문화

포주는 몸값을 지불하고 여성들을 데려다 성매매업에 종사시켰다. 이러한 제도를 공창제 公娼制 라고 한다.[30]

도요토미 히데요시가 유곽을 만든 데에는 속셈이 있다. 그의 신분은 천한 출생으로 권력을 쥐고 명령을 내렸을 때 그의 출신 성분 때문에 명령이 먹히지 않으니 그들을 달래는 정책으로 젊은 군인들이 좋아하는 환경을 만들어 준 것이 유곽의 탄생이다.

그래서 처음에 유곽이 오사카에 만들어진 것이다. 1583년 히데요시는 오사카성 축성과 도시를 건설하고 1586년에 현재의 도톤보리강 북안에 유곽을 설치하였다. 1589년에는 교토의 조 야나기 쵸에도 설치하였다.

당시의 수도인 교토가 자신의 근거지인 오사카와 바로 붙어있었기 때문에 그는 교토 시내에 대규모 유곽 단지를 조성하고 일본의 유곽 문화를 장려하여 전국 각지의 상인들이 몰려들게 함으로써 도시를 상업 및 금융도시로 탈바꿈시켰다. 하지만 그것만으로는 부족해서 100여 개가 넘은 지방 소국들의 이목을 집중시키기 위해 대륙침략을 공언하여 임진왜란을 일으키게 된다.

유곽단지로 교토를 변화한 도시로 만든 히데요시는 규슈성의 북쪽에 병참 기지로 쓸 성을 쌓을 때도 가장 먼저 교토의 대규모 유곽 시설을 옮겨왔다.

---

30) 홍성철, 2007, 「유곽의 역사」, 페이퍼로드. 페이스북 댓글 November 4. 2019.

그 덕분에 히젠 나고야 성은 1년여의 짧은 건설 기간에도 불구하고 환락과 돈벌이를 위해 나선 노무자와 병사들로 불야성을 이루었다.

임진왜란 초기에 히데요시는 일본군에게 엄정한 군기와 함께 조선에서의 약탈을 금했다. 명분 있는 전쟁으로 백성의 지지를 받고 지방 영주들로부터 손쉽게 전쟁비용을 각출받기 위해서이다. 그런데 개전 4개월 만에 한산도 해전에서 이순신에게 수군이 궤멸됨으로써 더 이상의 전투 수행이 불가능해졌다.

수군의 궤멸로 원정전에 필요한 대규모 병참 지원이 막혔기 때문이다. 더군다나 1596년에 후시성과 오사카성이 대지진으로 허물어지자 히데요시는 조선으로 간 군인들에게 위로를 하고 전쟁을 계속할 수 있도록 조처를 내렸다. 조선에서의 약탈, 강간, 납치를 무한정 보장한다는 조서를 내려 억지로 백성들을 전쟁터로 내몰았던 것이다. 그 결과 수십만의 조선인이 납치되어 여인들은 정조를 유린당하고 남자들은 서양에 노예로 팔렸다.[31]

그 후 도쿠가와 바쿠후德川幕府 시대에는 25개의 유곽이 있었으며 특히 에도江戸의 요시와라吉原에는 2000명이 넘는 공창과 다수의 고용인들이 있었다고 한다. 교토의 시마바라島原, 오사카의 심마치新町 등이 유명한 유곽이었다.[32]

그런데 메이지明治시대 1868~1912년 일본의 공창제가 국제 사회로부터 비인도적이라는 비난을 받자 일본은 공창제를 근대적으로 재편성하였다. 근대적 공창제의 특징은 유곽 성매매 여성에 대한 강제적 성병 검진이었다. 특히 군인들이 성매매를 하다 성병에 걸려 전력에서 이탈되는 상황이

---

31) 문성근(변호사-법무법인 '길'), 2018, 「역사와 법&제도」.
32) 홍성철, 「유곽의 역사」, 페이퍼로드, 2007.

발생하였고 이를 방지하기 위해 성매매 여성에게 성병 검진을 강제로 하였던 것이다. 그리고 유곽 내로 여성의 거주를 제한하였다.[33]

한국에 유곽이 일본으로부터 처음 들어온 것은 1881년 부산의 일본 영사관에서 대좌부영업규칙, 예창기취제규칙 등을 제정하면서 유곽의 영업을 허가했다.

일본의 유곽 유녀

이어 1902년 부산 부평동 佐須土原에 유곽이 처음으로 건설되었다. 이곳은 당시 일본 거류지 외곽의 조선인 거주 지역이었다.

처음 영업을 시작한 사람은 우에노 야스타로 上野安太郎이며 그는 안락정이라는 대좌부 貸座敷를 만들어 창기 11명을 두고 영업을 시작했다. 일본군과 유곽 게이샤 기생들의 사케 술판이 당시 일본에서 공창제가 근대적으로 재편되면서 인신매매적 제도를 폐지하고 등록된 여성에 한해 성매매를 허가하였다. 그러나 여성들은 포주에게 진 빚으로 인해 자유로이 성매매를 하거나 그만둘 수 없는 상황이었다.

인천에서도 유곽이 조성되었다. 그러나 부산과는 달리 처음에는 유곽 영업이 허가되지 않았다. 일본 외무성에서 인천에는 다른 국가들의 조계지가 있어 국가 체면상의 이유로 유곽 영업을 허락하지 않았다.

그러자 인천 일본 영사는 1883년 인천 거류 일본인 중 총 환자 수의 25%가 매독환자이고 거류 부인의 80% 또는 90%가 매독을 앓고 있다는 내용의 병원 보고서를 외무성에 보내 성병 예방을 위해서는 유곽이

---

33) 홍성철, 「유곽의 역사」, 페이퍼로드, 2007.

필요하다는 점을 강조하는 한편 유곽에서 나오는 세금으로 도심 기반 시설의 건설비용을 충당할 수 있다고 주장했다.

결국 1902년 12월 기정동己井洞에서 유곽 영업이 시작되었다. 서울의 유곽은 1904년 일본 남자들이 혼자서 사는 사람의 수가 증가하였고 2월에 러일전쟁이 본격화 되면서 일본군이 대거 한국으로 들어왔다. 이때 전쟁경기로 이득을 얻으려는 상인들도 군대를 따라 들어왔다. 「경성발달사」에 따르면 서울에 들어온 일본인들이 1903년에 3,865명에서 1910년에는 군인을 제외하고도 4만 7,148명에 달했다. 러일전쟁 개전초기인 1904년 2월~5월 성병환자 발생수가 다른 시기에 비해 압도적으로 많았다. 이를 해결하기 위해 한국에 일본 유곽이 설치된 것이다.[34]

유곽이 완공된 뒤에는 동네 이름을 '새마을'이라는 뜻의 '신마치新町신정'로 바꾸었다. 그들이 이곳에 일본인 유녀뿐 아니라 공갈과 인신매매 등의 수법으로 한국 여성들까지 끌어 들였다.[35]

이렇게 일본이란 나라는 전쟁 속에서 젊은 남자 군인들의 성욕을 해소하는 방편으로 '유곽'을 만들어 해결했다.

일본이 유곽의 방향을 바꾼 것은 1937년 중일전쟁을 겪으면서 일본 병사들의 습관인 전투지에서 여성의 강간[36]으로 인하여 대거 성병에 걸려 전투력을 상실하자 일본군의 성욕 해결과 성병 예방을 목적으로 여성들을 동원하여 설치한 시설물을 '위안소'라고 불렀다. 이것이 시작된 것은 상해사변이 있었던 1932년 전후이다.

당시 위안소에 수용된 여성을 '예기藝妓', '작부酌婦'라고 하였는데

---

34) 홍성철, 「유곽의 역사」, 페이퍼로드, 2007.
35) 전우용, 「전우용의 현대를 만든 물건들-유곽」, 2019. 한겨레신문.
36) 이때 일본군은 어린 여자아이까지 강간하는 참혹한 짓을 일삼았다.

이외에도 매음부, 접객부, 종업부, 영업자, 기녀 등 갖가지 명칭으로 부르다가 상당히 다양하고 복잡한 과정을 거쳐 대체로 '위안부慰安婦'라는 말로 수렴되었다. 현재 발굴된 문서상으로는 1939년 6월 중국에 있던 독립 산포병山砲兵 제 3연대의 진중일지陣中—誌에서 '위안부慰安婦'라고 부른 것이 처음이다.

일본의 유곽

일본군은 일본 내무성·외무성 등 일본 중앙 정부와 조선총독부, 대만총독부 등 식민지 권력 기관을 통해 군 위안부 동원을 요구하였고 이후 관련된 기관에서는 군 위안부 동원 시스템이 작동되었다.

군 위안부를 동원하는 방식은 시기·장소·민족 등에 따라 조금씩 차이가 있었다. 초기부터 일본 패전기까지 지속적으로 그리고 일본군이 있었던 거의 전 공간에 배치되었던 조선인 여성은 취업 사기, 유괴, 공권력 등에 의한 협박, 인신매매와 같은 다양한 방법으로 동원되었다. 동원자는 소개업자나 군 위안소 업자들이 하는 경우가 많지만 하층 관리들이 동원에 관여하는 경우도 상당수 있었다.[37]

〈우리 집에 왜 왔니〉와 '일본군 위안부' 관련은 일본의 역사에서 찾을 수 있다. 도요토미 히데요시 때 설치한 유곽은 일본 사회가 남성 중심의 모순적인 사회악습으로 유곽이 탄생했으며 이는 전쟁에 동원되는 젊은 남자들을 위로하며 전투력을 유지하는데 사용되어 왔다. 유곽을 유지하려면 그에 필요한 여성이 필요했다. 여성 스스로 그 직업을

---

37) 한국학중앙연구원, 「한국민족문화대백과사전」, 〈일본군 '위안부'〉 항목.

선택하기는 무리가 있었을 것이다. 그러므로 여성을 모집하는 방법이 여럿 있었는데, 이것을 셋으로 나누면 첫째가 자발적이며 둘째가 돈을 주고 사는 매매, 셋째는 강제적인 인신매매이다.

　일본의 역사에서 유곽이 사라진 예가 없다. 유곽의 수는 점점 늘어났으며 심지어 우리나라를 비롯해 다른 나라에도 전파시켰기에 일본을 유곽의 나라라고 표현하는 이도 있다. 즉 수요가 증가함에 따라 공급이 딸리는 현상은 편법이 성행하게 되는 것이다. 유곽에서의 편법이 인신매매이다. 일본 사회에서는 칼을 차고 활보하는 사무라이가 일찍이 발달하여 여성들을 위협하는 풍토가 있다.
　그래서 일본 여성은 어려움에 처하면 얼른 무릎을 꿇고 손을 모아 살려달라는 표현을 쓰는데, 그것이 습관이 되어 현재도 일본 여성들이 무릎을 꿇고 차를 따르고 문을 열거나 손님을 접대할 때 은연중에 나오는 모습이 되었다.

　이는 일제강점기 때 한국의 여성이 일본군 위안부에 끌려가는 계기가 되었다. 일본이 한국여성을 강제 동원한 것은 1937년 중일전쟁을 치루기 위하여 중국과 한국의 여성을 유린하였고, 이어 1941년 7월 태평양전쟁太平洋戰爭을 일으킨 일본은 일본군 위안부를 대만, 필리핀, 인도네시아, 싱가폴, 버마현 미얀마, 네덜란드까지 확대하여 10여 개국의 여성들을 착취하여 일본군 위안부로 동원시켰다.
　일본이 유곽을 만들어 여성들을 사들여오던 악습이 이어져 중일전쟁 때 신설된 일본군 위안부에 적용이 되었다. 여기에는 공갈과 협박, 납치를 더하여 있어서는 안 될 역사를 낳고 말았는데, 〈우리 집에 왜 왔니〉에 **들어있는 여자아이를 빼앗는 놀이는 일본의 유곽, 위안부 근성이 들어있는 나쁜 놀이라는 뜻이다.**

6. 〈우리 집에 왜 왔니〉가 전통놀이라는 주장

교육부에서는 문화체육부의 추천을 받아 전문 기관에 용역을 실시하였는데 주관 연구 기관은 ㈔한국민속학회(연구책임자-장○○)이며 2020년 5월 10일 최종 보고서가 교육부에 제출되었다. 연구 결과는 「〈초등 교과서 전래 놀이의 교육적 적절성 분석 정책 연구〉 최종 보고서-한국, 일본, 중국 등 문헌 자료를 중심으로」라는 내용으로 제출하였는데 연구의 목차가 우리가 이 전에 민원을 냈던 27개의 놀이[38]가 아니라 10개의 놀이로 줄여서 연구 결과를 내놓았다. ㈔한국민속학회에서 연구한 10가지의 놀이는 다음과 같다.

1. 무궁화 꽃이 피었습니다.
2. 여우야 여우야 뭐하니
3. 우리 집에 왜 왔니
4. 쎄쎄쎄
5. 고무줄 놀이
6. 사방치기(돌차기)
7. 비사치기(비석치기)
8. 끝말잇기
9. 가오리연(연 날리기)
10. 구슬치기

보고서는 이 중 일본 놀이는 '여우야 여우야 뭐하니'와 '쎄쎄쎄' '고무줄놀이' '끝말잇기'는 확실하고 나머지는 세계적인 보편 놀이이거나 우리 전통놀이라는 내용의 보고서이다. 우리 전통놀이라고 이야기 한 것은 '무궁화 꽃이 피었습니다.'와 '우리 집에 왜 왔니'이다.[39] 이 중 〈우리 집에

---

[38] 1. 우리 집에 왜 왔니 2. 기차놀이 3. 박터트리기(오재미던지기) 4. 가오리연 5. 가을운동회 청군백군 6. 줄넘기 7. 시소타기 8. 가위바위보 9. 오재미놀이(콩주머니) 10. 딱지치기 11. 고리던지기(일본식) 12. 구슬치기 13. 비석치기 14. 망줍기(사방치기) 15. 달팽이놀이 16. 무궁화 꽃이 피었습니다 17. 꼬리잡기 18. 오뚝이 19. 땅따먹기 20. 쎄쎄쎄 21. 고무줄놀이 22. 수건돌리기 23. 말뚝박기(말타기) 24. 끝말잇기(원숭이 엉덩이는 빨개) 25. 대문놀이 26. 진놀이 27. 여우야 여우야 뭐하니

[39] 사방치기, 비사치기(비석치기), 가오리연, 구슬치기는 범세계적인 놀이이며 특정한 국가의 놀이라고 말할 수 없다고 했다.

왜 왔니〉는 우리의 전통놀이에서 파생된 놀이이며 그와 관련된 놀이를 다음과 같이 설명하였다.

〈우리 집에 왜 왔니〉는 맨몸 놀이의 즐기기 위한 놀이 형태로 두 편을 나누어 노래를 부르며 진행하는 편 놀이이다. 이 놀이가 여성들의 놀이라는 점은 '남대문 놀이', '절구세'와 동일하고, 두 편을 나누고 자기편끼리 서로 손을 맞잡는다는 점에서 '남대문 놀이', '청어 엮기', '절구세'와 동일하다.
한편 두 편이 상호노래를 부른다는 점은 '절구세' 및 '청어 엮기'와 동일한 양상을 보인다. 그리고 상대편의 한 사람을 차출한다는 점에서 '벌 장수'와 동일하다. 결국 '우리 집에 왜 왔니'는 우리의 전통적 놀이 방식에서 크게 벗어나지 않는다.

이 보고서의 책임 연구자는 장○○이다. 공동 연구자는 정○○, 좌○○, 김○○이고 보조 연구원은 김○○, 자문 위원은 둘로 나뉘었는데 중간 보고회에는 김○○, 이○○, 방○○, 서○○, 여○○이고 최종 보고회의 자문 위원은 강○○, 좌○○, 유○○, 이○○, 김○○이다.
여기에 자문 위원으로 참여한 이○○는 교육부의 추진 단계 중 1단계와 3단계에 참여한 사람이며 유일하게 〈우리 집에 왜 왔니〉가 우리 전통놀이라고 주장하는 사람이다. 즉 최종 보고서는 장○○이 정리했지만 이○○의 주장이 그대로 유지된 내용이라 볼 수 있다.

언제부터 시작되었는지 분명치 않은 놀이로 역사는 그리 오래지 않지만 전국적인 분포를 보이는 놀이이다. 지방에 따라 '꽃 찾기' 또는 '우리 집에 왜 왔니'라고 한다. 논산에서는 이 놀이를 '사람 빼앗아 오기 놀이'라는 이름으로 부르는데 놀이방법은 같다.
홍양자는 일본의 꽃 한 돈쭝花-もんめ 놀이에서 '아이를 찾는다.'고 하면

'얼마에 사느냐' 하는 놀이가 있는데 이 노래가 일본 노래의 영향을 받은 것이 틀림없다고 주장한다. 다만 찾는 대상이 '아이'에서 '꽃'으로 바뀐 것도 일본의 노래 제목에서 따온 것이 아닐까 생각하는데 이는 견강부회이다.

오히려 우리의 전래놀이 가운데 이와 유사한 놀이가 여럿 있는데 일본에서 차용해 간 측면이 있기 때문이다. 대표적인 옛 놀이로 두 패가 마주보고 서로 밀고 밀리는 형태의 놀이로 '절구세'라는 놀이가 있다. '월월이청청'과 함께 하기도 하고 독자적으로 행해지기도 했는데 서로 어깨 높이로 손을 맞잡고 밀거나 밀리면서 노는데 밀 때 발을 앞으로 높이 들어 구르며 상대를 위협한다. 이때 부르는 노래는 다음과 같다.

"절구세 절구세 유지나 장판에 절구세
 들깨 참깨가 오지나 피마자 콩이가 오지지 어화산이 절구세(되풀이)"

몸을 앞뒤로 흔들고 발을 높이 들면서 몰아붙이고 상대는 밀리다가 다시 전열을 가다듬어 더욱 크게 노래 부르며 세차게 밀어 붙이기를 되풀이 한다.

풍물의 '진풀이'에도 이와 유사한 대형의 밀고 밀리는 것이 있는데 모두 같은 맥락으로 파악된다. 이 놀이의 중심은 '절구세'에서 보이듯 상대를 위협하는 것에 있다. 목소리를 높여서 우르르 위세를 과시하면서 몰아붙이는 것을 되풀이 하는 것으로 가위 바위 보로 아이를 가져오는 것은 이를 지속시키기 위한 보조적인 장치이다. 일본의 놀이는 아이를 찾는다는 내용이 초점으로 우리처럼 밀고 밀리는 형식을 띠는 것이 아니기에 별도의 놀이로 봐야한다.

이○○는 이곳에서 〈우리 집에 왜 왔니〉가 우리 전통 민속인 '월월이청청'의 '절구세'와 유사한 놀이라고 하면서 홍양자의 일본놀이 '꽃 한 돈쭝花—もんめ'과 같다는 주장에서 '견강부회牽强附會'[40]라고 표현하면서 부정하였다.

이○○가 주장하는 〈우리 집에 왜 왔니〉는 우리 전통 민속 월월이청청의 절구세에서 비롯되었다고 주장한 것은 2014년 경기도 문화 재단에서

---

40) 가당치도 않은 말을 억지로 끌어다 대어 자기주장의 조건에 맞도록 함을 비유한 말

만든 「한국의 전래놀이 모음집」에서 이다. 그런데 이 책은 2019년 5월에 폐간되었다. 그 이유는 이○○가 집필한 내용 중 일본의 「놀이 도감」(1987)이란 책을 베끼고 그 내용을 표시하지 않아 표절이란 지적이 제기되자 경기문화재단에서 폐간 처리한 것이다.[41]

---
41) 이○○가 일본의 놀이도감에서 베껴 한국의 전래놀이 자료집에 넣어 편집한 내용이다. 한국의 전래놀이 자료집에는 각주나 참고문헌에서 일본책 놀이도감은 표시되어 있지 않다.

이○○가 표절한 일본의 「놀이도감」은 1987년 오쿠나리 다쓰가 글을 쓰고 나가타 하루마가 그림을 그렸다. 이 책은 화초놀이 42가지, 야외놀이 49가지 자연놀이 89가지, 일본 전승놀이 49가지, 만들며 논다 60가지로 총 250여 개의 일본 놀이가 소개되어 있는데 그 내용은 우리말로 해석하면 '가위바위보', '술래잡기', '꼬리잡기', '무궁화 꽃이 피었습니다.', '손수건 돌리기', '동동 동대문', '우리 집에 왜 왔니', 'S자 진 놀이', '딱지치기', '구슬치기', '사방치기', '땅 따먹기' 등이다.

이○○는 이 책을 가지고 있기에 본문에 나오는 10여 개의 삽화를 그대로 표절하여 「한국의 전래놀이 자료집」에 넣고 일본책 놀이도감의 존재를 표시하지 않았다. 일본 놀이를 우리 놀이로 둔갑시킨 것이다. 그러니 이○○의 주장은 자신이 말한 '견강부회牽强附會'라 할 수 밖에 없다. 이○○는 2015년 국립민속박물관에서 발행한 한국민속예술사전의 민속놀이 편에 '꽃 찾기 놀이 우리 집에 왜 왔니'를 저술했는데 그 내용은 2014년에 쓴 「한국의 전래놀이 자료집」과 동일하게 수록하였다.

이○○가 주장하는 '월월이청청'은 여러 놀이가 있는데, 그는 이 중 '절구세'가 〈우리 집에 왜 왔니〉와 가장 유사하다고 했다. 그래서 〈우리 집에 왜 왔니〉와 〈월월이청청〉의 〈절구세〉와 비교하여 보았다.

② 〈우리 집에 왜 왔니〉와 〈월월이청청〉의 〈절구세〉와 같은 점.

우리 집에 왜 왔니	월월이청청의 절구세
두 줄로 손을 잡고 왔다 갔다 한다.	두 줄로 손을 잡고 왔다 갔다 한다.

③ <우리 집에 왜 왔니>와 「월월이 청청의 절구세」와 다른 점.

구분	우리 집에 왜 왔니	월월이청청의 절구세
놀이 대상	어린 여자아이들	아녀자들(갓 시집온 새댁)
놀이 장소	낮에 마당이나 실내에서 논다	밤에 달이 밝게 떴을 때 산이나 언덕에서 노는 놀이
놀이 방법	서로 대화를 나누면서 논다	농악에 맞추어 노래를 부르기만 한다 (전라 풍물놀이 판굿)
가위바위보	가위바위보를 하여 상대자 한 명을 데리고 간다	그러한 것이 없다
형태	꽃이 여자이고 사고파는 매매형 놀이	달과 여성의 생식력에 비유하여 풍년을 기원한다 군대식 군무 형태이다
음악	음률이 일본 와라베우타의 영향을 받았다	우리 전통 민요풍이다
노랫말	우리 집에 왜 왔니 왜 왔니 왜왔니 꽃 찾으러 왔단다 왔단다 왔단다 무슨 꽃을 찾으러 왔느냐 왔느냐 ○○꽃을 찾으러 왔단다 왔단다 가위바위보	절구세 절구세 영감 할마이 절구세 절구세 절구세 시어머니 절구세 절구세 절구세 처녀 총각 절구세 절구세 절구세 올케 시누이 절구세
시대	근대 즉 일제강점기 이후에 놀기 시작했다	조선 시대 이전부터 놀았다.
노는 시기	수시로 낮에 논다	추석, 설, 보름 등 명절과 보름달이 떴을 때

교육부 의뢰 정책 연구 최종 보고서를 낸 ㈔한국민속학회는 <우리 집에 왜 왔니>가 '우리 전통놀이'라고 주장하면서 그 근거로 이○○의 주장인 <월월이청청>의 <절구세>와 「조선의 향토오락」에 나타나는 충주의 <남대문놀이>, 경기도 광주의 <벌장수> 전남 해남의 <청어엮기>를 연관성 있는 놀이로 주장했다.

이들 놀이의 출처는 1941년 발간된 「조선의 향토오락」이다. 이는 일제강점기 때 일본학자 무라야마 지준이 각 지역 학교를 통하여 설문하듯 조사한 내용으로 이때는 일제가 합병하여 일본식 교육이 시작된 지 20여 년이 흐른 뒤이기 때문에 이미 일본 놀이가 어린이들에게 깊숙이 자리 잡은 것이다. 그러기에 〈남대문놀이〉, 〈별장수〉, 〈청어엮기〉가 순수 우리놀이가 아닐 수 있다.

그 이유로는 이보다 앞서 발간된 1895년 미국 스튜어트 컬린이 쓴 「한국의 놀이 유사한 중국·일본 놀이」에서 이러한 놀이가 수록되어 있지 않으니 이것도 일본의 영향을 받은 놀이일 수도 있다. 이러한 놀이가 일본 측 자료에는 많이 보이기 때문이다.

결국 이것은 이○○가 주장하는 내용일 뿐 누구 하나 〈우리 집에 왜 왔니〉가 우리 전통놀이라고 주장하는 이는 없다. 더군다나 이○○가 표절한 1987년 발간한 일본 「놀이도감」의 〈하나이치 몬메〉는 당시 번역자가 〈우리 집에 왜 왔니〉로 번역하였는데 이를 잘못 번역했다고 지적하는 사람은 없었다.[42]

㈜한국민속학회에서 교육부에 제출한 「초등 교과서 전래놀이의 교육적 적절성 분석 정책 연구 최종 보고서-한국, 일본, 중국 등 문헌 자료를 중심으로」는 책임 연구자가 장○○ 임에도 불구하고 이○○의 주장을 중심으로 정리하다 보니 연구의 성과가 엉뚱한 곳으로 흐른 것 같다. 그래서 일본 놀이를 억지로 우리 전통놀이로 끼워 맞추려 하지만 이는 진실을 속이는 행위이다.

결 론

〈우리 집에 왜 왔니〉가 일본 놀이 〈하나이치 몬메〉라고 주장하는 이유가 무엇일까? 그것은 두 가지 이유가 있다. 첫 번째로, 교과서에 수록된

---

42) 이 책은 1990년 한국의 김창원이 번역하여 진선출판사에서 출판하였다.

놀이들이 우리 전통, 전래놀이보다 일본 전승놀이가 더 많다는 것이다. 더군다나 일본 놀이가 우리 전래 놀이로 둔갑되어 수록되어있는 것을 그대로 방치해야할까? 라는 이유이다. 두 번째는 일본 놀이는 아이들이 재미있게 놀 수 없는 유래를 가지고 있는 것이 많다. 〈우리 집에 왜 왔니〉처럼 인신매매의 유래를 가지고 있다는 내용을 알고도 아이들에게 재미있게 놀라고 하는 어른이 있을까?

〈우리 집에 왜 왔니〉와 일본 〈하나이치 몬메〉의 유사성을 나열하면 다음과 같다.

첫째: 여자 어린이 놀이이다.
둘째: 여자 어린이를 꽃에 비유하였고 꽃을 사고 파는 행위를 한다.
셋째: 놀이자들이 두 편으로 나누어 논다.
넷째: 놀이할 때 두 편이 손을 잡고 앞으로 갔다 뒤로 갔다를 반복한다.
다섯째: 놀이에서 문답 형태로 주고받는다.
여섯째: 가위 바위 보를 하여 진 사람을 데려간다.
일곱째: 원하는 사람을 지목한다.
여덟째: 낮에 야외나 실내에서 논다
아홉째: 한쪽이 모두 사라질 때까지 논다.
열 번째: 인신매매의 뜻을 가지고 있다.

위의 내용으로 보아 일본의 〈하나이치 몬메〉가 들어와 〈우리 집에 왜 왔니〉로 되었다.

일본 놀이가 우리 생활에 스며들게 된 것은 일제강점기 때이다. 나라를 빼앗겼다는 것은 우리의 문화를 잃고 지배자의 문화 속에 동화될 수밖에 없다. 그동안 국민학교를 초등학교(1996.3.1)로 바꾸고 친일파가 작곡한 교가도 바꾸고 교과서에 수록된 일본 노래도 우리 노래로 바꾸지 않았는가?

이제는 놀이도 돌아볼 때가 되었다. 더군다나 놀이는 교과서 속에서도 중요하지만 학교 밖에서 어린이들이 재미있게 놀아야 하고 가족, 친구, 모임 등 다양한 자리에서 서로 마음을 활짝 열고 놀이를 할 때, 우리 정서에 맞는 건전한 놀이를 하면 얼마나 좋을까?

36년간 일본의 점령에 많은 것이 바뀌었지만 해방이 되고 제자리로 돌려놓지 못하였다. 그것은 우리 스스로 독립이 된 것이 아니고 미국이 일본에 원자폭탄을 터트렸기 때문에 일본에서 우리나라가 해방은 되었지만, 미군정이라는 또 하나의 지배를 받으며 우리 문화가 돌아올 기회를 놓쳤다.

그뿐인가 6·25로 또 다른 파괴와 문화를 돌아볼 겨를이 없었고 친일 청산은 생각할 겨를이 없었으며 숨 가쁘게 돌아간 우리의 역사는 시간이 흐를수록 그 기억이 퇴색되어 가더니 결국 일본 것을 우리 것으로 둔갑시키고 말았다.

이제 우리는 지나온 발자취를 돌아보며 우리 문화를 구별해야 할 때가 온 것이다. 어른들은 놀이를 '어렸을 때 놀았던 추억의 놀이'라고 표현하지만 그 어렸을 때가 언제이고 그 놀이를 왜 놀아야 했는가를 생각하면 그 해답을 빨리 얻을 수 있을 것이다. 교과서에 나오는 놀이를 한 번도 검토하지 않았고 일본 놀이를 우리 놀이로 둔갑시켜 어린이들을 가르치고 있으니 어린이들은 일본의 정서가 담겨있는 일본 놀이를 통하여 일본 문화를 몸에 익히고 있는 것이다. 하루빨리 우리의 놀이가 독립되어야겠다.

| 참고문헌 |

- 교육과학기술부, 「수학 익힘책 1-2」, 2009.
- 「표준국어대사전」.
- 「우리말샘」 (2011).
- 강성복, 「부여의 민속놀이」, 부여문화원, 1994.
- 강성복, 「논산 지역의 민속놀이」, 논산문화원, 1996.
- 홍양자, 「빼앗긴 정서 빼앗긴 문화」 다림, 1997.
- 홍양자, 「우리 놀이와 노래를 찾아서」, 다림, 2000.
- 이상호, 「한국의 전래놀이 자료집」, 경기문화재연구원, 2014.
- 스즈키 도시, 「소화昭和어린이 250경」, 朋興社, 1995.
- 「전승 놀이 백과 아이와 즐기다」, 소화관, 1980.
- 오쿠나리 다쓰 글, 나가타 하루미 그림, 「놀이도감 언제·어디서·누구나 (遊び図鑑 ~いつでもどこでも だれとでも~)」, 福音館書店, 1987.
- 「아시아 놀이1~국제 이해를 위한 세계의 놀이」, 포풀러사, 1998.
- 「일본 놀이~아이들에게 전하고 싶다. 아이들의 삶의 지혜와 풍부한 마음을 기리는 일본의 전승놀이」, 2013년 학동보육이나 소학교 선생님을 위한 교과서.
- 김혜정, 「초등교과서 전래놀이의 교육적 적절성 분석 정책 연구 최종보고서 자문자료 1」, 2020.
- 김지선, 「초등 교과서 전래놀이의 교육적 적절성 분석 정책 연구 최종 보고서 자문 자료 2」, 2020.
- 「소화17년 조선총독부 통계 년보」.
- 오성철, 「식민지 초등교육의 형성」 「서울 교육 과학사」.
- 「문부성내 교육사 편수회」 제10권, 1939.
- 「(조선 총독부 학무국 학무과편)朝鮮学事例規」, 경성: 조선교육회.
- 「조선 총독부 及所屬官署職員錄」 (1931~1941).
- 홍성철, 「유곽의 역사」, 페이퍼로드, 2007.
- 문성근, 「역사와 법&제도」, 2018.
- 전우용, 「전우용의 현대를 만든 물건들-유곽」, 한겨레, 2019.
- 한국학중앙연구원, 「일본군 위안부」, 「한국민족문화대백과사전」.
- ㈔한국민속학회, 2020, 「초등 교과서 전래 놀이의 교육적 적절성 분석 정책 연구 최종 보고서-한국, 일본, 중국등 문헌자료를 중심으로」.
- 이상호, 「전래놀이 101가지」, 사계절출판사, 1999.
- 무라야마 지준, 「조선의 향토 오락」, 조선총독부, 1941.
- 스튜어트 컬린, 「한국의 놀이」, 윤광복, 미국 컬럼비아 대학, 1895.
- 한성겸, 「재미있는 민속 놀이」, 금성청년출판사(북한), 1994.
- 이상호, 「한국 아동놀이의 지속과 변화」, 안동대학교대학원 민속학과. 민속학전공 문학박사 학위 논문, 2018.
- 좌혜경·홍양자, 「일본 전래동요(와라베우타) 연구」, 민속원, 1997.

15 말타기

초등학교 교과서 속 일본놀이

15 말타기

　말타기는 말을 만들어 타는 놀이이다. 최소 인원이 4명 이상이어야 하고 최대 20여 명이 놀 수도 있다.
　가장 먼저 두 편으로 나누어 가위바위보를 하여, 이긴 편은 말을 타는 쪽이고 진 편은 말이 된다.
　진 편이 말을 만들 때, 몸이 허약한 사람은 맨 앞에 세워 '마부'라 부르고, 마부의 가랑이에 머리를 넣고 두 손으로 앞의 사람 정강이를 잡는다. 다른 사람들도 차례로 앞사람의 엉덩이에 머리를 끼고 양손으로 정강이를 잡아 튼튼한 말이 된다. 이때 키가 가장 큰 사람은 맨 뒤에 배치하고, 올라탈 사람들이 가장 많이 몰리는 칸에 튼튼한 사람을 배치한다.
　이긴 편은 한 명씩 뛰어가 맨 뒤의 말 엉덩이를 잡고 안쪽으로 날아 깊숙이 자리를 잡는다. 그러면 다음 사람이 뛰어 같은 방법으로 올라탄다. 모두가 올라타면, 맨 앞의 사람과 말의 마부가 가위바위보를 하여, 이긴 쪽이 말을 타고 진 쪽은 말을 만든다.

　말을 타는 도중 미끄러지거나 다리가 땅에 닿으면 실격이 되고, 말이 무너지면 또한 실격이 되어 역할을 바꾼다.
　맨 뒤에 있는 말은 말을 쉽게 타지 못하게 상대가 타려고 달려올 때, 살짝 옆으로 비켜나거나 말을 다 탔을 때 흔들어 떨어지게도 한다.

충청도에서는 '말뚝박기'라도고 부르는데, 이는 앞사람의 가랑이에 머리를 넣어 말을 만들기에 붙인 이름이다.

이 놀이에 대한 가장 오래된 기록은 1895년 미국의 스튜어트 컬린이 쓴 「한국의 놀이」이며, 다음과 같이 기록되어 있다.

22. 양반 놀음 : 말타기
Nobleman Play

한 소년이 등을 구부리고 다른 두 소년이 각각 양쪽에서 서로의 한쪽 손을 잡은 다음, 네 번째 소년이 등에 올라탄다.
비슷한 놀이가 일본의 남자아이들 사이에서도 매우 인기가 있다. 한 명이 등을 구부리고 그 앞에 있는 다른 소년의 허리띠를 잡으면 세 번째 소년이 올라탄다. 올라탄 사람을 '다이쇼大將'라 부른다. 그 놀이는 양편의 두 기수騎手들이 서로 끌어내리려는 시합이다.

위의 내용을 잘 분석하여 보면, 우선 책의 성격이 「한국의 놀이」이다.
당시 한국은 대한제국 시대이고 이 책은 1893년에 한국의 외교관인 박영규에게 한국의 놀이에 대한 정보를 얻어 실었고, 이어 부제목이 '유사한 중국·일본의 놀이와 비교하여'라고 하였다. 그러니 한국이 우선이고 중국과 일본을 한국 놀이에 참고할 수 있는 자료로 넣었다는 뜻이다.
그러나 실제로 이 책을 집필한 스튜어트 컬린은 한국에는 한 번도 와본 적이 없고 중국과 일본은 직접 가서 자료를 수집하였으니 우리나라 자료보다 일본 자료가 더 현실성이 있을 수도 있다.

위의 말타기 제목은 '양반 놀음'이다. 그러니까 양반이 말타기 하는 놀이라는 뜻이다. 양반이 말을 탈 때에는 양쪽에서 손을 잡아준다. 말에 무사히 올라타면 말을 끌고 앞으로 간다.

이 당시만 해도 말을 타고 놀 수 있는 신분이 주로 양반들이기 때문에 이렇게 말한 것 같다. 그러니 오늘날 말타기 놀이와는 거리가 멀어 보인다. 이곳에서 같은 것은 말 등에 올라탄다는 것 하나이다.

그것도 양쪽에서 손을 잡아야 탈 수 있는 고귀한 신분이기에 이것은 단순히 말에 올라타는 행위이다.

반면, 이와 유사한 놀이라며 일본 남자아이들의 말타기 놀이를 소개하였는데, 오늘날 아이들이 노는 말타기 놀이와 흡사하다.

이것으로 보아 이름은 '말타기 놀이'이지만, 당시 한국에서는 오늘날 노는 말타기가 시작되지 않았고 비슷하지만 단순히 말을 타는 놀이이며, 일본 남자아이들이 노는 말타기 놀이는 오늘날 우리나라 아이들이 노는 말타기 놀이와 놀이 방법이 같으니 일본에서는 이때 이미 말타기 놀이를 하고 있었다는 것을 알 수 있다.

일제의 한일 합병 이후 일제강점기가 시작되고 시간이 흐른 1936년 조선총독부가 무라야마 지준을 내세워 「조선의 향토오락」을 조사하게끔 하였다. 5년 동안 조사한 내용을 1941년 책으로 엮었는데 그것이 「조선의 향토오락」이다.

이곳에는 말타기가 11군데에서 조사되어 수록되어 있는데, 놀이의 노는 방법이 두 가지로 나뉜다. 하나는 사람 등에 올라타는 말타기 놀이이고 또 하나는 말을 타는 게 아니라 잃어버린 말을 찾는 놀이이다.

사람 등에 올라타는 말은 충청북도 괴산과 전라북도 부안, 평안남도 강동 그리고 평안남도 개천 지방의 4곳이고 나머지 7군데는 잃어버린 말을 찾는 놀이이다. 이것을 정리하면 다음과 같다.

충청북도 괴산
말타기, 수시, 어린이

〈놀이법〉 한 사람이 등을 구부려 말 모양을 만들면, 다른 사람이 뛰어 이 말에 탄다. 떨어지지 않고 제대로 타면 계속 말을 타게 되며, 타지 못하면 대신 말이 되어야 한다.

전라북도 부안
말타기 놀이, 수시, 어린이

〈놀이법〉 가위바위보에서 먼저 진 사람을 말로 삼고, 그다음에 진 사람을 마부로 삼는다. 또 말 탄 사람은 눈을 가리운 채 머리를 마부의 겨드랑이에 끼고 있는 말 등에 올라탄다. 이때 말을 타거나 내리려 하는 사람을 발로 차는데 그 말의 발에 차인 사람이 다음번 말이 된다. 또한 이제까지 말이었던 사람은 마부가 된다.

평안남도 강동
말타기농 노루기, 수시, 남자 어린이

〈놀이법〉 양편으로 나뉘어, 가위바위보를 해서 진편부터 말이 되어 말 주인 밑에 허리를 굽히고 머리를 박고 늘어서면, 이긴 편 사람들은 순서대로 여기에 올라탄다. 만약 말을 탈 때에 말에게 차이면 실격이 되어 말이 바뀌게 된다.

평안남도 개천
말타기 놀이, 봄, 어린이

〈놀이법〉 모인 사람들이 교대로 말과 마부와 손님이 된다. 마부가 말에 손님을 태운다. 말은 손님을 차올려 손님이 채이면 그 손님이 대신 말이 되고 말을 마부로, 마부는 손님으로 바뀌게 되며, 같은 방법으로 반복하며 논다.

위의 내용에서는 충북 음성의 말타기는 마부가 빠졌지만 말타기 놀이와 같은 것이고, 전북 부안의 말타기는 말·마부·말 탄 사람으로 나누어 놀이를 한다. 평남 강동은 오늘날 말타기와 같은 방법이며 평남 개천의 말타기는 말과 마부와 손님으로 나누지만 오늘날 말타기와 유사하다.

이렇게 네 지역에서 조사된 말타기는 1895년 미국의 스튜어트 컬린이 쓴 「한국의 놀이」에 수록된 일본 남자아이들 말타기 놀이와 같은 놀이이다. 나머지 일곱 군데 말놀이는 다음과 같은 놀이이다.

강원도 양구

말놀이, 수시, 어린이

〈놀이법〉 큰아이부터 순서대로 일렬로 늘어서서 말이라 한다.

이때 어떤 사람이 말 한 마리를 데려와 길가에 세워놓고 음식점에 들어간다. 이 말은 마구간에 들어가 작물을 먹는다.

이를 본 많은 다른 말들은 이 말을 데리고 가서 자신들의 친구로 삼아 줄의 끄트머리에 세워둔다. 말들은 자기 앞에 있는 말의 허리춤을 꼭 쥐고 있다.

이때 그 말의 주인이 나온다. 자기 말이 없어졌음을 알고 자기 말이 여기 있느냐고 다른 말에게 물어본다. 그러나 그 말들은 본 적이 없다고 대답한다. 말 주인은 한참 찾던 끝에 자신의 말을 발견하고 말을 데리고 가려 한다.

그러면 선두의 말은 말을 빼앗기지 않으려고 말을 찾아가려고 하는 말 주인을 방해한다. 말 주인은 그 말을 잡을 때까지 계속 쫓아다닌다.

위의 내용을 보면 '말타기' 보다는 '말 찾기 놀이' 라고 붙여야 적당한데, 같은 내용임에도 놀이의 이름이 다르다. 그래서 경기도 광주 '말타기', 경기도 가평 '말놀이', 경기도 진위 '말놀이', 경기도 수원 '말놀이', 충청도 천안 '말 잡기', 강원도 양구 '말놀이', 강원도 홍천 '말타기' 라고 하였다.
그러나 이 놀이는 지금의 말타기와 전혀 다른 놀이이다.

일본에서 '말타기' 의 자료는 1895년 미국의 스튜어트 컬린이 쓴 「한국의 놀이 유사한 중국·일본의 놀이와 비교하여」에 수록된 말타기와 스즈끼 도시의 「소화 昭和 어린이 250경」이 있다.
이 책은 1977년~1979년 일본 요미우리신문에 스즈끼 도시가 연재한 「소화 아이들 풍토기」라 하여 소화 昭和, 즉, 1927년부터 일본 아이들이 놀았던 놀이를 그림과 설명을 곁들여 설명한 것을 묶어 1995년에 붕흥사 朋興社 에서 발행한 것이다.
이곳에는 말타기가 두 가지 수록되어 있는데 다음과 같다.

말뚀기

말의 키는 점점 높아진다. 편도우편이나 왕복우편 등 울트라C를 겨룬 것이다.

동마

머리를 앞쪽 동료의 가랑이에 넣고, 단단히 양발을 잡는다. 말이 무너질지, 위에 탄 꼬마가 떨어질지, 끈기 겨루기이다. 동마는 겨울 스포츠의 꽃이었다.

두 그림 중 아래 동마胴馬가 오늘날 아이들이 노는 말타기와 같은 놀이이다. 그림만 보면 우리 아이들이 노는 모습과 똑같다.

일본에서 태어나 오사카大阪에 있는 재일 한국인 학교의 음악교사를 했던 놀이·노래 연구가 홍양자가 집필한 「우리 놀이와 노래를 찾아서」에 말타기가 수록되어 있는데 그 내용은 다음과 같다.

말타기

말타기 놀이는 두 가지 종류가 있다.
 하나는 여러 사람이 말이 되어 말 등에 타는, 일반적으로 말타기라고 불리는 놀이로, 제주도에서는 '갯씨만보'라고 한다.
 다른 하나는 한 사람이 말이 되어 그 말을 다른 사람이 뛰어 넘어가는 놀이로서 '하이씨 당나귀'라고 불리고 있다.
 일본에서는 말 등에 타는 것을 '난폭한 말じゃじゃ馬' 또는 '말타기馬乗り'라고 하고, 말을 뛰어 넘기는 것은 '등을 뛰어넘는 놀이우마토비'라고 한다.

가. 갯씨만보

 편 가르기를 하여 두 조로 나누고 먼저 공격을 받는 조가 말이 된다.
 한 사람이 나무나 벽에 기댄 채 다리를 벌리고 선다. 다음 사람은 앞사람의 가랑이에 머리를 넣고 엎드려서 앞사람의 허리를 붙잡는다. 사람이 많으면 긴 말이 된다.
 말을 타는 조는 한 사람씩 뒤에서 달려와 말 등에 올라탄다. 다 올라타면 마지막에 탄 사람이 말의 엉덩이를 때리면서 "갯씨만보"라고 소리친다. 그러면 서 있는 사람과 맨 앞에 탄 사람이 가위·바위·보를 한다.
 말이 된 조가 이기면 공격을 바꾼다. 만약 공격하는 조가 모두 타기 전에 말이 주저앉으면 다시 말이 되어야 한다.

나. 하이씨 당나귀

 가위·바위·보를 하여 이긴 사람이 대장이 되고 끝까지 진 사람이 말이 된다. 맨 먼저 대장이 말을 뛰어넘는다. 말타기를 시작할 때 "하이씨 당나귀"라고 하면서 말의 엉덩이를 세 번 때리고 말을 뛰어넘는다.
 그러면 다른 사람도 대장을 따라 한다. 그다음부터는 대장이 말을 뛰어넘을 때

대사를 말하는데, 다른 사람은 반드시 대장이 말하는 대로 하면서 뛰어넘어야 한다. 그때 말을 뛰어넘지 못하거나 대장이 하는 대로 따라 하지 못하면 그 사람이 다음 말이 된다.

대장이 하는 말 속에 "아카코지키빨간거지", "바쿠탄폭탄"이라는 일본 말이 있었다. 아이들은 그 말이 무슨 뜻인지도 모르고 쓰고 있었다. 다만 옛날부터 내려온 말이라서 그렇게 따라 해왔다는 것이다.
제목 중 '하이씨'라는 말도 일본 말이다. 말을 타는 사람이 말을 빨리 달리기 위해서 말의 엉덩이를 때리면서 하는 말이다.

1919년에 발간된 최초의 문부성文部省 창가인 「심상소학독본창가」에 수록된 곡 가운데 "하이씨 하이씨 아유메코 코우마이랴~ 이랴~ 걸어가라 망아지"라는 노래도 있는 걸로 미루어 이 말은 일제 강점기의 학교 교육에서 영향을 받았을 것이라고 짐작된다.

1987년 일본에서 오쿠나리 다쓰가 글을 쓰고 나가타 하루미가 그린 「놀이도감」이 있다.
이곳에는 일본의 화초 놀이, 야외놀이, 자연에서 논다, 전승 놀이, 만들며 논다 등 다섯 단락으로 나누어 놀이 책을 만들었는데, 이중 야외놀이에 말타기에는 말 등 타기가 수록되어 있다.

이 책에서 말과 관련된 놀이로는 기마전, 말 뛰어넘기, 허수아비, 등대 서기, 말 등 타기, 야생마, 앞 못 보는 말 등 7가지가 수록되어 있다. 이중 우리에게 익숙한 것은 기마전과 말 등 타기이다.
'기마전'은 주로 운동회 때 고학년 어린이들이 청군 백군으로 나뉘어

머리에 모자를 돌려쓰고 신호를 보내면 서로 싸우는데 말이 부서지거나 기수가 모자를 뺏기면 실격이 되어 그 자리에 앉아 있거나 밖으로 나온다. 또 눈에 익은 것이 '말 등 타기'인데, 지금 우리나라 어린이가 노는 방법과 똑같다.

　이 책은 1991년 김○○이 번역하여 진선출판사에서 1999년까지 10쇄 발행하여 우리나라에서 아주 많은 양이 판매되었다.
　그런데 염려스러운 것은 이 책은 분명 일본에서 발간한 일본의 놀이도감인데, 1991년 김○○이 번역한 한국 책에는 마치 한국의 놀이도감을 읽는 것과 같은 기분이 들게 한다.

　그는 책머리에 '이 책에 실린 놀이는 우리나라 실정에 맞게 바꾼 것입니다.'라고 하고 일본 색이 짙은 놀이는 제외하고 다른 놀이나 그림으로 바꾸었다.
　속표지의 그림에서 일본의 대표 연鳶인 오징어 연을 빼고 우리나라 대표 연인 방패연을 넣었다. 연꽃 만들기에서는 일본 단지를 빼고 우리나라 단지로 바꾸었으며, 성냥개비 놀이는 일본 글자를 빼고 형상만 넣었으며, 야외놀이에서는 일본식 야구놀이는 모두 뺏으며 줄넘기 설명은 전혀 다르다.
　화초 놀이의 풀로 일본 인형을 만드는 것은 모두 뺏다. 기모노, 사무라이 등이 그에 해당되며, 전승 놀이에서는 일본의 그림 딱지를 우리나라의 접는 딱지로, 일본 열도 놀이를 모두 빼고 이곳에 자치기를 넣었으며, 일본 팽이를 빼고 또한 일본식 못 치기, 오자미, 일본 공기, 알까기, 공치기를 빼고, 제기차기, 윷놀이, 고누, 산가지 놀이로 바꾸었다. 그뿐만 아니라 일본의 대표 놀이인 그림 그리기, 쎄쎄쎄, 일본제기를 삭제했다.
　만들며 논다 에서는 사무라이 모자, 일본 모자, 일본 옷은 삭제하고 대신 우리 전통 저고리, 치마를 넣었다.

  일본 놀이책에서 일본을 상징하는 것은 모두 빼고 대신 그 자리에 우리 것을 넣었으니, 이것이 일본 놀이책 번역인지 우리 전통놀이 책을 만들었는지 애매한, 말 그대로 국적 없는 책인데, 이것이 8년 동안 10회 인쇄할 정도로 많은 양이 한국에서 팔려나간 것이다.
  이 책은 결국 유명한 놀이학자가 표절 시비에 말려 그가 집필한 책자가 폐간 처리를 당하는 불행을 낳았다.

  여기에 수록된 말타기 놀이 중 우리에게 가장 익숙한 놀이 두 가지를 소개하면 다음과 같다.

기마전

〈놀이 방법〉

4인 1조입니다.
조가 많을수록 즐겁죠.
각 조 3명에서 말을 만듭니다. 말은 한 명이 앞, 두 명이 뒤가 되고 팔을 이용해서 말을 만듭니다.
위에 올라간 사람끼리 싸워 상대를 떨어뜨린 조가 이기는 거예요.
마지막까지 남은 조가 우승이에요.
서로 떨어뜨릴 뿐만 아니라 홍백으로 나뉘어서 모자나 머리띠를 서로 떼어내는 방식도 있습니다.

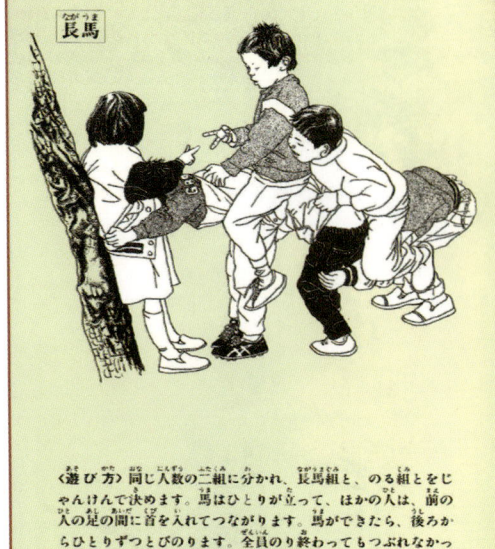

장마 長馬

〈놀이 방법〉

같은 인원의 두 조로 나뉘어서, 장마 조와 탈 조를 가위바위보로 정합니다.
말은 한 명이 서고 다른 사람은 앞사람의 다리 사이에 목을 넣고 이어집니다. 말이 생기면 뒤에서 한 명씩 뛰어올라요.
다 타고도 안 뭉개지면, 서 있는 사람과 선두에 타고 있는 사람이 가위바위보를 합니다. 이기는 쪽이 타는 조가 됩니다.
중간에 말에서 떨어진 사람이 있으면 탄 조가 말이 되고 말이 뭉개지면 다시 처음부터 시작입니다.

▲ 오쿠나리 다쓰 글, 나가타 하루미 그림, 「놀이도감」, p.113, p.117

정리하면 말타기 놀이는 일본에서 1895년 이전부터 놀았던 놀이이며, 일본식 말타기가 우리나라에 들어온 것은 일제강점기 즉 1936년 이전에 들어와서 전국으로 퍼졌으며, 지금도 일본식 말타기 놀이는 일명 '말뚝박기'라는 이름으로 교과서뿐 아니라 국립민속박물관에서 2015년에 발행한 「한국민속예술사전」에도 수록 되어있다.

| 참고문헌 |

- 스튜어트 컬린, 「한국의 놀이 유사한 중국·일본의 놀이와 비교하여(1895)」, 윤광복(역), 열화당, 2003.
- 무라야마 지준, 「조선의 향토 오락(1941, 조선총독부)」, 박전열(역), 집문당, 1992.
- 스즈끼 도시, 「소화(昭和) 어린이 250경」, 朋興社, 1995.
  「소화(昭和) 어린이 풍토기」 1977~1979년 일본 요미우리신문 연재
- 오쿠나리 다쓰 글, 나가타 하루미 그림, 「놀이도감 언제·어디서·누구나 (遊び 図鑑 ~いつでもどこでもだれとでも~)」, 福音館書店, 1987.
- 오쿠나리 다쓰 글, 나가타 하루미 그림, 「놀이도감 언제·어디서·누구나(1987)」, 김창원 옮김, 진선출판사, 1991.
- 홍양자, 「빼앗긴 정서 빼앗긴 문화」, 다림, 1997.
- 홍양자, 「우리 놀이와 노래를 찾아서」, 다림, 2000.
- 국립민속박물관, 「한국민속예술사전」, 2015.

16 가을 운동회 청군 백군

초등학교 교과서 속 일본놀이

16
가을 운동회 청군 백군

40년 전 국민학교를 다닌 사람들에게 가장 큰 추억을 이야기 하라면 첫 번째가 가을 운동회일 것이다.

운동회를 하려면, 한 달 전부터 운동회 연습을 했다. 남자들은 곤봉체조, 여자들은 부채춤을 단체 종목으로 준비했고, 남녀가 같이 하는 포크댄스도 있었는데, 서로 손을 잡지 않으려고 나뭇가지를 꺾어 잡은 적도 있었다.

그 당시 운동회는 청군과 백군으로 나누어 등용문에 집결해 있다가 나와 국민체조를 한 다음 등용문으로 나가 청군 백군으로 나누어 앉아 응원을 하고, 저학년에서 고학년까지 100m 달리기, 또 청군과 백군의 이어달리기, 참석한 마을 대표자 달리기 등 달리기가 시작될 때마다 사람들은 탄성을 질렀다.

2인3각, 낚시, 손님 모시기, 줄다리기, 기마전 등을 진행하다 청군 백군이 모두 나와 박 터트리기를 한다. 청군은 백색 박을 터트리고 백군은 청색 박을 터트리는데, 오자미를 던져 터트린다.

이때, 박이 터지면 박 속에서 오색 색지와 함께 나오는 것이 '점심시간'이라는 글귀였다. 즉 박 터트리기가 끝나면 점심시간이란 뜻이다.

운동회는 주로 추석 다음날 개최한다.

이는 추석에 일가친척이 다 모여 차례를 지내고 다음 날 학교에 가서 운동회를 보고 각자 떠나기 때문에 사람이 제일 많이 올 수 있는 날짜가 추석 다음날이고, 먹을 것도 풍성하기에 운동회는 마을에서 가장 큰 축제이다.

여기서 다음 세 가지를 생각해보자.
첫째 : 운동회는 언제부터 했을까?
둘째 : 왜 청군 백군으로 나누는가?
셋째 : 오자미로 박 터트리기는 왜 하는가?

먼저 '운동회는 언제부터 하였을까?' 이다.

우리나라에 운동회가 처음 시작한 것은 개화기 시대 서양에서 근대식 학교가 우리나라에 들어와 서양식 교육이 시작한 것에서 유래한다.

첫 번째 학교는 1885년 고종 22년 8월 3일 미국의 북감리회北監理會 선교부 선교사 아펜젤러Appenzeller.H.G.가 세운 우리나라 최초로 외국인이 설립한 근대적 사학私學으로 1896년 4월 25일 배재학당 화류회가 열렸다. 당시 운동회를 '화류회'라 불렀다.

이어 1895년 대한제국 고종의 칙령에 따라 설립된 외국어 학교는 분과별로 가르치다 각각의 외국어 학교가 차례로 독립하여 분리되었다.

설립 초기인 1895년에 관립 한성 영어학교와 관립 한성 일어학교, 관립 한성 한어학교가 독립하였고, 이듬해 1896년에는 러시아어를 가르치는 관립한성아어학교官立漢城外國語學校가 개교했다.

이때, 1896년 5월 2일 동소문 밖 삼성평에서 관립 한성 영어학교가 최초의 운동회인 화류회를 하였다는 내용이 독립신문 1896년 5월 5일 자에 보도되었다.

영어학교 운동회인 화류회 내용은 다음과 같다.

우리나라 운동회는 1896년 5월 2일 동소문 밖 삼선평현 삼선교에서 당시 영어학교 학생들에 의해 처음으로 시작되었다. 당시는 운동회라 하지 않고 '화류회'라 했는데 영국인 교사 허치슨과 핼리 팩스에 의해 진행되었다.
 당시 신문 기사를 보면, 조정의 대신들 모두와 각국 공사 등 내외 고관 신사가 모두 참석했으며, 운동장 둘레에 붉은 깃발을, 입구와 대청에는 만국기를 나부끼게 하는 가운데 영어학교 학생들의 매스 게임으로 개막되었음을 알 수 있다.

 영국 공사의 서기관인 월니스가 진행을, 허치슨이 심판을, 핼리 팩스가 기록을 담당하였고, 종목은 3백 보 경주, 대포알 던지기, 멀리 뛰기, 높이 뛰기 등 육상 경기가 베풀어졌다.
 그중 인기를 끌었던 것은 20필의 당나귀를 타고 달린 당나귀 경주였다.
 이렇게 경기가 끝나면 영국 총영사 부인이 입상자를 호명, 갈채 속에 상품을 수여했는데, 상해로부터 사온 은시계, 시곗줄, 장갑, 은병, 주머니칼, 명함갑 등 외국 제품들이었다.
 시상이 끝나고 황제 폐하를 위한 만세 삼창, 학교 선생님들을 위한 천세 삼창을 부르고 화류회를 끝냈다.

 개화기 운동회에서의 달리기 출발 신호는 낭만적이었다.
 검은 우산을 받쳐 들고 "제자리에 서옵시오." 하고 준비 동작을 시킨 다음 우산을 아래로 잡아 내리면 일제히 달려 나갔던 것이다.
 모두가 양반 자제들이라 경어를 쓰지 않을 수 없었을 것이다.

운동 종목의 명칭도 시적으로 문장화 하고 있었다.

장대 높이 뛰기를 잠자리가 나부낀다는 뜻인 '청령번풍淸嶺飜風'이라 했고, 한쪽 발 뜀질 경주를 백로가 미꾸라지 찾듯 한다 하여 '백로채추白鷺採鰌', 세 발 뛰기를 토끼가 달에서 뛰듯 한다 하여 '옥토약월玉兔躍月'이라 하여 한국인의 정서주의가 외래 스포츠까지 주체화 시키고 있었다.

어전 운동회라 하여 고종 황제 앞에 학생들이 가서 병식체조와 도수체조 등 매스게임을 베푸는 전통도 있었다. 여학생들도 여전 매스게임을 하였는데, 반소매 차림에 팔뚝이 드러나 보였던지 떼 지어 속살을 드러내서 황제를 현혹시키려 했다고 보수파 인사들은 격분하였다.

- 개화기 운동회(화류회和硫會)의 모습

운동회에 만국기가 빠지면 분위기가 나지 않는다. 세계 여러나라의 국기를 만국기라 부른 것은 1889년 프랑스 파리에서 열린 박람회를 '만국박람회' 라 불렀기 때문이다. 구스타프 에펠이 에펠탑을 선보이면서 줄에다 전등과 세계 여러 나라 국기를 걸어서 야경을 밝혔다. 이때부터 만국기라 불렀다.

이어서 구한말 운동회의 개최 현황을 보면, 1900년도까지는 서울에 있는 학교에서 개최되었고, 1905년까지는 개최 내용이 없으며, 1906년에 14곳, 1907년에는 24곳, 1908년에는 65곳, 학교로 가장 많으면서 전국으로 분포하여 가장 활발하게 진행되다가 1909년에는 15곳, 1910년에는 22곳에서 진행했다.

이때 운동회는 달리기, 공 던지기, 대포알 던지기, 멀리 뛰기, 높이 뛰기, 2인3각, 당나귀 타고 달리기, 줄다리기, 방울 던져 맞추기, 씨름, 활쏘기 등이 주 종목이었다.

이때는 운동회에 황제와 황후가 관심을 갖고 관람을 한 기록이 많다. 그러니까 이때의 운동회는 학생 위주가 아니라 황제와 정부 고위 관료, 구경꾼, 가족에게 보여주기 위한 행사였다.

이때 운동회 때 불렀던 노래는 애국가, 국채보상가, 독립군가 등 주로 국권 회복의 내용이 주가 되었으며, 충군애국忠君愛國의 사상 고취를 위한 응원가가 대부분이었다.
운동회는 한 학교에서 열리는 것이 아니라 서너 개의 학교가 아니면, 같은 지역의 학교가 한 자리에 모여 연합으로 개최하였다.
황제는 직접 운동회에 참여하지 않을 시에는 칙서와 함께 하사금을 내렸으며, 하사금은 보통 100원에서 300원 사이의 금액을 내렸다.

이때 연합운동회가 민족주의적 성격을 강하게 띠기 시작하자 일본은 운동회에 대한 탄압의 형태로, 운동회의 개최 횟수를 춘추 2회로 한정하고 운동회 개최 범위도 1군 내지 2개 군을 넘지 않도록 규제하기 시작했다.

한편, 일본의 경우 최초의 운동회는 1874년 도쿄 쓰키지의 해군 학교 기숙사에서 개최된 '경투유희회競鬪遊戲会'로 알려져 있다.
경투유희회는 해군 학교의 영국화가 진행되는 가운데 1874년 2월 더글라스로부터 "영국에는 Athletic Sports라는 게 있어 여러 경기를 치르는데 체육과 레크리에이션이 될 만한 것이기에 이를 실시했으면 좋겠다."라는 신청에서 시작되었다.

이에 영문 프로그램을 일본어로 옮겨야 했는데, 이게 큰 문제였다.

먼저 세 명의 외국인 교관과 일본학과 중국학을 가르치는 세 명의 동양학 교관들이 협의하여 '애슬래틱 스포츠'를 '경투유희'로 번역하게 되었다.

1880년대 후반부터 90년대 전반에 걸쳐 보급되었던 운동회는 아직 '소풍'이나 '행군'과 완전히 구별할 수 없었다.

당시 운동회를 열었던 장소는 대부분 학교 밖 바닷가나 강변 둔치, 언덕배기, 신사의 경내였으며, 내용도 행진을 중심으로 한 '소풍놀이'에 불과했다.

일본에서 운동회의 초기 모습은 일본에서 일찍이 해오던 '데라코야寺子屋, 에도시대 세워진 서민 교육 기관'의 스승들이 학동과 함께 고텐야마御殿山의 꽃놀이 '하나미花見'를 하거나 샤미센 선생이 제자들을 데리코 무코지마向島의 벚꽃을 즐기며 술래잡기, 공차기 등 여러 가지 놀이로 하루를 즐겼다는 사실과 크게 다른 바가 없기 때문이다.

즉 놀이의 몸짓에는 다소의 변화가 있었으나 본질은 같다.

이때, 우리나라에서는 일본의 '하나미花見'를 들여와 '화류회'라는 명칭으로 부른 것 같다. 그 후 우리나라는 '화류회'라는 말이 부정적인 방향으로 흘러 학동이 아닌 기생을 데리고 질펀하게 노는 행사로 변질되었다.

1910년 관찰사가 각 부윤과 군수에게 보낸 훈령에서 연합운동회 개최에 대하여 엄중 경고하며 단독 개최를 하도록 하고 하루 만에 마치도록 하는 것으로 보아, 일제의 조선 운동회 탄압이 시작되었음을 알 수 있다.

1900년대 일본에서는 운동회가 화려해지는 것을 경계하는 훈시와 통달을 내린다.

아동들이 성대하게 입고 화려하게 차리는데 경쟁하고, 설비와 접대 등에 많은 비용을 들이며, 상을 수여하는데 충당하기 위해 기부 및 물품을 필요로 하며, 평소 교양 있는 교육적 운동 외에 일시적으로 타인의 쾌감을 도모하는 경기를 연기하는 식의 교육상 지대한 폐습이 있다고 하였다.

운동회 직전의 10일 내지 20일간은 거의 수업을 방기하면서 개최 준비를 하는 점, 아동의 운동 능력을 고려하지 않고 분별없이 기발한 경기를 고안해 관객의 환심을 얻으려고 하는 점, 아동한테 빠짐없이 멋진 복장을 입히려고 하는 점, 아동에게 운동회 운영비의 기부를 강요한 점, 운동회 중 아동의 행동과 의식 상태에 대한 주의가 불충분한 점, 운동회 다음날 휴교를 하는 학교가 있는 점, 운동회를 마친 후 수일간은 교사도 아동도 맥이 빠진 듯한 상태가 되고 마는 점을 들었다.

이때, 일본에서는 향후 5년 안에 '체조장'을 모두 설비하게끔 규정을 정해서 각 소학교는 널찍한 체조장을 갖게 된다. 이것은 일본이나 한국이나 한 학교에서 열리는 운동회를 학교 교정에서 열 수 있도록 하기 위한 조치이다.

1919년도 각 기관 학생 수의 상대적 비중을 보면 서당이 70.5%, 보통학교 20.6%, 사립 각종 학교 8.9%이다.

시당과 보통학교의 비중은 증가한 반면, 각종 사립학교의 비중은 대폭 줄어들고 보통학교 학생 수는 1919년을 기점으로 빠른 속도로 증가하기 시작하였다.

1915년에 15만 명대로 증가하였으며, 1922년에는 20만 명대로, 1923년에는 30만 명대로 서당의 학생 수와 역전이 되었다. 1932년 완만한 증가 추세를 보이다가 1933년부터 급증하였다. 1942년의 보통학교 학생 수는 1,779,661명으로 1911년에 비해 약 55배 증가하였다. (한국교육개발원, 1997, p.33)

식민지 초기에는 대부분의 남학생들은 두루마기에 한복을 입었다. 그러나

모자는 반드시 지정된 것을 착용해야 했다. 학교에 따라서는 구두를 지정하는 곳도 있었다. 이 시절 교사들은 제복에 패검까지 한 위압적인 복장을 착용하였다.

 3·1 운동 이후 중등학생들은 모자와 양복 스타일의 동복과 하복 두 종류의 교복을 제정하여 반드시 착용하여야 했다. 1936년 이후 교련 사열이 시작되면서 교련모와 교련복이 교복을 대신하였다.

 여학생도 교복이 있었는데 대체로 세일러복 양식의 상의와 치마로 된 교복을 입었다. 그러나 1942년 전쟁 막바지에는 여학생들의 치마 교복은 이른바 '몸뻬 - もんぺ'[1] 바지로 바뀌었다. (한국교육개발원, 1997, p298)

 '여성의 국민복'인 몸뻬는 에도시대 일본 동북지방 농촌에서 일할 때 입던 옷이다. 일제는 전시체제가 되면서 간단복과 몸뻬를 권장했다. 간단복은 서양식 의복이며, 몸뻬는 일본의 노동복이었다. 식민지 조선에 몸뻬가 언제 들어왔는지는 명확하지 않다. 처음에는 주로 방공防空 연습할 때 입었던 것으로 보인다.[2]

> 누구나 다 아는 바와 같이 몸뻬는 적의 공습이라는 비상시의 긴급한 경우를 위한 복장인 것이다. 적기는 결코 아무 날 아무 시에 가겠소 하고 미리미리 전갈을 하고 오지는 않는다. 그러므로 우리는 집안에 있다가도, 일터에서 일을 하다가도, 거리에 나왔더라도, 아무 때 어디서라도 졸지에 공습을 만날 수가 있는 것이요. 만나면 폭탄이 떨어질 경우에 대피를 하여야 하고, 소이탄이 떨어질 경우엔 즉시 달려들어 방화防火 활동을 하여야 하는 것이니, 이 경우에 활동을 민활하게 하기 위하여 여자의 실용적이요 간편한 몸차림으로서의 몸뻬인 것이다.
>   (채만식, 「몸뻬 시시비비」, 『반도지광』 1943년 7월)

1) 일제강점기, 1940년 전후 일본의 군국주의가 발악을 하던 일제 말기에 일본은 국민복 착용과 몸뻬 착용을 강요했다. 이때 전국에 보급된 몸뻬와 카키색 국민복은 마치 모든 국민의 필수복처럼 되어버렸다. (뜻도 모르고 자주 쓰는 우리말 어원 500가지, 2012. 1. 20., 이재운, 박숙희, 유동숙)
2) 송찬섭·최규진 공저, 「근현대 속의 한국」, 한국방송통신대학교출판문화원, 2012, p.49.

이때, '훈육'이라는 이름으로 한국에서는 대학생들이 머리를 짧게 하고 군복에 가까운 제복을 입고 다녔고 일본인 대학생들은 머리를 기르고 보통 사람들과 똑같은 복장을 하고 다녔던 것이다.

서양의 체육이 구한말 도입되었으나 일반화되지 못하고 있었으며, 식민지 시기에는 학교 교육을 통하여 확산되었다. 특히, 중등학교에서의 다양한 체육활동은 우리나라 체육계를 형성·주도하는 큰 힘이 되었다.

식민지 시기 중등학생들이 즐겨 하던 운동은 육상, 구기 종목을 망라하였다. 특히, 교내 운동부에서는 야구, 정구, 배구, 농구, 탁구, 축구, 수영, 스케이트, 육상, 기계체조, 검도, 유도부 등으로 구성되어 있었다.

체조 교육의 내용이 종래에는 유희, 병식체조, 보통체조였던 것이 여기에서는 체조, 교련, 유희로 구분되고 있다. 병식체조의 성격을 갖는 체육이 교련으로 독립된 교육내용을 구성하고 있는 것이다.

즉 사격, 산개, 돌격, 소·중대 교련, 집총, 정돈, 집행 등의 군사훈련이 독립된 교육 내용을 갖게 됨으로써 군사훈련이 갖는 국권 회복의 기초 양상이라는 성격이 없어지고 일본의 군국주의적 체육의 한 부문으로 전락하여 학교 체육에서의 민족주의적 성격이 박탈당하였다.

유희에서는 술래잡기, 도보경주, 기취경주, 기송경주 등 구한말의 운동회에서 행해지던 놀이가 계속 연장되는 모습이 보이지만, 다른 한편에서는 농구, 축구, 센터볼 등의 근대적 스포츠 경기가 도입되고 있었다. 또한 발표적 동작을 주로 하는 유희는 '도태랑桃太郎', '와권渦卷', '지리池鯉', '대화남자大和男子' 등 한국의 전통놀이가 아닌 일본의 놀이를 도입하여 가르쳤다.

일본은 태평양전쟁을 수행하기 위하여 1941년 3월 31일 국민학교령을 반포하여 전시동원 체제에 알맞게 학제를 개편하는데, 체조과의 명칭이 체련과로 변하였고 체육의 목적도 전쟁수행을 위한 황국신민의 양성에 두었다. 일본은 교련을 가장 강조하였다.

학교는 더 이상 공부하는 장소가 아니라 노역과 군사훈련을 하는 준병영으로 변하였으며, 이러한 변화는 바로 학교 체육의 군사 훈련화로 이어졌다.

전시체제에 돌입한 일제는 학생들에게는 전시 사상 교육을 행하기 위해 국체명징, 내선일체, 인고단련의 3개 강령을 제시하였고, 각종 체육대회도 폐지되었으며, 남자에게는 전기戰技 훈련, 특기 훈련이 강요되고, 여자에게는 전투력 향상 종목만이 행해져서 모든 체육이 전투 훈련화 되었다.

1933년 보통학교 운동회의 프로그램을 보면 다음과 같다.

저학년 운동회 종목

경쟁유희 - 열을 지어서 하는 경기
　　　　　기 뺏기, 귀신 놀이, 원형 릴레이 경기, 바꾸어 놓기 경쟁, 진 뺏기,
　　　　　줄다리기, 모자 뺏기, 줄넘기, 외다리 씨름, 메디신볼, 개구리 뛰기 등
창가유희 - 일장기, 기, 비들기, 도테랑, 안산자, 봄이 왔네, 기타
행진유희 - 소용돌이 행진, 십자형 행진, 뿌로넷, 보범연습, 세븐점프, 마운틴 마치,
　　　　　스케이팅, 구와도리루, 폴카, 미뉴에트, 기타
　　　　　　　　　임영무, 『한국 스포츠의 역사와 성격』 제10권 제11호, 2003, p.111

1945년 8월 15일 해방이 되자 정치·경제·사회·문화 등 모든 부문의 건설 과업은 민주주의를 기초로 새로운 전환기를 맞이한다.

그러나 해방이 가져다 준 것은 일본에서 벗어났을 뿐, 9월 8일 미군이 진주하고 12일 미군정 포고에 뒤이어 정당, 사회단체의 속출 등으로 좌우파의 대립이 극심하여 매우 혼란한 사회상을 드러내게 되었다.

한편 학교 운동회는 운동회 경비의 부족으로 인하여 운동 회비를 징수하였는데, 과다하게 걷고 그 쓰임새가 정확하지 않아 일반 시민에게 지탄의 대상이 되었다.

조선일보 1959년 10월 13일 기사이다.

여전히 거두는 잡부금

운동회 명목으로 이백환씩

주덕국민학교에서 운동회를 한다고 일천이백여 명의 아동으로부터 매인당 이백 환씩을 징수하는가 하면, 운동회날 운동장에서 음식 영업을 한 사람들로부터도 삼천 환씩을 강요 징수하여 학부형들은 물론 일반으로부터 비난을 듣고 있다.

즉, 중원군 주덕국민학교中原郡周德國民學校에서는 지난 구월 십팔일 체육회를 개최하였는데, 전교생 일천 이백여 명에게 일인당 이백환씩을 징수하고 음식 영업자에게는 삼천환씩을 징수하여 물의를 일으키고 있는데 관계자들은 다음과 같이 말하고 있다.

▲ 학부형 민씨 담學父兄閔氏談 = 다른 학교는 이렇게까지 안 해도 운동회를 잘 하는데, 특히 이 학교만이 운동 회비를 징수한다는 것은 말이 안 된다.

▲ 교사 이씨 담敎師李氏談 = 해마다 하던 운동회를 안 할 수도 없고 해서 부득이 징수했다.

위의 사건으로 인하여 학교에서 운동회가 사라지기 시작했다.
조선일보 1968년 10월 12일 기사이다.

대통령 내외 동심의 하루

◇…박정희 대통령 내외는 11일 장남 지만 군이 다니는 서울 사대師大 부속 국민학교 추계 운동대회를 참관.
용두동에 있는 사대師大 운동장에서 열린 이 대회에서 3학년에 재학 중인 지만 군은 베트콩 잡는 맹호와 공 깨뜨리기 등 단체 경기에 참가, 동급생들과 힘을 겨루었으나 성적은 좋지 않은 편.
이를 보고 있던 대통령 부인 육영수 여사는 "대통령이 보고 계셔서 지만이가 긴장한 나머지 성적을 올리지 못했다."면서 "얼마나 서운해 하겠느냐."고   (하략)

조선일보 1973년 5월 20일 기사이다.

◇ 박정희 대통령 내외는 19일 오전 장남 지만 군이 다니는 배문 중고교의 운동회에 나가 학부형으로서 한나절을 보냈다.

이는 대통령으로서, 학부형으로서 운동회에 참여하면서 운동회 중단사태에 대하여 나름대로 고심하면서 판단을 내려 1976년 9월 2일 정부-여당 연석회의에서 운동회 부활을 지시하기에 이른다.

조선일보 1976년 9월 4일 기사이다.

국민교國民校 운동회가 부활된다.
박 대통령 지시로 중지 1년 만에 … 곧 구체 협의

전국적으로 중단되었던 각 국민학교의 운동회가 부활하게 됐다.
박정희 대통령은 2일 정부-여당 연석회의에서 유정회가 건의한 국민학교 운동회 부활 문제에 대해 '국민학교 아동들의 체력을 향상시키고 지역 공동사회의 친목을 도모할 수 있는 국민학교 운동회를 부활시키도록 지시했다.'고 윤주영, 유정회 정책 연구실장이 전했다.
한편 문교부는 이러한 지침에 따라 운동회 실시의 구체적인 방안을 신중히 검토 중인 것으로 알려졌는데, 현재 국민학교 육성회비가 없어졌기 때문에 운동회를 개최하려면 소요경비를 학부모 등으로부터 거둬야 하는 등, 자칫하면 잡부금 부활의 부작용까지 예상되고 있어 미리 경비 염출과 한도액 등에 관해 감사원과 협의할 것으로 보인다.
국민학교 운동회는 지난 75년 이후 운동회비(3백 원) 징수가 부조리라는 사유로 중단 상태에 있었는데 ① 아동의 체력 향상과 지역사회 일체감 조성 ② 자라나는 어린이들의 추억을 만들 수 있는 기회 ③ 가을 농촌의 생기를 상징하는 축제 ④ 지역사회의 명랑화와 총화 단결 등을 위해 운동회는 부활돼야 한다는 여론이 높았다.

이때부터 문교부에서는 운동회 실시를 년 1회 의무화하고 운동회 경비를 교당 30만 원씩 지원하여 학교마다 운동회가 부활하였다.

1965년 서울의 국민학교 운동회 프로그램은 다음과 같다.

1. 준비체조 - 전교생
1. 달리기 경주 - 4학년 전체
2. 콩주머니 넣기오자미 - 1학년 전체
4. 달리기 경주 - 3학년 전체
5. 줄넘기 - 5, 6학년 여자
6. 시계점 - 2학년 전체
7. 달리기 - 1학년 전체
8. 1,000m 경주 - 5, 6학년 남자 선발
9. 작은 기의 올림픽 - 3학년 전체
10. 달리기 - 2학년 전체
11. 기마전 - 5, 6학년 남자
12. 동물들의 소풍 - 1학년 전체
13. 올림픽 서울 - 동창생
14. 지역대항릴레이 - 지역 선수
15. 청백대항릴레이 - 1, 2, 3학년 선수
16. 박 터트리기 - 전원
17. 점심시간
18. 달리기 - 6학년 전체
19. 보물찾기 경주 - 2학년 전체
20. 포오크 댄스 - 5학년 전체
21. 굴레 벗기 경주 - 3학년 전체
22. 어른 모셔오기 - 내빈, 학생
23. 청백대항릴레이 - 학년별 선수
24. 정리체조 - 전체

위의 프로그램은 보편적인 것이나 당시 사회상을 반영하는 종목도 상당수 있었다.

그 예로는 유신 달리기 · 새마을 릴레이 · 백마고지 · 정글을 헤치며 · 3군 계주 · 4군 계주 · 김일성 잡기 달리기 · 최후의 일각까지 · 적진 돌파 · 땅굴 폭파 · 안보 경기 · 유격 달리기 · 유신 과업 · 총력안보 · 소득 증대 · 풍년 · 민방위 운동 · 남북통일 · 부모 효도 · 질서 운동 등이 있다.

2000년대 들어서 운동회의 양상이 확 달라지기 시작한다.
2007년 10월 6일 조선일보 기사이다.

전래놀이 운동회

닭싸움, 사방치기, 비석치기, 딱지치기, 구슬치기, 공기놀이, 줄씨름, 굴렁쇠 굴리기, 산가지 놀이 ……(중략)……4일 오전 서울 구로동 구로남 초등학교 탁 트인 1천여 평 운동장에는 어린이들의 재미있는 웃음과 함성이 가을 하늘만큼이나 맑고 높다. 운동회 하면 금방 연상되는 큰 공 굴리기나 콩 주머니인 오자미로 박 터트리기, 꼭두각시 무용은 어디에도 없다. 대표 선수가 경주를 하고 나머지는 줄 맞춰 앉아 응원전을 벌이는 모습도 없다. 대신 운동장 곳곳에 설치된 부스에서는 여러 가지 체험을 할 수 있어 이곳저곳을 옮겨 다니며 재미있게 놀 뿐이다 ……(하략)……

시대에 따라 운동회가 학습 체험장으로 바뀐 것이다.

1980년대 이후 운동회에서 부르던 응원가이다.

승리야(산토끼)
- 승리야. 승리야. 어디를 가느냐. 깡충깡충 뛰면서 청군(백군)에게 간단다.
- 승리야. 승리야. 어디를 가느냐. 깡충깡충 뛰면서 청군(백군)에게 간단다.

자전거
- 따르릉 따르릉. 비켜나세요. 청군이 나갑니다. 따르르르릉.
  저기 가는 저 백군 조심하세요. 어물어물 하다가는 큰일납니다.
- 따르릉 따르릉. 전화왔어요. 청군이 이겼다고 전화왔어요.
  아니야. 아니야. 그건 거짓말. 백군이 이겼다고 전화왔어요.

짝짜꿍
- 청군 앞에서 하하하. 백군 앞에서 엉엉엉.

백군 한숨에 잠자고 청군 웃음꽃 피었다.

희망사항

- 청바지가 잘 어울리는 청군(백군). 밥을 많이 먹어도 배 안나오는 청군(백군)
  ~ 난 그런 청군(백군)이 좋더라. 난 그런 청군(백군)이 좋더라.

천하무적 청군 기사(천하무적 멍멍 기사)

- 우리는 천하무적 청군(백군) 기사. 늠름하고 당당한 청군(백군)
  뜻과 뜻을 모아 굳게 뭉쳤다. 충성스런 마음으로 하나 되어, 지혜와 용기로
  하나 되어. 태양처럼 빛나는 우리의 기사. 휘날리는 깃발 모자. 씩씩한 모습.
  청군(백군) 가는 길에 승리가 있고. 청군(백군) 가는 길에 평화가 있다.

붕붕붕

- 청청군(백백군). 아주 강한 선수들. 청군(백군) 선수들이 나간다.
  청청군(백백군). 백군(청군)과 맞서면 힘이 솟는 청군(백군) 선수들.
  승리 찾아, 영광 찾아 출전하는 우리 청군(백군). 우리도 함께 하지요.
  우리 청군(백군) 나가신다. 길을 비켜라. 우리 청군(백군) 나가신다. 길을 비켜라.
  랄랄랄라, 랄랄랄라. 귀여운 우리 청군(백군).
  승리와 함께 어렵고 험난한 길 헤쳐나간다. 희망과 사랑을 심어주면서.
  아하. 신나게 달린다. 귀여운 우리 선수들. 청군(백군)

서로서로 도와가며

- 청군과 백군 사이에 울타리는 있지만, 기쁜 일 슬픈 일 내 일처럼 여기고,
  서로서로 도와가며 한 집처럼 지내자. 우리는 한겨레다. 단군의 자손이다.

청군(백군) 이겼으면 (텔레비젼에 내가 나왔으면)

- 운동회에 청군(백군) 이겼으면 정말 좋겠네. 정말 좋겠네.

춤추고 노래하는 청군(백군) 선수들.
운동회에 청군(백군) 이겼으면 정말 좋겠네. 정말 좋겠네.

뽀뽀뽀

- 아빠가 응원해도 청군(백군)을. 엄마가 응원해도 청군(백군)을.
  아기가 응원해도 청군(백군)을. 우리 식구 응원하면 청군(백군)을.
  우리는 귀염둥이 청군(백군) 친구. 청군(백군) 청군(백군) 청군(백군) 최고.

전교조 충북지부 참교육 위원회, 1993, pp.16-17

위에서와 같이 운동회는 구한말에 시작하여 오늘날까지 오면서 많은 우여곡절을 낳았다.

여기에서 운동회가 갖고 있는 의미 중 일제강점기를 주목한다. 그것도 일본이 태평양 전쟁을 일으킨 시대, 즉 1941년을 기준으로 전쟁 전과 전쟁 후로 나누는데, 전쟁 전의 운동회는 우리의 전통놀이가 살아있다면 전쟁 후는 일제의 탄압으로 인하여 우리의 것은 사라지고 일본 것이 그 자리를 차지했다.

그것이 해방이 되고도 그대로 이어져 오늘에 이른 것이다.

우리나라에서 운동회 하면 구한말 영어학교 운동회보다 일본이 만든 근대식 학교에서 교육 하였던 국민학교, 즉 오늘날 초등학교 운동회를 떠올린다.

일본의 운동회는 영국에서 18세기 말엽부터 퍼블릭스쿨에서 근대 스포츠에 포함된 운동경기를 시작으로 유행하였던 운동회가 일본으로 전해져서 일본식 운동회가 완성되었고 일제 강점기에 한국의 학교에 적용하여 일본식 운동회가 개최된 것이다.

초등학교 운동장이 넓은 까닭은 1941년 태평양전쟁을 일으킨 일본은 어린아이들까지 전시체제로 돌입하게 했기 때문이다. 그래서 학교 운동장을 넓히고 그곳에서 전쟁 준비로 어린이들에게도 군사훈련을 시켰다.
또, 월요일마다 조회를 통하여 '황국신민의 서사'를 외우게 하여 정신 개조를 시켰다. 이때 운동회는 사실상 군사훈련과 일본 천황에게 충성을 다한다는 맹세문과 같은 것이다.

1941년 일본은 태평양전쟁을 일으키면서 국민학교령을 공포公布하여 교육의 전시체제를 강화했다. 학교에 가면 일본 말만 배우고 군사훈련을 받았다. 뿐만 아니라 일제는 우리 민족문화를 말살하려는 흉악무도한 정책을 실시했다. 우리말과 우리글을 못 쓰게 하고 우리의 민요, 동요, 대중가요까지 못 부르게 했다.

집에서나 학교에서나 일본 말만 사용하고 일본 노래만 부르도록 강요한 것이다. 일본의 군가, 국민가요만을 부르게 하니 우리의 동요는 그 모습을 감춰버렸다.

우리말을 쓰지 못하고 일본 말만 사용한 5년이란 기간은 우리 어린이들에게 제일 중요한 우리의 정서까지 빼앗았다. 해방 후 반세기가 지난 지금도 어린이들이 하고 있는 놀이와 노래 속에 일본 말이 남아 있고 그 당시의 흔적이 그대로 그림자처럼 따라 다닌다.

두 번째로 운동회 때 왜 '청군 백군으로 편을 나누는가?' 우리의 정서에는 청과 백이 맞지 않는데 운동회 때는 청과 백이 필수로 내려왔다. 여기에는 일본의 중요한 역사적 사건이 들어있다.

이것을 '세키가하라 전투'라고 부르는데 1600년 음력 9월 15일(10월 21일) 아즈치 모모야마 시대에 일어난 전투이다.

전투의 본질은 도요토미 히데요시 사후 동군과 서군의 다툼이었고 일본 전국의 다이묘가 두 세력으로 나뉘어 싸운 결과 동군 측이 승리했다. 정작 폭풍의 핵심이었던 도요토미 가문은 이 전투를 관망하는 자세로 일관했고 도요토미의 신하였던 두 인물을 중심으로 한 파벌과의 전투 양상을 보였다.

도쿠가와 이에야스는 이 전투에서 승리를 거두면서 사실상 확고부동한 승리자의 자리에 올라 에도 막부를 세우는 발판을 다지게 되었다. 또한, 이 전투를 끝으로 일본의 센고쿠 시대가 사실상 막을 내렸다고 할 수 있다.

대규모 전투였음에도 단 하루 만에 승패가 결정되었다.

▲ 세키가하라 전투[Author=Collection of The City of Gifu Museum of History]

이 전투에서 도요토미 히데요시의 아들 도요토미 히데요리豊臣秀頼는 서쪽에 살아서 서군西軍, 이에 맞서는 도쿠가와 이에야스德川家康은 동쪽에 살아 동군東軍이라 불렀는데 이것에 영향을 받아 일본에서는 동군과 서군 즉 청군과 백군이 되었다. 이는 오방색에서 동군의 동쪽은 청색이고 서군의 서쪽은 백색이기 때문에 이렇게 부른다.

도쿠가와 이에야스로 몰려온 동군東軍은 '가토 기요마사, 후쿠시마 마사노리, 구로다 요시타카와 나가마사 부자, 이케다 데루마사, 호소카와 다다오키, 하치스카 이에마사, 가토 요시 아키라, 도도 다카토라, 아사노나가마사와 요시나가부자, 야마우치 가즈토요, 아리마 노리요리와 도요우지 부자, 교구쿠 다카쓰구와 다카토모 형제, 와키자카 야스하루, 다테 마사무네, 신조 나오요리와 신조 나오타다 형제, 오타니 요시쓰구, 모리 다다마사, 호리 히데하루, 가나모리 나가치카, 모가미요시아키, 다나카 요시마사' 등.

도요토미 히데요리가 있는 서군西軍은 다음과 같다.
'모리 데루모토, 우데스기 가게카쓰, 우키타 히데이에, 오다 히데노부, 오다 히데카쓰, 마시타 나가모리, 나쓰카 마사이에, 마에다 겐이, 사타케 요시노부, 고니시 유키나가, 조소카베 모리치카, 나치바나 무네시게, 나베시마 나오시게, 아리마 하루노부, 마쓰라 시게노부' 등.

이때 동군은 병력이 82,000명이었는데 서군에서 배반한 22,000명의 병력이 합사하면서 총 104,000명이 되었다. 반면 서군은 104,000명이 시작하였으나 22,000여 명이 배반하여 동군으로 가서 남은 병력이 82,000명이었다.

1600년 9월 15일 동군과 서군은 세키가하라에 집결했다.
동군은 82,000명 서군은 104,000명 도합 18만이 넘는 병력이 좁은 세키가하라의 분지에 집결한 것이다.
처음에는 양군의 포진을 봤을 때 서군의 승리를 장담했다.
그만큼 서군 측은 미쓰나리가 있던 사사오산笹尾山, 우키타 히데이에가 있던 데만산天満山, 고마야키와 히데아키가 있던 마쓰오산松尾山 그리고 모리 히데모토가 포진한 난구산南宮山을 연결하는 전선으로 동군을 감싸 안은 '학익진'을 형성하고 있다는 점에서 지형적 이점을 차지하고 있었다. 반면 동군은 골짜기에 갇혀 꼼짝 못 하는 상황이었다. 이 때문에 서군은 승리를 자신했다.
하지만 동군 역시 승리를 장담했는데 그것은 서군 쪽의 다이묘들 간의 불화가 극심하다는 것을 동군 측에서 알고 있었기 때문이었다.
분명 정상적인 군대 간의 전투였다면 동군이 이길 수 없는 상황이었으나 서군의 조직력은 이미 군대라고 할 수 없을 정도로 와해된 상태였다. 물론 이 점을 염려한 오타니 요시쓰구는 이를 보완하기 위해 명망이 없는 이시다 미쓰나리 대신 명망이 있는 모리 데루모토를 총대장으로 옹립하여 보완책을 강구 했으나 결과적으로 별 소용이 없었다.

세키가하라는 이른 아침부터 깊은 안개가 생겨 근처 아군의 모습도 보이지 않았다. 그런 와중에 이에야스로부터 선봉의 약속을 받는 후쿠시마 마사노리는 곧바로 개전의 기회를 엿보고 있었다.

짙은 안개 속에 양군은 2시간 정도 대치가 계속되었다. 서서히 안개가 걷힐 때 쯤 후쿠시마 부대의 옆을 마쓰 다이라 다다요시와 소부대와 이이 나오마사가 박차고 나갔다. 이에 야쓰로부터 선봉을 맡고 있었던 후쿠시마 마사노리는 급히 그들을 저지하고 이유를 묻자 '정찰'이라고 말하면서 후쿠시마 부대 전방으로 나아갔다. 마쓰 다이라 다다요시의 소부대는 돌연 서군의 주력인 우키타 히데이에 부대를 향해 발포하고, 여기서 세키가하라 전투의 서막이 열리였다.

이 공격에 대해 우키타 부대는 즉시 응사했고 세키가하라는 순식간에 격전의 장소로 변했다.

후쿠시마 마사노리 부대 6,000명과 우키타 히데이에 부대 17,000명은 치고 받으면서 양쪽은 한 걸음도 물러서지 않았고 구로다 나가마사 부대 5,400명, 호소카와 다다오키 부대 5,100명 등은 일제히 미쓰나리를 향해 공격에 나섰다. 미쓰나리 부대도 휘하의 시마 기요오키와 가모 사토이에의 분전으로 공격해온 적을 격퇴했다. 그리고 서군의 오타니 요시츠구는 동군의 도도 타카토리와 맞붙게 된다.
하지만 이에야쓰는 이미 고바야키와 히데아키 등에게 배신을 약속받은 데다가 서군의 다이묘들 간에 불화가 극심하다는 것을 알고 있었으며, 특히 서군의 다이묘 중 불화의 중심이 되는 이시다 미쓰나리가 있다는 것을 알게 된 도쿠가와 이에야스는 계속되는 패배에도 불구하고 승리를 확신했다. 그래서 도쿠가와 이에야스는 계속 패를 당함에도 불구하고 병력을 뒤로 물리지 않고 그냥 싸우도록 내버려 둔 것이었다.

미쓰나리는 전투를 시작한 후 2시간을 경과 할 때쯤 아직 참전하지 않은 무장들에게 전투에 참여할 것을 촉구하는 노로시狼煙: 말하자면 봉화를 올렸다. 거기에 시마즈 부대에 응원 요청의 사자를 보냈다.
서군의 총병력 중 전투를 벌이던 병력은 겨우 35,000명에 불과했기에 전투 상황을 유리한 상황으로 옮길 수 있었다. 여기서 마쓰오 산松尾山의 고바야카와 부대와 난구 산의 모리 부대가 동군의 측면과 배후를 공격한다면, 정확하게 말하자면 고바야카와 부대 등이 임진왜란 당시 보여준 무능한 모습만 보이지 않는다면 서군의 승리는 확정적이 될 것은 당연한 것이었다.
사실 행주산성 전투에서도 이와 비슷하게 한강으로 몰아넣은 일본군(이 전투 당시 일본군의 지휘관은 가토 기요마사를 제외한 모두가 서군)이였으나 권율에게 일방적으로 패퇴한 전력이 있었다.
그러나 시마즈는 응원 요청을 거부했다. 또한 모리 히데모토는 깃카와 히로이에吉川 広家에게 길이 막혀 참전할 수 없었다. 깃카와 히로이에는 모리 가문 소유의 영지를 보장 한다는 조건으로 이에야스 측과 내통하고 있었다.

고바야카와 히데아키의 배반

정오가 지나자, 이에야스는 배반을 약속했던 고바야카와 히데아키 부대가 움직이지 않는 것을 보고 초조해 한 끝에 마쓰오 산을 향해 위협사격을 가하라고 명령했다. 당시 선대 고바야카와 다카카게와 안코쿠지 에케이의 친분, 도쿠가와 이에야스의 인격과 이시다 미쓰나리의 성격상의 결함 등을 저울질하며 어떻게 해야 할지 고민하던 고바야카와 히데아키는 이에야스의 독촉을 받고 뜻을 결정하여 마쓰오 산을 내려갔다. 결국 히데아키는 선대 고바야카와 다카카게와 안코쿠지 에케이의 친분을 무시해버리고 만다.

고바야카아 부대는 오카니 요시쓰구 부대 우익을 공격하였다. 요시쓰구는 히데아키의 배반을 예측하여 온전하게 남아 있던 500명의 직속부대로 맞서 싸워15,600명의 고바야카와 군을 300미터 정도 후퇴시킨다. 이때 고바야카와 군 무장인 마쓰노 시게모토(松野重元)는

"방패 속의 반역은 무사로서는 절대 있을 수 없는 일"이라면서 한 부대를 이끌고 방관했다. 이것이 고바야카와군의 후퇴의 원인이었다. 그런데 도도 다카토라 등의 모반책에 따라 그때까지 관망하던 와키자카 야스하루, 오가와 스케타다, 아카자 나오야스, 구쓰키 모토쓰나등의 서군 여러 부대도 고바야가와 군에 호응하여 동군으로 돌아섰다.

사실 동군으로 돌아서기 이전 이미 아키자카 야스하루 등도 도쿠가와 이에야스와 이시다 미쓰나리를 저울질하고 있었다. 사실 와키자카 야스하루는 이시다 미쓰나리가 행주산성 전투에서 자신의 부대를 똑바로 지휘하지 못하고 무능한 모습을 보인 끝에 대패한 것을 알고 있었기 때문에 같이 임진왜란에 참전한 바 있는 와키자카 야쓰하루로서는 이시다 미쓰나리를 신뢰할 수가 없었다. 이시다 미쓰나리 수준의 무능함이면 자멸할 것이 뻔했기 때문이었다.

예측하지 않았던 4부대의 배신으로 치열한 난전이 순식간에 동군의 압도적인 우세로 변하게 되었다. 서군은 유리한 학익진을 형성하였고 동군을 골짜기에 가둬놓았지만, 학익의 날개 부분에 해당하던 상당수의 무장이 배신하거나 방관하는 자세로 일관하게 되어 전투는 서군 내에서의 내분과 동군의 맹렬한 공격으로 인해 순식간에 전황이 역전되었고, 거기에 시마지 요시히로와 모리 데루모토 등 중요한 역할을 해야하는 서군 측 다이묘들이 따로 놀면서 엉뚱한 행동들을 했기 때문에 종국에는 도쿠가와 이에야스가 이끄는 동군이 대승을 거두었다.

서군의 자멸 속에서 시마지 요시히로 부대는 일제히 사격을 퍼붓고는 곧장 이에야스 본질을 통괴 하면서 철수하는 이른바 "전진 철수"를 개시했다. 이 행동에 후쿠시마 부대는 그대로 그들을 보내 주었으나 이들을 쫓었던 부대 중 이미 나오마사와 마쓰 다이라 다다요시는 저격을 당해 부상을 입었고 혼다 다다카쓰는 타던 말이 총에 맞아 낙마했다. 시마즈 부대는 시마즈 도요히사와 아다 모리아쓰의 희생으로 약 80기 전후의 소수만이 살아남아 철수에 성공했다. 모리아쓰는 요시히로가 히데요시에게 선물 받았던 '진바오리'를 몸에 걸치고 요시히로 대신 "효고두, 무운이 다하여 여기서 최후를 맞이 하겠다."라고 말하면서 할복했다고 전해진다. 다른 서군 부대는 괴멸하여 패주했다.

세키가하라 전투가 벌어지는 동안 전국 각지에서도 동군, 서군을 각각 지지하던 다이묘 사이에 교전이 벌어졌었다.

위의 전쟁 때문에 일본에서는 동군, 서군 즉 청군 백군이 유행하게 되었다. 싸움 지역이 '세키가하라' 이기 때문에 '세키가하라 전투' 라고 부르고 도쿠가와 이에야스는 지금의 도쿄인 에도를 근거지로 했기 때문에 '동군東軍'이고 도요토미 히데요리는 오사카를 근거지로 했기 때문에 '서군西軍'이라 했다.

청군, 백군은 오방색에서 나왔다. 동쪽은 청색, 서쪽은 백색, 남쪽은 붉은색, 북쪽은 검은색, 중앙은 노란색이니 청군, 백군이라 부르게 된 것이다.

우리나라는 청군靑軍 백군白軍 이지만 일본은 다르다. 물론 청군 백군이 일본에서 온 문화이기 때문에 일본도 처음에는 청군, 백군이라 했다. 특히 야구팀을 지칭 할 때 '청백전' 이라 부른다.

그런데 왜 일본은 '청군백군靑軍白軍'에서 '홍군백군紅軍白軍'으로 바꾸었을까?

첫째는 청군백군의 청색은 일본보다 한국에 어울리는 색이다.

우리나라는 예로부터 '동방예의지국' 이라하여 동쪽으로 지칭되어왔다. 그러다보니 자연스레 청색의 나라였고 대통령이 직무 보는 곳을 '청와대靑瓦臺' 즉 '청색기와 집' 이라 부르고 있다.

반면 일본은 동쪽의 청색보다는 남쪽의 붉은색이 상징색이다. 국기가 태양을 상징하는 붉은색이고 군국주의 상징물의 욱일기 등 전쟁, 열정, 승리 등등 일본은 붉은 색을 좋아하니 '홍군紅軍'이 등장 하게 된다.

그런데 '홍군' 이라는 말은 쉽게 넣지 않았다. 일본은 '홍군백군' 을 합리화시키기 위하여 선택한 역사적 사건이 바로 일본 헤이안 시대 말기인 1180년부터 1185년까지 일본전역에서 벌어진 내전으로 가마쿠라 막부 정권이 수립되는 계기가 된 겐페이전쟁原平戰爭이다.

겐지源氏와 헤이시平氏일족이 패권을 놓고 벌인 전쟁이라는 의미에서 건페이전쟁源平戰爭-원평합전이라고 부르며 일왕 안토쿠安德때의 연호인 지쇼治承와 주에이壽永연간에 진행된 내란이라는 의미에서 '지쇼·주지에의 난じしょう·じゆえいのらん'이라 부르기도 한다.

겐페이 전쟁은 일본사에서 처음으로 전국적인 차원에서 벌어진 내전으로 도후쿠東北지방을 제외한 일본의 거의 모든 지역을 배경으로 벌어졌다. 그리고 전쟁의 결과로 가마쿠라鎌倉정권이 수립되면서 막부幕府의 지배체제가 시작되는 계기가 되었다.

겐페이 전쟁은 일반적으로 1180년 일왕 다카쿠라高倉의 형인 모치히토왕以仁王이 일으킨 반란에서 시작되어 1185년 헤이시 세력이 궤멸될 때까지 계속된 것으로 여겨진다.

겐페이 전쟁은 헤이시平氏는 멸망하고 겐지源氏는 승리하여 가마쿠라 막부가 설립되었다. 요리토모는 쇼군의 직위를 가진 사람은 아니지만, 실질적인 센고쿠의 지배자로서의 쇼군은 그가 처음이었다. 이 전쟁의 결과 공가를 제치고 무가가 실질적인 지배권력으로 떠올랐고, 일왕의 권력은 매우 축소되어 정치적, 군사적 실권은 거의 없어졌다. 이것은 마치 우리나라 고려시대 무신정권이 들어선것과 같은 맥락이다. 이러한 상태는 650년 후의 메이지유신 이전까지 지속되었다. 또한 헤이시平氏의 붉은 군기와 겐지源氏의 하얀군기에서 일본의 전통적인 국색國色인 붉은색과 흰색이 유래되었다. 즉 홍군紅裙과 백군白軍의 유래가 된 것이다.

전투연보를 보면 다음과 같다.

- 나라 포위전 - 1180년 헤이시平氏가 겐지源氏를 지원하던 절과 사원을 불사르다.
- 이시바야시야마전투 - 1180년 모나모토노 요리토모가 헤이시平氏와 첫번째로 싸우다 겐지源氏의 패배
- 후지가와전투 - 1180년 헤이시平氏가 밤에 가마우지 떼를 겐지源氏군의 기습으로 오인하고 전투가 시작되기 전에 도주하여 전투는 벌어지지 않았다.
- 스노마타가와전투 - 1181년 헤이시平氏가 겐지源氏의 기습을 저지했으나 후퇴하다.
- 야하기가와전투 - 1181년 스노마타에서 후퇴하던 겐지源氏군이 저항을 시도하다.
- 하우치 포위전 - 1183년 헤이시平氏가 겐지源氏의 거성을 공격하다.
- 구키카라전투 - 1183년 겐지源氏군이 크게 이겨 전쟁의 주도권이 겐지쪽으로 넘어가다.
- 시노하라전투 - 1183년 기소요시나카가 헤이시平氏의 군대를 구키카라로부터 추격하다.
- 미즈시마전투 - 1183년 헤이시平氏가 자신의 본거지인 야시마로 접근하던 겐지源氏를 요격하다.
- 후쿠유지포위전 - 1183년 겐지源氏가 헤이시平氏의 요새를 공격하다.
- 무로야마전투 - 1183년 미나모토노 유키이에가 미즈시마 전투의 패배를 만회하려 하지만 실패하다.
- 호즈지도노포위전 - 1184년 요시나카가 호즈지도노를 불사르고 고사카라 와인을 납치하다.
- 제고우지전투 - 1184년 요시나카가 미나모토노 요시쓰네와 미나모토노 노리요리에게 쫓겨 수도를 버리고 퇴각하다.
- 아와즈전투 - 1184년 요시나카가 요시쓰네와 노리요리에게 패하여 살해

되다.
- 이치노다니전투 - 1184년 겐지源氏가 헤이시平氏의 주거점의 하나를 공격하다.
- 고지마전투 - 1184년 이치노다니를 탈출한 헤이시平氏군이 노리요리에게 공격당하다.
- 야시마전투 - 1185년 겐지源氏가 헤이시平氏의 요새를 공격하여 사코쿠와 연결로를 끊어 놓다.
- 단노우라전투 - 1185년 헤이시平氏와 겐지源氏의 수군이 맞붙어서 헤이시平氏는 멸망하다.

교전세력인 겐지源氏와 헤이시平氏

겐지源氏

겐지는 헤이안시대의 4대집안원평등귤중 하나이다. 그러나 1160년 헤이지의 난 이후로 헤이시平氏에게 학살되어 세력이 매우 약해졌다. 미나모토노 요시토모는 당시 가와치겐지의 우두머리였다. 요시토모가 다이라노기요모리에게 패한 이후 장남 가마쿠라아쿠겐타 요시히라와 차남 미나모토노 도모나가는 살해되고 미나모토노 요리토모는 추방되었다. 1180년 겐지는 다시 모치히토 왕과 셋쓰 겐지의 우두머리 미나모토노 요리마사의 결의에 호응하여 다시 헤이시와 전쟁을 벌여 결국 겐페이전쟁의 승리로 헤이시平氏를 멸망시키고 센고쿠의 지배권을 얻었다.

헤이시平氏

헤이시 또한 헤이안 시대를 주름잡는 4대가문 중 하나이다.

1160년 헤이지의 난에서 겐지를 학살하고 정권을 잡았다. 다이나로 기요모리는 헤이시의 권력이 정점에 달했을 때 겐페이전쟁이 일어나 잔존한 겐지를 박멸하려 했으나 그 결과는 도리어 헤이시平氏의 멸망이었다.

세 번째, '박 터트리기는 왜하는가?'

앞에서도 이야기했지만, 운동회에서 박 터트리기는 운동회의 중요 종목이다. 소쿠리 두 개를 이어 청군은 청색 박을 장대에 매달고 백군은 백색 박을 장대에 매달아 터트리면, 박속에서 나온 글귀는 「점심시간」이다. 그에 대한 이유는 다음과 같다.

박 터트리기에 사용하는 것은 '오자미'이다. 일본에서 교사를 했던 홍양자가 2000년에 저술한 「우리 놀이와 노래를 찾아서」에 오자미를 이렇게 기술하였다.

오자미오재미 놀이는 일본에서 오래된 놀이로 '오테다마공기' 또는 '오자미주머니 공기' 라고 한다.
천을 꿰매서 주머니를 만들고 그 속에 콩, 쌀, 붉은 팥, 염주알 등을 적당량 담아 여러 개를 만든다. 이렇게 만든 주머니 공기를 '오자미'라고 부른다.
일반적으로는 '오테다마' 라고 하지만 지방에 따라 여러 가지 명칭이 있다. 오사라, 오탠고, 장코 등 90종류가 있다. 도쿄지역을 중심으로 서남쪽 규슈까지는 '오자미' 라고 부르는 것이 보통이다. 1883년에는 도쿄에서 오자미를 상품화 하여 판매했는데 세트로 판매되는 오자미는 보통 5개다.
처음에는 잔돌을 속에 담아서 만들었지만, 전쟁이 심해지자 들고 다닐 수 있는 식량 규제에 걸리지 않도록 오자미 속에 팥, 콩, 쌀 등을 가득 채워 시골로 피난 가는 아이들에게 가져가게 하였다고 한다. 실제로 먹을 것이 없어서 오자미 속의 팥을 먹었다는 기록도 있다.

위의 내용을 잘 살펴보면 오자미가 전쟁과 연관된 놀이기구라는 것을 느낄 것이다. 즉 오자미는 일본 전투에서 전투식량을 넣은 도시락 역할을 했다. 군인이 전쟁에 참전할 때 총과 칼의 무기와 함께 꼭 필요한 게 식량이다. 전투가 한참일 때 배고프다고 쉬어 밥 먹고 싸울 수 없듯이 전투

중에도 배고픔을 해결할 수 있는 것이 오자미 이다. 오자미 속에 볶은 콩이나 볶은 쌀을 넣어 주머니에 넣고 다니다 배고프면 이것을 꺼내어 먹었다. 그러기 때문에 군인이 오자미를 꺼낼 때는 밥 먹는 시간이기 때문에 오자미를 던져 박이 터지면 점심시간이 되는 것이다.

오자미를 3개부터 10개 정도까지 가지고 공기놀이처럼 노래하면서 노는가 하면 노래 없이 오자미로 사람을 맞히기도 한다. 또 그것을 공중에 던져 수를 세거나 같이 노는 사람과 미리 정한 동작을 하기도 하는데 이때 그 동작이 끝나기 전에 공중에 던진 오자미가 땅에 떨어진 사람이 지게 되며 동작이 끝나고 오자미를 손으로 잡은 사람이 이긴다.

오자미를 공기놀이처럼 노는 방법 중 일본의 대표적인 방식을 소개하면 다음과 같다.

5개 정도의 오자미 중 우두머리 공기를 하나 정한다. 우두머리 공기를 위로 던져서 그것이 떨어지기 전에 땅에 놓여 있는 오자미를 오른손으로 모두 쥔 채 떨어져 내려온 우두머리 공기를 받은 후 우두머리 공기만 손에 쥐고 나머지는 땅에 떨어뜨린다.

이 방식을 복습한다는 뜻으로 '오사라이복습'라고 부르는데, 가장 기본적이며 잘 쓰는 방식이다. 이것은 약 30종류에 이르는 방식을 다 한 다음에 마지막에 반드시 하는 방식이다. 이 방식을 '오자미'라는 노래로 할 때에는 '오사라이'라고 하지 않고 '오자미'라고 부르는 경우도 있다.

앞에서 소개한 서울 공기와 같은 방법으로 하는 또 하나의 기본적인 방식을 살펴보자. 우두머리 공기를 공중에 던지고 한 개를 오른손에 잡고 떨어져 내려온 우두머리 공기를 그 손에 받은 후 먼저 잡은 하나를 버린다.

나머지 오자미도 한 개씩 같은 방법으로 쥐고서 버린다. 이것을 '하나씩 잡기'라고 한다. 다음은 한꺼번에 두 개씩(둘씩 잡기) 잡는다. 그다음은 세 개씩, 네 개씩으로 하여 점점 수를 증가시켜 가면서 마지막에는 다 함께 잡는다. 단계가 하나 끝날 때마다 앞에서 말한 '오사라이'의 방식을 한다. 또한 두 개 이상 잡을 경우. 다 차지 않을 때는 "하나 남았다", "두 개 남았다"라고 말하면서 같은 방법으로 잡는다. 이 방식이 다 끝나면 '꺽기'를 한다.

10개 이상 많은 오자미를 가지고 놀 때에는 몇 개 이상 되면 양손으로 잡아도 된다는 식으로 지역마다 규칙이 있다.

또한, 오자미 놀이에 쓰이는 노래는 수를 세면서 하기 때문에 방식에 따라 다양한 숫자풀이 노래가 있다.

그 중 '일열 담판 파열하고'라는 노래가 있는데 이 노래는 러시아와 일본이 전쟁을 일으킨 러일전쟁(1904) 후 1906년에 전국적으로 유행한 주머니공기놀이 노래다. 1부터 10까지 두음의 한 글자에 이어서 가사를 만든 숫자풀이 형식의 노래지만, 그 내용을 보면 당시 일본 사회가 얼마나 침략전쟁 찬성론이나 군국주의가 널리 퍼져 있는 상태였는지 알 수 있다.

이것이 바로 우리나라를 약탈하기 4년 전의 일이었다. 이 노래가 전쟁이 끝난 1960년대까지 일본 어린이들에 의해 공기놀이 노래로 불렀다는 것 또한 놀라운 사실이 아닐 수 없다.

일열 담판 파열하고 —列談判破裂して

일열 담판 파열하고 —列談判破裂して
노일전쟁 공교롭게도 日露戦争あいにくに
빨랑빨랑 도망가는 러시아군 サッサと逃げるはロシアの兵
죽어도 나라를 위해 진력하는 일본군 死んでもつくすは日本の兵

오만의 군을 거느려서 五万の兵を引きつれて
여섯 명 남기고 다 죽인다 六人残して皆殺し
7월 8일의 전투에 7月8日の戦闘に
하얼빈까지 공격해서 ハルピンまでも攻め入って
크로포트킨의 목을 잘라서 クロパトキンの首をとり
도오고 대장 만만세 東郷大将万万歳

각지의 현지조사에서도 확인한 것인데, 이 오자미 놀이 중 첫 번째 공기놀이처럼 노는 것이 1960년대까지 있었다고 한다. 할머니들은 공기를 할 때는 노래를 부르지 않았지만 오자미를 할 때는 "오사라"라고 하면서 일본 노래를 불렀다고 한다.

지금은 초등학교 저학년을 중심으로 사람 맞히기, 공중에 던지거나 벽을 향해 던져 받기 또는 누가 멀리까지 던질 수 있는지 경쟁하는 놀이 방식이 행해진다. 선생님들은 이 '오자미'라는 놀이의 이름이 일본말이라는 것을 알고 있으면서도 별다른 의문 없이 오래전부터 있는 우리 놀이인 것처럼 가르치고 있다. 물론 어린이들은 '오자미 おじゃみ'가 일본말이라는 것을 대부분 모르고 있다.

1977년부터 1979년까지 일본 요미우리신문에 연재된 「소화 昭和 아이들 풍토기」에 오자미 놀이 하는 모습이 2개가 있다. 이것은 스즈끼 도시가 1927년부터 태평양전쟁기인 1941년을 전투한 일본의 풍속을 그림으로 그린 것이다.

오자미공기놀이, 오하지키

히후미요스, 이무나와 코토······. 「오하지키」는 여자아이의 쟁취놀이였다.

스즈끼 도시, 「소화(昭和) 어린이 250경」, 봉흥사, 1995, p.78.

오쟈미공기 만들기

1) 3×6cm의 헝겊 4장을 꿰매어 팥, 메밀껍질, 겉겨를 넣고, 자, 완성.
2) 복습, 한 개, 한 개, 한 개 떨어트리고 복습.
   두 개, 두 개, 두 개 떨어트리고 복습……
   모두 떨어트리고 복습. 손등, 손등에 떨어트리고 복습.
   오하사미, 오하사미 떨어트리고 복습.
   오히도리, 오히도리 떨어트리고 복습.
   손놀림 복습. 작은 다리 복습. 큰 다리 복습……

스즈끼 도시, 「소화(昭和) 어린이 250경」, 봉흥사, 1995, pp.78-79.

〈해석〉 실내놀이

나라시대에는 「이시나고石投子」라고 하여 돌을 가지고 놀았다.

오자미

옛날에는 자기가 만든 오자미를 가지고 놀았습니다. 좋아하는 색상과 무늬 천으로 만든 오리지널 오자미를 가지고 있으면 노는 것이 즐거워집니다. 쉽게 만들 수 있으니, 나의 오자미를 만들어 봅시다.

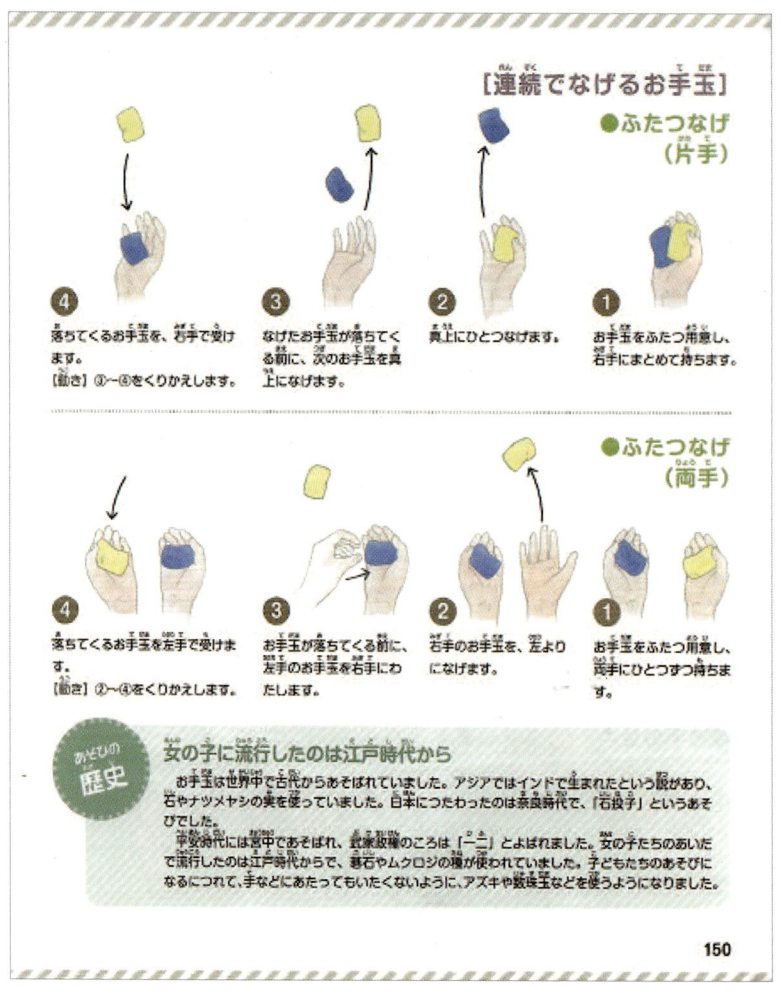

〈해석〉 놀이의 역사 　여자아이들에게 유행한 것은 에도시대부터

오자미는 전 세계에서 고대부터 놀았습니다. 아시아에서는 인도에서 태어났다는 설이 있고, 돌이나 대추야자 열매를 사용했습니다. 일본에 전해진 것은 나라 시대이며, '이시나고石投子'라는 놀이였습니다. 헤이안 시대에는 궁중에서 놀았으며, 무가 정권 때에는 '이치니―二'라고 불렸습니다. 여자들 사이에 유행한 것은 에도시대부터로, 기석과 무쿠리지무환자 나무의 씨가 사용되고 있었습니다. 아이들의 놀이가 됨에 따라 손 등에 닿아도 아프지 않도록 팥이나 염주 알 등을 사용하게 되었습니다.

▲ 일본의 운동회 모습

▲ 한국의 박 터트리기 l

▲ 한국의 박 터트리기 Ⅱ

▲ 우리나라 청군백군 운동회

▲ http://www.gjtimes.co.kr/news/articleView.html?idxno=10426

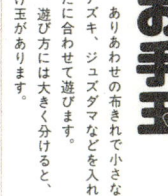

室内あそび

お手玉

ありあわせの布きれで小さな袋を作り、アズキ、ジュズダマなどを入れ、お手玉やつき玉に合わせて遊びます。遊び方には大きく分けると、つき玉と投げ玉があります。

●つき玉

二人以上でやります。お手玉うたに合わせ決った投げ方、とり方（おさらい、おてのせ、おはさみ、おつかみなど）をします。それができると勝ちです。お手玉は親玉を入れ、5～7個くらいを使います。親玉はほかのお手玉（子玉）より大きく作るか、めだつ布きれで作ります。

おさらい

① お手玉を全部右手でつかみ、畳の上に投げます。このとき、あまり勢いよく投げると、散らばりすぎてあとでとりにくくなりますから、なるべくまとめるように投げます。
② おひとつ、とうたいながら、親玉を上にあげ、親玉があがっている間に、下のお手玉の一つを右手でとって、落ちてくる親玉を受けて子玉だけを落とします。残りの子玉に同じことをします。
③ 全部の子玉をし終えたら、おひとつでおさらい、と親玉をあげている間に、子玉を右手で全部とり、親玉を受けて子玉を全部落とします。
④ 「おひとつ」が終わったら、「おふたつ」、「おみっつ」と子玉をとる数をふやしていきます。そして、「おひとつ」の最後と同じように、おさらい*、をします。

◆ 少女の遊び

「いしなご」「いしなとり」といういい方が、各地方に今でも残っていますが、これは、お手玉の古い形の遊びの名称でもあります。名前のとおり、小石を投げあげたりとったりして遊んだものです。

平安時代には、この遊びが宮中でたいへんさかんだったということが、古い文献に残っています。小石や、コメ、アズキなどを入れた小さな袋を作って遊ぶようになったのは、鎌倉時代のことです。

江戸時代になると、錦、ちりめんなどの美しい布で作られるようになり、女の子の遊びとして流行するようになりました。このころには、江戸でお手玉という呼び名も生まれました。遊び方も、今とほとんど変わらなかったようです。

それ以後、明治、大正と女の子の遊びの代表的なものとして人気がありました。昭和二五、六年ごろまで、女の

おさらい

〈おさらい〉
おひとつ　おさらい
おひとつで　おふたつ
おひとつのこり　おさらい
おふたつ　おさらい
おひとつのこり　おひとつ
おふたつのこり　おさらい
おみっつ　おさらい
おみんな　おさらい
おてのせ
おてのせ　おろして　おさらい
おてのせ　おろして　おさらい
おつかみ　あつかみ
おつかみおろして　おさらい
おはさみ　おはさみ
おはさみおろして　おさらい
おこり　おこり
おこりおろして　おさらい
〈以下略〉

▲ 아이와 즐기다「전승놀이 백과」1978년 쇼학관

| 참고문헌 |

- 한국교육개발원, 1997.
- 임영무, 「한국 스포츠의 역사와 성격」, 제10권 제11호, 2003.
- "여전히 거두는 잡부금", 조선일보, 1959.10.13.
- "대통령 내외 동심의 하루", 조선일보, 1969.10.12.
- 사진 기사, 조선일보, 1973.05.20.
- "국민교(國民校) 운동회가 부활된다.", 조선일보, 1976.09.04.
- 전교조 충북지부 참교육 위원회, 1993.
- 홍양자, 「우리 놀이와 노래를 찾아서」, 다림, 2000.
- 후지이 지자에몬, 「세키가하라 합전」, 세키가하라 관광협회
- 후지이 지자에몬, 「세키가하라 합전 사료집」, 신진부쓰 오라이샤
- 가사야 카즈히코 「세키가하라 합전, 사백년의 수수께끼」, 신진부쓰 오라이샤
- 시로 미즈 다다시, 「도설(図說)세키가하라의 합전」, 기후신문사
- 후타키 겐이치, 「세키가 하라 합전」, 츄코 신쇼
- 宮川尚古, 「関 原軍記大成 1~4」, 국사연구회
- 스즈끼 도시, 「소화(昭和) 어린이 250경」, 朋興社, 1995.
  「소화(昭和) 어린이 풍토기」 1977~1979년 일본 요미우리신문 연재
- 일본의 놀이 문화연구회, 「일본의 놀이 교과서 にほんのあそびの教科書 -아동보육이나 초등학교 선생님을 위한-」, 株式会社滋慶出版/つちや書店, 2015.
- 溶口国雄 [ほか], 「전승놀이의 백과」, 小学館, 1978.
- 뜻도 모르고 자주 쓰는 우리말 어원 500가지, 이재운, 박숙희, 유동숙, 예담 ,2012.
- 송찬섭·최규진 공저, 「근현대 속의 한국」, 한국방송통신대학교출판문화원, 2012, p.49.

17 꼬리잡기

초등학교 교과서 속 일본놀이

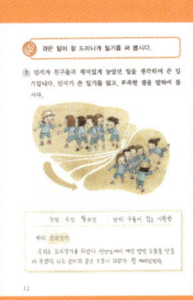

17
꼬리잡기

'꼬리잡기'는 '꼬리따기'라고도 하는데 노는 방법이 세 가지이다.

첫째 앞사람의 허리를 잡고 한 줄로 늘어서서 앞 사람이 같은 줄의 맨 뒷사람을 잡는 방법이다. 이 놀이는 노래가 없고 단순한 놀이처럼 꼬리만 잡는다. 맨 앞사람이 꼬리를 잡으면 다음에는 뒷사람이 맨 앞에 선다. 이런 식으로 반복해서 순서대로 꼬리를 잡힌 사람이 다음에 꼬리를 잡는 술래가 되는 것이다.

둘째 앞 사람의 허리를 잡고 한 줄로 늘어서서 술래가 줄의 마지막 사람을 잡는 방법이다. 이것도 첫 번째 방법과 같이 노래 없이 단순한 놀이로 즐기지만, 원래는 문답 노래가 있다.

셋째 앞 사람의 허리를 잡고 한 줄이 되면 또 다른 앞 사람의 허리를 잡고 또 한 줄을 만든다. 맨 앞에 있는 사람이 상대방의 꼬리를 잡으면 그 꼬리가 떨어져 잡은쪽으로 붙는다. 그래서 잡힌쪽의 꼬리가 모두 잡은쪽으로 붙으면 이기는 놀이이다.

이 놀이는 일제강점기 때 우리나라에 들어왔다. 1936년 조선총독부에 조사된 「조선의 향토오락」에 꼬리잡기가 여러 형태로 조사되어 있는데 그 내용은 다음과 같다.

> ### 경기도 이천
> **수박따기**, 정월·추석, 여자
>
> 〈놀이법〉 여러 사람이 서로 앞사람의 허리띠를 잡고 한 줄로 늘어선다. 줄의 맨 앞사람이 할아버지가 되고, 그 뒷사람 모두는 수박이 된다. 이 줄에 들어가지 않은 한 사람이 할머니가 되어 할아버지를 향하여 "수박을 따고 싶다."고 하면 할아버지는 "수박은 아직 꽃이 피지 않았어."라든지, "아직 익지 않았어."라고 대답하며 좀처럼 수박따기를 허락하지 않는다.
> 그런 문답 끝에 할머니가 무리해서라도 수박을 따려고 하면 할아버지는 못따게 하려고 도망을 다닌다.
>
> ### 충청북도 청주
> **동아따기**, 봄·가을, 여자 어린이
>
> 〈놀이법〉 열 명 정도가 일렬로 앞 사람의 허리를 잡고 앉아서 동아(冬瓜)가 된다. 행렬의 선두를 동아 지키는 할머니로 정한다.
> 동아를 따는 할머니가 된 사람은 허리를 구부리고 지팡이를 짚고 "허리가 굽어서 …… 이봐. 이봐."라고 하면서 동아들 앞에 와서 동아를 따려고 한다. 그러면 동아를 지키는 할머니는 "지금 씨앗을 뿌렸다. 기다려라."고 하며 거절한다. 다음에는 "지금 막 꽃이 피었다. 조금 더 지나서 오너라."고 한다. 다음에는 "내일모레면 익으니까 그때 오너라."고 하는 식으로 몇 번씩 동아따기를 거절한다.
> 그러나 끈질기게 따러 오기 때문에 "그러면 따 가거라."고 하자, 동아를 따려는 할머니는 줄 맨 끝의 동아를 잡아당겨 떼려고 한다. 그러나 좀처럼 떨어지지 않는다. "동아가 잘 떨어지지 않는다"라고 그 사정을 동아 지키는 할머니에게 이야기하면

집에 돌아가 목욕재계하고 떡을 차려 놓고 다시 오라고 한다. 그대로 하자 동아가 간단하게 떨어진다. 이런 식으로 몇 번은 쉽게 따지만, 다시 잘 떨어지지 않게 된다. 그래서 동아지키는 할머니가 자고 있는 동안에 몰래 따 가지고 간다.

그러자 정신이든 할머니는 깜짝 놀라 동아를 찾으러 나선다. 동아를 몰래 따 간 할머니와 동아를 지키는 할머니가 시비를 하고 있는 동안에 동아들이 전부 나타나서 동아지키는 할머니를 죽이는 놀이이다.

충청북도 충주

송아지따기, 봄·가을, 남자 어린이

〈놀이법〉 열 명 정도의 아이가 소가 되어 소임자의 뒤에 허리띠를 잡고 일렬로 늘어선다. 그것을 소잡이가 와서 문답하다가, 줄 맨 끝의 작은 소를 잡으려고 한다. 그러면 소 임자는 적당하게 소의 무리를 끌고 돌아다니며 잡히지 않게 막는다. 그러다가 소잡이에게 잡히면 역할을 바꾸어서 논다.

전라남도 순천

호박따기, 여름·가을 달밤, 소년·소녀

〈놀이법〉 한 사람의 호박 도둑이 호박밭을 살피고 호박을 훔치려고 하면, 밭주인이 이들과 문답한다. 그러다가 그래도 호박을 따려고 하면 따지 못하도록 밭주인이 선두가 되어 호박[늘어선 다른 사람들]을 감싸면서 도망 다니며 논다.

경상북도 의성

오이따기, 수시, 여자 일반

〈놀이법〉 많은 부인들이 두 편으로 나뉘어 일렬로 서서, 서로 상대편 행렬의 맨 끝에 붙어 있는 사람을 빼앗아가려는 놀이이다.

강원도 양구

호박놀이 · 호박따기, 가을, 어린이

〈놀이법〉 한 사람이 이웃집 할머니로 가장한다.
밭주인이 할머니에게 호박씨를 많이 받아가지고 와서 씨를 뿌리고, 그후 호박이 점점 자라난다. 할머니는 호박을 먹으려고 매일 얼마나 컸는지를 물어본다. 밭주인은 그때마다 구슬 크기·사발 크기·거북이 크기·집 크기·산 크기·하늘 크기 정도라고 대답한다. 그러면 할머니는 "그렇다면 다음에 먹기로 하자."라고 말하고 돌아간다.
그 후 밭주인이 할머니를 부른다. 그러면 할머니는 소가 무섭다, 호랑이가 무섭다 하며 밭에 가지 않는다. 그러면 밭주인은 호박들을 할머니에게 데리고 간다. 그러나 할머니가 호박을 쪄먹으려 하자 여기저기서 자라고 있던 호박들은 자식들을 먹으려 한다며 오히려 할머니를 잡으러 따라다닌다. 그러면, 주인은 이들 호박들을 잡아서 중지시킨다.

강원도 회양

호박놀이, 여름 저녁, 어린이

〈놀이법〉 많은 사람들이 일렬로 서고, 한 사람이 노인의 모습을 하고 등장한다. 호박을 따러 왔다고 알린 뒤, 맨 끝에 있는 아이를 잡으러 쫓아간다. 이때, 전원은 앞사람의 허리를 꼭잡은 채로 호박따는 노인에게 잡히지 않으려고 도망간다.

강원도 원주

말타기, 12월, 남자 어린이

〈놀이법〉 한 줄로 앞 사람의 허리띠를 잡고 늘어선다. 말을 잃어버린 말 주인이 행렬의 맨 앞사람에게 자신의 말이 여기 오지 않았느냐고 묻는다. 앞사람은 아니라고 대답한다. 말주인은 자신의 말은 큰 콩을 먹는데 당신의 말은 무엇을 먹느냐고 물어보면, 짚을 먹는다고 대답한다. 말 주인은 큰 소리로 자기의 말을 부른다. 이때 말이 대답한다. 그러면 말 주인은 자신의 말이 이 줄 가운데 있으니까 찾아가야겠다고 하면서 이리저리 뛴다. 줄을 지어 있던 사람들은 줄을 풀지 않은 채로 이리저리 도망친다.

평안남도 대동
쥐꼬리잡이, 수시, 소년 소녀

〈놀이법〉 나이가 많은 사람 가운데서 가장 튼튼한 사람을 앞장서게 하여, 각기 앞사람의 허리띠를 잡고 한 줄로 늘어선다. 놀이 시작의 호령과 함께 앞장선 사람은 재빨리 맨 끝 사람을 쫓아가서 잡으려고 한다. 끝사람은 대열을 꼭 붙잡은 채로 잡히지 않게 도망치는데, 만일 잡히면 앞장선 사람과 교대한다.

평안남도 순천
호박따기, 정월, 여자

〈놀이법〉 한 사람은 손님이 되고, 다른 사람은 주인이 된다. 그밖의 사람은 주인 뒤쪽에 줄을 잇달아 서서 함부로 만날 수 없게 한다. 우선, 주인과 손님은 서로 문답을 하면서, 손님은 주인 뒤쪽에 있는 사람을 호박이라고 하며 열심히 따려고 하나, 주인은 이를 따지 못하게 방해하는 놀이이다.

평안남도 성천
꼬리잡기(옥떼기), 수시, 어린이

〈놀이법〉 여러 사람이 서로 단단히 손을 잡고 늘어선다. 선두의 사람은 마지막 제일 마지막 사람을 잡으려고 하고, 마지막 사람은 잡히지 않으려고 도망 다니면서 논다.

평안북도 영변
호박따기, 가을, 일반 가정

〈놀이법〉 많은 사람들이 모여서, 가위바위보를 해서 진 사람은 호박 따는 사람이 되고 그 밖의 사람은 호박이 된다. 앞뒤로 줄을 지어 앉아서 "낼모레 동동 아츠모레 동동"이라고 노래를 한다. 그러면 호박 따는 사람은 그 안에서 만만해 보이는 사람을 떼어낸다. 이렇게 해서 전부 떼어내면 다시 되풀이하며 논다.

평안북도 선천
호박따기, 겨울, 어린이

〈놀이법〉 지주(地主)를 선두로 많은 수의 사람들이 서로 허리를 껴안고 일렬로 앉는다. 놀이는 노파가 지주가 있는 곳으로 와서 호박씨를 뿌리면서 시작된다. 그리고 매일 지주가 있는 곳으로 와서 호박의 성장 상태를 물으면, 지주는 자라고 있다고만 대답한다. 이윽고 노파는 그 호박을 따간다고 하며 앉아 있는 사람을 강제로 끌어낸다. 이렇게 해서 노파에게 전부 끌려가면 다시 반복한다.

함경남도 고원
호박따기, 겨울부터 봄, 어린이

〈놀이법〉 5~6명이 서로 허리띠를 잡고 일렬로 늘어앉고, 맨 앞사람은 주인이 되는데, 한 손님이 주인 쪽으로 와서 호박을 팔라고 간청한다. 그러면 주인은 아직 익지 않았다며 거절하지만, 결국 간청에 못 이겨서 호박을 팔기 시작하여 모두 팔아버린다. 다음에는 호박을 샀던 사람이 맛있는 호박요리 잔치에 주인을 초대하지만, 주인은 길이 위험하다며 좀처럼 가지 않다가, 드디어 초대된 자리로 간다. 그리고 찬찬히 호박요리를 먹으려고 하자 호박이 모두 개로 변해 주인을 향해 짖는다. 그러자 초대한 사람이 당황해서 싸움을 말리고 드디어 모두가 화해해서 즐겁게 논다.

위의 조사를 보면 전국에 걸쳐 이 놀이가 성행하였음을 알 수 있고 이름도 다양하고 노는 방법도 다양하다. 그런데 이렇게 전국적이고 다양한 놀이가 어떻게 일본 놀이일까?

홍양자는 「우리 놀이와 노래를 찾아서」에 꼬리따기 놀이를 이렇게 서술하였다.

> 일본에서도 꼬리잡기 놀이를 한다.
>
> 한국의 '호박따기' 중 한자로 '과瓜따기'라고 쓴 것은 전라남도와 경상북도 일부 지방에서만 보이고, 설날이나 추석 때 농민 혹은 부녀자들이 했던 놀이라는 기록이 있다.
>
> 명절과 상관없이 아이들이 평상시에 하는 '호박따기' 놀이는 '남과南瓜따기'라고 쓴 것이 강원도·평안남북도·함경남도에서 보이고 '서과西瓜따기'는 경기도·강원도·평안남도에 하나씩, 그리고 '동과冬瓜따기'는 충청북도 충주에서만 볼 수 있다. 제주도·충청남도·경상남도·황해도·함경북도에는 '호박따기' 놀이가 보이지 않는다.
>
> '남과南瓜따기'가 제일 많이 눈에 띄는데, 남과南瓜는 같은 호박이라도 우리나라에서 주로 호박죽을 만들 때 쓰는 늙은 호박을 말한다. 일본에서는 호박이라고 하면 이것을 말하고 일본말로는 가보차かぼちゃ 혹은 난킨なんきん이라고 한다. 이 난킨南瓜이라는 호박을 동지冬至때 먹으면 병에 걸리지 않는다는 일본풍습도 있다. 늙은 호박南瓜은 반찬거리로 많이 사용하지만, 호박죽은 만들지 않는나.
>
> 서과西瓜는 서양호박이라는 뜻으로 수박을 말한다. 동과冬瓜는 동아를 말하며 일본말로 도간とうがん이라고 한다. 저온에서 자라기 힘든 호박이다. 그런데 겨울에 나는 것도 아닌데 '동아冬瓜따기'는 겨울에 하고 있었다. 우리나라에서 반찬거리로 하는 호박瓜은 일본말로 우리うり, 보통 참외를 말하는 마구와우리眞桑瓜를 가리키는 말로 쓰인다.
>
> 일본에서는 여름이 다가오면 호박기원瓜祈禱이라고 해서 호박을 제물로 바치고 기도하는 풍습이 있는 지방이 있는가 하면 여름에는 역병疫病이 유행하는 시기니까 그전에 액을 막는다는 뜻으로 호박에 이름을 쓰고 강에 띄우는 풍습도 있었다.
>
> '동아冬瓜따기'에 목욕 재계齋戒라는 말이 나오는 것을 보면 불교나 무속적인 것과 관계가

있는 것 같다. 일본의 술래잡기를 역사적으로 살펴보면 불교와 관계있는 것이 많다. 우리나라 민속놀이는 토속 신앙이나 제천의식과 관계가 깊다.

'동아冬瓜따기'를 하는 지방에서 '아이따기子供取り'도 했다는 기록이 있다. 놀이방법에 관한 기록이 없어서 잘 모르겠지만, 이 놀이는 앞에서 이야기한 '우리 집에 왜 왔니'와 같은 일본놀이 "꽃 한 돈쭝"인 것 같기도 하고, 일본의 '호박따기' 놀이의 원래 놀이인 '아이를 따자 아이 따자子を取る子取る'인 것 같기도 하다.

일본에서는 문답노래 없이 하는 단순한 꼬리잡기를 게임의 일종으로 여기고 있다. 문답 노래를 하면서 하는 놀이는 술래잡기의 일종으로 보고 '아이찾기 술래子取りおに'라는 술래잡기 장르 안에 작은 장르의 이름을 붙인다. 그래서 '아이따기子供取り'란 '아이찾기 술래子取りおに'를 말하는 것이 아닌가 싶다.

'아이찾기 술래子取りおに'의 일종인 일본의 '호박따기' 놀이는 그것보다 오래된 같은 종류의 '아이를 따자 아이 따자.'의 영향을 받아서 18세기경에 새로 생긴 것이다.

'아이를 따자 아이 따자'는 11세기에 심소오쓰惠心僧都란 스님이 경문經文의 뜻을 따서 만든 놀이라고 한다. '호박따기' 놀이는 호박을 따는 지방도 있지만, 죽순을 따는 것이 일반적 이어서 그런지 '죽순따기竹の子取り'라고 불리기도 한다.

한국의 '호박따기'는 1936년 이전에 수집된 자료에는 보이지 않는다. 1936년에 일본의 영향을 받아 전국적으로 퍼진 것이다. 그 흔적은 1939년의 '호박따기'에서 볼 수 있다.

당시 이 놀이를 평안남도에서는 '동베떼기(호박따기)'라고 했지만, 문답노래에서 따는 것은 수박이다. 수박 사러 온 할머니와 수박할아버지의 문답내용에서는 앞에서 예로 든 것과 같이 수박이 자라는 과정을 말한다.

할머니가 수박할아버지를 방문할 때마다 하는 말이 "마마절사"라고 한다. 당시 이 노래를 채집한 사람도 무슨 뜻인지 알 수 없는 불가해한 말이라고 말하고 있다. 그중 '마마まま'는 일본 북쪽 지방과 중부지방의

일부에서 쓰이는 사투리로 할아버지란 뜻이다.

 또한 수박이 자라난 다음에 그 크기를 표현하는 부분이 있는데, "주먹만큼 됐다"든가 "대글만 되었다"라고 대답한다. 1831년에 수집된 일본의 '죽순따기'에도 이 크기를 말하는 부분이 있는데, 거기서는 새끼손가락만 한 크기에서 출발한다. 놀이를 할 때, 맨 앞사람이 담을 끌어안고 앉는다고 하는데 이 자세는 지금도 일본에서 하는 '죽순따기'와 같은 것이다.

 충청북도의 '동아따기놀이' 중 호박아이들이 호박할머니를 눌러 죽이는 마지막 부분은 우리의 민족성과 어울리지 않는다. 아무리 놀이라고 해도 하필이면 왜 이런 잔인한 행위를 아이들이 놀이 속에서 할까?

 일본에는 '눈에는 눈, 이에는 이'라는 속담도 있다. 누구한테 고통받았을 경우 상대에게 보복할 때 그 고통을 반드시 되갚아야 한다는 뜻으로 절대 용서하지 않음을 나타낸다. 일본사람들은 의리와 인정을 중요시하는데, 그것을 어기면 어떤 보복이든 당해야만 한다. 절대 '용서'라는 말은 없다. 이와 같은 일본의 민족성이 아이들 놀이에 그대로 투영된 것이 아닌가 싶다.

 2004년 민속학자 김광언은 「동아시아의 놀이」의 꼬리따기 놀이에서는 일본에서 꼬리따기를 언제부터 하였느냐에 대한 자료를 넣었는데 그 내용은 다음과 같다.

 다음은 소우가와 쓰네요寒川恒夫의 글을 요약한 것이다.

> 일본에서는 십여 명의 어린이가 앞 사람의 허리를 잡고 한 줄로 늘어선 가운데, 술래가 맨 끝 어린이를 잡는다. 맨 앞의 대장이 두 팔을 벌리고 술래를 따라 다니며 막으며, 술래가 끝 아이의 몸에 손을 대면 그 아이가 술래가 되는 점은 우리와 같다.

일본에서는 옛적에 히히후구메比比丘女라 불렀으며, 10세기의 천태종 중이었던 에신소오즈惠心僧都가 창안하였다고 전한다. 15세기 초의 「삼국전기三國傳記」 내용이다.

> 이것은 에신소오즈惠心僧都가 『염라천자고지왕경閻羅天子故志王經』에 감동을 받아 꾸몄다.
>
> 지옥에 나타난 지장보살이 죄인들을 불쌍히 여겨 풀어주자, 옥졸들이 "잡아야 한다, 잡아야 한다. 비구·비구니·우파새優婆塞·우바이優婆夷" 하며 다시 잡으러 들었다. 이에 지장은 "위를 보아라 파리경頗梨鏡, 아래를 보아라 파리경" 하고 중얼거렸다.
>
> 파리경은 죽은 이가 생전에 벌인 선과 악을 비추는 염라의 거울로, 지장의 말은 죄인이라 할지라도 한 가지 선행은 하였을지 모르니 잘 보아달라는 뜻이었다. 지장의 이 비원悲願에 마음이 움직인 에신소오즈는 반야원般若院의 지장에게 가서 설명하였다. 그리고 모여든 아이들에게, 지장과 죄인과 옥졸의 승강이를 지장법락地藏法樂을 위해 벌이도록 시켰다. 아이들이 처음에는 문구를 바로 외웠지만, 점점 잊어서 히히구메라 부르게 되었다.
>
> (卷8「比比丘女之始事」).

이 내용은 해당 놀이가 지장보살 신앙과 연관된 것으로 분명함을 알려준다.

「삼국전기」에 "요시노吉野 천하天河의 변재천弁財天에서 백발의 늙은 수행자들까지 법락法樂으로 히히구메를 벌인다."는 내용이 있기 때문이다. 또 같은 책에 변재천의 본지本地, 眞實身는 지장보살이라고 기록되어있다. 곳에 따라 이 놀이가 지장 신앙과 함께 퍼졌을지도 모른다. 오늘날에는 치바현 광제사廣濟寺에서 7월 16일에 벌인다. (이 절 본존이 지장보살이다).

이 놀이는 「삼국전기」보다 2백년쯤 먼저 나온 「작정기作庭記」에 실렸지만 히히구메가 무슨 뜻이며, 세 역을 누가 맡았는지에 대한 설명이 없다.

「삼국전기」가 나온 무렵에 불교 색을 띠었으며 옥졸·지장·망자, 19세기 후반에 놀이 이름이 '아이잡기'로 바뀌고 잡는 역도 귀신이 맡게 되었다. 따라서 일본의 아이잡기는 전통적으로 귀신과 사람의 대립으로 이루어졌다.

일본에서 꼬리잡기 놀이를 혜심승도 惠心僧都가 만들었다는 기록은 2015년 출판한 「일본의 놀이 교과서」에 다음과 같이 서술되어있다.

이 놀이를 만든 혜심승도 惠心僧都는 누구인가?

〈해석〉

〈일본의 놀이 교과서, 14p〉

바깥놀이

헤이안 시대에 승려가 만든 놀이

코토로코토로

부모는 제일 뒷아이가 술래에게 잡히지 않도록 양손을 벌리거나 도망다니며 술래를 방해합니다. 부모의 움직임에 이끌려 아이들이 이리저리 흔들리는 격한 놀이입니다.

<해석>
〈일본의 놀이 교과서, 15p〉
놀이의 기원
코토로코토로는 헤이안 시대의 혜심승도라는 승려(스님)가 만든 놀이로 당시에는 이런 노래였습니다.

매달리다
비구 (출가한 남자)
비구니 (출가한 여자)
우파채 (불교를 믿는 남자)
우파이 (불교를 믿는 여자)

'히후쿠메 比比丘女'라는 지장보살(조상)이 지옥에 끌어들이려고 하는 도깨비 귀신으로부터 불교를 전파하기 위해 만들어진 아이들의 놀이입니다.

혜심승도는 천태종의 학승 겐신 源信, 942~1017이다. 그는 「왕생요집 往生要集」이라는 저술을 통해 승려들과 귀족들에게 정토 신앙을 확산시킨 사람이다.

겐신은 942년 지금의 나라켄 奈良県 카즈라기코오리 葛城郡 에서, 아버지는 우라베 마사치카 占部正親 와 어머니 기요하라씨 清原氏 사이에서 태어났다.

7세 때 아버지를 여의고 신심이 독실했던 어머니의 영향으로 9세에 히에이잔에 보내져 히에이잔 중흥조 자혜대사 慈慧大師 료겐 良源: 912-985에게서 사사하고, 13세 때 수계 득도한다.

▲ 겐신상(시가겐) 그림
http://ja.wikipedia.org/

15세인 956년 《칭찬정토불섭수경稱讚淨土佛攝受經》을 강설하여 무라카미村上 천황으로부터 법화 팔강의 강사로 선발된다. 그리고 천황의 하사품을 고향의 어머니에게 보내는데, 어머니는 수행에 전념할 것을 당부하는 시를 지어 하사품을 다시 돌려보낸다. 이를 계기로 겐신은 히에이잔의 요코가와 혜심원橫川惠心院으로 들어가 은둔하며 일생 동안 수행과 저술 활동에 전념한다.

그의 저술로는 《인명론소사상위략주석因明論疏四相違略注釋》3권, 《왕생요집往生要集》3권, 《일승요결一乘要決》3권, 《아미타경약기阿彌陀經略記》, 《염불법어念佛法語》등이 있는데, 그중에서도 《왕생 요집》이 그의 대표작이라 할 수 있다.

일본에서는 놀이 관련 서적에 이 놀이가 빠짐없이 수록되어 있다. 그것은 일본인의 정서에 맞는 놀이이기 때문이다.

김광언의 「동아시아의 놀이」에서는 여러 나라에서 이와 비슷한 놀이를 하고 있다며, 여러 놀이를 소개하였다.

대만의 한족漢族은 '늙은 매 어린 병아리잡기', 운남성의 한족은 '주린 매 닭잡기'라 부른다. 운남성에서 내려간 북 타이의 먀오족과 아카족도 병아리를 덮치는 범을 어미닭이 지키는 놀이를 즐긴다. 인도지나반도 동북부와 통킹만 베트남족의 용사龍蛇놀이에 잡는 역인 의사와 잡히는 역이 등장한다. 공방에 앞서 의사는 조금 높은 데에 앉아, 용사를 내려다보며 문답을 나눈다. …(중략)…

통킹에서는 닭 대신 의사가 나오지만, 이 사체蛇體놀이는 벼농사를 짓는 라오스와 타이에도 퍼져있다. 타이사이암족에서는 뱀이 먹는 꼬리라 하여, 잡는 역은 아비 뱀, 잡히는 역은 새끼 뱀, 지키는 역은 어미 뱀이 맡는다. 이들 나라에는 두 줄로 늘어선 어린이들이를 뱀이라 부른다이 서로 상대 쪽 꼬리를 따는 변형도 있으며 이름도 같다. …(중략)…

솔개·암탉·병아리가 등장하는 캄보디아크메르족 놀이에는 솔개 · 어미닭 · 병아리가 대항한다. …(중략)… 말라카 해협의 말레족은 병아리를 채려는 솔개를 암탉이 막는 놀이를 '아비 솔개놀이' 라 부른다. …(중략)… 필리핀 루손도 북부에 사는 신말레이 이로카노족의 '매 놀이' 는 여자 어린이들이 놀며, 대륙에서처럼 매에 쫓기는 병아리를 어미 닭이 지킨다. 미얀마비르마족의 방황하는 '갈색 매' 도 마찬가지이다.

인도 아삼 고지의 구도우 · 쿠기족은 나무를 베어 쓰러뜨리는 놀이를 즐긴다. 지키는 역은 바나나 나무를 베는 남자이고, 잡히는 역은 그가 기르는 자식과 손자이다. …(중략)… 티베트에서는 '이리와 양' 으로, 이란에서는 '이리와 새끼양' 으로 바뀌고, 닭이 아닌 네 다리 동물이 등장한다. 그러나 터키여우와 닭와 유럽에서는 다시 닭이 되며, 스위스에서는 '매蒼鷹와 닭', 영국과 아일랜드에서는 '솔개와 닭', '여우와 닭', '여우와 거위' 로 불린다. …(중략)…

일본의 아이잡기는 이러한 세계적 분포의 동단부東端部에 위치한다. 닭이 사람으로 바뀌고 놀이에 귀신이 등장한 것은 12~16세기에 불교에서 인과응보를 민중 교화에 이용한 결과로 보인다. 오키나와 미야코지마에 전하는 '먹히지 않기' 따위는 귀신과 어미·자식이 대립하는 형식이지만, 옛적에는 잡히는 역이 병아리였음을 암시하는 점에서, 일본화한 형식의 원형임을 엿볼 수 있다.

  일본 자료 「소화昭和 어린이 250경」은 1927년을 배경으로 일본 어린이들이 당시 놀았던 놀이를 그림과 설명으로 표현하였다는데 의미가 있다.
  즉, 그 시대 일본 어린이들이 그러한 놀이를 즐겨 했다는 기록이기에 그것이 비슷한 시기에 우리나라로 건너와 전국으로 퍼진 것을 알 수 있다.

  물론, 당시는 영국이나 미국에서 선교사가 건너와 활동을 하는 시기이기에 그들을 통하여 전파되었을 수도 있지만, 우리나라에서 놀고 있는 놀이의 형태 및 명칭이 일본 것과 유사한 것이 많아서 그렇게 짐작하는 것이다.

뱀놀이

오니가 줄의 맨 끝에 있는 아이를 노리고 쫓아간다. 그렇게 못하게 하려고, 오른쪽으로 왼쪽으로 꿈틀꿈틀……。

| 참고문헌 |

- 무라야마 지준, 「조선의 향토 오락」, 박전열(역), 집문당, 1992.
- 리석중, 「조선의 민속놀이」, 군중문화출판사
- 지춘상, 「한국민속대관」, 「전승놀이」, 고려대학교 민족문화연구소, 1982.
- 寒川恒夫 「日本民俗學大系」 7. 「遊戲」, 小學館, 1984.
- 홍양자, 「우리 놀이와 노래를 찾아서」, 다림, 2000.

코토로코토로

코오토로 코토로 (도깨비)
아이를 갖고 싶다
어떤 아이를 갖고 싶어 (부모)
저 아이를 갖고 싶어 (도깨비)
저 아이는 줄수없어 (부모)
저 아이를 갖고 싶어 (도깨비)

〈놀이방법〉

한 명이 부모가 되고 그 뒤에 아이가 일렬로 연결됩니다. 술래는 맨 뒷사람을 잡으려고 하지만 부모는 두 손을 가득 벌리고 술래를 방해합니다. 술래는 옷을 잡거나 잡아당기면 안 됩니다.
어슬렁어슬렁, 꿈틀꿈틀 뱀처럼 움직여 도망다녀요. 아이가 술래에게 잡히면 부모가 술래로 변하고 술래는 아이의 맨 뒤에 붙습니다.

▲ 오쿠나리 다쓰 글, 나가타 하루미 그림, 「놀이도감」, 1987, p.80.

- 김광언, 「동아시아의 놀이」, 민속원, 2004.
- 일본의 놀이 문화연구회, 「일본의 놀이 교과서 にほんのあそびの教科書 –아동보육이나 초등학교 선생님을 위한–」, 株式会社滋慶出版/つちや書店, 2015.
- 스즈끼 도시, 「소화(昭和) 어린이 250경」, 朋興社, 1995.
- 오쿠나리 다쓰 글, 나가타 하루미 그림, 「놀이도감–언제, 어디서, 누구나–(遊び図鑑 ~いつでも どこでも だれとでも~)」, 福音館書店, 1987.

18 수건돌리기

초등학교 교과서 속 일본놀이

18
수건돌리기

　수건돌리기 놀이는 초등학교 소풍에서 필수 놀이였다. 반별로 나누어 놀 때는 둥그렇게 앉아서 옆 사람과 손을 잡은 후 선생님께서 정해준 노래를 부르면 처음 뽑힌 술래가 뒤로 돌다가 노래가 끝날 무렵 살짝 수건을 뒤에 놓고 안 놓은 척 계속 돈다. 앉아있는 사람은 의심스러워 손을 뒤로해 만져보거나 뒤돌아봐서 수건이 있으면 벌떡 일어나 쏜살같이 뛰어 수건을 놓고 간 술래를 잡아야 한다. 수건을 놓은 술래는 잡히지 않으려고 재빨리 뛰어 처음 앉았던 자리에 가서 앉으면 술래를 면하게 된다. 술래를 잡지 못한 사람은 술래가 된다. 노래는 계속되고 등 뒤로 돌다가 다른 어린이 등 뒤에 몰래 수건을 놓고 뛰기 시작하면 또 수건을 잡은 어린이가 쫓아온다.

　이 놀이는 손뼉을 치고 노래를 부르며 술래가 내 등 뒤에 수건을 놓고 갔는지 잘 살펴봐야 하기 때문에 긴장감을 준다. 선생님께서 "스톱" 또는 "중지"를 외치면 그때 걸린 술래가 나와 노래를 부르거나 벌칙을 행한다.

　수건돌리기는 언제부터 놀았을까? 우리나라에서 수건돌리기 놀이는 일제강점기 조선총독부에서 1936년부터 조사하여 1941년에 발간한 「조선의 향토오락」에 세 번 기록이 되어있다. 이것은 일본학자 무라야마 지준이 전국의 초등학교를 통하여 조사가 이루어졌기 때문에 당시 어린이들이 실제로 놀았던 놀이로 아마도 1936년 이전에 우리나라에 들어온 놀이이다. 그곳에 수록된 내용은 다음과 같다.

강원도 양주

수건돌리기, 수시, 일반남자, 어린이

〈놀이법〉 넓은 뜰에 모여 가위·바위·보를 하여 진 사람이 술래가 된다. 다른 사람은 양손이 닿을만한 거리로 둥글게 둘러앉는다. 술래는 수건을 손에 들고 둘러앉은 사람들의 뒤를 빙글빙글 맴돌다가 불쑥 수건을 누군가의 뒤에 떨어뜨리고 도망간다. 수건이 놓인 자리의 사람은 곧 수건을 집어 들고 쫓아간다. 떨어뜨린 사람은 재빨리 어딘가 빈자리에 들어가 버린다. 들어가 앉아 버리고 나면 이번에는 수건을 들고 있던 사람이 술래가 된다. 혹시 쫓아가서 떨어뜨렸던 사람을 잡으면 지금의 술래는 다시 한번 더 술래가 된다.

강원도 양양

수건떨구기, 수시, 여자어린이

〈놀이법〉 뜰에서 여러 사람들이 원형을 만들어 안쪽을 향해 둘러앉는다. 한 사람이 수건을 가지고 사람들의 뒤 쪽을 계속해서 돌다가 어떤 사람의 등 뒤에 살짝 떨어뜨린다. 그러면 그 사람은 수건을 주워서 들고 떨어뜨린 사람을 쫓아서 돌기 시작하고 먼저 돌던 사람은 방금 일어났던 사람의 자리를 차지한다. 따라서 진행 중에는 자기의 등 뒤를 늘 주의하여 살펴야 한다.

위의 책은 일본이 우리문화를 파괴하기 위하여 우리 전통놀이가 무엇이었나 알아보기 위해 조사한 것이 본 목적이다. 그런데 1936년에는 일본이 합병을 한 뒤, 26년이란 세월이 흘렀기 때문에 일본놀이가 상당히 분포되어 있었다. 그 중 하나가 수건돌리기이다.

일본에서 수건돌리기 기록은 1977년부터 1979년까지 요미우리 신문讀賣매新聞에 스즈키 도시すずきとし가 연재한 「소화昭和 아이들 풍토기」에 「손수건 빼앗기ハソカチとリ」와 「수건 놓기ハソカチおき」가 수록되어 있는데 이 중 수건 놓기가 수건돌리기이다. 이 책에서 설명을 '「손수건 놓아」는 여자아이의 대중적인 놀이이다' 라고 써놓고 그림으로 노는 모습을 그려놓았다. 즉 이 책은 소화昭和년도인 1927년부터 태평양전쟁을 일으킨 1941년을 전후하여 일본 어린이들이 놓았던 놀이와 그 시대 생활상을 그림으로 그린 것이다.

1987년 오쿠나리 다쓰가 글쓰고 나가타 하루미가 그린 「놀이도감遊び圖鑑」이 있다. 이 책에는 일본놀이가 모두 그림과 설명으로 수록되어 있는데 「수건돌리기」는 다음과 같이 쓰여 있다.

수건돌리기

| 노는 방법 |
- 둥글게 원을 만들어 앉습니다.
- 술래가 손수건을 들고 밖을 빙빙 돌다가 몰래 손수건을 떨어뜨립니다.
- 자기 뒤에 손수건이 떨어진 것을 알면 곧 집어들고 술래가 되어 돕니다.
- 술래가 한 바퀴 돌아오기까지 자기 뒤에 손수건이 떨어진 것을 모를 때는 벌로 노래를 부르고 나서 술래가 됩니다.

위와 같이 일본에서 놀고 있는 수건돌리기가 우리나라에서 똑같은 방법으로 놀고 있는 것은 1936년도에 일본에서 유행하였던 술래잡기가 여러 형태로 우리나라에 들어온 것이다. 술래잡기는 일본어로 '오니곳코鬼ごっこ'이라든지 각종 술래잡기의 개별 이름을 쓰고 있다. 그때 행해진 것은 앙감질로 술래잡기를 하는 '외발 도깨비(술래)かたあしおに'

수건을 떨어뜨리고 잡는 '수건떨구기 ハソカチおき' 신발잡기를 하는 '신발잡기 ぞうりつカみ', 열 걸음 뛰고 움직이면 잡는 '열보 十步', 을자 乙字의 진 陣을 만들고 보물을 찾는 '보물찾기 寶取り', 달팽이 그림을 그리고 쫓는 '골뱅이 놀음', 달팽이 그림을 그리고 앙감질로 쫓는 '시계놀이 時計遊び' 등이 있다. 일본에서 들어온 '수건돌리기' 놀이는 처음에 시작한 나라가 영국이다. 이것이 일본을 통하여 우리나라에 들어온 것이다.

영국의 오래된 술래잡기 놀이 가운데 하나인 수건돌리기는 영국에서 놀이를 할 때 부르는 전래동요가 있다.

"애인에게 편지를 썼는데 도중에 떨어뜨렸다. 그러자 그것을 너희들 중의 한 명이 줍고서 주머니에 넣었다."라고 부르면서 소녀가 마음에 드는 소년 뒤에 수건을 떨어뜨린다. 그러면 소년은 원의 안팎으로 소녀를 쫓아가서 잡는다. 이 놀이는 고대 약탈 결혼의 반영이라고 하지만 서양에서는 전래동요에 남녀의 사랑이야기가 들어가는 게 흔한 일이다.

이렇게 영국의 놀이가 일본에 들어가 일본놀이로 자리 잡고 일본놀이로 자리 잡힌 것이 일제강점기 때 우리나라로 들어온 것이다. 우리나라에서 수건돌리기를 할 때 "돌아갑시다 돌아갑시다."하며 노래를 하는데 이 노래가 바로 '모모타로'의 멜로디이다. '모모타로'는 1911년에 출판된 "심상소학창가 尋常小學唱歌" 1학년 책에 수록되면서 이후 계속 음악 교과서에 수록된 일본 창가이다. 지금 일본 아이들은 이 노래를 유치원에서 배우거나 셋셋세를 하면서 부르고 논다. 수건돌리기를 하면서 부르는 노래는 「퐁당퐁당」「기차 길 따라」「과수원길」 등 여러 곡이다. 이 놀이는 일제강점기 일본고등계 형사들이 비밀리에 독립군을 색출하는데 사용했던 놀이이다. 밀정을 보내 독립군의 집과 주요 지점을 알리기 위해 약속된 물건을 놓는다든지 아니면 대문에 표시를 해 검거하는 수단으로 사용했던 것이다. 때로는 독립군이 이를 역이용해 밀정이 설치한 물건을 다른 엉뚱한 곳으로 치우거나 대문에 표시한 것을 집집마다 표시하여 혼란을 주었다는 이야기도 있다.

▲ 「소화(昭和1927) 어린이 250경」 1977~1979년 일본 요미오리신문에 스즈끼 도시가 연재한 「소화 아이들 풍토기」

▲ 「일본놀이도감」 1987년 오쿠나리 다쓰글 나가타 하루미 그림

| 참고문헌 |

- 조선총독부, 무라야마 지준, 「조선의 향토오락」, 1987.
- 오쿠나리 다쓰 글 나가타 하루미 그림 「놀이도감 언제·어디서·누구나」, 1987.
- 홍양자 「우리놀이와 노래를 찾아서」, 다림, 2000.

19 기차놀이

초등학교 교과서 속 일본놀이

19 기차놀이

긴 새끼줄을 둥글게 연결하여 그 속에 들어가 양손으로 새끼줄을 잡고 맨 앞 사람이 "출발" 소리와 함께 "칙칙 폭폭" 소리를 내면서 마당을 도는 놀이가 기차놀이다.

이 놀이를 할 때 부르는 노래가 1947년 발표된 윤석중尹石重 작사 윤극영尹克榮 작곡의 동요이다.

> 기찻길 옆 오막살이 아기아기 잘도 잔다 / 칙폭 칙칙 폭폭 칙칙 폭폭 칙칙 폭폭
> 기차 소리 요란해도 아기아기 잘도 잔다 / 기찻길 옆 옥수수밭 옥수수도 잘도 큰다
> 칙폭 칙칙 폭폭 칙칙 폭폭 칙칙 폭폭 / 기차 소리 요란해도 아기아기 잘도 잔다

작곡가 윤극영과 작사가 윤석중이 콤비가 되어 창작된 수많은 동요 작품에서도 가장 애창되어 온 대표작이다. 어지럽고 시끄러웠던 해방 직후의 사회에서도 아랑곳하지 않고 무럭무럭 자라나는 어린이의 사랑스럽고 평화스러운 모습을 그려낸 시정詩情을 엿볼 수 있다. 그 후 이 동요는 국정음악교과서에 수록되어왔다.

기차놀이가 우리나라에 들어온 것은 1936년 이후이다. 기차놀이 역시 일본

놀이였으며 일제강점기 때 일본 놀이로 들어온 것이다.

「전라남도에서 행해진 기차놀이는 맨 뒷사람은 승무원으로서 기차가 출발하면 뒷걸음질로 움직여야 했다고 한다. 기관사가 빨리 가지 못하게 일종의 제어 장치 역할을 했던 셈이다. 기차를 타려면 돈이 있어야 하기에 종이로 돈을 만들어 승무원이 요금을 받고 거슬러주는 식으로 논다. 요즘에는 놀 사람이 모여 있다가 한꺼번에 시작하는 경우가 많지만 1970~1980년대에는 아이들이 먼저 놀고 있으면 하나 둘 더 참여하는 식으로 전개되었다. 처음에는 2~3명이 기차를 타고 돌아다니고 놀이에 끼고 싶어 아이가 주위에서 조른다. 이때 문답식 노래를 한다.

칙칙 폭폭 나도 붙여줘 / 싫어
우리 엄마한테 이를테야 / 니네 엄마가 뭔데
다리 밑에 떡장수 / 아이 퉤
칙칙 폭폭 나도 붙여줘 / 싫어
우리 아빠한테 이를 테야 / 니네 아빠가 뭔데
이 나라 대통령 / 가위·바위·보

가위바위보에서 이기면 기차를 탈 수 있고 지면 다시 기다려야 한다. 노랫말이 당시의 시대 상황을 반영하고 있어 지금과는 많이 다르다.」

위의 기차놀이에서 어린이가 나누는 대화치고는 적절치 않다. 그래서 노랫말을 바꾸자는 의견도 있지만 그 이유를 먼저 알아보아야 한다. 기차는 영국에서 시작하여 미국과 일본으로 들어갔고 우리나라는 처음에 미국에서 철도 건설을 시작했지만 일본으로 넘어가 일본이 독점하여 완성하였다. 그러므로 우리나라 철도는 일본에서 들어왔다고 해도 과언이 아니다. 그런데 우리나라 철도를 개설할 때 러일전쟁이 일어났다. 일본은 이

전쟁을 승리로 이끌기 위하여 서울에서 부산까지 급하게 철로를 설치해야 했다. 그래서 공주, 전주로 계획되어 있던 것을 험준한 계룡산을 피하여 넓은 벌판인 대전으로 설계를 변경하여 1905년 개통을 보아 러일 전쟁을 승리로 이끌었다. 또한 각지에서 수탈한 곡물을 부산을 통하여 일본으로 수송했으니 철로는 일제에게 우리의 식량을 빼앗기는 슬픔의 역사이기도 하다.

1977년에서 1979년까지 일본 요미우리신문에 스즈끼 도시가 연재한 「소화昭和 아이들 풍토기」를 1980년도 「소화昭和 어린이 250경」이라 하여 책으로 엮었는데 이곳에 1927년부터 일본 어린이가 놀았던 놀이나 풍습을 정리하였는데 이곳에 '기차놀이'가 수록되어 있다.

전차놀이 電車ごっこ

「핫샤(발차)」터널을 통과합니다. 꼬마들을 태우고 전차는 갓탄고톤 강을 건너서 산을 넘어 어디까지라도 계속 달립니다.

▲ 「소화(昭和1927) 어린이 250경」 1977~1979년 일본 요미오리신문에 스즈끼 도시가 연재한 「소화 아이들 풍토기」

위의 놀이는 지금 우리가 놀고 있는 모습과 같다. 우리나라에 기차가 없었을 때에는 기차라는 말도 없었다. 일제강점기 때 기차가 생기면서 우리나라에도 '기차汽車'라는 말이 생겼는데 일본식 한자어가 그대로 쓰인 것이다. 기차汽車와 연관된 놀이는 끝말잇기에도 나온다.

원숭이 엉덩이는 빨개 / 빨가면 사과
사과는 맛있어 / 맛있으면 바나나
바나나는 길어 / 길면 기차
기차는 빨라 / 빠르면 비행기
비행기는 높아 / 높으면 백두산

위의 끝말잇기에서 나오는 단어 원숭이·바나나·기차·비행기는 모두 일본과 관련된 내용이다. 즉 원숭이는 우리나라에 없고 일본에는 있다. 바나나는 일본을 통해 들어왔으며 기차·비행기도 일본에서 왔다. 그러니 끝말잇기가 일본 놀이이듯 기차놀이 또한 일본놀이이다. 그런데 이 놀이가 우리나라에서 정착한 것은 1936년 이후이다. 그것은 조선총독부에서 1936년부터 1941년까지 우리나라 초등학교 대상으로 「조선의 향토오락」을 조사하였을 때 기차놀이는 조사되지 않았기에 그 이후에 들어왔음을 알 수 있다.

기차는 1825년 영국에서 맨 처음으로 운행되었다. 기차를 처음으로 생각한 사람은 영국의 뉴턴이다. 1680년 뉴턴은 증기의 힘을 이용하여 수레를 끌 수 있다고 생각하였다. 그 뒤 많은 사람이 연구를 되풀이하여 1804년 영국의 기술자 트레비식은 처음으로 증기를 이용하여 철로 위를 달리는 기관차를 만들어내는데 성공하였다. 그 뒤 1814년 증기 기관차를 영국의 스티븐슨이 만들었다. 세계 최초의 공공 철도인 스톡턴에서 달링턴까지 철도 개통 때 달렸던 로코모션호와 리버플에서 맨체스터까지의 철도 개통 때 열렸던 기관차 경기대회에서 우승한 '로켓호'는 유명하다. 그 후 세계 여러 나라에서 다투어 철도를 만들었고 증기 기관차가 끌고 달리는 기차는 가장 대표적인 교통 기관이 되었다. 오늘날도 철도는 나라의 경제를 떠받쳐주는 동맥과 같은 역할을 한다. 전기 기관차는 1879년에 독일의 지멘스가 처음으로 만들었다.

일본 철도는 1872년 10월 14일 도쿄의 신바시와 카나가와현 요코하마 간의 증기 기관차 노선이 처음 개통하면서 역사가 시작하였다. 이후 철도를 관리하는 관청뿐 아니라 민간 기업에 의한 민영철도 건설이 붐을 이루면서 단기간에 엄청난 규모로 철도망을 확장하게 된다. 당시는 거의 민영기업에 의해 건설 운영되기 시작하였으나 그에 따른 폐단도 많았기 때문에 1890년대부터 철도의 국유화가 일부 진행되어 많은 노선이 국유화되거나 국유화되지 않기 위해 철도법을 피해 궤도법(노면전차)에 의한 철도로 우회하는 방법 등으로 계속 운영을 유지하게 된다. (이들의 대부분이 현재 대규모 민영철도를 이루고 있다.)

이후 기관차 국산화 전철화는 철도의 질적 발전이 본격화되었으며 당시 식민지였던 한국·중국(만주)·대만 등에 철노를 건설하는 등 해외에도 적극적으로 진출하기 시작했다. 하지만 2차 대전을 맞아 많은 철도 시설이 파괴된 채 패전을 맞았으며 1949년 공기업화되어 일본 국유철도가 설립되었다.

우리나라 최초의 철도는 1899년 9월에 개통된 노량진과 제물포를 잇는 경인선이다. 그 이듬해 한강 철교가 놓여 경인선이 완공되었고 이어 1905년에 서울과 부산을 잇는 경부선이, 1906년에 서울과 신의주를 잇는 경의선이, 1941년에 서울과 원산을 잇는 경원선과 경부선의 대전과 목포를 잇는 호남선이 개통되면서 기차가 구석구석을 누비게 되었다. 따라서 1899년부터 1941년 그리고 그 이후까지도 기차는 사람들에게 큰 관심의 대상이자 이야깃거리가 되었다.

천남수 강원 사회 조사 연구소장이 쓴 글이다.

> 서울과 인천을 잇는 경인선은 우리나라 최초의 철길이다. 1899년 경인선이 개통되자 걷는 사람이 줄어들면서 서울과 인천 사이에 있는 주막거리는 사람들의 발길이 끊어졌다. 철도 개통으로 인한 피해는 주막뿐이 아니었다. 짚신 장수들도 타격을 입었다. 기차를 이용하면서 짚신 수요도 줄었기 때문이다. 짚신 장수들은 철길 때문에 장사가 망했다며 짚신을 철도역에 쌓아놓고 불태우기도 했다는 이야기도 전해진다. 한강 뱃길도 쇠퇴하면서 뱃사공들은 일자리를 잃었고 전국을 누비던 보부상도 타격을 받았다. 반면 철도역 하역장에는 많은 일꾼이 몰렸고, 이들을 대상으로 하는 장사는 호황을 누렸다.

1914년 개통된 서울과 원산 간 철도인 경원선이 완공되면서 함경도의 대표적 민요 '신고산 타령(원제 어랑 타령)'도 생겼다. 이 노래 도입부인 "신고산이 우루루 / 함흥차 가는 소리에 / 구고산 큰 애기 반봇짐만 싸누나"는 구절을 언뜻 들으면 마치 '신고산山이 우루루 무너지는 것'으로 들리지만, 실제로는 고산이라는 말이 함경남도 안변에 위치해 있었는데 이 마을에 기차역이 들어서면서 기존의 고산 마을은 '구舊고산'이 되었고, 기차역이 생긴 마을은 '신新고산'이 되었다. 요즘말로 역세권이 된 신고산에 '우루루' 들리는 소리는 바로 신고산역의 기차소리였던 것이다. 그런데 신고산역에서 들리는 우루루 기차 소리에 왜 구고산 큰 애기는 반봇짐을 쌌을까? 생활에 필요한 물품을 소달구지에 싣거나 등짐을 지고 꼬불꼬불 길을 가야 했던 시절 친척 집 방문이라도 할라치면 괴나리봇짐에 며칠을 걸어야 했던 시절 철도는 엄청난 양의 곡식과 생활물품을 빠른 시간에 이동할 수 있는 수단이었다. 특히 철도가 놓이고 역이 들어 선 지역은 신문물을 직접 접할 수 있어 삶의 변화가 엄청 났다. 우루루 기차 떠나는 소리에 구고산 마을에서 집안 일만 하던 시골 처녀의 마음이 들뜨는 것은 어쩜 당연한 일인지도 모른다. 하지만 불행하게도 구고산 큰애기 마음을 설레게 했던 경원선은 남북이 연결됐던 다른 철도와 마찬가지로 분단의 아픔을 겪었다. 1945년 해방과 동시에 찾아온 분단으로 시작된 단절은 6.25 전쟁 이후부터는 더 이상 서울에서 원산까지 달리는 기차를 볼 수 없게 만들었다.

■ [오사카 철길] 2019년 2월 25일 오사카 답사

| 참고문헌 |

- 무라야마 지준, 「조선의 향토오락」, 박전열(역), 집문당, 1992.
- 일본 스즈끼 도시가 일본 요미우리신문에 1977년~1979년까지 연재한 「소화(昭和)아이들 풍토기」, 「소화(昭和)어린이 250경」, 1980.
- 「한국의 동요」, 1994.
- 홍양자, 「우리 놀이와 노래를 찾아서」, 다림, 2000.
- 천남수 강원사회조사 연구소장
- 한국민족문화대백과 – 한국학 중앙연구원

20 오뚝이

초등학교 교과서 속 일본놀이

 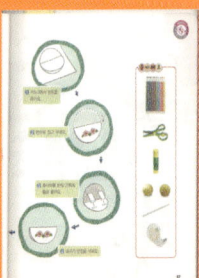

20 오뚝이

    오뚝이는 넘어져도 금방 일어나는 인형을 말한다. 머리는 작고 몸체는 크며, 손과 발이 없으며 몸체는 둥글게 하고 아래를 무겁게 만들었다. 오뚝이는 밀어 넘어뜨려도 절대로 넘어지지 않고 오뚝하면서 다시 일어서는 어린이 장난감으로 애용되었다.

    오뚝이를 가지고 노는 연령대는 갓난아기에서 유아가 가장 많고 어린이들은 초등학교 1·2학년까지 가지고 노는 장난감이다. 부모님이 어린아이들에게 오뚝이를 주는 이유는 갓난아기는 오뚝이가 넘어뜨려도 금방 일어서는 모습을 보고 웃음을 자아내기도 하고 네발로 기어 다니는 아이가 얼른 커서 두 발로 일어서기를 바라는 마음이 들어가 있다.
    또한 어른들의 마음속에는 이 아이가 어떠한 어려움에 처해도 역경을 이겨내고 일어설 수 있는 의지와 용기를 바라는 뜻에서 오뚝이를 장난감으로 사준다.

    그러한 뜻이 있었기에 어린이 장난감하면 가장 먼저 사주는 필수품처럼 어린이들은 오뚝이 인형을 가슴에 안고 성장했다. 요즘에는 오뚝이 인형이 없어도 오뚝이를 친근하게 느낄 수 있는 것이 있으니 우리나라 식품

기업에서 출시한 제품에 오뚝이 인형이 그려져 있어 식품을 먹을 때마다 친숙하게 바라 볼 수 있다. 이 회사는 1969년 설립되어 1973년에 회사명을 「오뚜기 식품 공업주식회사」로 바꾸었으며 오뚝이를 채택한 이유를 이렇게 이야기 하고 있다.

　넘어져도 금방 일어나는 기업, 오뚝이가 옛날부터 어린이들이 좋아하는 장난감인 것처럼 어렸을 때부터 함께해 믿고 먹을 수 있는 기업이라는 뜻을 담았습니다. 오뚜기 로고는 미소 짓는 어린이가 입맛을 다시고 있는 모습입니다. 어린이의 미소처럼 항상 친절과 정다움으로 소비자를 대한다는 기업 이념을 갖고 있습니다. 어린이의 거짓없는 맑은 웃음으로 소비자 앞에서 자부심을 갖고 떳떳하게 최고의 품질을 추구하자는 정신을 갖고 있는 것입니다." 라고 되어있어 이 회사의 창립 당시 오뚝이가 얼마나 인기있는 장난감 이었나를 알 수 있다.

　오뚝이는 우리나라 뿐 아니라 전 세계 어린이들이 가지고 노는 장난감이다. 모양도 각양각색의 나라마다 그 나라에 어린이가 좋아하는 모습으로 만들어 놓고 있으며 우리나라는 분명 어린이 모습을 하고 있다. 그런데 어린이 중에서 우리나라 어린이가 아니라 서양 어린이처럼 머리는 갈색, 눈은 초롱초롱 살구색은 서양 어린이 모습이다. 러시아 어린이들이 가지고 노는 오뚝이와 비슷한 모습이다. 러시아의 오뚝이는 일본을 통하여 오뚝이가 들어갔고 러시아는 일본의 오뚝이 모습을 러시아식 모습으로 바꾸어 발전시켰다. 우리나라에 오뚝이가 언제 들어왔을까? 우리나라 어린이들이 오뚝이를 가지고 논 것은 일제 강점기 때이다. 일본을 통하여 들어온 장난감에 오뚝이가 있었으며 일본은 다른 나라에 비하여 독특한 오뚝이를 만들어 사용하였는데 그 전통은 오늘날까지 이어져 다양한 방법의 놀이로 발전하였다.

우리나라에서 오뚝이 관련 자료 중 가장 오래된 것은 1895년 미국 펜실베니아 대학교수였던 스튜어트 컬린Stewart Culin 1858~1929이 저술한 「한국의 놀이 – 유사한 중국·일본의 놀이와 비교하여」에서 오뚝이에 관한 내용을 다음과 같이 수록하였다.

1. 탈등 : 장난감과 등

Toys and Lanterns

　한국의 소년, 소녀들은 어릴 때 보통 함께 놀지만, 상류층에서는 어린 소녀들이 밖에 나가 소년들과 노는 것을 허락하지 않는다. 성性이 다른 아이들은 일곱 살이 되면 자리를 함께하지 않아야 한다는 공자의 말씀이 지켜지고 있다.

　-중략-

　아기들은 때때로 말린 갑각류를 장난감으로 받는다. 아기들에겐 거의 장난감이 없다.

　어머니들은 반짇고리에서 실타래와 실패를 갖고 놀게 하지만 일 년에 한 번을 제외하고는 미국 어린이들처럼 장난감을 많이 받지 못한다. 네 살 또는 다섯 살이 되는 사내아이들은 서당에 다니기 시작하고 붓, 종이, 먹물 등이 장난감을 대신하게 된다. 바느질은 소녀들에게 매우 중요한 것이다. 상류층의 어린이들조차도 그들이 결혼했을 때 가사를 돌보는 방법을 익히기 위해서 침모를 도와 배워야만 한다.

　일 년에 한 번인 4월 초파일 즉 음력 4월 8일에 어린이들의 축제가 오며 보편적으로 이날 장난감을 살 수 있다. 그 장난감들은 '달등'이라고 불리며, 형태가 매우 다양하다. 새와 야수모양의 등燈은 모든 장터에서 팔린다. 어떤 등은 산신山神을 태운 호랑이 모습을 하고 있으며 기생을 등에 태운 말 그림도 있다.

　여기서 기생들은 항상 우산을 들고 있는 모습으로 표현된다. 왜냐하면 그들은 밖에 나갈 때 덮개가 있는 가마에 타는 것이 허용되지 않아서 항상 우산으로 가지고 다니곤 했기 때문이다. 등에 토끼를 태운 거북이 또한 일반적인 장난감이다. 이것에 대한 이야기는 알렌H.V.Allen 박사가 그의 저서 「한국 이야기 Korean Tales」에서 언급했다. 또 다른 장난감은 '고양이 쥐'이다. 그것은 뚜껑이 달린 작은 상자인데, 그 뚜껑은 쥐를 감시하는 고양이를 나타낸다. 그 뚜껑이 쥐를 향해 밀려오면 쥐는 구멍으로 달아난다. '뻐꾸기' 즉 산비둘기라 부르는 장난감도 팔린다. 이것은 등에 구멍이 있는 새 모양을 하고 있는데, 꼬리에 있는

튜브를 통해 바람을 넣으면 '뻐꾹' 하고 새 울음소리를 낸다. 모든 장난감들 중에서 가장 보편적이고 인기있는 것은 오뚝이, 즉 '오뚝 서는 인형'이다. 이것은 종이로 만든 형상물로 항상 오뚝 서도록 둥그런 밑바닥에 진흙을 채워 넣었다. 그 모습은 여성을 나타내는데, 때때로 그 여성은 호랑이를 타고 있기도 한다.

일본에서 4월 초파일은 부처의 탄생일로 경축하는 날이며 '관불회灌佛會'라고 부른다. 이것으로 보아 한국의 축제는 본래 불교적이었다는 것을 알 수 있고, 일찍이 오뚝이가 부처의 초상이었다는 것은 있을 법한 일이다. 그러나 오뚝이들은 훨씬 더 오래 되었을지 모르며 춘분春分과 연관된 몇몇 초기의 종교적 제전祭典을 연상시킨다. 이 장난감과 함께 폭죽도 팔려서, 저녁이 되면 온 나라에 불꽃놀이가 행해졌다. 사람들은 등을 마련해 기름을 부어 밤새 등불을 켜 놓는다. 불꽃이 꺼지지 않고 활활 타오르는 것은 행복하고 긴 삶을 예견하는 것이라 믿는다. 전 세계적으로 많은 유사물이 있는 오뚝이라고 하는 장난감은, 그 옛날 이 계절에 한국에서 숭배되었던 신의 이미지와 관련성이 있는 유물로 여겨질 수 있다.

위의 글을 잘 읽어보면 1890년대 한국당시는 대한제국의 어린이들이 노는 놀잇감이 잘 나타나 있다. 한국은 유교를 국시로 하여 공자 사상이 지켜지고 있으며 태어나서 돌을 맞이하여 돌잡이풍습을 어린이 놀이로 설명하였고 남자아이와 여자아이들의 생활용구를 장난감으로 보았다. 그리고 마을마다 산에 혹은 마을 입구에 설치되어있는 산신당의 조형물인 호랑이와 산신을 장난감으로 보았으며 놀이 관련 그림과 뻐꾸기 호루라기 오뚝이 등을 설명하였다. 이 자료는 두 사람에게 공수 받았는데 첫 번째는 한국의 놀이 자료를 가장 많이 제공한 컬럼비아 박람회에 파견한 한국위원회의 유능한 비서관이자 워싱턴에서 한국정부의 공사公使로 있는 박영규의 도움을 받았으며 또 한사람은 미국인 선교사이면서 의사인 알렌H.N.Allen박사이다. 알렌은 한국에 최초로 서양식 병원인 '제중원'을 설립한 사람으로 한국의 이야기를 담은 「한국 이야기Korean Tales」를 저술하였다.

그런데 박영규와 알렌이 한국의 놀이에 대하여 자세히 알려줬는데 스튜어트 컬린은 일본의 장난감과 혼동이 왔다. 즉 스튜어트 컬린은 한국대한제국 일본, 중국의 놀이를 정리하여 수집된 자료로 박람회를 개최하고「한국의 놀이」라는 책자도 발간했지만 정작 한국은 한 번도 와보지 못하였고 중국과 일본은 직접 방문하여 필요한 자료를 수집하였다.
　스튜어트 컬린이 책의 제목을「한국의 놀이 - 유사한 중국·일본의 놀이와 비교하여」라고 쓴 것은 한국의 박영규와 알렌을 통하여 한국놀이를 먼저 접하고 뒤이어 중국과 일본의 놀이를 접했기 때문에 우선순위가 한국이 된 것이다. 장난감을 정리하면서 한국에는 없고 일본에서 수집한 오뚝이를 한국의 산신당에 있는 호랑이와 산신 혹은 동자승을 착각하여 오뚝이라 표현한 것이다. 스튜어트 컬린이 이어서 수록한 일본 자료를 읽어보면 이해가 될 것이다.

　일본에서 '오뚝이'는 신상이 다루마達磨를 본떠 만들어지고 그의 이름이 붙여진다. 또한 '일어나는 동자승'이라는 의미의 '오키아가리코보시不倒翁'라고 불린다.(도판19) 이 장난감을 살 때 일본 소년들은 재빨리 일어나도록 하기 위해 무게가 있는 것을 꼼꼼히 고른다. 불완전한 것은 재수가 없다고 여겨진다.

　「화한삼재도회和漢三才圖會」에는 승려를 표현한 장난감 그림이 실려 있는데(도판20), 그것은 마치 오뚝이처럼 기울어져 있다.
　이것은 장난감 개의 그림과 함께 '쓰지닝교土人形' 즉 '진흙인형'이라는 제목아래

-중략-

　「미술세계美術世界」라는 책에는 '고대 인형ancient doll'이라는 영문 제목과 함께, '오뚝이tilting toy'라고 밝혀진 인형의 그림이 실려있다.(도판21) 그 일본 책에는, 그 인형이 고제 쇼세키에 의해 만들어졌고 불사佛師(불상 제작자, 일본어로 부시)인 도사쿠 쿠라츠쿠리에 의해 만들어졌다고 추정되는 흙으로 만든 고대의 신상 토우를 나타낸다고 씌어있다.

19. 다루마(達磨) 혹은 오키아가리코보시(不倒翁). 일본. 펜실베이니아 대학 고고학 박물관.
20. 나이소안(泥塑人). 일본. 『화한삼재도회(和漢三才圖會)』 중에서.

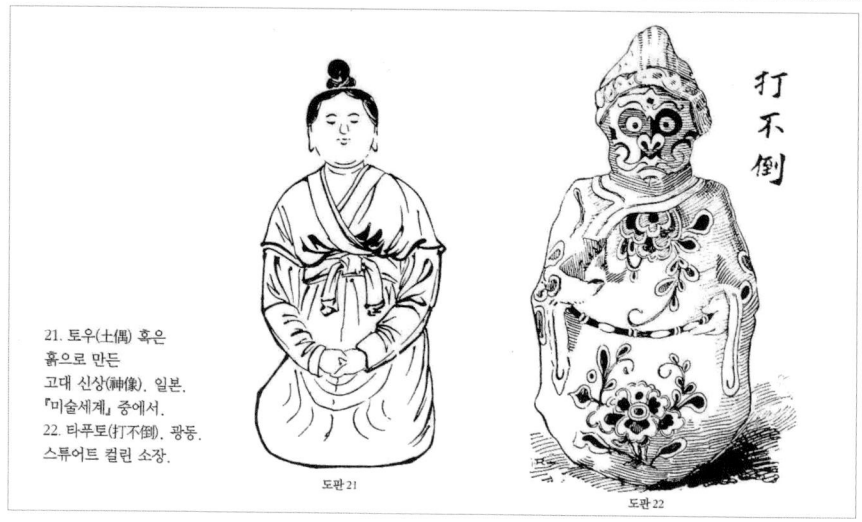

21. 토우(土偶) 혹은 흙으로 만든 고대 신상(神像). 일본. 『미술세계』 중에서.
22. 타푸토(打不倒). 광동. 스튜어트 컬린 소장.

▲ 위의 그림은 일본 도쿄의 모리모토 데오디쿠가 그렸다.

    같은 책에 쓰여있는 위의 내용을 보면 분명 스튜어트 컬린은 일본에서 수집된 오뚝이를 한국의 오뚝이로 착각하여 수록했으며 이때는 우리나라에 장난감이라는 놀이가 유행하지 않은 조선시대 모습이 그대로 남아 있는 시대이다.
    일본은 메이지유신 이후 급속도로 서구의 문물을 받아들여 서구화되어가는 시기이기에 미국인의 눈으로 일본을 바라보고 그 옆에 있는 한국을 추측하여 그럴 것이라고 생각한 것이 이 책에 역력히 나타나있다. 즉 서양에서도 유행하고 일본에서도 유행하고 있는 오뚝이가 한국에서도 유행하고 있을 것이다 라고 생각하고 쓴 것이다.

우리나라에서 오뚜기를 직접적으로 이야기한 자료가 1934년에 발행한 「신가정新家庭」 2권 2호(1934년 4월 1일 81~82쪽에 이은상(1903~1982)이 쓴 「아저씨 말씀(둘째) 오뚝이」 라는 글이 수록되어 있는데 이은상이 어렸을 때 가지고 놀았던 오뚝이에 대하여 이야기한 내용이 수록되어 있으니 그가 어렸을 때는 1903년생이기 때문에 1906년 정도였을 것이다. 그러니 우리나라에 오뚜기가 들어온 것은 1900년대 초이다.

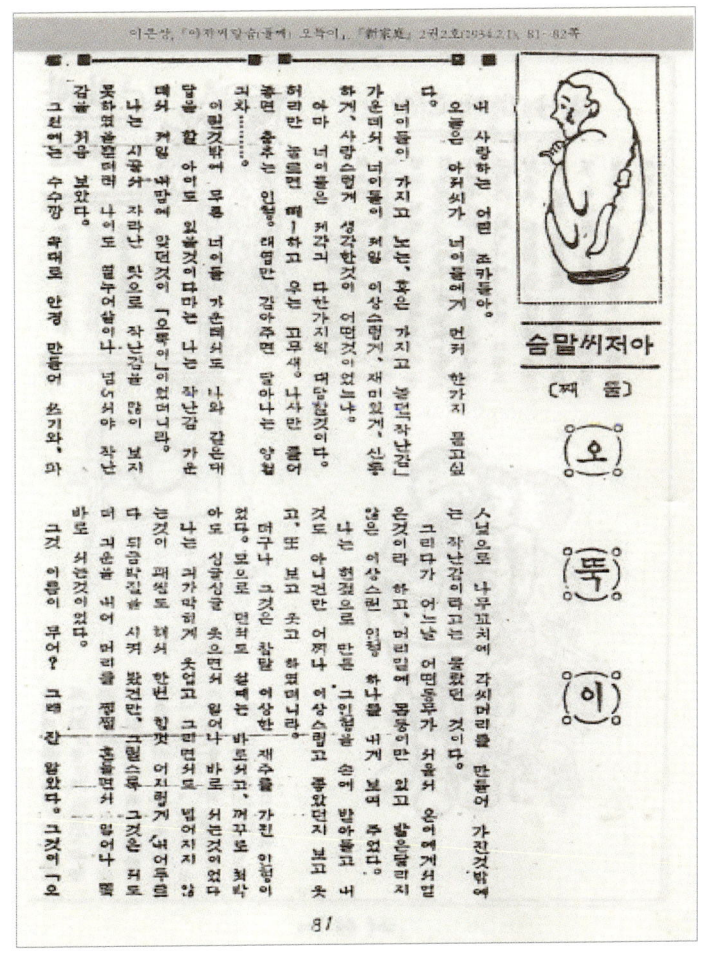

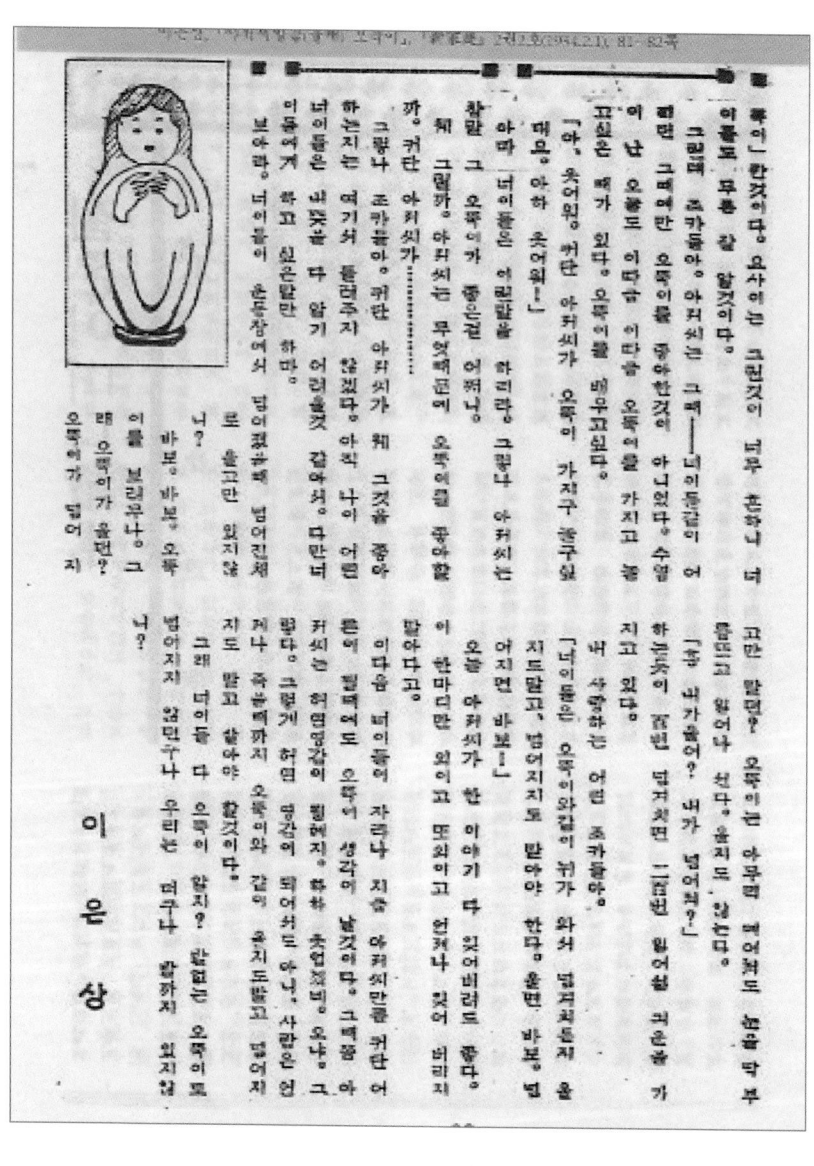

※ 일본에서 달마 관련 놀이는 다음과 같다.

복웃음

달마의 얼굴을 하나하나 분해해 놓는다. 즉 눈썹, 눈, 코, 입, 귀 등을 떼어놓고 술래의 눈을 가린 후 달마의 눈, 코, 입, 귀를 붙인다. 눈을 가렸기 때문에 엉터리로 붙여서 한바탕 웃는 놀이이다. 눈, 코, 입, 귀를 잘라 붙이는 것도 있고 달마의 얼굴 윤곽만 그려놓고 눈을 가리고 그 안에 직접 그리는 방법도 있다.

요시노 유코저 -달마의 민속학-

다루마 눈싸움

일본에서 설날에 주로 노는 놀이이다. 두 사람이 마주 앉아 달마의 모습처럼 입은 꼭 다물고 눈을 부릅뜬다. 상대방을 계속 노려보며 입은 꼭 다물어야 하고 눈알을 달마처럼 점점 키우던지 하여 상대방을 웃기는 것인데 웃음을 참지 못하고 입을 벌리거나 웃으면 지는 것이다.

요시노 유코저 -달마의 민속학-

다루마 상가 고톤다

다루마 상가 고톤다ダルマさんが転んだ-다루마상이 넘어졌다 놀이는 술래가 구호를 외치고 뒤 돌아봤 을 때 움직이지 말아야 하고 만약 움직이면 잡혀서 술래와 손을 잡고 있는데 애들이 터치하면 구할 수 있다. 또 잡히면 그가 술래가 된다.

다루마 오토시

다루마 오토시だるま落とし는 일본의 전통놀이로서 나무로 만든 조각을 나무 망치를 이용하여 밑에서부터 빼낸다. 단, 위에 있는 나무 조각들이 쓰러지면 안된다. 쓰러지지 않고 하나씩 차례차례 돌아가면서 무사히 빼내야 한다.

다루마

다루마だるま는 일본 군마현 쇼린잔 절에 있는 다루마로 불교의 한 유파인 선종 개조의 달마가 좌선하는 모습을 본 떠 일본에서 인형이나 장난감이고 우리말로는 '달마'라고 부른다. 손과 발은 없고 붉은 옷을 입고 있다. 사업 번창·개운출세開運出世의 효능이 있다고 전해진 다. 다루마는 눈이 그려지지 않은 것이 많은데 신사나 절에 가서 소원을 담아 그 소원이 이루 어지길 빌면서 눈을 그려 넣는 경우가 있다. 그 곳에서 여러 가지 크기나 색상의 종류인 다루 마를 파는 시장이 열린다.

▲ 조선시대 김명국 달마도

일본의 오뚝이는 달마達磨를 지칭한다. 일본의 놀이중 달마와 연관된 놀이가 많다.

다루마의 역사는 에도시대에 중국에서 나가사키의 사원에 전래된 것으로 달마의 민속학에서는 달마가 중국에서 들어온 시기를 대명무역이 번창했던 무로마치시대(1336~1573) 그것은 일본에서도 선종의 흥륭을 보았던 시대라고 했다. 상인들의 신앙 대상으로 일본에 널리 보급되었다고 하는데 일설에서는 조선의 화가 김명국이 조선통신사로 1636년과 1643년에 수행화원으로 일본에 갔을 때 달마를 그려줬는데 일본인들은 이를 귀하게 여겨 다루마의 형태가 김명국이 그려준 그림과 유사한 것이 그 때문이라 한다.

일본에서는 다루마가 처음에 노란색이었는데 현재는 대개 붉은색이다. 이는 중국의 전통과 맞물렸기 때문이라고도 하고 달마대사가 수행할 때 입은 붉은 가사 때문이라는 설이 있다.

오키아리 코보시 オキアリコボシ는 '일어나는 동자승'이라는 뜻으로 오뚝이처럼 쓰러뜨려도 계속 일어나는 모습이 달마가 9년 동안 좌선을 계속한 이야기 때문이고 달마의 얼굴이 크게 그려져 있다. 상점에서 다루마를 살 때 눈동자가 그려져 있지 않다. 그것은 무엇인가 간절한 소원이 있는 사람

합격 후(눈을 그렸다)

합격전　　　　　▲ 다루마

특히 정치에 나선 사람들은 자신이 당선되기를 소원하는 마음을 담아 한쪽 눈을 그리고 원했던 일들이 이루어지면 감사를 담아 남은 한쪽 눈을 그린다. 눈을 그리는 것도 처음에 왼쪽 눈을 그리고 소원이 이루어지면 오른쪽 눈을 그린다. 달마는 일본에서 「장사번창」과 「소원성취」즉 「합격당선」등을 들어주는 신앙의 대상이다.

오뚝이의 주인인 달마는 보리달마菩提達摩 ?~528라고 부른다. 보리달마는 남인도 향지국香至國의 셋째 왕자로 후에 대승불교의 승려가 되어 선禪에 통달하였다. 성을 세테이리刹帝利라고 했다.

왕에게는 세 명의 아들이 있었는데 장남은 '월정다라' 둘째는 '공덕다라' 셋째를 '보리다라' 라고 불렀다. 셋째는 부처님의 가르침을 해석하는데 뛰어났다. 이들의 스승으로 '반야다라' 라는 고승을 초청했다. 세 왕자를 가르치는데 '보리다라' 는 남달랐다. 얼마 후 국왕이 승하하자 보리다라는 반야다라를 따라 출가하여 불법을 배우게 되었는데 이에 이름을 '보리달마' 라고 하였다. 스승인 반야다라가 40여 년의 수행을 하고 임종에 이르러 달마에게 유언하기를 "내가 죽은 후 6~7년이 지나면 동쪽 중국이라는 나라에 가서 전법하도록 하여라" 이에 달마는 훗날 스승의 명을 받아 중국이라는 나라로 향하게 된다. 달마는 우선 제자 '불타야사' 에게 사전 답사를 떠나게 했다. 중국에 도착하여 보니 달마의 가르침과 크게 어긋나는 중국 승려들은 달마의 사상을 낯선 것으로 여겨 배척하였고 그는 크게 낙심하여 병으로 죽었다. 그러나 달마는 제자의 죽음에 안타까워하면서 참된 불교의 마음을 전해 주려는 굳은 결심을 가지고 중국을 향해 출발하였다. 달마가 바닷가에 나가 배를 타려는데 수백 년 묵은 큰 고기가 배 드나드는 길목에 와서 죽었다. 배가 그 길목을 통과하지 못하고 있을 때 나무 숲속에 들어가 조용히 선정에 들어서 그 정신이 몸을 벗어나 신력으로 고기 시체를 운반하여 먼 바다로 내다 버리고 돌아왔다. 돌아와 보니 자신의 몸은 오간데 없고 어떤 선인의 괴이한 몸이 있었다. 대사가 혜안으로 관찰해보니 그 나라의 이름 높은 오통선인五通仙人이 숲속에 도인의 몸이 있는 것을 보고는 자신의 몸을 바꾸어 간 것이다. 달마의 몸은 원래 매우 빼어난 몸인데 그 바꾼 몸은 눈이 새파랗고 수염이 많아서 얼른 보면 사람 같지 않았다.

달마는 하는 수 없이 못생긴 몸을 가지고 중국의 광주에 도착(520년)하자 양무제梁武帝는 궁궐로 초청하였다. 양무제는 절을 짓고 탑을 조성하고 스님들이 수행하기 좋게 뒷바라지를 해 주었다. 그런데 양무제와 달마대사의 대화 중에 양무제가 자신의 공덕을 자랑했으나 달마는 이를 인정하지 않은 채 대화를 마치고 위魏나라로 갔다. 양무제는 지공誌公선사를 청하여 달마와의 대화를 이야기하자 지공은 "저분은 관음대사觀音大士의 후신으로 부처님의 심인법心印法을 이 중국 땅에 전하기 위해 인도에서 오신 분이십니다"라고 하면서 이미 떠난 분을 모시기는 어렵다고 하였다.

강을 건너 위나라에 간 달마는 소림굴少林窟에서 9년 동안 묵언면벽默言面壁을 하였다. 아무 말 없이 주야로 얼굴을 벽에 대고 고요히 앉아 있을 뿐이니 당시 사람들은 달마를 '벽관바라문'이라고 불렀다. 그때 신광神光스님이 대도의 진리를 아는 사람을 만나기 위해 떠돌다 달마의 소문을 듣고 찾아온다. 달마는 신광을 살펴보고 제자로 삼는다. 어느 날 제자들을 모아 놓고 문답하기를 도부에게는 "너도 나의 가죽을 얻었다"라고 하고 총지에게는 "너는 나의 살을 얻었다" 또 도육에게는 "너는 나의 뼈를 얻었다" 마지막으로 혜가에게는 "너는 나의 골수를 얻었다"라고 했다.

달마는 중국에 와서 "모든 교리教理와 중생의 상相에 집착한 행行으로는 나고 죽는 문제를 해결 할 수 없으며 부처님의 정법正法을 깨달을 수 없다. 오직 심성心性의 바탕을 바로 보아야만 부처를 이룰 수 있다"라고 가르쳤다.

기존의 불교 세력이 달마대사를 죽이려고 공양물에 여섯 차례나 몰래 독약을 넣는 비극이 벌어졌다. 그러나 달마는 무심無心으로 독약이 효력을 발휘하지 못하게 했으며 다섯 번째 독약은 어찌나 독했던지 머금었다가 뱉어내니 돌이 갈라졌다. 여섯 번째는 독약이 있는 줄 알고 먹었는데 열반하였다. 달마의 육신을 석관에 넣어 웅이산熊耳山에 묻었다.

3년이 지나 위나라 송운宋雲이 서역에 사신으로 갔다 오는 길에 "총령산 고개에서 달마가 주장자에 신발 한 짝을 꿰어 매고 총령고개를 넘을 때 만났는데 인도로 가는 길이라 하였다."고 위나라 임금에게 이야기했는데 삼 년 전에 죽었다고 한다. 놀라서 묘를 파고 석관을 열어 보니 과연 거기에는 신발 한 짝만 남아 있었다. 양무제가 달마대사를 추모하는 비문을 남겼는데 다음과 같다.

> 슬프도다. 보고도 보지 못했고 만나고도 만나지 못했으니
> 지난 일, 오늘날에 뉘우치고 한 됨이 그지없도다.
> 짐은 한낱 범부로서 감히 그 가신 뒤에 스승으로 모시나이다.

일본 사람들이 왜 달마達磨를 좋아할까?

그것은 달마가 가지고 있는 불교의 교리도 있겠지만 가장 중요한 것은 자연재해를 막을 수 있다는 것이다. 달마가 인도에서 보여 준 여러 가지 불법佛法 실천의 명성이 있고, 또 하나 중국으로 가서 자연재해를 극복하는 신통력을 지녔고 9년간의 수행은 일본인에게 인내를 불어 넣어 주었을 것이다. 우리나라에서도 달마의 그림을 그려 붙이면 수맥이 차단된다는

자연재해를 막아주는 사례도 있다. 일본은 자연재해가 심한 나라이다. 잦은 화산폭발, 여름이면 각종 태풍에 쓰나미, 지진 등 심지어 원자력 발전소가 파괴되어 방사능 유출로 사람이 살 수 없는 지경에 이르렀으니 지푸라기라도 잡아야 하는 나라가 일본이다. 그래서 각종 신사가 즐비하고 마을 집안에는 여우신사가 설치되는 나라이기에 어린이 놀이를 신통력 있는 달마가 지켜 주리라는 소망이 담겨있다.

▲ 다루마 오토시

▲ 오뚝이 장난감

| 참고문헌 |

- 요시노 유코저 「달마의 민속학」
- 스튜어드컬린 「한국의 놀이」, 1895년
- 네이버 검색 「오뚜기 식품」
- 네이버 검색 「달마」

21 시소

초등학교 교과서 속 일본놀이

21
시소

　시소는 평형기능, 협동심, 리듬감 등을 기르는데 적합하여 초등학교 운동장에 철봉과 그네 옆에 놀이기구나 운동기구로 나란히 설치되어 있다.
　또 유치원 마당에도 빠지지 않고 설치되어 있어 어린이 놀이로 많이 이용되고 있다.

　시소는 널빤지의 가운데를 괴고 양쪽에 앉아 손으로 잡을 수 있는 손잡이를 한 개나 두 개를 만들어 놓아 한쪽에 한 명이나 두 명이 앉을 수 있게 하여 오르고 내리기, 방아찧기, 저울대 놀이 등 한쪽이 올라가면 상대쪽이 내려가며 노는 놀이기구이다.

　우리 고유의 전통놀이인 널뛰기와 비슷하나 널뛰기는 서서 양쪽에서 뛰어 올라갔다 내려갔다 하지만 시소는 앉아서 논다는 것이 다르다.

　우리나라에서는 시소를 언제부터 놀기 시작했을까?
　1936년에 일본학자 무라야마 지준이 각 학교에서 조사한 「조선의 향토오락」에는 널뛰기, 그네 타기 기록은 있으나, 시소에 관한 내용은 없다.
　그런데 1895년에 미국의 스튜어트 컬린이 쓴 「한국의 놀이 - 유사한 중국

'일본의 놀이와 비교하여」에는 See saw로 표기해 놓고 다음과 같이 설명하여 놓았다.

> 이 놀이는 특히 여자 아이들이 하며 심지어는 열아홉이나 스무 살 된 여자들도 한다. 두 사람이 받침으로 거적 만 것을 널빤지의 가운데에 고이고 여자들은 양 끝에 서서 교대로 뛰었다 내려온다. 도판 81은 널뛰기를 하는 두 시골 소녀를 나타낸다.
> 일본에서 널뛰기는 보편적 놀이이며 '시소'라고 불린다.(도판 80)
> 그 이름은 유럽과 미국에서 유래한 어떤 놀이에서 나온 것이다. 중국 광동에서 시소는 '탕틴핑登天拜'이라고 한다.[1]

이것으로 보아 1895년에 한국에서는 널뛰기가, 일본에서는 시소가 유행했으며, 무라야마 지준이 조사한 1936년까지 한국에는 시소가 없었다. 그러다 1940년 소학교가 국민학교로 개칭되면서 국민학교에 시소가 설치되고 그것이 오늘날까지 이어진 것이다.

시소가 처음에 유럽에서 만들어졌을 때는 다음과 같은 설이 있었다.

시소See saw의 어원이 영미권에서 톱질할 때 내는 '어기 영차see-saw'에서 따왔다고 한다.

한국민족문화대백과에는 시소놀이에 대하여 다음과 같이 기록되어 있다.

> 긴 널빤지의 한가운데를 괴어 그 양쪽 끝에 사람이 타고 서로 오르락 내리락 하는 어린이 놀이 시소는 영어의 See saw로서, 이 기구는 서양에서 들어왔다. 가운데 받침대를 놓아 평형을 유지시킨 긴 널빤지의 양쪽 끝에 어린이가 올라앉아 한 번씩 번갈아가며 오르내리는 것을 즐긴다. 우리의 널뛰기는 서서 뛰며 상대의 몸무게에 따라 받침을 옮길 수가 있다. 그러나

1) 스튜어트컬린, 「한국의 놀이 유사한 중국·일본 놀이와 비교하여」, 열화당, 1895년

> 시소는 받침대로부터의 거리와 이에 올라앉은 사람의 무게에 따라 평형이 좌우되므로 이를 잘 조정해야 즐길 수 있다. 즉 상대보다 무거운 사람은 중앙부 쪽으로 옮겨가거나 가벼운 쪽에 한사람이 더 앉아야 하는 것이다. 이를 위해서 시소 양 끝에 손잡이를 따로 박아 두기도 하고 의자를 붙박아 두기도 한다.
>
> 시소놀이는 혼자서는 불가능하며 둘이나 그 이상의 사람이 있어야 한다. 여럿인 경우에는 앞쪽에 앉은 사람끼리 가위바위보를 하며 진 쪽 사람이 내려간다. 현재 시소는 유치원은 물론 거의 대부분의 초등학교와 놀이터에 설치되어 있다.

위에서는 시소가 서양에서 들어왔다고 쓰여 있어 일본을 통해 들어온 사실을 숨기고 있다. 체육대학사전에는 시소가 오래전에 우리나라에 들어와 정착하여 지방마다 부르는 이름이 다르다며, 그 예로 「오르내리기」 「방아찧기」 「저울대 놀이」 등을 수록 하였으며, 판자의 길이가 3m~5m라 하였다.

시소 シーソー 는 일본에서 들어온 어린이 놀이이다.

80. 시소(Seesaw). 일본.

▲ 「한국의 놀이 유사한 중국·일본놀이와 비교하여」, 스튜어트 컬린, 1895.

▲ 오사카 이나리신사 內 시소 2019.2.25. 오사카현지답사

▲ 한국 유치원, 초등학교에 설치된 시소

| 참고문헌 |

- 무라야마 지준, 「조선의 향토오락」, 박전열(역), 집문당, 1992.
- 스튜어트 컬린, 「한국의 놀이 유사한 중국·일본의 놀이와 비교하여」, 윤광복 (역), 열화당, 2003.

22 끝말잇기

초등학교 교과서 속 일본놀이

22 끝말잇기

어느 곳에서나 아이들에게 "원숭이 엉덩이는~"라고 하면 금방 "빨~개"라고 받아준다.

> 빨가면 사과 / 사과는 맛있어
> 맛있으면 바나나 / 바나나는 길어
> 길면 기차 / 기차는 빨라
> 빠르면 비행기 / 비행기는 높아
> 높으면 백두산
>
> [백두산까지 오면 그다음부터는 백두산 노래를 부른다.]
>
> 백두산 뻗어내려 강토 삼천리 / 무궁화 이 강산에 역사 반만년
> 대대로 이어 사는 우리 삼천만 / 복 되도다 그 이름 대한이로세

이 끝말잇기는 여럿이 모여서도 놀고 둘이 있어도 놀고 혼자 흥얼거리면서도 놀며 여자아이들이 고무줄놀이를 하면서도 논다.

가사 내용을 보면 끝부분에 노래로 "백두산 뻗어내려 강토 삼천리"로 시작하여 "무궁화 이 강산에 역사 반만년"은 마치 애국정신을 불어넣는

구절로 여겨지는데 잘 생각하면서 한 구절, 한 구절 다시 읽어보면 의문투성이다.

첫 번째 구절부터 살펴보면 원숭이는 우리나라에서는 찾아볼 수 없다. 그러나 일본에는 있다. 또 바나나는 일본을 통해 우리나라에 들어왔다. 그리고 기차는 일본말이다. 우리 것은 백두산 하나뿐이다. 그러나 이것 또한 해방 전에 어린이들이 놀았던 원문을 보면 백두산이 아니라 일본의 후지산이었다. 이 놀이는 일제강점기에 불렀던 노래와 해방 후 부르고 있는 노래가 다르게 불리고 있음을 알 수 있다.

끝말잇기는 일제강점기 일본에서 들어 온 일본 놀이였는데 해방 후 우리 실정에 맞게 고쳐 불러 놀았던 것이다.

일본에서 음악교사를 하였던 홍양자는 「빼앗긴 정서 빼앗긴 문화」, 「우리 놀이와 노래를 찾아서」에서 끝말잇기를 다음과 같이 기술하였다.

한국이 일본 지배를 받았던 36년간은 정치·문화·사회적으로 일본의 영향을 많이 받았던 시기이다. 특히 1937년 중일전쟁 발발 이후 일제는 갖은 방법으로 한 민족을 못 살게 굴었다. 요즘도 4월경에 남산에 가면 예쁜 벚꽃을 구경할 수 있다. 일제 때 남산에 신사(神社)를 만들어서 올라가는 길에 벚꽃을 많이 심었기 때문이다.
 이 시기에 일제는 우리나라 곳곳에 신사를 만들어서 신사참배를 강요하는가 하면, 창씨개명·징병·우리 말 사용금지·일어 상용 등 헤아릴 수 없는 괴로움과 고통을 끼쳤다.
 이 때 학생들이 일어로 된 노래를 많이 불렀는데, 당시 국민학교 학생들이 일본말로 부르던 "말잇기" 노래가 있다.

이로하니 별사탕

이로하니 별사탕 별사탕은 달다 *イロハ=コソノバイトウコソバ イトウワ 甘イ*
달면 설탕 설탕은 하얗다 *甘イワ オ砂糖 オ砂糖ワ 白イ*
희면 구름 구름은 빠르다 *白イワ雲 雲ワ 速イ*
빠르면 기차 기차는 까맣다 *速イワ 汽車 汽車ワ 黑イ*
검으면 연기 연기는 가볍다 *黑イワ 煙 煙ワ 輕イ*
가벼우면 석유 석유는 높다 *輕イワ 石油 石油ワ 高イ*
높으면 후지산 후지산은 멀다 *高イワ 富士山 富士山ワ 遠イ*
멀면 도-쿄 도-쿄는 위대하다 *遠イワ 東京 東京ワ 偉イ*
위대하면 천황 *偉イワ天皇*

위의 노래를 보면 목적이 위대한 천황을 떠받들자는 것이다.

일본은 1941년 태평양전쟁을 일으키면서 국민학교령을 공포하여 교육의 전시체제를 강화했다. 학교에 가면 일본말만 배우고 군사훈련을 받았다. 뿐만 아니라 일제는 우리 민족 문화를 말살하려는 흉악무도한 정책을 실시했다.

우리말과 우리글을 못 쓰게 하고 우리의 민요·동요·대중가요까지 못 부르게 했다. 학교에서는 물론이며 가정에서도 일본말만 사용하고 일본 노래만 부르도록 강요한 것이다. 일본의 군가·국민가요만 부르게 하니 우리 놀이와 동요는 그 모습을 감춰 버렸다. 이 시기에 새로 만들어진 우리말 노래는 하나도 없고 설령 있다고 해도 우리말을 일절 못 쓰게 하니까 우리말로 된 노래는 부를 수가 없었다. 겨우 5년이란 짧은 기간 안에 우리 어린이들은 우리말을 잊어버리고 해방 직후 우리말로 된 교과서를 읽을 수 없게 되었다. 우리말을 쓰지 못하고 일본말만 사용한 5년이란 기간은 우리 어린이들에게 제일 중요한 우리의 정서까지 빼앗았다. 해방 후 반세기가 지난 지금도 어린이들이 하고 있는 놀이와 노래에는 일본말만이 남아 있고 그 당시의 흔적이 보인다. 줄넘기를 하며 부르는 말잇기 노래 하나가 있다. 역사와 다른 이야기이지만 아이들 마음에 어떠한 마음이 들어 있는지 알아보자.

이등박문 伊藤博文

일 일본서
사 사지가 발발 떨려서
칠 칠요를 하다가
십 십일 만에 죽었다

이 이등박문이가
오 오대산을 넘다가
팔 팔이 썩어 들어가

삼 삼천리강산을 뺏으러 왔다가
육 육혈포에 맞아
구 구데기가 나서

이등박문伊藤博文은 이토 히로부미라고 부른다. 일본의 정치가로서 제국주의에 의한 아시아 침략에 앞장서 조선에 을사늑약乙巳勒約을 이끌도록 앞장섰으며 헤이그특사사건을 빌미로 고종을 강제로 퇴위시켰다. 일본에서는 근대화를 이끈 인물로 평가되지만 조선에서는 식민지화를 주도한 원흉으로서 1909년 중국 하얼빈에서 안중근에게 저격당하여 죽었다. 그런데 아이들은 우리나라 침략의 원흉이라고 생각하고 안중근 의사의 총에 맞아 죽은 것조차 인정할 수 없는지 팔이 썩어 구더기가 나와 십일 만에 죽게 하였다. 이것은 일제 치하가 얼마나 한이 맺힌 것인지 짐작할 수 있다.

일본에서 1936년도 어린이들이 줄넘기를 하면서 부르는 말잇기 노래가 하나 있다.

안녕, 잘가 세모 다시 와 네모 さよなら三角 またきて四角
네모는 두부 두부는 하얗다 四角は豆腐 豆腐は白い
희면 토끼 토끼는 날아간다 白いは兎 兎は飛ぶ

날아가면 새 새는 까맣다 飛ぶは鳥 鳥は黑い
검으면 굴뚝 굴뚝은 높아 黑いは煙突 煙突は高い
높으면 하늘 하늘은 파랗다 高いはお空 お空お靑い
파란 것은 바다 바다는 깊다 靑いは海 は海い深い
깊은 것은 부모의 은혜 深いは親の恩

위의 노래가 1941년에 조선총독부에서 「조선의 향토오락」을 조사하여 발간한 책자에 제주도 지방에서 줄넘기를 조사하였는데 이와 똑같은 노래가 조사되어 수록되어있다.

제주도

줄넘기, 정월·추석, 여자

〈놀이법〉 1.8미터 정도의 끈을 원형으로 만들어 돌리면서 노래에 맞춰 논다.
〈노 래〉 안녕, 잘가 삼각, 또 와라 사각, 사각은 두부
두부는 하얗다, 하얀 것은 토끼, 토끼는 난다
나는 것은 까마귀, 까마귀는 검다
검은 것은 굴뚝, 굴뚝은 높다
높은 것은 하늘, 하늘은 푸르다
푸른 것은 바다, 바다는 깊다
깊은 것은 부모의 은혜

1939년 후반부터 줄넘기나 고무줄놀이에 일본식 말잇기와 숫자풀이 노래가 많이 나타나기 시작했다. 학교에서 일본말을 배울 때 말잇기나 숫자풀이와 같은 말 노래를 사용했기 때문이다. 1942년에는 일본말을 외우기 위해 초등학교에서 가르치던 말 노래가 있는데 우리말과 일본말의 같은 음을 가지고 다른 뜻을 나타내는 동음이어同音異語를 잘 짜서 만든 노래다.

잇지(1) 가라 닛폰(日本)　　　니(2) 가라 시(4) 금치
곰보(5) 닥지 로시아(6)　　　고슬고슬 할머니(8)
구두(9) 신어 보자구　　　　기토구바니 이십삼 새 금치
발금치도 설르설르　　　　이루와 주구무시 잠보
[괄호 안의 숫자는 숫자를 일본어로 발음할 때 그 두음을 나타내는 숫자]

호랑이가 죽으려고 뺑뺑 돌아とら
꿩이 살살 기지きじ
흙이 있어야 쓰지つち
낫을 가지고 가마かま
새끼를 가지고 나와なわ
돈 받으러 가네かね
참외 따러 막가まっか
오이 따려고 기우리きゅうり느냐
여우가 죽을 라고 기쓰네きつね
도야지돼지가 죽을까부다ぶた
내 술 좀 사께さけ
게가 어떻게 걸어가니カイこ

　　　일제강점기 때 우리말과 글을 못 쓰게 하고 일본 말만 쓰게 하니 어린이들은 일본말을 배우는 것이 쉽지 않았을 것이다. 딱지를 나누어주고 조선말을 쓰면 딱지를 빼앗아 오도록 하여 딱지 검사를 해 딱지가 없으면 사정없이 때렸던 일본 선생 등살에 어린이들은 일본말을 배우려고 애쓰는데 그것이 놀이를 이용하여 면해보려고 노력했던 흔적이 바로 '끝말잇기' 였다.

| 참고문헌 |

- 홍양자, 「우리 놀이와 노래를 찾아서」, 다림, 2000.
- NAVER 백과사전
- 무라야마 지준, 「조선의 향토오락」, 박전열(역), 집문당, 1992.

23 진놀이

초등학교 교과서 속 일본놀이

23
진놀이

진놀이_{달팽이 놀이}는 상대방의 진을 먼저 점령하면 이기는 놀이로 진뺏기, 진도리 등 다양하게 부르고 있다. 이 놀이는 여자아이들보다 주로 남자아이들이 즐겨 놀았다.

그런데 진놀이_{달팽이 놀이}는 우리 고유의 놀이가 아니고 일본에서 전해진 놀이이다.

1895년 미국의 민속학자 스튜어트 컬린이 쓴 「한국의 놀이」에는 편싸움이란 놀이가 소개되어 있다.

이곳에는 한국의 호패號牌를 설명하면서 남자들이 편을 갈라 놀이를 하는데, 짚으로 짠 새끼줄을 가지고 싸운다고 줄다리기를 말하다가, 돌을 던져 노는 돌싸움 이야기를 하는 등 정리되지 않은 내용을 설명하다가 일본의 편싸움을 설명하였는데 내용은 다음과 같다.

> **64. 편싸움** Side or Faction Fights
>
> (중략)
> 일본 소년들은 돌과 눈덩이로 하는 싸움을 한다. 이것들과 유사한 다른 싸움들을 '겐페이

> 源과 平의 합성어'라고 부른다. 이것은 겐지카源氏か와 헤이카平家か라는 유명한 라이벌 집안들의 이름에서 유래한 것이다.
> 한쪽은 겐지카를 나타내며 하얀색을 사용한다. 다른 쪽은 헤이카를 나타내며 빨간색을 사용한다. 그 라이벌 집안들은 각각 동쪽과 서쪽에 위치에 있었다. 따라서 이 놀이에서 양편을 이 방향에 맞춰 동쪽은 겐지카, 서쪽은 헤이카로 여겨질 수 있다.
>
> 이 놀이는 세 편으로 나눌 때가 있다. 그것은 삼국三國을
> (중략)

위의 내용으로 볼 때, 편싸움은 일본의 겐지카源氏か와 헤이카平家か라는, 즉, 원씨와 평씨가 라이벌로 싸우는 것에서 유래였다는 이야기이다.

아카마 신궁赤間神宮은 1185년에 건립된 것으로, 여덟 살 나이로 죽은 안토쿠 왕安德王 : 재위 1180~1185을 모시는 신궁인데, 옛날에 조선 통신사들이 묵었던 곳이다.
안토쿠 왕은 헤이안 시대의 무장 다이라노 기요모리平淸盛의 외손자로, 무사집단 겐지源氏와 헤이시平氏 두 세력이 칸몬 해협을 차지하기 위해 전투를 벌인 단노우라壇ノ浦 해전에서 헤이시 일파가 패하자, 그들이 모시던 안토쿠 왕은 바다에 몸을 던져 죽고 말았다.

칸몬교関門橋를 가장 잘 볼 수 있는 미모스소가와 공원은 규모는 작지만, 일본의 역사가 묻혀있는 곳이다. 거기서 바라보면 바다 건너 규슈의 모지항이 손에 잡힐 듯이 다가와 있고 780m의 칸몬関門, 관문대교가 두 곳을 연결하고 있다.
뿐만 아니라, 이곳에는 겐페이 단노우라 전투源平壇ノ浦合戦의 옛 싸움터이자 막부 말기에 외선 선박에 포격을 가하던 곳이어서 지금도 대포가 전시되어 있고 미나모토노 요시쓰네源義経와 다이라노 도모모리平知盛 상이 사람들의 눈길을 끌고 있다.

우리는 학교 운동회에서 청군靑軍, 백군白軍으로 편을 나누어 진행한다.

이는 일본에서 1600년 9월 15일 일어난 '세키가하라 전투関ヶ原の戦い'에서 유래한 편 나누기이다.

임진왜란이 끝나고 도요토미 히데요시의 정적인 도쿠가와 이에야스德川家康가 도요토미 히데요시德川家康의 아들인 도요토미 히데요리豊臣秀頼와 세키가하라라는 곳에서 전투를 벌였다. 도쿠가와 이에야스는 동쪽에서 살아 동군東軍이라 불렸고 도요토미 히데요리는 서쪽에 살아 서군西軍이라 불렸는데, 동아시아에서는 5방위에 각각 상징하는 색이 있다.

동쪽은 청색, 서쪽은 백색, 남쪽은 붉은색, 북쪽은 검은색, 중앙은 노란색. 그래서 동군과 서군을 청군, 백군이라 불렀다. 우리의 정서로 불렀다면 '청편', '백편'이라 불렀을 것인데, 일본의 전쟁에서 유래했기에 '청군靑軍', '백군白軍'이라 부르고 있는 것이다.

우리나라는 '청군', '백군'이라 하는데 일본은 '백군白軍', '홍군紅軍'이라 부른다. 이는 겐페이 전투 때문에 붙여진 이름이다. 이렇게 청군백군, 홍군백군은 모두 일본의 주요 전투에서 유래하였다.

일본은 1894년에 청일전쟁이 일어나자, 일본 내에서는 어린이용 군인 모자나 나팔 같은 전쟁 완구가 잘 팔렸다.

어린이들이 군가를 부르면서 전쟁놀이를 하기 시작했던 것이다. 그 후 지속적으로 사벨양검, 총, 군함기 등 전쟁 완구가 폭발적으로 팔렸고, 1906년까지 전쟁놀이가 유행하였다.

전쟁놀이가 진뺏기陣取り와 같은 집단 대항 술래잡기 놀이의 형태로 바뀐 채 유행하게 되었다.

진뺏기는 일본어로 '진도리阿取り'라고 불리는데, 1936년에 우리나라 곳곳에서 유행한 놀이이다. 지방에 따라 강원도 양구에서는 '해산', '주인잡기', 평안북도 태천에서는 '딘티기', 함경북도에서는 '집잡기'라고 불렸다. 황해도 연백에서는 '만세잡기'라고 하고 일본에서는 '손잡고 술래잡기手つなぎおに'라고 한다.

진또리는 진놀이·진치기·진지 빼앗기 놀이 등이라 하며, 진또리는 일본어사전에 의하면 "진도리じんとり陣取り 1. [명사] 어린이 놀이의 한 가지. 두 패로 갈려서 서로 상대편의 진지를 빼앗음"이라고 하고 있다.

「조선의 향토오락」에선 경상북도 대구지방의 진치기 놀이는 어린이들이 수시로 노는 놀이라 하고 있으며, 놀이 방법은 "두 편으로 나뉜 어린이들이 서로 떨어진 곳에 있는 나무나 기둥에 진을 친다. 가위·바위·보를 해서 진 쪽이 먼저 이긴 쪽을 쫓아가 잡는다. 잡힌 쪽은 포로가 되어 적진에 끌려간다. 이렇게 전부 포로가 된 편 또는 적에게 진지를 빼앗긴 쪽이 지게 된다."고 하고 있다.

「운동회와 전통놀이 민속놀이 지도자료」에 의하면 진陣놀이는 넓은 마당에서 두 패로 편을 갈라서 일정한 장소에 진을 치고, 상대편을 잡아오거나 상대편의 진을 점령하는 놀이라 하고 있으며 구체적인 놀이 방법은 다음과 같다.

1) 진지는 20~30m의 거리를 두고 지름 2m 정도의 원을 그려 만든다.

2) 가위·바위·보를 하거나 협의를 하여 편을 가른다. (엎어라 젖혀라) 나무 돌멩이 같은 것으로 하여, 같은 것을 집은 사람이 같은 팀.

3) 대장끼리 가위·바위·보를 하여 어느 쪽이 먼저 공격을 할 것인가를 정한다.

4) 한 패의 진을 '청군 진', 다른 패의 진을 '백군 진'이라고 할 때, '청군 진'이 먼저 공격하기로 되었다면 '백군 진'에서 한 사람이 자기 진을 나와서 아무 곳으로나 내달아 간다.

5) 그러면 '청군 진'에서 한 사람이 나와서 그 아이를 잡으려고 뒤쫓는다. 이와 같은 방법으로 진지에는 진지를 지키는 한 사람만 남기고 모두 차례차례 상대편 아이를 잡으려고 진을 떠난다.

6) 백군에서 첫 번째로 나간 아이는 두 번째로 나간 청군 아이를 잡을 권리가 없다. 첫 번째로 나간 아이가 잡히지 않고 자기 진으로 다시 돌아와 진에 손이나 발을 대기만 하면 다시 상대편 아이를 잡으러 갈 수 있다.
자기 진을 먼저 떠난 아이는 자기보다 뒤에 진을 떠난 상대편 아이들에게 항상 쫓기게 된다. 그러므로 첫 번째 나간 아이는 누구에게든지 쫓기기만 하게 되며, 맨 마지막으로 떠난 아이는 상대쪽 누구든지 잡을 권리가 있다.

7) 진지기가 진을 지키기 위해서는 항상 자기 진 가까이에 있어야 하고, 손이나 발을 진에 대고 있는 것이 좋다. 만일 진에서 떨어지면 상대편에게 포로가 되는 것은 물론 자기 진까지 점령당하게 된다.

8) 진지기가 아니더라도 진에 몸을 대고 있는 사람은 침범하지 못한다. 진지를 떠난 편이 진지에 있는 다른 편의 몸에 닿으면 그쪽 편의 포로가 된다.

9) 자기가 권리를 행사할 수 있는 사람의 몸에 손을 대면 그 사람은 포로가 되고, 포로들을 자기 진 가까이에 일정한 자리를 정해서 있게 한다.
그러나 상대편에서 몰래 와서 포로에게 손을 대기만 하면 그 포로는 돌려 보내야 한다.
포로가 여럿일 때, 포로들은 손을 잡고 길게 늘어서서 자기편이 손을 쉽게 대줄 수 있게 한다. 만약에 자기편이 제일 끝에 달린 포로가 된 사람의 몸에 손을 대주면 포로는 모두 풀려나게 된다.
그렇기 때문에 포로를 풀어주려고 달려오는 사람이 있으면 이쪽에서 즉시 출동해서 쫓아버리거나 잡아서 포로를 만든다.

10) 진을 점령하는 방법은 상대쪽 진지에 감쪽같이 다가가서 그 진에 손을 대기만 하면 된다. 여럿이 사방으로 공격해 들어가면 진지기가 막아낼 수가없게 되어 진을 쉽게 점령할 수 있다. 언제든지 상대쪽 진을 점령하면 이긴다.

11) 어느 쪽의 진도 점령되지 않고 오래 계속되면 일정 시간을 정해 놓고 진행하다가 대장끼리 판정을 하는데 포로가 많은 쪽이 이기게 된다.

12) 진놀이에서는 작전 계획이 아주 중요하다. 상대쪽이 먼저 나간 아이의 걸음이 얼마나 빠른가를 고려하여 자기쪽 아이를 내보낸다. 비상사태가 벌어졌을 때는 즉시 대책을 세워서 대비해야 하므로 재치 있고 똑똑한 아이를 대장으로 뽑아야 한다.

일본은 '진뺏기陣取り'와 같은 전쟁놀이를 많이 했다. 1894년 청일전쟁과 1904년 러일전쟁에서 승리하자 두려움이 없는 나라로 감히 일본과 전쟁을 할 상대가 없다고 생각하였고 전쟁놀이가 생활이 된 것이다.

1936년부터 1941년까지 5년간 조선의 각 지역 학교를 통하여 「조선의 향토오락」을 조사한 결과 일본 놀이가 상당히 전국에 자리 잡고 있다는 것을 알 수 있다. 그 대표적인 놀이가 '비석치기', '사방치기', '꼬리따기', '땅따먹기'와 '진뺏기'이다. 그중 진뺏기의 내용을 알아보면 다음과 같다.

서울

진치기, 봄·가을, 어린이

〈놀이법〉
적과 아군으로 나뉘어 진을 치는데 진지는 나무나 돌멩이로 표시한다.

먼저 진에서 나간 사람을 상대방이 쫓아가서 손으로 친다. 손에 맞은 사람은 죽은 사람이 되어 진 바깥으로 나간다. 다른 사람을 친 사람은 다시 시작할 때까지는 맞지 않을 권리를 얻는다.
이렇게 해서 먼저 적진을 점령한 편이 이긴다.

경기도 광주

진치기, 수시, 어린이

⟨놀이법⟩
두 조가 서로 대진하여 가위·바위·보로 선후를 정하고 진편부터 전진한다.
이때 이긴 편은 뒤로 물러났다가 나오면서 서로 뒤얽혀 싸운다.
진편이 상대편을 손으로 치는데 손에 맞은 사람은 싸울 자격을 잃고 자기의 진지로 돌아간다. 먼저 적의 진지를 차지하는 편이 이긴다.

경기도 용인

진치기, 수시, 어린이

⟨놀이법⟩
갑·을 두 편으로 나뉘어 각각 진을 정하고 진 밖으로 나가 적을 유인하여 붙잡아 포로로 삼는다. 진지를 떠난 지 오래되지 않은 사람은 진지를 떠난지 오래된 사람을 잡을 권리가 있다.
방금 자기 진지를 나간 사람이 먼저 나가 있던 적의 몸을 손으로 쳐서 적을 잡는다. 그러나 적을 치지 못하고 시간이 지나서 공격할 권리를 잃은 후라 해도 자기 진지에 일단 되돌아오면 적을 공격할 권리가 다시 생긴다.
결국 포로를 적게 낸 쪽이 이기게 된다.

강원도 춘천

진치기, 수시, 어린이

〈놀이법〉
우선 두 편으로 나뉘어 마주보고 늘어서서 가위·바위·보를 한다.
진편이 먼저 자기 진에 있다가 나오면 이긴 편이 쫓아가서 상대편 사람을 붙잡는다.
붙잡힌 사람은 퇴장하여 놀이를 계속할 수 없게 된다.

〈노래〉
"동무들아 동모들아"
"힘 있게 뛰여라"
"잘 싸워 익여라"

평안남도 평양

진치기, 수시, 어린이

〈놀이법〉
두 편으로 나뉘어 각각 진을 치고 전초병 몇 사람을 내보내 적을 사로잡아온다. 다만 진으로부터 나와 있는 시간이 오래된 사람이 고참 이고, 짧은 사람이 신병이 된다. 고참은 신병에게 잡히면 포로가 되므로 적의 신병을 유인하여 아군 신병에게 잡히도록 전략을 쓴다. 승패는 포로가 많고 적음으로 결정한다.

평안북도 구성

진치기, 봄·가을, 어린이

〈놀이법〉
동·서로 진을 치고 공방전을 벌인다.
단, 한 사람의 적에게라도 침범당하면 지는 것이다.

함경남도 정평

진치기, 수시, 어린이

〈놀이법〉
많은 사람이 두 편으로 나뉘어 두 곳에 진지를 만든다.
진지 안에 돌을 모아다 놓고 서로 이 돌을 다투어 빼앗는다.

함경북도 경성·나남

진치기, 수시, 어린이

〈놀이법〉
두편을 갈라서 서로 상대의 진영을 점령하는 것을 목적으로 한다.
일정한 진영이 있어 누구라도 적의 진영에 먼저 발을 들여 놓으면 이기게 된다. 만약 적의 진영에 들어가기 전에 적의 손에 닿게 되면 죽지만 자신이 죽는 경우는 자신이 상대방보다 먼저 진지를 떠난 경우에 한한다. 만약 상대가 자기의 진지를 떠나 있는 경우는 상대가 죽게 된다.
이렇게 해서 어느 한 진지의 사람이 모두 죽은 경우는 승패가 저절로 결정된다.

위의 놀이는 두 편으로 나누어 진을 만들고 상대방의 진을 빼앗는 놀이이다.

1977년「쇼와昭和 아이들 풍토기」에서 여러 개의 진놀이가 그려져 있다.「보물 밟기宝踏み-宝扁」도 그려져 있고 「S자 진도리エスチン」도 그려져 있다.

S자 진도리는 놀이 설명에서 'S의 글자를 길가에 크게 그려놓고 놀이를 시작, 출구에서도 맞장구치고 나와서도 그대로 출구에서 경쟁하는 진격 놀이로 단추도 떨어지고 셔츠도 찢어지고 남자와 남자의 충돌이었다.' 라고 하여 남자들이 노는 전쟁놀이임을 알 수 있다.

이 책은 스즈키 토시가 쇼와昭和, 즉 1927년부터 태평양전쟁을 일으킨 1941년을 전후하여 일본의 어린이들이 놀았던 놀이와 생활 풍습을 삽화로 그리고 간단하게 설명을 덧붙여서 그 당시의 생활상을 알 수 있는 자료이다.

보물 밟기 보물섬

놀이의 빅 쓰리 중 하나. 탐험대는 해적 진지의 보물을 목표로 한다. 양 진영의 아이들은 온몸을 다해 부딪치고, 몸과 마음이 설레는 놀이였다.

S켄

'S' 자를 길가득 그려서 게임 시작. 좁은 출구에서는 서로 당기기. 잘 나와도 앙감질(외발 뛰기)로 경쟁하는 진치기(진토리) 게임.
단추는 뜯어지고 셔츠는 찢어지고 남자와 남자의 몸싸움이었다.

1987년 일본의 오쿠나리 다쓰가 글을 썼고 나가타 하루미가 그린 「놀이도감 언제·어디서·누구나」에는 진뺏기 놀이가 소개되어 있는데 다음과 같다.

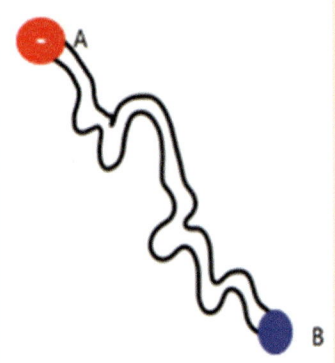

가. 진뺏기
- A와 B사이에 외길을 그립니다.
- "시작" 하면 진지에서 나와 길을 따라 달려갑니다.
- 마주치는 데에서 맞붙어 싸우는데 길 밖으로 밀려 나가면 실격이 됩니다.
- 다만 자기 진지에 되돌아가면 다시 싸울 수 있습니다.
- 먼저 상대편 진지에 들어가면 이기게됩니다.

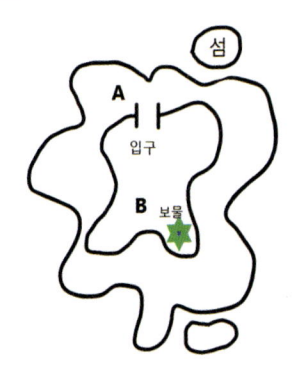

나. 보물섬
- A조는 탐험대, B조는 해적이 되어 "시작" 하면 A조는 입구에서, B진지로 쳐들어가서 보물을 훔칩니다.
- B조는 A조가 들어오지 못하게 밀쳐 냅니다.
- 금을 밟으면 실격이 됩니다.
- 보물에 손을 대면 이깁니다.

다. 보물뺏기
- 공격조와 수비조로 나눠서 공격조가 보물을 뺏으면 이깁니다.
- 공격과 수비를 교대해서 하며 그 결과로 승패를 정합니다.
- 길을 넓게 했다 좁게 했다 하면 더 재미가 있습니다.

현재 우리나라에는 진뺏기의 도형을 변형시켜 달팽이 모양으로 그리고 양쪽 진영에서 가위·바위·보를 하여 진 사람은 얼른 자기 진영으로 돌아가고 대기하고 있던 사람이 출발하여 상대편을 만나는 지점에서 가위·바위·보를 하여 상대방 진영에 빨리 도착하면 이기는 놀이를 한다.

이렇게 진뺏기 놀이는 전쟁에서 상대방의 진영을 빼앗아야 이기는 모습이 역력한 일본의 전쟁놀이이다.

라. 보물터치

- 두 조로 나누어서 상대의 보물에 손을 댄 사람 수가 많은 조가 이기게 됩니다.
- 도중에 맞부딪치면 씨름으로 승부를 내고 진 사람은 실격이 됩니다.
- 금 밖으로 나간 사람은 물론 실격이 됩니다.

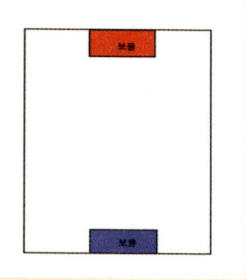

▲ 아이와 즐기다
「전승놀이 백과」 1978년 소학관

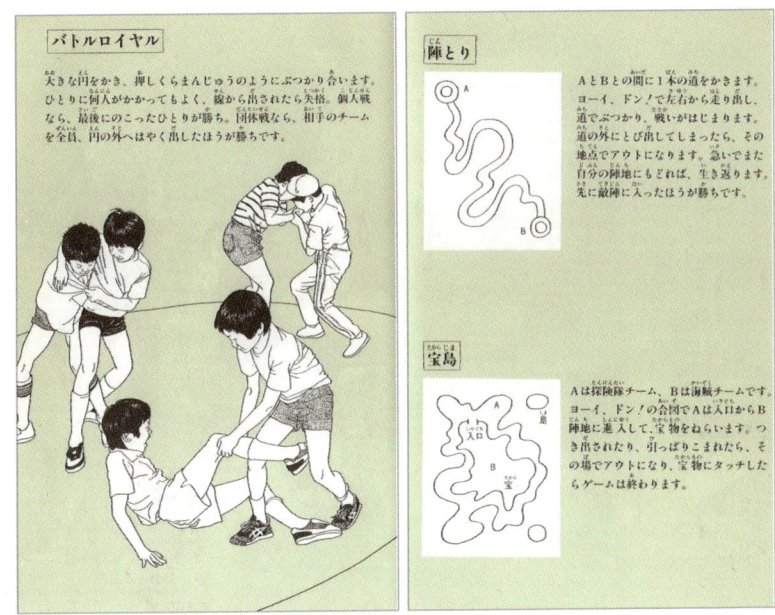

▲ 「놀이도감」 1987년 오쿠나리 다쓰 글 나가타하루미 그림

▲ 「놀이도감」 1987년 오쿠나리 다쓰 글 나가타하루미 그림

〈일본의 놀이 교과서, p32〉

바깥놀이

전투(전쟁)가 기원이라고 하는 진지 입성 놀이

진토리

진지와 진지를 연결한 좁은 길을 따라 상대방의 진지로 들어가는 놀이입니다. 마주쳤을 때 가위바위보를 해서 진 아이가 길을 벗어나요. 가위바위보 진 아이 조는 상대방 아이가 진지로 들어오지 못하도록 당장 진지를 떠납시다.
얼마나 빨리 진행하느냐, 얼마나 많이 가위바위보를 이길 수 있느냐가 승부입니다.

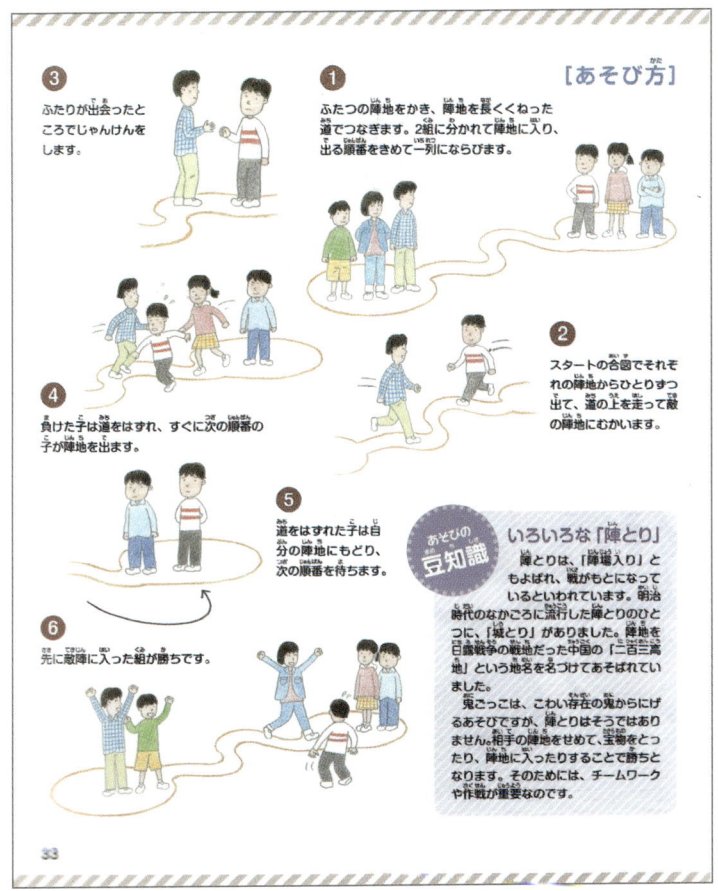

〈일본의 놀이 교과서, p33〉

놀이의 잔지식

여러 가지 '진토리'

진토리는 "장내입장"이라고도 하며, 싸움이 바탕이 된 것으로 알려져 있습니다. 메이지 시대 중반 무렵에 유행한 진을 치다의 하나로 '진토리'가 있었습니다. 진지로 러일전쟁의 전쟁터였던 중국의 '이백삼고지'라는 지명을 갖고 놀았습니다.

술래잡기는 무서운 존재인 술래에게서 도망치는 놀이이지만 진토리는 그렇지 않습니다. 상대의 진지를 적어도 보물을 빼앗거나 진지에 들어가는 것으로 승리가 됩니다. 그러기 위해서는 팀워크나 작전이 중요하죠.

〈일본의 놀이 교과서, p34〉

바깥놀이

놀기 전 팀을 나누는 것도 중요!

S진

두 패로 나누어서 상대방 진지에 있는 보물을 가지러 갑니다. 진지와 섬 이외는 앙감질(외발뛰기)로 진행되기 때문에 'S켄'이라고도 합니다. 진지 밖은 균형감각, 안은 힘겨루기로 승부가 결정됩니다. 팀워크와 힘이 필요한 매우 격렬한 놀이입니다.

⟨일본의 놀이 교과서, p35⟩

놀이의 잔지식

조를 나누는 법

노는 아이를 두 반으로 나누는 데는 다음 방법이 있어요.

나누는 방법

① 같은 정도의 체형이나 힘의 아이가 둘이서 짝이 되어 각각 가위바위보를 합니다. 진 아이, 이긴 아이로 모여서 두 조로 나눕니다
② 힘 세 보이는 아이가 둘이서 가위바위보를 합니다. 이긴 아이, 진 아이 순서대로 한 명씩 자기 조에 들어갈 아이를 고릅니다

| 참고문헌 |

- 무라야마 지준, 「조선의 향토오락」, 박전열(역), 집문당, 1992.
- 스즈키 토시, 「쇼와 어린이 250경」, 朋興社, 1995.
- 오쿠나리 다쓰 글, 나가타 하루미 그림, 「놀이도감 언제, 어디서, 누구나 (遊び図鑑 ~いつでもどこでも だれとでも~)」, 福音館書店, 1987.
- 溶口国雄 [ほか], 「전승놀이의 백과」, 小学館, 1978.
- 일본의 놀이 문화연구회, 「일본의 놀이 교과서 にほんのあそびの教科書 −아동보육　이나 초등학교 선생님을 위한」, 株式会社滋慶出版, つちや書店, 2015.
- 운동회와 전통놀이 민속놀이 지도자료((주)한국교육출판)
- 임영수, 「전통놀이의 뿌리를 찾아서」, 연기향토박물관, 도서출판 성원, 2012.

본장은 일본의 풍습 중 잘 알려지지 않은 악습을 몇가지 수록하였다.
이는 일본놀이가 우리놀이와 다른 이유가 이들 풍습의 영향을 받았기에
일본의 독특한 놀이가 탄생한 것이다.
우리는 이러한 풍습과 거리가 멀기에 우리놀이는 자연을 담은 순한 놀이가 많았다.
일본의 풍토를 이해하는데 도움이 될까하여 7가지를 수록하였다.

부록

· 요바이
· 마비키
· 카고메카고메
· 사무라이
· 할복
· 고려장
· 벚꽃
· 초등학교 교과서 속
  일본놀이에 참고한 자료들

※ 본 장은 비교민속학회에서 발표한 내용을 편집한 것입니다.

부록
요바이 夜這い

요바이夜這い는 일본의 오래된 풍습이다.
밤에 남자가 몰래 여자방에 들어가 성교를 하고 나오는 풍습으로 여성의 대상이 혼기에 찬 여성, 과부, 신분이 낮은 여성과 전문적으로 아이를 돌보는 유모 등에 국한되는데 여기에는 다음과 같은 규칙이 있다.

▲ 요바이

- 가족 이외 남성과 동거하지 않는 여성일 것
- 아이가 생기면 아버지 지명은 여성이 할 것

혼기가 찬 여성의 경우 지역 유지인 촌장의 공인 아래 요바이가 성립되었다.
해가 질 무렵 남성이 여성의 집에 방문하고 여성이 딱히 반대하지 않거나 집안으로 들어오는 것을 제지하지 않으면 성립된다. 보통 3~4일 정도 요바이가 이루어진 뒤 촌장의 공인 아래 결혼이 이루어지게 된다.

만약 한 명의 여성에게 여러 명의 남성이 구혼하게 되는 경우 촌장의 주관

아래 밤에 숨어들기를 할 사람들의 순서가 정해지고 특정 남성이 요바이를 해야 하는 날 주변에 도움을 요구해 보초를 세워 그 남성이 숨어드는 것을 적발해내면 그 남성은 물러나야 했다. 해가 뜰 무렵에 들키지 않고 무사히 빠져나올 때까지가 요바이이다. 빠져나오다가 걸리면 실패한 것으로 친다.

여자가 거절할 수도 있다. 거절당한 남자는 돌아가야 한다. 차례차례 남자가 오는데 요바이 기간 중 임신 할 경우 여자는 그동안 요바이 한 남자들 중에 배우자를 고르는 게 가능했다.

혼음의 수단으로 요바이를 진행하는 여성은 남자를 기다리며 집의 문을 열어두고 찬밥과 먹을거리를 준비해 해가 뜨면 집으로 돌아가는 남성에게 제공하는 것을 미덕으로 삼았다고 한다.

요바이는 일반적으로 서민의 풍습이었으나 무사 계급에서 행해지기도 했으며 어떤 지방에서는 여자가 남자의 처소에 드는 풍습도 있었다. 예전에 일본의 농촌에는 "마을의 젊은 아가씨와 과부는 모두 젊은이들 차지다."라는 말이 있었다.

요바이를 하는 범위를 마을 내로 한정한 마을도 있었다. 그래서 다른 마을 남자가 요바이를 하러 오면 마을 남성들이 나서서 그를 격퇴하기도 했는데 침입자가 반죽음 상태가 되기도 했다.

요바이는 시골뿐만 아니라 도시에서도 행해졌다. 에도시대에는 축제로 발전하기까지 하였는데 에도시대 중기에는 축제를 빌미로 전국적으로 야외에서 수많은 남녀가 성관계를 맺기도 했고 축제기간 동안은 결혼을 한 남녀도 참여가 가능할 정도로 남녀노소 누구나 참여가 가능했는데 어떤 짓을 해도 비난을 받지 않았다. 여자들은 축제 때 높은 신분의 남자와 성관계를 맺은 후 자신의 신분을 상승하려는 좋은 기회로 이용하기도 했다.

어떤 지역에서는 요바이라는 미명으로 여자의 의사를 무시한 강간이나 다른 마을 남자들이 몰려와 한 마을의 여자들을 마구잡이로 겁탈하기까지 했다.

어떤 지역에서는 외부 사람이 마을의 손님으로 오면 마을의 젊은 여성을 손님의 잠자리 상대로 내주거나 아내가 있는 경우에는 아내를 내주기까지 했다고 한다. 그러다 손님이 아내를 거부할 경우는 치욕으로 여겨져 여자를 죽이는 경우도 있었다.

일본에서 요바이가 시작된 것은 1,000년 전이라 한다. 일본은 전쟁이나 지진, 쓰나미 등의 천재지변으로 남자의 수가 급격히 줄어들었다. 즉 가장 큰 피해는 잦은 전쟁으로 젊은 남자들이 죽어 마을에는 과부가 많아졌고 또 전쟁에서 이기려면 남자들이 필요했기에 자식도 낳지 못해 인구수가 줄게 되자 마을에는 늙은 남자와 여자들만 있을 정도로 심각했다. 그래서 요바이는 마을의 촌장이 나서서 장려했던 풍습이었는데 시간이 흐르면서 취지에 벗어나기도 하였다.

요바이는 메이지유신明治時代-1868년 이후 가속된 선진문물先進文物의 보급으로 인한 의식변화와 전구의 보급 후 골목이 밝아져 도시에서 먼저 사라지기 시작하여 1970년대에는 완전히 사라졌다.

요바이 같은 독특한 성 풍습이 일본에서만 있었던 것은 아니다. 옛날 몽골인이나 이누이트족 등도 요바이와 비슷한 풍습이 있었다. 또한, 부탄에서도 요바이와 비슷한 풍습이 있었는데 부탄의 여자방이 2층에 있다 보니 남자들이 몰래 2층으로 올라가야 했기 때문에 남자들의 손톱이 많이

▲ 요바이

망가졌다고도 한다.

　부탄에서도 여자가 거부하면 남자는 그에 따라야 했고 축제나 어떤 만남을 통해 미리 날짜를 잡고 그날이 되면 여자는 침실의 문을 슬며시 열어 놓고 남자를 기다리기도 했다.

| 참고문헌 |

- 나무위키 – 일본의 문화/민속학/인류학, 2021.
- 위키백과 – 우리 모두의 백과사전 '요바이', 2020.
- 세계역사탐구 – 2021년 '요바이•약800년간 지속되었던 일본의 충격적인 성 풍습

마비키 まびき. 間引き

일본에서 에도시대江戶時代 1603~1868에 태어난 아이를 엄마가 목을 졸라 죽이는 풍습을 마비키間引: まびき 또는 코카에시子返し: こか元し라 한다.

마비키는 '솎아내기' 라는 뜻으로 채소밭이나 산림에서 간벌을 한다는 뜻이며, 코카에시는 '신께 되돌려 준다' 는 뜻이다. 아이가 태어나 7세가 되기까지는 엄마의 자식이 아니라 신의 자녀이기에 7세 전에는 죽여서 신에게 되돌려 준다는 의미를 담고 있다.

일본에서는 에도시대 중기 이후에는 평균 자녀 수가 3명으로, 3명 이상이 태어나면 부모가 특히 엄마가 아이를 손수 목을 졸라 죽였다.

포르투갈 추린 예수회 선교사 루이스 프로이스 Luis Frois. 1532년~1597년는 그의 저서 〈일본사〉에 '일본의 여성은 기를 여유가 없다고 생각하면 모두 아기의 목을 다리로 눌러 죽여 버린다.' 라고 기록했다. 이것으로 보아 일본에서 마비키, 이 풍습은 에도시대보다 훨씬 전인 전국시대부터 행하여 졌는데 가장 많이 행해졌던 시대가 바로

▲ 마비키

에도시대[1] 江戶時代 이다.

에도시대는 도요토미 히데요시가 죽고 도쿠가와 이에야스가 집권하여 전쟁이 사라진 평화로운 시대인데 엄마는 태어난 아이를 손수 죽여야 하는 비극의 시대를 맞이했다.

그것은 당시 지배층인 무사 등 특수 계급층이 과도한 세금을 걷어가자 일본 백성들이 대부분 새로운 생명을 감당할 수 없을 형편이 되자 최소한의 자녀만 남겨두고 새로 태어나는 아이는 목을 졸라 죽였다. 이것이 에도시대 중기에 들어서 가장 성행하여 에도시대 말기까지 이어지다가 메이지 시대[2] 明治時代 에 들어서면서 이를 법으로 금지했다.

일본에서 마비키가 성행한 이유는 봉건적 인두세[3]와 더불어 과도한 징세로 가난한 백성들에게는 일용할 양식을 축내는 '새 식구'가 부담스러웠기 때문에 식량을 축내는 자식을 줄이기 위하여 영아 살해를 시행했다.

에도시대 초기에는 전란이 종식되고 평화가 찾아오면서 100년 동안 무려 1,000만 명이나 인구가 증가할 만큼 인구가 매년 큰 폭으로 증가하는 추세를 보였지만, 에도시대 중기 이후로는 일본 내에서 큰 전란이 일어나지 않았음에도 불구하고 인구의 성장률은 비정상적으로 보일 만큼 정체되어왔다.

막부가 조사한 내용을 보면 1721년 2,600만 명이었고 1792년에는 2,489

---

1) 에도시대 江戶時代(강호시대) 도쿠가와 이에야스 德川家康가 에도(지금의 도쿄東京)에 막부를 개설한 후, 15대 267년간 계속된(1603~1867) 도쿠가와 씨의 무가 정권 시대
2) 메이지 시대 明治時代(명치시대) 일왕 무쓰히토의 재위기인 1868년부터 1912년까지의 시기
3) 인두세(人頭稅) 성(性)·신분·소득 등에 관계없이 성인이 된 사람에게 부과된 일률동액(一律同額)의 조세(租稅)

만 명으로 가장 적었고 가장 많을 때는 1828년 2,720만 명으로 극히 변동이 없는 수를 나타냈다.

당시 일본은 온천개발의 확산으로 목욕문화가 발달했고 주요 도시에서 대중목욕탕이 보편화될 정도로 목욕을 자주했고, 영·유아의 초기 사망률을 극도로 낮출 수 있는 위생 부분에서 다른 나라에 비해 우의를 차지했기 때문인지 평균수명이 주변 나라 즉 청나라, 조선, 베트남 보다 뒤지지 않았는데 출생율은 제자리걸음만 하고 있었다. 그것은 아이를 억제하는 피임 기술이 아니라 마비키間引 : まびき 솎아내기 때문이다.

에도시대 중기 이후 영주의 금지령이나 교사에도 불구하고 기근 시 농촌 등에서 영·유아를 압살목을 졸라 살해, 교살끈으로 목을 졸라 살해, 익사물에 빠뜨려 살해, 생매장산채 구덩이에 넣고 묻는다 등의 방식으로 죽였다. 당시에 7세 이하의 아이는 신의 아이로 여겨 언제라도 마비키 신에게 답례할 수 있다고 즉, 죽일 수 있다고 생각했다. 그래서 마비키를 '아이 반환'이라고 불렀다.

▲ 마비키

일본 내에서 마비키에 대한 기록은 에도시대 학자였던 사토 노부히로佐藤信淵의 저서 「草木六部耕種法」이나 「경제요록」에 의하면 가즈사국上総国 - 현재의 치바현에는 약 10만의 농가가 있었지만 거기서 살해당하는 아이의 수는 해마다 3~4만 명에 달했으며 또 무츠국현재의 후쿠시마현, 미야기현, 이와테현, 아오모리현과 아키타현 북동부 지역, 데와국현재의 야마가타현과 아키타현에서는 마비키로 희생되는 아이가 해마다 7, 8만에 달했다고 한다. 그 당시 이곳에서는 마비키가 별로 잘못된 행동이나 '영아 살해' 같은 흉악한 범죄가 아니라 그저 아이를 신에게 다시 돌려주는 일에 불과하며 자기 아이라는 애착을 갖지 않았다.

20세기 들어서까지도 마비키가 지속되었다. 메이지 시대明治時代 1868년~1912년가되면서 일본 정부는 방침을 바꾸어, 국가 발전을 위해서 더는 아이들을 일부러 죽이지 말고 최대한 낳아서 늘리도록 하였고 이후 마비키는 당연히 영아 살해와 같은 흉악한 살인죄로 간주하였다. 일본 정부의 노력으로 영아 살해가 크게 줄면서 일본의 인구는 이후로 매년 급속하게 증가하기 시작했다.

2차 대전 이후의 혼란과 빈곤으로 인해 일본은 적지 않은 지역에서 마비키가 다시 일어나게 된다.
이중 유명한 사건 하나가 일어났다. 일명 '고토부키산원寿産院사건'이 그것이다. 이 사건은 이시카와 미유키 그 남편인 다케시가 1944년부터 1948년까지 버려진 아이들을 키운답시고 100명이나 넘게 굶겨 죽인 사건이었다. 부부는 범죄가 들통나 경찰에 체포되었는데 그 당시 사람들의 반응과 범인들에 대한 처벌이 가관이었다. 버려진 아이들이 죽는다는 것은 당연한 것이 아니냐고 반문했고 특히 100명 이상의 아이들을 죽인 미유키는 4년 형을, 다케시는 겨우 2년 형의 처벌에 그쳤는데 그 죄목은 아이들을 죽인 살인죄가 아니라 죽은 아이들의 이름으로 보조금을 받은 것이었다. 거꾸로 이 사건으로 인하여 일본에서 낙태가 합법화되는 계기가 되었다고 한다.

일본에서는 아기를 재울 때 부르는 노래에도 마비키의 내용이 들어가 있다.

"자장, 자장, 잘 자거라, 자지 않으면 강에 버린다.
 자장, 자장, 잘 자거라, 자지 않으면 묻어 버린다."

이 자장가 중에 '강에 버린다, 묻어 버린다.'는 마비키를 지칭하는 말이다.

 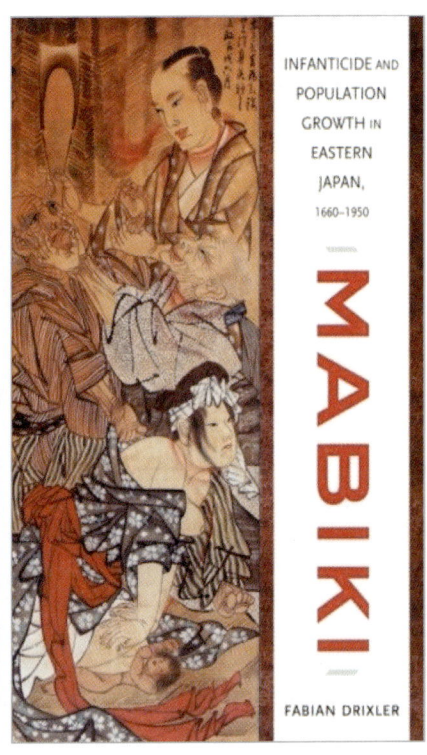

▲ 마비키

카고메카고메 かごめかごめ

카고메 카고메 かごめかごめ 는 아이들 놀이의 하나이다. 눈을 가리고 앉아 있는 술래 주위를 여러 명이 에워싸고 노래하며 돌다가 노래가 끝나 멈춰 섰을 때, 술래에게 자기 등 뒤에 있는 사람이 누구인지를 알아맞히게 하는 놀이로 알아맞히면 그 아이가 새 술래가 된다.[1]

일본에서 에도시대[2]부터 전해지는 어린이들 놀이의 하나이다. (눈을 가리고 앉아 있는)

쇼와 昭和소화[3] 초기에 야마나카 나오지에 의해 기록된 지바현 Chiba-ken, 千葉県천엽현 일본 혼슈 남동단에 있는 현 노다시의 노래가 전국으로 전해져 현재에 이르렀다.

노다시가 발상지라고 불리기 때문에, 도부노다선의 시미즈 공원 역 앞에 '카고메 노래의 비석'이 건립되고 있다.[4]

---

1) 'かごめかごめ': 네이버 일본어사전 (naver.com)
2) 도쿠가와 이에야스[德川家康]가 세이이 다이쇼군[征夷大將軍]에 임명되어 막부(幕府)를 개설한 1603년부터 15대 쇼군[將軍] 요시노부[慶喜]가 정권을 조정에 반환한 1867년까지의 봉건시대
3) 일본에서 일왕 히로히토의 재위기에 사용된 연호(1926~1989년)
4) 출처: 무료 백과 사전 "Wikipedia (Wikipedia)" 카고메카고메 개요

메이지시대明治時代⁵⁾ 초부터 중반에 크게 유행하여 지금도 많이 노는 놀이 중 하나이다.

놀이 방법은 4명 ~ 5명의 소수 인원부터 많은 인원이 놀 수 있는 놀이로 장소에 구애받지 않고 친구와 접촉하면서 사이좋게 즐길 수 있는 놀이이다. 술래를 한 명 정하고 술래는 웅크리고 가운데 앉는다. 나머지 사람은 옆 사람과 손을 잡고 술래를 기준으로 둥근 원을 만들어 돌면서 '카고메카고메' 노래를 부른다. 마지막 노래가 끝날 때 주위를 둘러싸고 있는 아이들은 제자리에 멈추고, 술래는 마지막에 '뒤의 얼굴은 누구?' 後ろの正面だあれ 란 부분에 맞춰 눈을 감고 자신의 바로 뒤의 있는 사람을 맞추면 술래를 교대하며, 반복되는 놀이이다.

카고메 카고메 かごめかごめ
카고노 나카노 토리와 籠の中の鳥は-새장속의 새는
이츠 이츠 데야루 いついつ出やる-언제 언제 나올까
요아케노 반니 夜明けの晩に-새벽의 밤에
츠루토 카메토 스벳타 鶴鳥と亀と滑った-학과 거북이가 미끄러졌다
로노 쇼멘 다아레? 後ろの正面だあれ-뒤의 얼굴은 누~구?

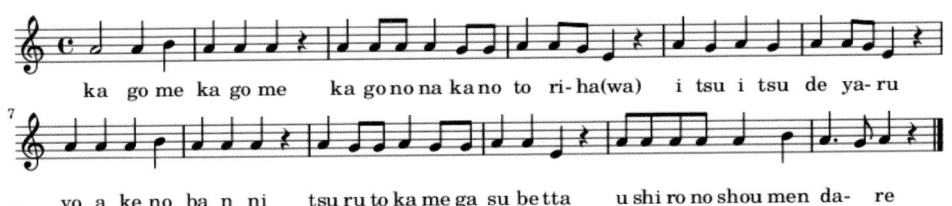

⁵⁾ 일본의 역사에서 19세기 후반부터 20세기 초까지의 시기를 구분해서 가리키는 용어로 일왕 무쓰히토의 재위기인 1867년 2월 13일부터 1912년 7월 30일까지의 시기를 말한다.
⁶⁾ 카고메카고메 – 위키백과, 우리 모두의 백과사전 (wikipedia.org)

현재 아이들이 노는 놀이는 1920년대 치바현의 노래가 전국에 퍼져 부르고 있는 것이다.

위의 노래 가사를 해석하면 '새장 속의 새는' 새장은 어머니의 자궁을 뜻하고 새는 태아를 뜻한다. 임신한 여성이 배속에 아이를 가졌다는 뜻이고 '언제 언제 나올까' 는 태중에서 아이가 커가며 출산을 앞두고 있는 것이다. '새벽의 밤에' 는 곧 출산을 앞둔 산모를 새벽에 누군가 뒤에서 밀어 '학과 거북이가 미끄러졌다' 는 학과 거북이는 장수를 상징하는 것으로 미끄러졌다는 것은 유산이 되었다는 뜻이다.

'뒤의 얼굴은 누구?' 는 산모를 뒤에서 밀어 유산 시킨 사람이 누구냐는 원망이 담긴 뜻이다. 이러한 뜻을 가진 이 놀이는 여러 가지 설이 분분하다. 그러나 가장 유력한 유래가 바로 마비키まびき.間引き[7]이다.

에도시대江戸時代 경제학자이자 농정가인 사토노부히로佐藤信淵 1769-1850[8]는 데와국出羽国[9]과 무쓰국陸奧国[10]에서만 매년 1만6-7천여 명, 가즈사국上総国[11]에서는 3-4만명에 달하는 갓난 아이들이 매년 마비키로 목숨을 잃는다고 기록했다. 이 현상은 전국적이었기 때문에 어느 지역에 한하지 않았다. 그러나 가장 유력한 유래가 바로 마비키まびき.間引きです.[12]

---

7) 에도시대 일본의 영아 살해 악습' 사전적 의미' 는 『1. 솎아 냄. 2. (江戸 시대에, 생활고로) 산아(産兒)를 죽이던 일.』이다.
8) 에도시대 중기 저명한 경제학이자 농정학자.
9) 지금의 야마가타현(山形県)과 아키타현(秋田県) 일대
10) 지금의 후쿠시마현(福島県), 미야기현(宮城県), 이와테현(岩手県), 아오모리현(青森県) 등 동북지방 북동부 일대
11) 지금의 지바현(千葉県) 일대
12) 일본의 잔학한 영아살해 풍습 '마비키' (1) : 클리앙 (clien.net)

예컨대, 규슈九州[13]에서는 자녀가 5명인 집에서는 3명을 죽이고, 토사土佐에서는 일남이녀一男二女를 상한으로 규제하는 풍습이 있었다고 하는 것을 보면 이는 어느 특정 지역에 국한되는 현상이 아니라 당시 일본 전국에 걸쳐 유행처럼 이루어졌다고 보아야 일견 타당할 것이다.[14]

에도시대 농민들은 기근 속에서도 농사를 지어 과중한 조세부담으로 극심한 생활고에 시달릴 때, 출산을 앞둔 임신한 며느리를 유산시킬 목적으로 시어머니가 며느리를 높은 곳에서 밀어 떨어뜨려 유산시키자 이를 원망하며 한이 담겨있는 노래가 '카고메 카고메'이다. 이들이 매년 이런 식으로 목숨을 잃는다고 기록했다. 이 현상은 전국적 이었기 때문에 어느 지역에 한하지 않았다.

▲ 일본의 카고메 카고메 놀이

13) 다쓰카와 쇼지(立川昭二) - 병과 사람의 문화사, 1984
14) 일본의 잔학한 영아살해 풍습 '마비키' (1) : 클리앙 (clien.net)

사무라이 侍, さむらぃ

▲ 사무라이

사무라이侍, さむらぃ는 일본 봉건시대의 무사武士를 뜻한다. 시대에 따라서는 사족士族 이라고도 한다. 본디 가까이에서 모신다는 뜻의 단어 侍에서 나온 말로써 귀인을 경호하는 사람을 가리켰다. 일본도刀와 화려하게 장식된 일본 갑주 및 뿔장식이 달린 투구는 사무라이를 상징하는 요소이다.

사무라이는 양민보다 높은 신분으로서 칼을 차고 다닐 권리가 있는 특권 계급이었다. 우리나라에서는 사농공상 士農工商-선비, 농업, 공업, 상업라 말하는데 일본에서는 사농공상士農工商-무사武士, 농업, 공업, 상업이라 말한다.

주군을 잃은 사무라이는 로닌이라 불리며 칼솜씨를 제외한 기술이 없어 특별한 직업없이 유랑하거나 걸식하며 살인청부와 도적질 등으로 생계를 유지하기도 했다.

무사계급이 나타난 것은 헤이안 시대平安時代794~1185이며 이들이 귀족을 경호하면서 사무라이그 당시에는 사부라이サブラヒ라는 말이 생겼지만 겐페이 전源平戰爭1180~1185과 가마쿠라시대鎌倉時代1185~1333, 무로마치시대室町時代1336~1573를 거치면서 귀족이 되었다. 그런데 전국시대戰國時代1467~1573로 접어들면서 이들 무사귀족 계급이 몰락하고, 하급 계층들이 하극상을 일으키면서 다수의 지역 토호들이나 하급 사무라이군인들이 새로이 무사계급센코쿠 다이묘이 되었다. 즉 평민이 '다이묘'가 될 수 있는 경우가 있는데 대표적인 예로 사이토 도산, 도도 다카토라, 도요토미 히데요시, 이시다 미츠나리, 가토 기요마사 등이 있다.

이렇듯 신분의 체계가 혼란스러워 지면서, 관리들을 칭하는 용어가 사무라이가 되었고 전쟁을 업으로 삼는 무관들은 '모노노후'로 불리우고 사무라이가 문관과 무관의 총칭이 된 것이 전국시대이다. 에도시대江戶時代1603~1867 에 들어서는 전쟁을 업으로 삼는 '부시', '모노노후'는 의미가 없어지고, 평민을 다스리는 지배계급 사무라이만 남게 됐다.

메이지유신明治維新1868~1889 이후 사민평등을 실현한다는 기치하에 칼을 빼앗는 즉 무사계급의 특권을 박탈하는 '폐도령'이 내려졌고 칼과 신분을 잃은 구 무사계급은 대부분 '향사'가 되어 아무런 특권이 없는 평민이 되었고 실측석고 1만석격 이상인 극소수 상위 무사인 경우 '화족'으로 편입 되었다.

천황을 중심으로 중앙집권체제를 수립하였던 아스카시대飛鳥時代538~710 가 끝나가고 점차 세력을 키운 귀족들의 지방분권체제가 확립되었던 시기에 사무라이가 생겨나기 시작 하였다.

헤이안시대平安時代794~1185중기에 들어서면서 명문귀족인 후지와라 가문이 천황을 제치고 중앙권력을 장악하게 되자 이전까지 천황의 황권에 의해 통치되었던 일본의 질서는 해이해져갔다. 이에 따라 10세기 초부터 일본의 율령제가 급속히 무너지게 되었다.

결국 쇠약해진 중앙기관은 지방의 세력가들인 '고쿠시'들에게 중앙기관을 대신하여 해당 지역을 다스리고 세금을 걷을 수 있는 권리는 내려주었다. 이들 고쿠시들 역시 자신들의 영지를 더욱 효과적으로 통치하기 위해서 유력한 농민들에게 땅을 나눠주고 사업을 맡겼는데, 이들을 '다토'라고 하였다.

다토들은 스스로 토지를 개간하여 새로운 경작지를 만들고는 스스로 영주라고 자처하면서 '다토'와 '고쿠시' 간에 권력 충돌이 빈번하게 발생되었다. 고쿠시에 비하여 세력이 약한 다토들은 중앙권력자에게 자신의 땅을 바쳐서 세력을 키워 나갔고 싸움으로부터 자신들의 재산을 지키기 위해서 무력집단을 만들게 되었다.

이런 무렵 집단의 일부가 중앙 귀족의 눈에 들어 귀족의 사병으로 종사하는 시종侍從이 되는데 이 시종에서 나온 것이 사무라이侍이다. 헤이안 시대 말기에 접어들면서 귀족의 경호원 뿐만 아니라 일반적인 무사들까지 통틀어 이르는 말로 변하였다.

겐페이 전쟁을 거치면서 일본의 무사계급은 귀족들을 제치고 실제로 일본을 통치하는 지배층 위치로 올라 더욱 발달하였다. 각 지방을 다스리는 다이묘들 중에서도 으뜸격인 쇼군이 가마쿠라 막부를 세우고 천황과 귀족공가를 대신하여 일본을 통치하는 시기가 찾아오면서 사무라이들의 격이 좀더 높아졌다.

사무라이가 전성기를 이루는 전국시대센고쿠시대는 중앙의 질서를 유지하던 무로마치 막부의 힘마저 유명무실해져서 일본 각지의 다이묘영주들이 세력을 다투던 시기였다. 이때 사무라이는 다이묘들의 휘하에 들어가 활동을 하였다.

사무라이들은 다이묘로부터 보호받고 영지를 하사받는 대신에 다이묘들을 주군으로 섬기며 그들을 위해 자체적으로 병력을 고용해서 전장에 나가 싸웠다.

이 시기에 '무사도'가 생겨났으며 사무라이들 역시 단순한 무사에서 영지를 받고 싸우는 준 귀족 계층으로 신분이 상승함에 따라 사무라이 특유의 문화도 발달하였다.

전국시대가 끝나고 에도막부에도 사무라이들은 명맥을 이어갔다.

사무라이들이 주로 활동하던 센고쿠시대의 지방분권체제가 붕괴되면서 사무라이들의 문화도 중앙집권체제에 맞도록 변질되어갔다. 일본내에서 전쟁이 사라지고 경제가 성장함에 따라 서민계층의 쵸닌문화가 발달하면서 예전에 비해 그 위세가 크게 줄었다. 더군다나 도요토미 히데요시가 사무라이의 농업종사를 금지시킨 이후로 주군가문의 가이에키 등으로 봉토가 없는 사무라이들은 생계를 유지하기 위해 쵸닌들의 밑에서 막노동을 한다든지 상인들을 호위하기도 했다.

사무라이는 메이지 유신 시기에 종결되었다.

사무라이 계급을 유지시켜 주었던 에도막부가 보신전쟁戊辰戰爭[1]으로 무너지고 토지개혁 정책에 따라 사무라이 들에게 지급되던 영지가

---

[1] 1868~1869 일본에서 왕정복고로 수립된 메이지 정부와 옛 막부 세력이 벌인 내전

사라지자 당연히 큰 반발이 일어났다. 정부는 그들에게 퇴직금을 지급하고 '사족'이라는 신분을 부여 하였으나 불만만 커져갔다.

사족들은 메이지유신에 반발하여 정부 고위관료 암살 등을 일으켰고 사가, 구마모토, 조슈 등지의 사족 반란을 일으켰으며 사쓰마에서는 사이고 다카모리를 중심으로 반란을 일으켰으나 세이난전쟁西南戰爭[2]을 거치며 결국 신식군대에 의해 진압되면서 실패하였다. 세이난전쟁을 마지막으로 1870년대에 들어 사무라이 라는 존재 자체는 거의 소멸했고 현재는 과거의 명문가들 정도로 남아있다.

사무라이는 전쟁에 나갈 때 말타고 나가는 중급 기마騎馬 키바 무사이고 그 밑에 하급도보徒 카치 무사가 있었다. 사무라이의 다른 계급은 '이시가루'가 있다. 최하급 사무라이로 농민과는 엄연히 신분이 다른 무사의 일종이다. 이를 순서대로 나열하면 이시가루〈카치〈키바〈하타모토〈다이묘 순이다.

일본에서 '사무라이'에 대한 이야기가 내려오는 것 중 대표적인 것이 둘 있는데 다음과 같다.

1702년 47인의 아코번낭인 사무라이들이 주군의 원수를 갚기 위해 복수극을 벌인 사건이 있다. 이를 〈주신구라〉 즉 충신장忠臣藏 이라 부른다. 모함으로 암살절복 당한 주군의 억울한 원수를 갚으려고 수하무사들이 주군을 죽게한 범인을

▲ 주신구라

2) 1877-일본의 서남부인 가고시마 규슈 사족인 사이고 다카모리를 앞세워 일으킨 반정부내란

잡아 목을 잘라 주군의 무덤 앞에 가져다 묻었다. 그리고 47명의 수하 사무라이들은 주군의 무덤 앞에서 모두 활복 자살을 하는데 10살 밖에 안되는 사무라이도 있었다.

1701년 아코번의 다이묘영주인 아사노 다쿠미노카미가 개인적인 원한으로 에도의 최고 의전 담당관인 기라 고즈케노스케에게 칼을 휘둘렀다.
원인은 기라 고즈케노스케가 평소에 아사노 다쿠미노카미가 뇌물을 바치지 않는다고 심하게 모욕을 주자 격분해서 일어난 일이었다.
그러자 쇼군장군 인 도쿠가와 쓰나요시가 내막을 모른채 칼을 휘두른 아사노 다쿠미노카미에게 활복을 명하고 재산을 몰수했다. 아사노 다쿠미노카미의 사무라이들은 떠돌이 낭인이 되었다.

이중 최고의 가신인 오이시 구라노스케는 아사노 다쿠미노카미의 아우에게 언젠가는 가문을 계승하고 주군의 원수를 갚아야 한다면서 사무라이들을 결집한다. 이후 그들은 주군의 복수를 위해 모든 것을 참아낸다.
간페이는 아내 오카루를 유곽에 팔아 넘기는 일까지 감내하고 고마니는 복수를 위해 떠나는 리키야와 하룻밤 뿐인 부부의 연을 맺는다.
기헤이는 아내와 이혼하고 어린 자식의 목숨도 내놓는다.
1702년 1월 30일 큰 눈이 에도성을 뒤덮던 날 '어떤 산도 군주의 은혜보다 가볍고 한가닥 머리카락도 신하의 목숨보다 무겁다' 는 문구가 새겨진 칼을 찬 오이시 이하 47명의 사무라이들은 모함했던 기라 고즈케 노스케의 집으로 잠입하여 원수의 목을 치는데 성공한다.

네 명이 가벼운 상처를 입은 것 외에는 47인의 사무라이 모두 무사했다.
기라 고즈케노스케 쪽은 사망자 16명 부상자 20여명 이었다.

오이시는 막부 감찰관의 저택으로 사람을 보내 자수의 뜻을 밝히고 센카쿠지泉缶寺 의 주군 무덤에 기라 고즈케노스케의 머리를 바친 뒤 막부의 처분을 기다렸다. 막부는 이들에게 "활복하라"라는 명령을 내렸고 47명의 사무라이들은 주군의 무덤 앞에서 스스로 배를 갈라 활복하였다.
　일본에서는 이 이야기를 영화, 소설 등 일본 무사도 정신 즉 사무라이의 대표로 소개하고 있다.

　또 하나는 사무라이가 아들과 같이 살고 있는데 어느날 떡집주인이 찾아와 댁의 아들이 떡을 훔쳐 먹었다고 물어내라 했다. 사무라이는 아들에게 떡을 훔쳐 먹었냐고 묻자 아들은 떡집 앞에서 놀기는 했으나 떡은 훔쳐 먹지 않았다고 했다. 그러나 떡집주인은 댁의 아들이 놀면서 떡이 사라졌다고 틀림없이 훔쳐 먹었다고 우겼다. 그러자 사무라이는 차고 있던 칼로 아들의 배를 갈라 창자를 빼내어 그 속에 떡이 없는 것을 증명하였다. 그리고 벌벌 떨고있는 떡집주인을 칼로 베어 죽이고 자신도 배를 갈라 활복하였다.

　일본은 우리와 다른 것이 있다. 차의 운전석이 왼쪽에 달려있는 것이 아니라 오른쪽에 달려있고 길을 갈 때 우리와 달리 좌측통행을 한다. 그 이유가 사무라이들은 칼을 찰 때 왼쪽에 칼을 두자루 차기 때문이다. 우리와 같이 우측통행을 하면 서로 칼이 부딪히기 때문에 칼부림이 일어난다.
　이것을 방지하기 위해 좌측통행을 하는 것이라 한다.

　일본에서는 이런 말이 있다. '꽃은 사쿠라벚꽃 사람은 사무라이무사' 그것이 일본에서의 사무라이를 말하는 것이다.

▲ 사무라이

할복 割腹

할복은 일본에서 10세기 이후 무사계급인 사무라이들이 주로 사용한 자살 방법이다.

이를 割腹かっぷ-갓푸쿠, 切腹せっぷ-셋푸쿠, 腹切りはらきり-하라키리, 屠腹とふ-도후쿠라고 쓰는데 뜻은 자신의 복부를 단도로 가르는 행위를 가리킨다. 즉 무사 계층의 책임을 다하기 위해 치른 자결 행위였다. 일본의 역사 속에서 할복을 이용한 이가 도요토미 히데요시인데 적을 제거할 때 이용한 방법이다.

할복은 고대 일본에서의 처벌 방법으로 전국시대에 와서 복부에 영혼, 애정이 깃들었다고 생각해 배를 가르는 행위를 함으로써 진심과 결백을 드러내는 행위였고 더 진심으로 결백을 드러내기 위해 더 깊게 긴 시간 동안 할복을 했다. 주로 쇼군[1]이나 다이묘[2] 사후死後 자신의 충성도를 보여주기 위한 행위로 할복을 많이 했다.

---

1) 쇼군(장군(將軍) 일본의 역대 무신 정권인 막부의 수장을 가리키는 칭호.
2) 다이묘 大名(대명), daimyo 일본에서 헤이안 시대에 등장하여 19세기 말까지 각 지방의 영토를 다스리고 권력을 행사했던 유력자를 지칭하는 말.

즉 일본의 무사 계층 사이에서 행해지던 양식화된 자결 방법이다. 시대에 따라서는 사무라이에 한해 행해지던 자결 형식의 사형 방법이기도 했다. 대체로 사형을 받을만한 죄를 지었으나 참수형을 내릴 정도는 아니라고 판단되면 할복으로 대체하거나, 판결 전에 죄를 지은 당사자가 알아서 할복할 때도 있었다.

무사의 도덕, 무사도武士道는 일본의 봉건시대에 발달한 것이다. 메이지 유신을 계기로 무사 신분은 폐지되었다. 그런데도 할복이 부활했다. 이 역시 천황 중심의 전체주의 국가 건설을 위한 설계였다. 1716년 출판된 무사의 수양서 「하가쿠레葉隱」[3]는 무사도의 규범이었다. 권두는 "무사도라 함은 죽는 일을 찾아내는 것이다."라는 문장으로 시작된다.

무사의 행동은 적을 죽이는 일보다도 주군을 위해 전탱터에서 죽는 쪽이 더 공이 크다. 무사의 모습을 한마디로 말한다면 우선 제일 먼저 자신의 신명을 아낌없이 주군에게 바치는 것이 근본이다.

죽는 일을 찾아내되, 누구를 위한 죽음인지를 강조하고 있다. 지식인 니토베 이나조오新渡戶稻造는 1899년 영어로 출판된 책 「무사도」에서 이를 재구축했다. 그는 권두에서 "무사도는 그 상징인 벚꽃과 같이 일본 땅에 핀 고유한 꽃"이라고 주장한다. 그러면서 무사도의 개념을 바꿨다. 무사에 국한하지 않고 일본인 전체의 도덕 개념으로 확장한 것이다. 특히 충성의 대상을 주군에서 천황으로 바꿔놓았다.[4]

---

[3] 葉隱, 또는 葉可久礼라고도 쓴다. 전국시대 직후, 도쿠가와 막부 초기에 저술된 사무라이 철학서 내지 지침서로서 사무라이와 무사도를 말할 때 빠질 수 없는 서적이다.
[4] 류준열, 「벚꽃의 비밀」, ㈜에세이퍼블리싱, 2012.

▲ 무사도를 집필한 니토베이나조

다이묘_{지방 영주}에게 충성을 표시하거나 숭고한 목적을 위해서도 행해졌으며 전쟁이 끝난 후 패배한 세력의 수장 역시 패배를 인정하는 의미에서 할복을 시행했다. 그런데 도쿠가와 이에야스의 배려 덕에 모리 데루모토, 우키타 히데이에, 우에스기 가게카쓰 등이 유일하게 할복을 모면하고 영지 삭감으로 일단락 지었으며 이를 제외하면 일본의 모든 역사를 통틀어 패배한 다이묘는 무조건 할복했다.

그 때문인지 지금도 일본의 정치가들은 "배를 가르는 각오로 책임을 져야 한다!"라는 말을 많이 한다.

할복을 할 때에는 혼자서 할 수 없다. 자신이 칼로 배를 찔렀다 해도 금방 죽는 것이 아니라 고통을 느낄 때 이를 도와주는 사람을 '가이샤쿠_{介錯}'라 한다. 가이샤쿠는 큰 칼을 차고 할복자 뒤에 서있다 할복자가 배를 가르면 얼른 큰 칼을 뽑아 할복자의 머리를 쳐서 고통 없이 죽도록 도와주는 이가 가이샤쿠이다.

가이샤쿠는 보통 친척이나 할복자와 친분이 깊은 사람으로 정한다.

할복자의 신분에 따라 가이샤쿠의 신분도 결정된다.

할복할 때에는 절차가 있다.

우선 할복하기 전에 관공서에 신고를 해야 한다. 즉 할복은 마구잡이로 하는 것이 아니라 관공서에 신고를 해야 할 만큼 합법적인 행동이었다. 할복자는 목욕 재계하고 할복에 알맞은 흰 옷을 입는다. 바닥에는 다다미 위에 흰 천을 깔고 칼은 단도를 준비한다.

술잔 2개와 간단한 음식을 담은 접시가 놓인 의식용 상을 준비한다.

칼은 중간을 흰 종이로 싸서 나무 쟁반 위에 올려놓는다. 칼 중간을 흰 종이로 싸는 것은 손잡이로 쓰기 위함이다.

일본의 사무라이들은 두 자루의 칼을 차고 다니는데 큰 것과 작은 것이다. 큰칼을 '혼자시'라고 부르고 작은칼을 '와키자시'라고 부른다. 이중 '혼자시'는 상대와 싸울 때 사용하지만 '와키자시'는 할복을 할 때 사용한다. 이렇게 준비가 된 후 의식적으로 할복이 이루어진다.

17세기에는 할복이 조건부로도 사용하는데 내가 할복하겠으니 가족을 돌봐 달라는 식이다. 일본에서의 할복은 무사도 정신으로 미화되어 있다.

▲ 할복

할복 제도는 1873년 메이지 6년에 공식적으로 폐지되긴 했지만 메이지 시대 이후에도 군인과 우익인사 사이에서 할복은 계속되었다.

▲ 주신구라 47로닌

일본에서 할복한 사례가 많지만 몇 가지 사례를 소개한다.

일본 역사에서 할복의 대명사가 바로 〈주신구라忠臣蔵〉이다. 1702년 47인의 사무라이 즉 아코번의 낭인 사무라이들이 억울하게 죽은 주군의 원수를 갚기 위해 복수극을 벌인 사건이다. 이것은 일본 막부인 사무라이 시대의 이야기인데, 암살당한 주군의 원수를 갚으려고 죽은 주군의 수하 무사들이 벌인 치열한 싸움이다. 결국 수하들이 주군의 원수를 갚고 그 범인의 목을 주군의 무덤 앞에 가져다 묻었다. 그리고 47인의 수하 무사들은 주군의 무덤 앞에서 모두 할복으로 자살하였다. 이것을 일본에서는 영화로 만들어 상영하는 등 할복한 충신의 본보기로 이야기하고 있다.

1868년 오사카 인근 사카이에서 프랑스 해군 일부가 상륙하여 술을 먹다가 일본의 신정부군 보병대와 마찰을 일으켜 총격전이 발생하였다. 이 사건으로 프랑스 수병 11명이 사망하였다.

이에 분노한 프랑스 공사는 사건을 저지른 병사 20명의 사형을 요구하였고 일본 조정은 이를 받아들였다.

일본 병사들은 임무를 수행한 자신들을 사형시킨다는 것은 매우 큰 불만이라고 하자 관할 구역이었던 토사번土佐藩은 이들에게 할복을 명령하였다. 그리고 프랑스 공사, 프랑스 해군 사령관, 영국 공사관 직원들까지 참석한 가운데 사상 최초로 외국인들 앞에서 할복 하였다.

첫 번째 할복자인 미오우라 이노기치는 청중들을 향해 "지금부터 잘 봐라!"라고 큰소리친 뒤 자신의 배를 가르고 손을 넣어 창자를 꺼내 집어 들었다.

이때 가이샤쿠가 긴장한 나머지 목을 제대로 적중하지 못하자 "침착하게 쳐라!", "다시 제대로 쳐라!" 하며 소리치자 결국 3번째에서 목이 잘려 죽었다.

단순한 참수형으로 생각했던 프랑스 공사와 사령관들은 충격을 받았다. 얼굴이 시퍼레져서 안절부절못했다.

이후 할복자들은 배를 가르기 시작했는데 피로 바닥에 유언을 쓰는 자도 있고, 내장을 프랑스인에게 집어 던지거나, 한 번 배를 가른 것이 얕다며 더 깊숙이 그은 자, 그로 인해 창자가 땅에 쏟아진 자, 11명까지 할복을 마치자 참다못한 프랑스 공사는 그 자리에서 도망쳐버렸다. 너무 처참한 광경을 목격하여 남은 9명은 할복을 중단해 달라고 일본 정부에 사정했다는 것이다.

1894년~1895년까지 조선의 지배를 둘러싸고 중국과 일본 간에 벌어진 청일 전쟁에서 모두의 예측을 뒤엎고 일본이 승리하였다. 청일전쟁에서 승리한 일본은 많은 배상과 청나라의 랴오둥반도를 차지했는데 러시아, 프랑스, 독일의 세 나라가 일본으로 하여금 랴오둥을 청나라에 돌려주도록 압박을 가하였다. 이것을 삼국간섭三國干涉이라 부르는데 이때 일본은 청나라에 랴오둥반도를 돌려주면서 억울하다며 할복을 한 군인 장교가 수없이 많았다. 마치 오랫동안 차지했던 영토를 빼앗긴 것처럼 그들은 스스로 배를 갈라 할복하였다.

태평양 전쟁 당시 일본의 오키나와는 미군과 치열한 전투를 벌인 곳이다. 오키나와는 일본의 최남단에 있는 섬으로 17세기 초까지만 해도 '류큐琉球라는 나라였다. 그들은 중국과 대만, 조선, 일본을 오가는 중계무역으로 번성을 이루었던 나라였다. 명나라에 조공을 바쳤던 나라인데 일본이 1609년 침략하여 속국으로 만들었다가 메이지 시대에 일본의 오키나와현으로 강제 편입시켰다. 태평양전쟁 때 미군은 일본의 영토였던 아오지마를 점령한 이후 일본의 본토로 쳐들어가기 위해 규슈지역에 폭격을 가할 수 있는 오키나와섬을 다음 표적으로 삼았다.

1945년 4월 1일 맥아더는 미군과 연합군 18만 대군을 오키나와에 상륙시켰다. 그리고 일본군과 약 83일 동안 처절한 전투를 벌였다.

당시 오키나와를 지키고 있던 일본의 제32군의 목표는 오키나와 주민의 안전과 생명을 지키는 것이 아니라 일본 본토 천황을 지켜야 한다는 사명이 더욱 컸다. 그래서 최대한 시간을 버는 것이었다. 이것이 오키나와 주민들의 불행이었다.

일본군은 오키나와 주민들을 긴급 의용대로 징집했다. 어린 소년부터 70먹은 노인까지 마구잡이로 일본군에 끌려가게 되었고 그들은 의용대로 끌고 온 오키나와 주민들에게 폭탄을 건네주고 미군의 탱크로 뛰어들어 자폭하게 하거나 심지어 어린 여자아이들의 손에도 죽창을 쥐어 주었으며, 전투 중 최전방에 그들을 세워 총알받이로 내몰았다.

그들은 앞에서는 미군이 쏜 총에 뒤에서는 감시하는 일본군이 쏜 총에 맞아 죽었다. 일본군의 이러한 잔인하고 상상을 초월한 악행에 생겨난 말이 '인간방패human shields'이다. 차마 아이들을 죽이면서까지 전투를 할 수 없던 미군은 어떻게 할 줄을 몰랐다.

일본군은 계속해서 후퇴를 거듭하게 되었고 오키나와 주민들에게 미군에게 붙잡히게 되면 "남자는 사지를 찢겨서 죽게 되고 여자는 강간당한 후 죽인다."라는 말을 하면서 그럴 바에는 천황을 위해 영광스럽게 자결하라며 주민들에게 수류탄을 나누어주었다. 만약 이를 거부하거나 도망칠 경우에는 주민들이 보는 앞에서 공개 처형되었다.

수류탄을 건네받은 주민들은 동굴 안에 단체로 모여 수류탄을 터트리기도 했고 불발인 경우는 농약이나 극약을 먹여 죽게 했다.

더욱더 비극적인 사실은 수류탄이든 극약이든 죽기 위한 물품들이 다 떨어지게 되자 살아남은 사람들은 가족들끼리 돌이나, 죽창, 몽둥이, 농기구 등을 사용해 부모가 자식을 죽이고 남편이 아내를 죽이는 너무나도 끔찍한 일이 벌어졌다. 심지어 절벽에서 뛰어내려 사망한 사람도 수없이 많다. 이렇게 오키나와 주민들은 자국의 군대에 의해 영광스러운 사결을 가장한 학살을 당하였다.

이뿐만 아니라 일본군은 오키나와 방언을 사용하는 원주민들은 미군의 스파이로 몰아 죽였다.

미군에 의해 몰릴 대로 몰린 일본군은 주민들과 함께 동굴에 숨어들었는데 미군에게 들킬 것을 염려한 일본군은 세 살 이하의 어린 아이들이 혹시나 울까봐 입을 틀어막아 죽게 했고 목을 조르거나 주사를 놓아서 죽이기까지 했다. 이런 지옥 같은 곳에서 더 이상 버틸 수 없어

차라리 미군에게 맞아 죽겠다고 동굴 밖으로 뛰쳐나온 이도 있는데, 이들만 살아남아 어안이 벙벙하여 가족을 손수 다 죽이고 자신만 살아남은 죄책감으로 평생을 괴로워하다 죽었다는 이야기이다.

일본군이 주민을 죽음으로 몰고 간 것은 오키나와 사람들이 천황에 대한 충성심이 낮아 미군의 포로가 되면 군사기밀이나 군사 시설 위치 등을 발설할 것이 두려운 것이 전부였다.

그렇게 83일간 벌어진 전투는 1945년 6월 23일 일본군 제32군 사령관 우시지마 미치루가 스스로 목숨을 끊고 일본군이 패전하면서 끝이 나게 되었다. 이때 죽은 오키나와 주민은 14만 명이 넘을 것이라 추산한다.

일본에서 할복의 영향을 받은 것을 꼽으라면 가미카제神風를 빼놓을 수가 없다. 태평양전쟁 때 전투기에 폭탄을 싣고 적군의 전함에 돌진하여 자살 공격한 일본의 비인간적인 특공대를 말한다.

정식명칭은 '신풍 특별 공격대神風特別攻擊隊 가미카제토크베츠코게키타이 かみかぜとくべつこうげきたい'이다.

가미카제신풍 神風란 이름은 우리나라 고려 시대 원나라와 고려가 일본을 정벌하러 갔을 때 갑자기 불어온 태풍 때문에 고려 원나라 배가 파손되어 일본이 전투에서 이기자 붙여진 이름이다.

가미카제 비행기는 대부분 전투기나 경폭격기였고 폭탄과 출발에서 목표물까지만 갈 수 있는 연료를 실은 뒤 이륙하여 목표물에 충돌했다. 유인 미사일도 개발되었는데 연합국은 이 미사일은 바보라는 뜻으로 '바카'라고 불렀다.

미사일이 고정되면 조종사가 올라타는 순간 조종사는 비행기에서 내릴 수 없고 비행기와 최후를 같이 해야 한다. 태평양전쟁에서 34척의 전함을 침몰시켰고 수백 척에 손상을 입혔다. 가미카제가 가장 많이 참전한 전투가 오키나와였는데 미군에게 큰 타격을 주었다.

미군은 가미카제 공격을 막는 가장 효과적인 방법으로 다가오는 가미카제 비행기를 향해 함포에서 집중적으로 대공포를 쏘아 떨어뜨렸다.
일본은 1945년 4월부터 7월까지 4개월간 가미카제 희생자가 3,800명이 넘었으며 조선인 희생자도 18명이었다. 이들은 일본의 전범典範[5]이 합사合祀[6]된 야스쿠니신사에 합사되어있다.

일본에서는 일왕이 죽자 따라 죽은 이들도 많다. 메이지 일왕이 1912년 사망하자 러일전쟁 당시 러시아 군대와 접전 끝에 어렵게 승리를 일궈낸 '노기 마레스케' 장군은 아내와 함께 메이지 일왕을 따라 자살하였다.
히로히토 일왕이 1989년 죽었을 때는 '유니 쿠키'로 일본인으로는 처음으로 노벨 문학상을 수상한 카와바타 야스나리가 집안에 가스를 틀어놓고 자살했다.

그 밖에도 '라쇼몬'으로 유명한 소설가 '아쿠타가와 류노스케'는 35살 때 죽음을 찬미하며 수면제를 먹고 자살했으며 1970년에 일본에서 '금각사'란 소설로 노벨 문학상에 세 차례 오른 일본의 극우 작가 '미시마 유키오'는 자위대 사령부에 뛰어 들어가 쿠데타를 일으킬 것을 촉구하다 할복하여 당시 외국인들을 경악시켰다.

미국의 인류학자 '루스 베네딕트'는 '일본인들은 아름다움을 사랑하고

---
5) 전범(典範) : 본보기가 될만한 모범
6) 합사(合祀) : 둘 이상의 혼령을 한곳에 모아 제사를 지냄

예술가를 존경하며 국화 가꾸기에 몰두하는 국민' 이자 '칼을 숭배하고 무사에게 최고의 영예를 돌리는 국민' 이라고 하였다. 일본인들은 평화를 사랑하면서 폭력성이 있는 굉장히 공격적인 국민성을 가진 나라이며, 일본의 이중성을 잘 표현한 책이 국화와 칼이다.

 일본을 상징하는 대표적인 꽃은 벚꽃이다. 벚꽃의 명소 오사카 성의 중심 건물인 천수각은 도요토미 히데요시가 만들었고, 그것은 부귀영화의 상징 건물이다. 일본인들은 벚꽃 잎이 쌀을 의미하기에 벚꽃을 논의 신으로 풍작을 기원하며, 환생과 생명을 상징한다. 그런데 이 벚꽃은 무사 정신의 상징이기도 하다. 영화 '주신구라 47로닌' 이야기에서 일본의 이런 집단, 또 일본인이 할복하는 것은 광기에 가까운 죽음에 대해 일본인들은 수치심을 못 참고 스스로를 냉혹하게 대하는 일본인 고유의 감정 속에서 찾는다고 했다. 그런데 문제는 최근에 우리나라가 자살률이 높다는 것이다. 이것이 일본의 할복 문화에서 온 잘못된 풍조가 아닐까 싶다. 즉 일본의 놀이는 구조상 죽음과 연계된 내용이 많다.

 쉽게 말하여 놀이의 규칙이 금 밟아도 죽고 금 넘어가도 죽고 넘어져도 죽고 상대방이 모두 죽어야 내가 이기는 놀이가 많은 것은 그 나라의 풍토에서 비롯된 것이다.

| 참고문헌 |

- 루스 베네딕트, 「국화와 칼」, 을유문화사, 2019.
- 류준열, 「벚꽃의 비밀」, ㈜에세이퍼블리싱, 2012.
- 니토베이나조·미야모토 무사시 / 추영현 옮김, 동서문화사, 2007.

고려장 高麗葬

고려장을 국어사전에서 찾아보면 다음과 같다.

고려장 高麗葬
1. 고려 시대 늙고 병든 부모를 지게에 지고 산에 가서 버리는 일
2. 예전에 늙고 쇠약한 사람을 구덩이 속에 산채로 버려두었다가 죽은 뒤에 장사 지냈다는 일
3. 주로 나이든 노인을 다른 지역이나 나라 따위에 버려두고 오는 일

고려장에 대하여 우리나라에서 전해오는 대표적인 이야기 두 편이 있다.
첫 번째는 아들이 지게에 늙은 아버지를 지고 산에 오르는데 그의 아들이 따라왔다. 깊은 산속에 아버지를 버리고 산길을 내려오는데 뒤에서 아들이 할아버지를 버린 지게를 끌고 내려왔다.
"아들아! 낡은 지게를 왜 가져 오느냐?"라고 묻자,
아들이 "이다음에 아버지를 버릴 때 쓰려고요." 답하자 아버지는 순간 자신의 잘못된 점을 알고 아버지를 모시고 내려왔다는 이야기이다.

두 번째 이야기는 아들이 어머니를 지게에 지고 버리러 가는데, 아들의

표정이 좋지 않았다. 어머니는 아들에게 "다 하는 일이니 너무 신경 쓰지 말아라." 하고 위로하자, 아들은 "아니에요. 어머니, 큰 나라에서 문제를 냈는데 그 문제를 못 풀면 쳐들어 온데요." 그러자 어머니가 "그래 그 문제가 무엇이냐?"라고 묻자

아들이 "아침에는 네 다리로 걷고 점심때는 두 다리, 저녁에는 세 다리로 걷는 것이 무엇이냐는 것이에요."라고 하자, 어머니가 "그것은 사람이다. 어렸을 때는 손과 발로 기니 네 다리고, 크면 두 다리, 늙으면 지팡이로 짚으니 세 다리란다."

아들이 이 사실을 임금께 아뢰어 그 상으로 고려장을 없앴다는 이야기이다.

위의 두 가지 이야기가 전해오지만, 우리나라에는 고려장이 없었다. 고려 시대의 역사를 기록한 「고려사」, 「고려사절요는」 물론 어떠한 기록에도 고려 시대 부모를 버렸다는 고려장에 대한 기록은 없다. 그렇다면 고려장에 대한 이야기가 언제부터 알려진 것일까?

고려장高麗葬이란 단어를 처음 꺼낸 이는 미국의 그리피스W.E. Griffis 1843~1928 선교사이다. 그는 「은자의 나라 한국」이라는 책을 발간했는데, 미국 필라델피아 출신의 목사로 자연과학을 전공했으며 1870년 일본에 초빙되어 화학, 물리학을 강의했고, 동경 제국 대학의 전신인 동경 개성 학교東京開城學校 화학과를 창설하였다.

1874년 미국으로 귀국한 그는 1876년 The Mikado's Empire를 출간하여 큰 반향을 일으켰고 이어 Corea. the Hermit Nation을 집필하여 1882년 미국 뉴욕과 영국 런던에서 출간하였다. 그가 바로 그리피스W.E. Griffis 1843~1928이다.

그는 일본 역사를 연구하며 조선 역사에도 관심이 있었는데, 특히

고대사의 경우 조선 역사에 대한 이해 없이는 일본 역사를 연구할 수 없다고 생각하였다. 그런데 그는 직접 조선을 방문한 적은 없다. 대신 일본에서 얻을 수 있는 각종 자료와 증언을 토대로 이 책을 저술하였다.

이 책에 고대사는 「삼국지三國志」와 「일본서기日本書記」, 중세사는 일본 측 자료와 「동국통감東國通鑑」, 근대사는 달레Dallet, Claude Charles의 「한국천주교회사Histoire de L' Eglise de Coree」와 Japan Mail, 조선을 방문한 외국인들의 증언 등을 자료로 삼아 서술하였다. 1882년 미국 뉴욕과 영국 런던에서 동시에 출간된 이 책의 분량은 495쪽(초판)이며 1888년, 1897년, 1904년, 1907년에 중판을 거듭하여 1911년까지 9판이 발행되었다.

그리피스는 조선朝鮮이 '조용한 아침의 나라'라는 뜻이라고 소개했는데 이 문구는 오랫동안 한국을 상징하는 표현으로 사용되었다.
그러나 '은둔의 나라 한국'이라는 책명은 아직도 서구 문명과 기독교에 '문을 닫고 있는 나라'라는 뜻이다.

이 책에서 그리피스는 고려장에 대하여 다음과 같이 표현하였다.

▲ 그리피스

"고려장이라고 하는 것은 그 자세한 내용은 충분히 알려지지 않고 있지만, 노인을 산 채로 묻어 버리는 풍습이었다."

라고 서술하였다.
그는 과연 고려장에 대해서 어떻게 알고 이런 글을 쓴 것일까? 고려장에 대해서 알게 된 출처는 밝히지 않았다.

그리피스는 한국을 단 한 번도 방문한 적이 없고 조선의 풍습에 대한 것은 일본인에게 들은 것이 전부이다.

그래서 다음 내용도 있다.

"조선 사람이 밥을 먹을 때 말을 하지 않는 것은 음식을 더 많이 먹기 위해 입을 딴 데에 쓰면 안 되기 때문이다."

사실은 입을 벌려 씹고 있는 음식물을 보이는 것이 예의에 어긋난 일이기 때문이라는 우리의 예절 습관을 모르고 누군가 음해할 목적의 이야기를 듣고 쓴 내용이다. 그러니 고려장 또한 우리의 풍습인지 아닌지를 정확한 분간도 못 하고 쓴 내용이다.

그 후 고려장은 마치 한국에서 고려 시대 풍습 인양 여러 곳에 기록으로 전하는데 1919년 일본인 〈미와 타미키〉가 쓴 「전설의 조선」에 고려장의 기록이 남아있고, 1924년 조선총독부에서 발간한 「조선 동화집」에 고려장의 내용이 서술되어있다.

그런데 일본인이 기록한 고려장 이야기는 중국의 이야기와 일본의 이야기가 합쳐진 이야기이다.

1919년 「전설의 조선」은 중국에서 늙은 부모를 내다 버리는 풍습과 일본에서 늙은 부모를 내다 버리는 풍습을 한국의 것으로 바꾸어 놓은 것이며, 1924년 「조선 동화집」에 실린 고려장 이야기는 중국 '효자손'에 실린 원곡 이야기이다.

이곳에는 원곡의 아버지가 연로한 할아버지를 수레에 실어 버리려 하자 따라갔던 원곡이 아버지가 버린 수레를 끌고 오면서 아버지가 늙어 병들면 쓰겠다고 하자 원곡의 아버지는 할아버지를 모시고 와 잘 봉양했다는 내용이다. 즉 중국의 이야기에서는 부모를 수레에 싣고 갔지만 고려

이야기에서는 지게에 지고 간 도구만 다르고 내용은 같다.

일본은 왜 중국의 전설을 우리나라 풍습으로 둔갑시켰을까?
그것은 고려장이 일제가 침략을 진행하던 시기이므로 이때는 우리나라의 문화재를 강탈하기 위하여 어떠한 행위도 서슴치 않았는데 궁궐의 왕실 보물과 사대부의 소유 보물도 마구잡이로 빼앗았지만 특히 조선의 보물은 무덤 안에 가장 귀한 것이 들어있다는데 무덤을 파헤치려했지만 가장 큰 죄로 생각하여 제지하므로 그 소중하게 여기는 무덤을 고려장이라는 풍습으로 왜곡시켜 관심을 돌려놓으려고 한 계략이었다.

즉 조선인들에게 무덤을 파헤치라고 시키는 것이 쉬워졌다.
"너희 나라는 고려장이라는 풍습이 있었지! 부모를 산 채로 묻는 아주 못된 풍습이지 여기 묻힌 사람은 바로 자기 부모를 생매장한 놈이야! 그러니 이 무덤을 파헤쳐도 괜찮단 말이다!." 하면서 공주, 부여에 있는 백제 왕릉, 경주에 있는 신라 왕릉을 마구 파헤친 것이 대표적인 예이다.

그런데 정작 고려장의 기록은 일본에서 손쉽게 찾을 수 있다.

위키백과-우리 모두의 백과사전에 우바스테야마 姥捨て山 를 검색하면 일본의 풍습이 소개되는데 그 내용은 다음과 같다.
우바스테야마 姥捨て山 는 '할머니를 갖다 버리는 산'이란 뜻으로 일본에 전해 내려오는 노인 유기 설화이다. 크게 〈시오리형 枝折り型〉 설화와 〈난제형 難題型〉 설화로 나눌 수 있으며, 그 사이 복합형 설화들이 있다. 법령 또는 흉년으로 인해 식구의 입을 줄이기 위해 고령의 부모를 산에 버리게 된 아들과 그 부모의 이야기이다.

난제형 설화는 다음과 같다.

어느 번의 영주가 연로하여 노동을 할 수 없는 인구는 불필요하므로 산에 유기하라는 명령을 내린다. 그런데 어느 집에서 감히 법을 어길 수 없어 울면서 늙은 부모를 산에 갖다 버리려다가, 결국 버리지 못하고 몰래 집의 마루 밑에 숨겨둔다. 얼마 뒤 이웃 번에서 몇 개의 어려운 문제를 내면서, 이 난제를 풀지 못하면 쳐들어와 멸망시키겠다고 협박한다.

그런데 마루 밑에 숨어있던 늙은이들의 지혜로 문제를 풀게 되고, 노인들의 가치를 알게 된 영주는 법을 철회하고 노인들을 대우했다는 이야기이다.

시오리형 설화는 다음과 같다.

▲ 츠키오카 요시토시 작
〈달 아래 늙은이를 갖다 버리다〉
일본어: 姥捨ての月 우바스테노츠키

입을 줄이기 위해 늙은 부모를 업고 산속으로 들어가는데, 올라가는 동안 부모는 계속해서 시오리 산이나 숲에서 나뭇가지를 꺾어 통과한 길을 표하는 일를 만들거나, 혹은 쌀겨를 땅바닥에 뿌린다. 그 모양을 본 아들이 궁금하여 왜 그러냐고 물으면 부모는 "네가 산을 내려갈 때 헤매지 않게 하기 위해." 라고 대답한다. 자신이 버려지는 상황에서도 자식을 생각하는 부모에게 가책을 느낀 아들은 부모를 데리고 산을 내려간다는 이야기이다.

이 외에도 부모를 망태기에 담아서 버리러 가는데, 따라온 자식이 "아버지가 늙으면 그 망태기에 아버지를 담아서 나도 버릴 것이다." 라고 말해서 정신을 차린 아들이 부모를 데리고 산을 내려온다는 설화와 시오리형 설화 뒤에 난제형 설화가 이어지는 복합형 설화가 있다. 또 며느리가 아들을 부추겨 부모를 버리게 하지만, 결국 부모는 집으로 돌아오고 며느리는 죽임을 당하는, 고부 갈등과 연계시킨 설화도 있다.

이런 노인 유기 설화는 일본뿐 아니라 중국, 유럽, 아프리카 등지에 광범위하게 분포한다.

일본의 오바스테산은 이모를 산에 갖다 버린 남자가 밝은 달을 보고 양심의 가책으로 이모를 다시 데려온다는 설화가 전해 내려져 오는 산이다. (2018년 기재)

〈고려장〉을 소재로 한 영화가 일본과 한국에서 만들어졌다.

한국에서는 1963년 김기영 감독이 만든 〈고려장〉이 있다.

▲ 1983년 일본 쇼헤이 감독이 만든〈나라 야마 부시코〉

일본에서는 1983년에 쇼헤이 감독이 만든 〈나라 야마 부시코 楢山節考〉라는 영화가 있다. 나라 야마 부시코에서 '나라'는 70이 된 노인을 버리는 산의 이름이고 '부시코'는 노래를 의미하므로 '나라 산의 노래'라는 뜻이다.

영화의 내용은 19세기 일본의 시골 마을에 사는 45살의 주인공 타츠헤이는 69세의 노모 오린과 냄새나서 결혼을 못한 남동생 리스케, 그리고 장성한 아들 케사키치와 어린 둘째 아들, 셋째 딸과 함께 여섯 식구가 한집에 살고 있다.

이때 노모 오린은 막내를 낳다 세상을 떠난 며느리로 인해 집안 살림을 홀로 책임지고 있다. 하지만 70세가 되면 나라 야마 산으로 떠나야 한다는 생각에 아들 타츠헤이의 재혼을 서두르게 된다.

그러던 어느 날 집에 찾아온 소금 장수의 중매로 이웃 마을에 사는 얼마 전 사별한 여인 타마얀을 며느리로 맞이하게 된다. 그렇게 100일간의 상을 마치고 집에 온 타마야에게 오린은 집안일과 함께 자신만이 알고 있던 고기 잡는 방법을 전수하며 나라 야마 산으로 떠날 준비를 하게 된다. 이처럼 이 영화는 〈고려장〉과 같이 일본에서는 70세가 되면 나라 야마 산으로 떠나야 하는 풍습 〈우바스테야마 설화〉를 그린 영화로 우리나라 봉준호 감독이 만든 〈기생충〉이 칸 영화제에서 황금종려상을 받았듯이 1983년에 칸 영화제 황금종려상을 받았다.

그런데 이 영화는 일본 작가 후카자와 신치로가 우바스테야마 설화를 소재로 1956년에 쓴 동명의 단편소설을 영화화한 1958년 작 키노시타 케이스케 감독의 작품 〈나라 야마 부시코〉를 리메이크한 작품이다. '우바스테야마 설화'는 우리에겐 고려장으로 잘 알려진 식구의 입을 줄이기 위해 고령의 부모를 산에 버리는 풍습을 말한다.

원작 소설과 1958년 영화에서는 우바스테야마 설화만을 다루고 있다면 이마무라 쇼헤이 감독은 여기에 자신의 아이를 죽이는 마비키 풍습도 함께 다루고 있다.

또한 자신의 곡식을 훔친 며느리와 그의 가족을 산채로 땅에 묻는 모습과 배불리 먹기 위해 결혼을 도구로 이용하는 여인들의 모습들을 통해 흉년으로 인해 빈곤해진 과거 일본 서민들의 삶을 파격적이면서도 사실적으로 그리고 있다. 거기다 과거 자신의 딸을 성폭행한 동네 청년을 때려죽인 아버지의 죄로 인해 자신의 집에 귀신이 붙었다며 아내에게 동네 청년들 모두와 하룻밤씩 관계를 하라는 파격적인 장면들도 등장한다.

이처럼 이 영화는 빈곤으로 인해 짐승처럼 바뀌어버린 인간의 본성에 대해 탐구하고 있다.

▲ 1958년 일본에서 만든 〈나라 야마 부시코〉

이는 어찌 보면 일본 문화의 치부를 드러내는 것일 수도 있지만 이마무라 쇼헤이 감독은 영화를 통해 이를 과감하게 전 세계에 드러냄으로써 칸 영화제 황금종려상을 받은 듯 보인다.

한국에서 만든 〈고려장〉은 고려장 풍습에 대한 이야기보다 10형제의 집에 재혼하게 된 어머니로 인해 그 집에 들어가게 된 주인공 구령이 35년간 형제와 싸우는 이야기가 주된 내용이다. 이때 형제들이 싸우게 된 이유는 가족 문제가 아닌 무당에 의한, 즉 외부세력에 의한 결과로 나온다. 그로 인해 영화 〈고려장〉은 고려장 풍습에 대해 표현하기 보단 이를 통해 외부세력에 의해 원치 않는 분단을 하게 된 우리나라의 상황을 은유적으로 묘사한 영화이다.

▲ 한국 김기영 감독이 1963년 만든 고려장

두 영화는 20년 차이가 있음에도 노모가 버려지는 산골의 모습이나 빈곤을 탈피하기 위해 결혼을 선택하는 여인의 모습들이 공통적으로 등장했다.

결말 부분에서 산에 노모를 버리자 아들들이 원했던 눈과 비가 내리는 등 유사한 장면들이 많다. 하지만 산에 버려진 노모를 공격하는 새가 두 영화에 모두 등장하는데 우리나라 영화 〈고려장〉에서는 독수리가 등장하고 일본 영화 〈나라야마 부사코〉에서는 까마귀가 등장한다. 한국 김기영 감독이 1963년에 만든 영화 〈고려장〉은 일본에서 1958년에 만들어진 키노시타 케이스케 감독의 〈나라야마 부사코〉의 영향을 받았지 않았을까?

| 참고문헌 |
- W.E.그리피스, 「은자의 나라 한국」, 역자 신복룡, 집문당, 1999.

벚꽃

▲ 진해 여좌천 벚꽃 모습

우리나라에서 '벚꽃' 하면 떠오르는 곳이 '진해 군항제鎭海軍港祭'이다.

매년 벚꽃이 만개한 3월 말부터 4월 초 까지 열흘간 열리는데 진해에서 대표적인 벚꽃 명소는 장복산 공원, 안민도로, 해군사관학교 및 해군기지 사령부, 여좌천, 제황산 공원, 내수면 연구소가 손꼽히는데 특별히 축제 기간 동안 해군기지를 일반인에게 개방하여 마음껏 벚꽃을 즐길 수 있도록 배려하고 있다.

군항제는 1952년 4월 13일 경상남도 창원시 진해구 북원 로터리에 이순신 장군의 동상을 건립하면서 추모제를 지내기 시작하여 해마다 제를 지내다가 1963년 해군 진해 통제부가 주관하여 '군항제'로 이름을 바꾸면서 그 성격도 변화하였다. 충무공의 숭고한 얼을 추모한다는 본래의 취지와 향토문화 예술을 진흥한다는 목적이 덧붙여져 각종 문화예술행사, 팔도풍물시장 같은 것이 새롭게 추가되어 다채로운 내용을 지닌 지역축제로 자리 잡았다.

그런데 진해 군항제를 다녀온 사람들이 감탄한 것은 한국 최고의 벚꽃 단지라는 것이다. 더군다나 우리나라 벚꽃의 명소는 대부분 일제 강점기 시대 일본인이 심은 것과 진해의 벚꽃 거리를 본떠 새로이 조성된 꽃길이 대부분이다. 봄철 우리나라는 전국에서 벚꽃 축제가 생활화되었다.

진해에 벚꽃을 심은 역사를 살펴보자.
일본은 1895년 청일전쟁에서 승리하자 10년 뒤에 러일전쟁을 일으켰다. 일본은 진해에다 1905년 일본 연합 함대의 기지로 삼고 그 지역에 각종 군사 시설을 세웠는데 이는 러·일 전쟁시 일본 도고 사령관이 이곳에서 출전하여 러시아의 발틱함대를 격파시켜 전쟁에서 승리하였다. 1916년 일본 해군의 진해 요항부가 설치되면서 군항의 면모를 갖추기 시작했고 현재의 공설운동장 서편 약 일만 평의 농지에 '벚꽃쟁이' 라는 벚나무 단지를 만들어 휴식처로 이용해 왔다. 이때 일본인들은 벚꽃을 젊음, 충성, 희생 등 일본 군사문화의 목적으로 심은 것이다.

해방 후 진해시민들은 벚나무를 일본의 국화라며 베기 시작했는데 벚나무가 모두 없어질 무렵인 1962년 일본의 식물학자가 진해의 왕벚나무 원산지가 일본이 아닌 제주도임을 말해주었다. 이때부디 시민들은 벚나무에 대한 인식을 새로이 하고 일본에서 기증한 벚나무를 심기 시작 했고 1976년 박정희 대통령이 '벚꽃 진해' 를 되살리는 운동을 전개함으로써 다시 벚꽃의 고장으로 자리 잡게 되었다.

그런데 이때 베어낸 자리에 심은 벚꽃나무는 재일교포 편수개가 17살 때 일본으로 건너가 성공하여 돈을 벌자 고향에 무엇인가를 돕고자 할 때 이곳 벚나무가 제주의 왕벚 나무라는 소리를 듣고 벚나무를 기증하기 시작했고 일본에 있는 기업인들도 참여하여 벚나무를 기증하였다.

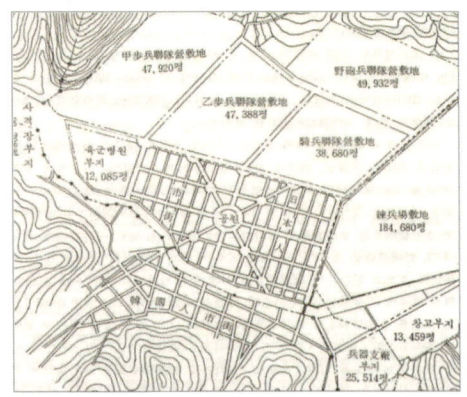
▲ 1916년 일본이 계획한 진해 시가지

▲ 진해 시가지 항공 촬영사진

▲ 일제 강점기 진해의 벚꽃

▲ 욱일승천기

    그러니 진해의 벚꽃나무는 일본이 군사문화 목적으로 심어 조성된 것이 해방 후 청산했다가 다시 일본인에 의하여 복원된 것이나 마찬가지이다.
    이곳에 한국에서 처음으로 이순신 장군 동상을 세웠으며 장군의 충의 정신을 기리는 것이 '진해군항제'의 본뜻이라 했다.

    그러나 이곳은 임진왜란 때 일본군의 진영이었다. 지금도 남아있는 '웅천왜성'이 이를 입증하고 있다.

웅천왜성은 왜장 가등청정加藤清正이 쌓은 성으로 당시에는 '웅동안골리 왜성'이다. 현재 사적 제53호로 지정되어 있으며 안골포는 또 다른 왜성이 있는 부산 가덕도와 4km 정도 떨어져 있고 안골포 동쪽의 해발 약 100m에 쌓여졌으며, 둘레가 약 1.25m이고 넓이가 5천 평으로 산 정상부를 깎아 평탄하게 만들고 여기에 본성을 쌓은 다음 비탈을 깎아 제2, 제3의 성을 쌓았다. 성은 육지 쪽을 막고 바다 쪽으로 입구를 내었는데 바다에 이르기까지 교통로를 파 이용하였다. 안골포에서 마주 보이는 바다 건너에도 이와 유사한 '태첩 왜성'이 있다.

한마디로 임진왜란 때는 이곳에 왜군의 군사기지가 있었으며 이순신 장군은 이곳 진해에 있는 왜군을 격퇴시키려고 무단히 노력한 장군이다.

진해와 관련된 전투는 1592년 5월 4일 처음 출전하여 5월 7일 옥포에서 1차 해전을 승리하고 그날 오후에 다시 2차 해전을 벌인 곳이 합포였다. 합포는 현재 진해 수치 앞바다이다. 그러니까 이순신 장군이 여수 전라 좌수사로서 첫 출전하여 해전을 벌인 곳이 바로 진해 앞바다 이다.

임진왜란 3대 대첩 중 하나인 한산도 대첩이 임진년 7월 8일이었고 그 여세를 몰아 7월 10일 진해시 웅천 안골포에 있는 왜선을 공격한 것이 안골포해전이다.

한산도대첩은 이순신 장군의 전라 좌수영에서 3차 출전했을 때 거둔 대첩이었고 이 대첩 안에는 진해

▲ 웅천 외성 사진

안골포 해전도 포함되어 있는 것이다.

1953년 2월 10일 난중일기에는 이런 기사가 있다.

'아침에 흐렸으나 늦게 맑아졌다. 오전 6시쯤에 출항하여 곧장 웅천(현재 진해시) 웅포에 이르니 적선이 여전히 줄지어 정박해 있었다. 두 번이나 유인했으나 우리 수군에 이미 겁을 먹었고 나올듯하다가도 돌아가 버리므로 끝내 잡아없애지 못했다. 참으로 분한 일이다.'
1593년 2월 18일 계묘 맑음

'이른 아침에 군사를 이동하여 웅천(현재 진해시)에 이르니 적의 형세는 여전했다. 사도첨사 김완을 복병장으로 임명하여 여도만호 녹도가장 좌우별도장 좌우격돌장 광양2선 흥양대장 방답2선 등을 거느리고 송도에 매복하게 하고 모든 배들로 하여금 유인케 하니 과연 적선 10여척이 뒤따라 왔다. 경상도 복병선 5척이 재빨리 나가 싸울 때 다른 복병선들이 돌진해 들어가 적선들을 에워싸고 수없이 쏘아대니 왜적이 헤아릴 수 없이 많이 죽었다. 한 놈의 목을 베고 났더니 적의 기세가 크게 꺾이며 마침내 뒤따라 나오지 못하였다. 날이 저물기 전에 여러 배를 거느리고 원포(현재 진해시)로 가서 물을 길었다. 어둠을 틈타 영등포(현재 거제도 북쪽) 뒷바다로 돌아왔다.'
1593년 2월 22일 정미 새벽에 구름이 검더니 동풍이 크게 불었다

'적을 토벌하는 일이 급하므로 사화랑에 이르러 바람 멎기를 기다렸다. 바람이 조금 멎는 듯 하기에 길을 재촉하여 웅천(현재 진해시)에 이르러 두 승장 삼혜와 의능과 의병 성응지를 제포(현재 진해시)로 보내어 곧 상륙하는 체하게 했다. 그리고 우도 여러 장수들의 배들은 변변치 못한 것을 골라 동쪽으로 보내어 역시 상륙하는 체하게 하였다. 이런 전략으로 왜적들이 당황하여 갈팡질팡 할 때 전선을 모아 곧바로 뚫고 들어가니 적들은 세력이 나뉘고 약해져서 거의 섬멸되었다.'
1593년 2월 28일 계축 맑고 바람도 없다

'새벽에 출항하여 가덕(현재 부산시 신항만 건설지)에 이르니 웅천(현재 진해시)의 적들은 움츠리고 있어 조금도 나와서 대항할 생각이 없는 듯 했다.'
1593년 3월 6일 신유 맑음

'새벽에 출발하여 웅천(현재 진해시)에 이르니 적의 무리가 육지로 도망쳐 산중턱에 진을 쳤다. 관군들이 쇠탄환과 편전을 비 오듯 마구 쏘니 죽은 자가 매우 많았다. 포로로 잡혀갔던 사천 여인 한명을 빼앗아 왔다. 칠천량(현재 거제도)에서 잤다.'

이와 같이 진해는 임진왜란 때 왜군의 수군기지였고 이순신 장군은 이들을 물리치려고 갖은 애를 썼던 곳이다.

진해 로터리에 이순신 장군 동상이 건립하게 된 동기 또한 기이하다. 원래 이곳 로터리에는 천년이 넘는 팽나무 하나가 서있었다. 그런데 그 팽나무를 중심으로 일제가 기획도시를 조성했는데 둥근 로터리에 사방으로 뻗은 도로를 조성하여 마치 일본 해군의 상징 깃발인 욱일승천기 모양으로 만들었다. 이러한 모양이 이북의 나남에도 있었는데 나남은 도시의 모습을 해방되고 바꾸었다. 그런데 이곳은 그대로 전해오다 김구 선생께서 이곳에 방문하여 휘호한 것을 비에 새겨 로터리 한복판에 세웠다. 이곳에는 해군기지가 있어 이승만 대통령이 자주 들리던 곳으로 올 때 마다 묵는 별장이 있다. 이곳에 올 때 로터리를 지나가며 비를 바라보는데 참모가 이 비가 김구 선생의 휘호라는 말을 할 수 없었다고 한다. 그것은 김구 선생과 이승만 대통령은 사이가 좋지 않았기 때문에 비서는 이곳 군수에게 이야기하여 전쟁 중인데 김구 선생비를 뽑아내고 국민이 가장 선호하는 이순신 장군 동상을 건립하여 놓은 것이다. 그러니 순수한 애국의 뜻보다는

▲ 김구 선생 비

▲ 이순신 장군 동상

김구 선생 휘호 비를 없애기 위한 방책이었다.

NAVER 지식백과 한국 세시풍속 사전에는 진해 군항제에 대한 정의는 다음과 같다.

> 벚꽃을 배경으로 열리는 대표적인 축제로 벚꽃이 만발하는 3월 말부터 4월 초까지 열흘간 열린다. 1952년 경상남도 진해시 복원로터리에 이순신 장군의 동상을 건립한 것이 계기가 되어 1963년부터 시작한 군항제는 충무공을 추모하고 호국정신을 선양하며 지역의 문화예술을 진흥한다는 목적으로 시내 곳곳에서 다양한 행사를 벌인다.
> 의의로는 진해 군항제는 충무공이라는 역사문화 자원과 벚꽃이라는 자연자원을 결합 함으로써 특화한 지역축제로서 외부에 도시의 이미지를 드높이고 지역민의 정체성을 확보하는데 기여해왔으며 관광수입을 올리는데도 일정한 역할을 한 것으로 평가받고 있다.
> 앞으로 충무공이라는 군사적 이미지와 벚꽃이라는 환경친화적이고 자연적인 이미지를 조화롭게 결합시켜 축제 이미지의 통일을 꾀하고 여기에 부합하는 프로그램을 개발한다면 더욱 발전할 수 있는 가능성이 큰 축제라고 하겠다.

위의 내용을 보면 자연물인 벚꽃과 역사 인물인 이순신 장군을 주제로 한다고 했는데 이는 모순된 주제로 보여진다. 즉 벚꽃은 일제 강점기 시대 일본인들이 일본 전쟁 문화를 상징하기 위하여 심은 것이 발단이고 이순신 장군은 1952년 우리나라 최초로 이곳에 동상을 세운 것인데 일제 침략의 산유물인 '군항'이라는 제목에, 일제의 상징물인 벚꽃에, 그와 반대인 일제 침략을 물리친 이순신 장군을 동급으로 만들어 놓은 것은 생각할 문제이다. 벚꽃은 제주산 이란 생물학적 설명은 이곳에서는 어울리지 않는다. 그러면 일본에서는 벚꽃이 어떠한 의미를 갖고 있는지 2006년 4월 6일 자 세계일보 기사를 소개한다.

"벚꽃의 비밀"… 일본 "낙화의 미학" 희생으로 조작
"메이지" 이후 군국주의자들 변용 … 가미카제대원 사쿠라 꽂고 출정

너와 나는 동기 사쿠라

같은 훈련소의 연병장에 피어
너와 나는 동기 사쿠라
한번 핀 꽃이라면 지는 것을 각오했다
멋지게 지자꾸나, 나라를 위해

(중략)

너와 나는 동기 사쿠라
서로가 멀리 떨어져 진다고 해도
사쿠라의 수도 야스쿠니 신사
봄 가지에 피어 다시 만나자.

-1938년 작곡된 일본 군가 '동기(同期)의 사쿠라' 중에서

◇ 태평양전쟁 당시 만 18세의 가미카제 특공대원 우메자와 가즈요. 군복에 사쿠라를 꽂고 출전 직전에 찍은 사진.

군가 '동기의 사쿠라'에서 보듯, 벚꽃은 '죽음'과 '산화散華'를 떠올리는 일본 군국주의의 상징이었다. 사쿠라_{벚꽃}는 또 사무라이_{무사계급의 구성원}가 활보하던 시절 '할복'을 상징하기도 했다. 그런 역사 속에서 벚꽃은 곧 절대 충성과 희생이라는 '일본의 정신'이었다. 이 때문에 공식 국화는 아니라고 하지만, 벚꽃은 사실상 일본의 '나라꽃'으로 여겨지고 있다. 일본문화원 스기야마 도모쓰구 공보담당관은 "사쿠라를 국화로 지정한 법은 없지만, 일본인들은 관습적으로 사쿠라를 나라꽃으로 여기고 있다"고 밝혔다.

태평양전쟁_{1941년~1945년} 당시 미군 함대에 전투기를 몰고 투신했던

가미카제神風 특공대원들은 가슴과 어깨에 벚꽃 가지를 꽂고 임무를 수행했다. 어린 여학생들은 벚꽃 가지를 흔들어 사지로 향하는 이들을 배웅하며 용감무쌍함을 예찬했다. 가미카제는 1274년 일본 정복에 나선 몽골군의 배를 전복시켜 기적적으로 일본을 구한 태풍을 말하는데, 곧 벚꽃에 비유됐고 벚꽃으로 치장했다. 1870년에서 1943년 사이 일본군 휘장에 꽃과 잎, 가지가 주요 모티브로 사용될 정도로 벚꽃은 일왕과 국가를 위한 희생의 아름다움을 나타내는 대표적 상징물이었다.

본래부터 벚꽃에 이런 군국주의의 이미지가 있었던 것은 아니다. 일본에서 가장 오래된 노래집인 만요슈萬葉集에 실린 작품에는 꽃의 아름다움과 사랑하는 이에 대한 그리운 정서만이 배어 있을 뿐이다.
"지난해 만났던 님 그리워하네 벚꽃 그리워 마중 나왔음에"(만요 8권), "다유라키 산봉우리 드높이 벚꽃 피는 봄이면 그대 더더욱 그리워지네"(만요 9권), "봄 안개 자욱한 미카사 산에 달님 나왔네, 사키산 피는 벚꽃 보고 싶어라."(만요 10권)
명지대 최경국 교수(일어일문학)는 "일본 고전문학에서 벚꽃은 일본인에게 친근한 꽃이자 단지 감상의 대상이었고, 눈雪과 가장 많이 비유됐다"고 말했다.

헤이안시대平安時代 794년~1185년 이후 일본에서는 꽃이라고 하면 벚꽃을 지칭하게 됐고, 현대적인 '벚꽃놀이' 花見:하나미와 관련된 문학작품도 많아졌지만, 이때까지만 해도 벚꽃은 아름다운 '꽃' 그 자체에 머물러 있었다.

그러나 '꽃'으로서의 사쿠라는 일왕 친정 형태의 통일국가가 형성된 근대 일본의 정치·사회적 변혁인 메이지유신1868년 이후 서서히 변용되기 시작했다.

이 같은 변용의 한가운데에는 군국주의자들의 상징 조작이 있었다는 지적이다.

군국주의자들이 벌인 벚꽃의 이미지 변용은 "꽃은 벚꽃이요, 사람은 무사"라는 말에서 드러나듯 주저함 없이 순간적으로 지는 아름다움으로, 주군을 위해 목숨을 기꺼이 버리는 쪽으로 모아졌다.

▲ 가미카제 특공대 출격 때 사쿠라 가지를 흔들며 전송하는 치란고등여학교 학생들

광운대 이향철 교수 일본학 는 "메이지유신을 계기로 예로부터 일본인들에게 친근한 꽃이었던 벚꽃에 부국강병과 대외 침략의 희생을 미화하기 위한 대대적인 이미지 조작이 가해졌다"면서 "청일전쟁과 러일전쟁을 거치면서 활짝 피었다가 순식간에 지는 벚꽃에 담긴 '낙화의 미학'을 확대 재생산하기 시작했고, 2차대전에서는 전사戰死를 미화하려는 유력한 상징으로 그 위력을 발휘했다"고 말했다.

그러나 일본 제국주의 당시 아시아 여러 민족에게 가슴 아픈 기억이 돼 버린 벚꽃은 현대를 살아가는 상당수 일본인에게 '감상하는 꽃' 이상도 이하도 아니다. 명지대 최경국 교수는 "일본 국민에게 벚꽃은 그냥 아름답기 때문에 즐기는 꽃일 뿐"이라며 "과거의 군국주의와 같은 이데올로기적 요소는 배제돼 있다"고 설명했다.

그렇다고 군국주의의 이미지가 사라진 것은 아니다. 광운대 이향철 교수는 "군국주의의 상징물로 악용된 벚꽃의 이미지를 잊은 채 꽃놀이를 즐기는 일본인들에게는 문화적으로 청산되지 않은 벚꽃에 대한 반성의 기미를 찾아볼 수 없다"며 "고이즈미 준이치로 총리 집권 이후 일본의 우경화 경향이 두드러지면서 벚꽃 붐이 다시 일고 있는 것은 우리에게 무엇을 의미하는지 곰곰이 생각해 볼 때"라고 말했다.

실용적으로 이용한 한국

한국인들에게도 벚꽃 구경은 이제 자연스러운 문화다. 하지만 그리 오래된 것은 아니다. 일본 제국주의의 산물이기 때문이다. 전문가들은 대체로 "일제가 을사늑약 이후 '사쿠라'를 서울 도심부터 전국으로 심어 정서의 일본화를 꾀했다"는 데 의견을 같이한다.

일본이 조직적으로 한반도에 보급하기 전만 해도 우리 민족이 벚꽃을 보는 시각은 달랐다. 유희의 대상보다는 '실용성'에 초점을 맞췄다. 삼국사기와 삼국유사, 고려사 등 각종 기록과 고전에는 매화, 복숭아, 살구 등 수많은 나무가 등장하지만 정작 벚나무는 찾아보기 어렵다.

다만 선조들이 벚나무 껍질을 벗겨 활의 재료로 사용했다는 기록이

▲ 화엄사 올벚나무

존재한다. 실제 벚나무는 재질이 치밀하고 말라도 비틀어지지 않아 가구재나 건축 내장재로 요긴하게 쓰인다.

천연기념물 제38호인 전남 구례군 화엄사 올벚나무는 병자호란 이후 인조가 전쟁에 대비하기 위해 활 재료로 심게 한 것으로 전해지고 있다. 국립수목원 생물표본연구실 이유미 연구관은 "화엄사 올벚나무나 정릉 주변 수양벚나무 등은 활을 만들기 위한 것으로, 감상이 아니라 부국강병이 목적이었다"고 말했다.

세계문화유산으로 지정된 고려팔만대장경 경판도 벚나무 목재로 깎았다. 옛날 우이동 계곡에도 벚나무가 많았다고 전해진다. 조선 효종이 북벌을 계획하면서 궁재弓材·활재료로 쓰기 위해 이곳에 대규모 벚나무 숲을 조성했다는 학설이다.

악기 재료로 쓰인 기록도 나온다. 조선시대 음악 지침서인 악학궤범에는 "나무의 잎사귀를 말아서 풀피리를 만드는데, 지금은 벚나무 껍질을 쓴다"고 적혀 있다.

벚꽃이 그 화사함에도 사랑을 받지 못한 것은 활짝 피었다가 곧 지고 마는 다소 경박한 특성 때문이라는 주장도 있다.

꽃을 사랑하면서도 은근함을 미덕으로 여기는 우리 민족이 추위를 견뎌내고 피어나는 매화를 선호한 것도 이 같은 민족 정서 때문이라는 분석이다. 광복 이후 군사독재정권 시절 '낮에는 야당, 밤에는 여당' 행세를 하는 이를 '사쿠라'로 부른 것도 벚꽃의 특성을 빗댄 한국적 변용이다.

역사 기록이나 전통적으로 꽃을 사랑하는 민족성에도 불구하고 선조들이 벚꽃을 두고 시 한 수나 전설 하나 남기지 않은 것 자체가 국민들로부터 소외받았다는 증거인 셈이다.

특별기획취재팀 류순열·김기동·신동주·박종현 기자

▲ 일본의 가미카제 전투기

일본에서 벚꽃과 관련 있는 인물이 한 명 있다.

바로 일본 돈 5,000엔 지폐에 그려져 있는 히구치 이치요樋口一葉 1872년~1896년로 일본 근대 소설의 개척자로서 자연인으로 일본 돈 5,000엔의 주인공이 된 것은 그만한 이유가 있다. 1892년 그의 나이 20세에 일본 잡지〈무사시노〉창간호에 첫 작품〈어둠속의 벚꽃〉을 발표하여 등단한 후 1893년에〈매목〉문학계 잡지에 1894〈섣달그믐날〉1895〈탁류〉를 발표하였다. 그토록 원하는 소설을 쓰면서도 히구치는 가난과 정면으로 맞서야 했다. 삯바느질과 세탁, 글쓰기 교습, 유곽에 나가는 여자들이 손님에게 보내는 편지 대신 써주기 등 생계를 이어가기 위해서는 험한 일도 마다하지 않았다. 히구치는 숨지기 전 14개월 동안 생의 마지막 혼을 다 쏟아붓기로 작정한 듯 수많은 작품을 발표했다. 유곽을 배경으로 어린아이들의 성장과 사랑을 그린〈키재기-1895〉창부들의 삶을 사실적으로 그린〈흐린강〉여성 심리를 섬세하게 묘사한〈매미〉〈십삼야〉〈나때문에〉등 동시대 어느 작가에게도 찾아볼 수 없는 인간 본성에 대한 통찰이 드러나는 작품들을 잇달아 내놓았다. 일본 문단에서는 히구치가 열정적으로 작품을 쏟아냈던 이 시기를 '기적의 14개월'로 부른다. 특히〈해질 무렵 무라사키〉는 그녀의 마지막 작품이자 미완성 작품으로 유명하다. 폐결핵으로 24세의 짧은 생을 살았지만, 일본에서 일본 여성에 대한 역사적 운명을 솔직하게 써 내려갔고 특히 생활고로 시달리면서 일본여성의 가장 깊숙한 곳을 볼 수 있는 유곽 근처에서 가게를 열어 장사를 하면서 더욱더 일본 여성의 아픈 현실을 느끼고 소설로 표현하였다.

즉 히구치는 일본에서 여성으로 살아간다는 것은 어느 나라보다 불행한 처지로 봉건적인 사회제도의 틀 안에 갇혀 신음하는 여성들의 고뇌를 그리고 있다. 일본 여성은 마치 벚꽃처럼 아름답게 활짝 피었지만, 곧 바람에 꽃잎이 우수수 떨어지는 벚꽃과 같다는 비유를 하였고 그때부터 일본 여성들은 집주변에 벚나무를 심어 위로를 받았기에 벚꽃은 불행한 일본 여성을 대변했다. 결국 일본에서의 벚꽃은 불행한 일본 여성의 처지를 위로하고 야스쿠니신사 주변에 분홍빛 벚꽃은 젊은 나이에 일본 천황을 위하여 피를 흘려 죽음으로서 충성을 다하는 영광의 꽃으로 상징된 것이다.

▲ 일본 돈 5000엔 주인공 히구치 이치요

| 참고문헌 |

- 류준열 「벚꽃의 비밀」 2012 (주) 에세이 퍼블리싱
- 세계일보 2006년 4월 6일 자 특별기획취재팀(윤수열, 김기동, 신동주, 박종현 기자)
- 최학준(진해 향토사학자)

초등학교 교과서 속 일본놀이에 참고한 자료들

과거 우리는 놀이를 하지 말라 했다. 그것은 공부를 해야 했고, 일을 해야 하는데 놀이는 이를 방해하는 좋지 않은 행동이었기 때문이다. 그런데 지금은 학교에서나 집에서나 재미있는 놀이를 잘해야 성공한다고 한다.

특히 초등학교 교과서는 모든 과목이 놀이 중심으로 교육이 이루어지기 때문에 이를 '놀이학습'이라 부른다. 놀이에는 여러 가지 종류가 있지만 크게 셋으로 나누면 「전통놀이」, 「전래놀이」, 「창의놀이」이고 요즘 새로 생긴 놀이가 「다문화놀이」이다.

「전통놀이」는 우리 조상 대대로 놀아왔던 놀이를 지칭하고 「전래놀이」는 어른들의 유년기 추억놀이로 그리 오래되지는 않았지만 어른들이 알려준 놀이를 이야기한다. 그리고 「창의놀이」는 새로 만든 놀이를 이야기하고 「다문화놀이」는 우리나라가 다문화사회로 접어들면서 여러 국가의 문화가 혼재하면서 그들의 문화를 받아들여 세계 여러 나라 놀이를 즐겨하는데 이를 「다문화놀이」라 부른다.

초등학교 교과서는 총 133권이다. 이는 한 학년이 20여권의 교과서를 1학기와 2학기로 나누어 배우고 있는데 요즘에는 같은 교과서가 출판사에 따라 발행이 다르고 이를 학교에서 선택하여 사용하니 교과서의 수가 많은 것이다.

우리는 전통놀이를 연구하다 어린이들이 노는 놀이를 분석하여 보았다.

그런데 놀라운 사실을 알아내고 그 원인을 찾기 시작하였다. 즉, 초등학교 교과서에 실린 놀이 대부분이 '일본놀이'이며 이들 놀이가 우리 전통놀이로 둔갑하여 학교에서 어린이들에게 가르치고 있다는 것이다.

특히 학교 운동장에 그려져 있는 판놀이 그림이 모두 일본놀이이며 어린이들은 이것이 우리 전래놀이로 알고 시간 날 때마다 놀고 있다.

왜 우리 어린이들은 일본놀이를 일본놀이라 하지 않고 우리 놀이로 배워 놀고 있으며 교과서에는 온통 일본놀이만 수록되어 있는 것일까? 그것은 두 가지 원인이 있다.

첫째 우리가 1910년부터 1945년까지 36년 동안 나라를 빼앗겼다는 것이다. 일본은 우리나라를 빼앗아 민족말살정책으로 일본화하려고 무척 애를 썼다. 그 방법으로 우리의 문화를 말살시키고 일본문화를 받아들여 일본과 조선은 하나라며 '내선일체內鮮一體'를 부르짖었다.

심지어 1941부터는 우리의 말과 글을 못 쓰게 금지하였으니, 우리 놀이를 놀게 하였겠는가? 그 시대 우리 것은 아무것도 없고 오직 일본 말을 하고 일본글을 쓰고 일본 노래를 부르며, 일본 놀이만 놀 수밖에 없었다. 그런데 문제는 해방이 된 후의 일이다.

두 번째 우리는 우리역사에서 친일 청산을 하지 못 하였다.

교육계는 일본화 되어있는 우리의 교육을 우리 것으로 돌리는데 거북이걸음을 하여왔다. 아니 그럴 생각이 없었는지도 모른다. 그 예로 국민학교國民學校가 초등학교로 개명한 것이 1996년이다. 해방 후 50여년을 일제가 원하는 이름으로 불러왔으니 교과서 속 일본놀이가 지금까지 남아있다는 것이 뭐 대수라 하겠다. 그러나 이렇게 오랜 시간이 흘러가면서 어린이들은 이것이 우리 것인지 일제의 침략 놀이인지 무감각해졌다. 심지어 지식인들이 만든 책에는 재미있는 우리 놀이라고 소개하여 놓았고, 교과서에도 우리 전통놀이라 운운하였으니 이것이 우리 것이 아닌 일본 침략놀이였다는 것을 누가 알 수 있겠는가?

우리가 연구한 것은 현재 교과서 내에 수록된 일본놀이를 정리하여 보았다. 물론 교과서에 나오지 않은 일본놀이를 선생님이나 기성세대들이 어린이들에게 우리 전통놀이라고 가르치고 알려주는 것이 대부분이다.

우리가 연구한 일본놀이는 다음과 같다.

1. 무궁화 꽃이 피었습니다.
2. 쎄쎄쎄
3. 여우야 여우야 뭐하니
4. 오징어연鳶 은 일본연鳶
5. 가위 바위 보
6. 줄넘기
7. 고무줄놀이
8. 딱지
9. 구슬치기
10. 사방치기돌차기
11. 비석치기
12. 대문놀이
13. 땅따먹기
14. 우리집에 왜 왔니
15. 말타기
16. 가을 운동회 청군 백군
    박 터트리기, 오재미
17. 꼬리잡기
18. 수건돌리기
19. 기차놀이
20. 오뚝이
21. 시소
22. 끝말잇기
23. 진놀이달팽이놀이

이들 놀이가 일본놀이라는 것을 확인하기에는 어렵지 않았다.
첫째, 일제 강점기에 일본의 민족말살정책을 생각하면 알 수 있고,
둘째, 놀이 관련 책자를 분석하면 알 수 있고,
셋째, 일본 교과서나 일본의 전통놀이를 알아보면 금방 알 수 있다.

역사는 강조하지 않아도 쉽고 자연스럽게 알 수 있다.
우선 우리나라 시중에 있는 책을 분석하여 보자.

서점에서 살 수 있는 책은 「한국의 놀이-유사한 중국.일본의 놀이와 비교하여」와 「조선의 향토오락」 그리고 「놀이도감」이다. 「한국의 놀이」는 1895년 미국의 저명한 민속학자이며 펜실베니아 대학에 재직 중인 스튜어트 컬린Stewart Culin 1858~1929교수가 박람회 한국위원 비서였던 박영규를 만나 한국의 놀이에 대한 정보를 듣고 쓴 책이다. 또 한 사람 우리나라에 최초로 서양식 병원을 설립한 알렌Horace Newton Allen 1858-1932이 절친한 친구였기에 알렌이 미국에 왔을 때 만나 한국에 대한 이야기를 듣게 된다. 그런데 그는 한국에는 한 번도 와 보지 못했다고 했다.

스튜어트 컬린이 박영규와 알렌Horace Newton Allen 1858-1932을 통하여 한국의 놀이에 대한 정보를 가장 먼저 들어서 그런지 그는 책을 정리할 때 주가 「한국의 놀이」이고 부록으로 중국과 일본의 놀이를 수록하였다.

스튜어트 컬린이 저술한 「한국의 놀이」에는 우리의 진짜 전통놀이가 수록되어 있다. 이는 시대적으로 조선말기인 1895년에 제작된 것도 있지만 이를 제공한 박영규는 1895년도에 미국에서 대한제국의 공사公使로 재직 중이었다. 그는 1893년 컬럼비아 박람회에 파견 되었고 당시 한국위원회의 비서관이었다. 스튜어트 컬린 교수를 만나 우리의 전통놀이에 대하여 자세히 알려 주었기에 그가 쓴 「한국의 놀이」는 진짜 우리의 전통놀이가 수록 되어

있고 부록으로 그 시대 중국과 일본의 놀이를 첨부하였다. 스튜어트컬린은 박영규에게 놀이에 대한 자료를 얻고 한국은 방문하지 않았지만 중국과 일본은 직접 방문하여 놀이자료를 수집하였다. 특히 미국에서 가장 가까운 일본은 그가 직접 방문하여 자료를 구했기에 한국의 자료 다음으로 일본의 자료가 많이 수록되어있다. 그러기에 이 책에 실려있는 일본놀이를 일본에서는 놀고 있지만 아직 한국에 전해지지 않은 놀이가 많이 수록되어있다.

「조선의 향토오락」은 조선총독부의 촉탁 무라야마 지준이 1936년부터 1938년 7월까지 조사한 조선의 놀이를 수록한 책이다. 이는 발간처가 조선총독부이듯 일제 강점기 때 일본이 목적을 가지고 편찬한 책이다. 즉, 1941년부터 우리 말과 글을 못 쓰게 하였으니 이 책의 역할은 우리 놀이를 말살하기 위해 우리의 놀이 현황을 파악한 것이다.

그런데 아이러니하게 거꾸로 무라야마 지준이 쓴 「조선의 향토오락」이 일제가 금지했던 진짜 우리 놀이를 복원하는데 중요한 자료가 되었다.

이 책이 1936년부터 1938년 7월까지 조사이기에 그 이전에 우리나라에 들어온 일본놀이가 섞여 있기는 하지만 대체로 우리 전통놀이 300여개가 수록되어 있다. 이 책에 수록된 놀이는 놀이를 조사할 때 각 도의 도지사 명으로 소학교오늘날 초등학교에서 아이들의 놀이와 일반인의 놀이를 조사하였으니, 그 시대 우리 놀이가 지역별로 특색 있는 이름과 놀이 방법을 모두 자세히 조사가 되었고 심지어 노는 시기, 노는 대상, 그중 신분에 따라 노는 놀이도 표시하여 일제가 치밀하게 우리의 문화를 파괴하려 한다는 것을 느낄 수 있는 책이다.

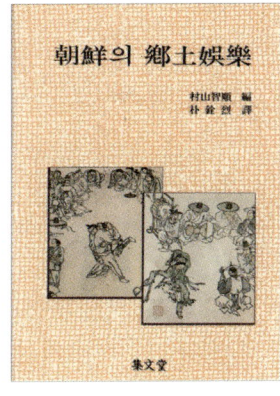 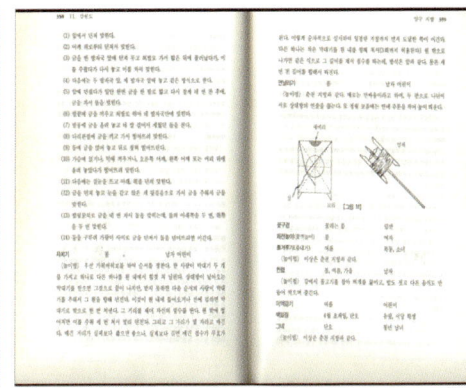

우리는 여러 번 일본에 가서 일본전통놀이(일본에서는 전승놀이라 한다) 자료를 수집하였고 기회만 있으면 일본놀이와 우리놀이를 비교하였다. 그 좋은 기회가 2017년 8월 서울 안국동 일본문화원에서 「일본 전승놀이 특별전」이 있었다.

우리는 그곳을 둘러보고 풀이 죽고 말았다. 그것은 대부분 일본놀이가 우리 전래놀이와 똑같은 것이 많았기 때문이다.

2019년 2월 25일 일본 오사카 방문은 더 이상의 자료가 필요 없을 정도로 일본놀이에 대한 자료를 어느 정도 수집했다고 할 수 있다.

이는 일본의 놀이학자 「시미즈」와 오사카 '상업대학 세계놀이 박물관'을 준비하고 있는 세 명의 교수와의 만남에서 얻은 여러 권의 일본 놀이 책자와 그들이 보유하고 있는 놀이 자료를 보여주고 필요한 것은 사진이나 복사로 제공하여 주어 이번 책자에 요긴하게 참고 자료로 활용 하였다.

일본에서 수집한 일본놀이 책자는 다음과 같다.

「소화(昭和) 어린이 250경」

이 책은 1977년부터 1979년까지 일본 요미우리신문에 스즈끼 도시가 연재한 「소화어린이 풍토기」를 책으로 엮은 것으로 1927년부터 1945년 해방 전·후까지의 일본 어린이들이 놀았던 놀이와 당시의 풍물 등을 250가지 그림과 설명으로 수록하였다. 이곳에는 「여우야 여우야」와 「우리집에 왜 왔니」, 「땅따먹기」, 「사방치기」, 「기와치기」 등 많은 놀이가 수록되어 있다.

「전승놀이 백과」

부제목으로 「아이와 즐기다」라고 기록되어 있으며, 1980년대 소학관에서 발행하였다. 일본의 전통놀이를 화보와 함께 놀이 방법 및 만드는 방법까지 사진과 그림으로 수록하였다.

이곳에 수록된 놀이는 딱지, 일본연, 우리집에 왜 왔니, 사방치기, 진놀이, 팽이, 가위·바위·보, 구슬치기, 고무줄, 대문놀이 등 많은 놀이가 있다.

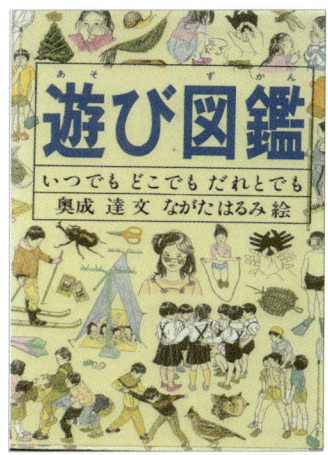  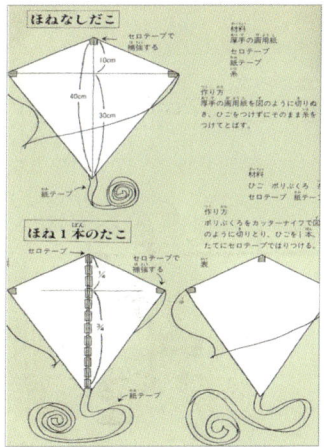

▲ 일본놀이도감(원문)

 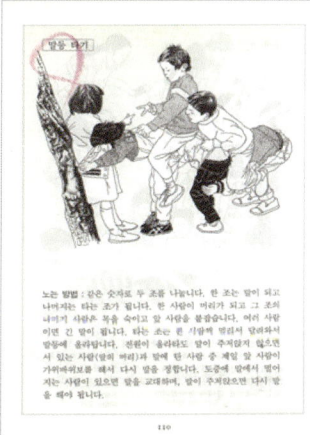 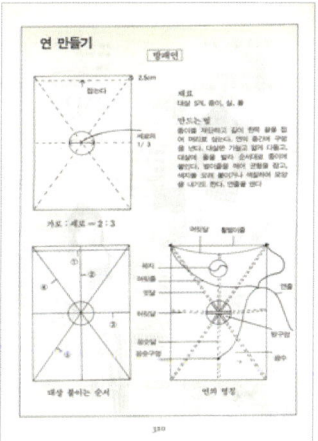

▲ 한국놀이도감(번역책)

「놀이도감 언제·어디서·누구나」

일본에서 1987년에 오쿠나리 다쓰가 글을 쓰고 나가타 하루미가 그림을 그린 「놀이도감」은 화초놀이 42가지, 야외놀이 49가지, 자연에서 논다 89가지, 전승놀이 49가지, 만들며 논다 60가지, 총 250여 개의 일본놀이가 소개되어 있는데 그 내용은 다음과 같다.

「가위 바위 보」, 「술래잡기」, 「꼬리잡기」, 「무궁화꽃이 피었습니다」, 「손수건 돌리기」, 「동동 동대문」, 「우리집에 왜 왔니」, 「S자진놀이」, 「딱지치기」, 「구슬치기」, 「사방치기」, 「땅따먹기」 등이다.

그런데 놀라운 책이 한 권 더 있다. 이것은 한국에서 구입한 책으로 표지에 「놀이도감 – 언제·어디서·누구나」이다. 이 책은 일본의 놀이도감과 표지 크기 모두 같은데 다른 것이 두 가지가 있다. 글씨가 한글로 쓰여 있는 것과 1991년 김○○이 옮기고 진선출판사에서 출판한 책이다. 표제에 저자 오쿠나리 다쓰가 글 쓰고 나가타 하루미가 그렸으며, 이를 김창원이 옮겼다고 하고 일본책에는 없는 것이 몇 가지 더 들어가 있는데 대표적인 것이 연(鳶)에서 일본 책에는 일본의 가오리연이 수록되어 있는 반면 우리나라 진선출판사 놀이도감에는 우리 고유의 방패연을 추가로 넣었으며, 우리 고유의 윷놀이도 수록되어 있다. 그리고 서두에 「*이 책에 실린 놀이는 우리나라 실정에 맞게 바꾼 것입니다.」라고 서술되어 있다.

이 글귀 때문인지 일본책을 있는 그대로 번역하지 않고 우리나라 전래놀이 책을 제작한 것처럼 우리나라 식으로 바꾸어 편집하였다. 그러니 일본책을 번역한 우리나라 놀이 책이 된 것이다.

1991년부터 1999년까지 10회를 인쇄하였으니 꽤나 많은 양이 팔려나갔다.

이 책을 보면서 우려가 되는 것은 이것 때문에 우리 교과서가 일본놀이로 범벅이 되었고 일본놀이가 우리 전통놀이로 둔갑하는데 이 책이 한 몫 하였을 것이라는 생각이 들었다.

더군다나 우리나라 유명한 놀이학자들이 이 책을 이용하여 글을 쓴 것이 나타나니 이 책은 우리 고유의 놀이를 전파하는데 큰 장애가 되었다.

「아시아의 놀이 1」 이 책은 일본 오사카에 있는 상업대학에서 펴낸 책이다. 아시아 즉 중국, 한국, 일본, 대만의 주요 놀이를 수로하였는데 우리나라는 윷놀이, 비석치기, 제기차기가 수록되어 있다. 이책의 겉표지에는 우리나라 제기차기를 수록하였고 속표지에는 윷놀이를 넣었다. 그런데 본문에는 우리나라 대표놀이라며 비석치기를 수록하여 놓았다.

▲ 아시아의 놀이

「일본의 놀이 교과서」

이 책은 일본에서 2013년 학교 보육이나 소학교 선생님을 위한 교과서이다. 표지에는 '아이들에게 전하고 싶다. 아이들의 삶의 지혜와 풍부한 마음을 기리는 일본의 전승놀이', 자세한 규칙이나 놀이 법, 만드는 방법을 그림과 글로 알기 쉽게 자세히 설명해 놓았고 59종류의 놀이를 수록하였다.

이 책에는 놀이와 관련된 잔지식과 놀이의 역사가 수록되어 있다는 것이다.

일본책에서는 이 놀이가 어느 시대 놀이가 만들어진 유래를 수록하여 놓아 일본 놀이라는 것을 강조하였다. 대부분 전쟁과 관련된 내용이 많고 유래가 부끄러운 것은 넣지 않은 것도 많다. 그림만 보아도 어느 놀이인지 알 수 있고 일본 말만 아니면 우리 교과서로 착각을 불러일으킬 정도이다.

▲ 일본 놀이 교과서

마지막으로 우리나라에서 출판된 놀이 책 두 권을 소개한다.

첫 번째는 1997년에 출판된「빼앗긴 정서 빼앗긴 문화, 우리 놀이와 노래를 찾아서」는 일본 오사카(大阪)에 있는 재일 한국인 학교에서 음악교사를 지낸 홍양자가 집필한 책자이다.

그녀는 재일동포이며 고국으로 돌아와 대학을 다닐 정도로 우리 문화를 찾고자 열정을 보였다. 일본에서 음악 선생님을 하였기 때문에 일본의 노래와 한국의 노래를 구분할 줄 알고 그의 저서에서도 우리가 부르는 노래 대부분이 일본 전래동요(와라베우타 わらべうた)이거나 일본의 영향을 받은 노래라는 것을 발표하여 놀라게 한 적이 있다.

그녀는 두 번째로 놀이 또한 일본놀이가 대부분이란 의견을 내놓았고 그에 따른 자료도 제시하였다. 그러나 누구하나 깊게 관심을 보이지

앉았기에 자칫 메아리로 머무를 뻔 했다.

우리는 홍양자를 '일본자료를 제공하는 현지인'이라 불렀다. 그녀가 제시한 자료만큼 충실한 것도 없는데, 그녀에게 귀를 기울이지 않았다. 그래서 이번 책자에서는 그녀가 모아 발표한 자료를 최대한 참고자료로 활용했다.

사실 홍양자가 수록한 자료만 해도 충분할지 모른다.

두 번째 자료가 민속학자 김광언이 쓴 「동아시아의 놀이」이다. 이 책은 2004년 민속원에서 출판하였다. 김광언 선생은 일본 도쿄대학 문화인류학 대학원을 졸업하였고 국립민속박물관장을 역임하였으며 한국의 농기계, 옛길, 민속놀이, 풍수지리, 부엌, 디딜방아, 지게연구 등 다량의 논문을 발표하였다.

▲ 빼앗긴 정서 빼앗긴 문화(홍양자)

「동아시아의 놀이」는 우리나라에서 놀고 있는 놀이가 크게 북쪽에서 들어온 놀이, 남쪽에서 들어온 놀이, 서쪽에서 들어온 놀이, 우리 놀이 등으로 구성하였다.

북쪽은 주로 중국에서 온 놀이이고, 남쪽은 일본, 서쪽은 서양에서 온 놀이를 소개하였다. 그러나 그가 제시한 자료는 그곳에서 왔다라는 개념이지 전쟁이나 침략의 영향을 받아서 왔다는 내용은 없다. 우리는 이 책에서 많은 것을 참고 하였고 일본에서 침략기에 들어왔다는 내용을 덧붙였다.

우리 교과서에 일본놀이가 많이 나오는 것은 그 원인이 단순하다. 그것은 나라를 빼앗겼기 때문이다. 그리고 해방이 되고 빨리 제자리를 찾아야 하는데 그렇지 못한 것이 우리의 큰 실수이다.

우리 놀이가 동에서 서에서 남에서 북에서 왔지만 놀이마다 사연이 기구하다.

평화 시기에 자연스럽게 들어온 놀이는 대부분 좋은 놀이요, 전쟁 시 억압으로 들어온 놀이는 나쁜 놀이로 그 유래 또한 좋지 않다.

일제 강점기 시대 우리에게 놀게 한 일본놀이는 어린이들에게 그 유래를 들려주기가 민망스러운 것이 많다.

'우리집에 왜 왔니'는 인신매매놀이, '대문놀이', '땅따먹기', '사방치기', '진놀이'는 전쟁놀이. '딱지치기', '고무줄놀이', '끝말잇기'는 문화말살 놀이라는 것을 이제 설명해야 하니 서글프다.

▲ 동아시아의 놀이(김광언)

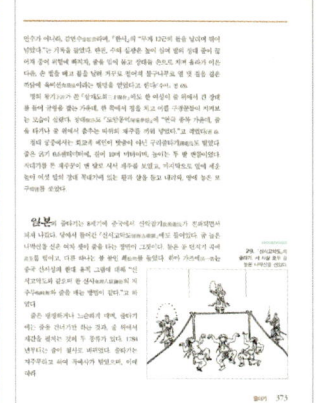

2019년 3·1독립만세 100주년은 우리 놀이 독립의 해로 삼아야 한다.

이제 일본 놀이는 일본 놀이, 우리 놀이는 우리 놀이로 구분해야 하고 또 그 유래를 이야기 해주어야 한다. 이는 우리 어린이들이 더 이상 거짓된 정보로 쉬쉬 할 것이 아니라 떳떳하고 미래를 당당하게 나갈 수 있는 길을 만들어 주어야 한다. 그 동안 일본놀이만 놀아왔던 우리가 이것이 모두 일본 놀이라면 이제부터 무슨 놀이를 하며 놀아야 되는지 질문을 던질 것이다. 거기에는 이렇게 대답하겠다.

첫째 우리에겐 우리 놀이가 있는데 그것을 놀지 않고 일본놀이만 놀았기에 우리 놀이의 정체성을 몰랐기에 염려하는 것이다. 이제부터라도 사라진 일본이 금지했던 진짜 우리 놀이를 찾아내서 우리 실정에 맞게 놀면 우리의 놀이가 풍성해질 것이다. 또 하나, 일본놀이라고해서 놀지 말라는 것은 절대 아니다. 한마디로 놀이의 유래와 역사를 바로 인지하고 놀아 달라는 것이다. 좋은 놀이 나쁜 놀이는 놀이와 유래를 들어보면 금방 알 수 있다. 그것은 노는자가 판단하여 놀면 정리될 것이다.

우리가 2019년 4월 교육부에 민원을 제기하며 요구했던 사항이다.

우리의 요구사항

1. 초등학교 어린이에게 일제 강점기 때 일본이 민족말살정책으로 우리 문화를 말살하기 위하여 우리말과 글 그리고 우리 놀이를 금지시키고 일본말과 글 일본 놀이만 하게 한 역사적 사실을 정확히 알려 주어야 한다.

2. 우리 전통놀이와 일본 놀이를 구분 짓고 그에 대한 뿌리를 알려 주어야 한다.

3. 일본 놀이 중 나쁜 놀이인 인신매매 놀이, 전쟁놀이는 아이들에게 좋지 않은 영향을 준다는 것을 학습을 통하여 알려 주어야 한다.

4. 교과서 속의 일본 놀이는 일본 놀이라고 반드시 표기를 해야 한다. 일본 놀이가 우리의 전통놀이가 되어서는 안 된다.

5. 일제가 금지했던 진짜 우리 놀이를 교과서에 수록한다.

▲ 미야모토 준조 기념관(놀이 박물관) 히구치 스카코 관장과 함께

▲ 오사카 상업대학 나가츠 마사오 교수 외
나라 현립 료바라 고고학 연구소 지도연구원 시미즈 야스지, 임영수, 전영숙

처음 신문에 보도된 내용

국민일보 　　　　　　　　　　　　　　　　　　　　　　　2019년 5월 19일

시사 > 전체기사

[단독] 위안부 관련성 제기 '우리 집에 왜 왔니' 유래 밝힌다

| 교육부, 교과서 속 전통놀이 조사 착수

입력 : 2019-05-19 18:36　/　수정 : 2019-05-20 18:15

*굵은 글씨는 일본군 위안부 범죄와 관련해 유래됐다는 주장이 제기된 놀이 〈자료: 임영수 연기향토박물관장〉

"우리 집에 왜 왔니 왜 왔니, 꽃 찾으러 왔단다 왔단다…."

2열로 마주보고 서서 전진 후진을 반복하는 아이들의 놀이가 가슴 아픈 역사인 일제 강점기 위안부 강제동원 사건에서 유래됐다는 주장이 제기됐다. '꽃 찾으러 왔단다'라는 노랫말에서 꽃이 소녀를 상징하며 소녀들을 위안부로 데려가려는 모습을 묘사하고 있다는 것이다.

교육부는 최근 이 주장에 관한 전문가 자문을 구한 뒤 이 노래가 초등학교 교과서에 실려도 적절한지 연구, 조사에 착수했다. 교육부 관계자는 19일 "지난달 접수된 민원에 따르면 '우리 집에 왜 왔니' 놀이를 비롯해 대문놀이, 꼬리잡기 등이 위안부 강제동원과 관계 있고, 비석치기나 사방치기(돌차기), 쎄쎄쎄 등 놀이가 일본 전통문화에서 비롯됐거나 일제 강점기에 강제로 유입된 놀이라는 문제가 제기됐다"며 "살펴본 결과 사실관계를 파악해볼 필요가 있다고 판단했다"고 밝혔다. 교육부는 지난달 29일 전문가 협의회를 개최했는데, 이 자리에서 놀이문화 전문가들은 "심도 있는 연구가 추가로 필요하다"고 의견을 모았다고 한다.

교육부는 문화체육관광부에서 전통놀이문화 전문가를 추천받아 의견을 구하는 작업을 진행 중이다. 현재까지는 전문가마다 견해가 다르다. 한 명은 '일본의 놀이가 맞다'는 의견을, 다른 한 명은 '일본의 놀이라고 보기 어렵다'는 의견을 냈다. 교육부는 당분간 계속해서 학계 의견을 청취·조사할 예정이다. 놀이의 유래에 대한 심층 조사는 문체부가 도맡는 방안도 검토 중이다.

민원을 제기한 임영수 연기향토박물관장은 "일제 강점기 유곽의 포주가 문을 두드리자 어머니가 '우리 집에 왜 왔니'라고 묻는 장면이 담겼다"며 "'꽃 찾으러 왔단다'라는 구절에서 꽃은 소녀를 상징한다"고 주장했다. 계속해서 이어지는 가사 '무슨 꽃을 찾으러 왔느냐. 아무개(이름) 꽃을 찾으러 왔단다'는 소녀를 데려가는 과정을 묘사했다는 것이다. 임 관장은 "일본에서도 '하나이치몬메', 즉 '1문(화폐 단위)에 산 여자'라는 뜻으로 불리며 인신매매를 묘사한다고 해서 지금은 하지 않는 놀이"라고 말했다.

반면 놀이연구가 이상호 박사는 "문화는 상호 교류와 독창적 재창조를 반복하므로 유래를 정확히 알기 어렵다"며 "우리 집에 왜 왔니 놀이와 유사하게 편을 갈라 전진과 후퇴를 반복하는 우리 전통놀이 '절구세 놀이'도 있었다"고 말했다. 정형호 중앙대 인문과학연구소 연구교수는 "서구나 중국에서 일본으로 유입된 뒤 우리나라에 들어왔을 수도 있으므로 신중히 검토해야 한다"고 말했다.

전문가들은 그러나 정부의 공식적인 조사·연구가 필요하다는 데에는 인식을 같이했다. 장장식 한국민속박물관 학예연구관은 "일본 놀이문화와 우리 전통놀이를 구분하는 정부 차원의 검증 작업과 그에 따른 적절한 조치가 필요하다"고 조언했다. 이 박사도 "20년 전에도 비슷한 문제 제기가 있었지만 제대로 결론이 나지 않았다"며 "연구용역을 맡겨 공신력 있는 결과를 내놔야 한다"고 강조했다.

최예슬 전병준 기자 smarty@kmib.co.kr

2020년 5월 21일

임영수 연기향토박물관장 "우리 집에 왜 왔니, 일본 놀이 맞다"

송고시간 | 2020-05-21 15:57

교육부 정책연구 결론 '전통놀이'에 반박 기자회견

'우리 집에 왜 왔니'는 일본놀이라는 임영수 관장
(세종=연합뉴스) 조성민 기자 = 임영수 연기향토박물관장이 21일 세종교육청에서 최근 교육부 용역 결과로 발표한 '우리 집에 왜 왔니'가 전래놀이라는 점에 반박하는 기자회견을 하고 있다. 2020.5.21
min365@yna.co.kr

임영수 연기향토박물관장은 21일 세종시교육청 대회의실에서 기자회견을 열어 "최근 교육부가 한국민속학회에 용역을 줘 수행한 '초등교과서 전래놀이의 교육적 적절성 분석 정책연구'에서 '우리 집에 왜 왔니'가 우리 전통놀이라고 밝힌 것은 잘못"이라고 주장했다.

임 관장은 용역에서 '우리 집에 왜 왔니'가 우리 전통놀이며, 세계적인 보편적 놀이라고 했으나 일본의 놀이노래 '하나이치몬메'(花一もんめ)에서 유래한 것이 맞다고 밝혔다.

그 이유로 둘 다 여자 어린이를 대상으로 하고 꽃으로 비유해 사고파는 행위를 하는 점과 놀이를 문답 형태로 주고받으며, 가위바위보를 해서 한명을 데려가는 점 등을 들었다.

그러면서 이 놀이가 우리나라 영덕군과 영일만 일대에서 전래한 민속 '월월이 청청' 중 '절구세' 놀이에서 유래했다고 밝힌 것과 관련, 놀이 대상과 시간대, 방식, 놀이말 등 여러 면에서 다르다고 반박했다.

임영수 관장 "우리 집에 왜 왔니는 일본놀이"
(세종=연합뉴스) 조성민 기자 = 임영수 연기향토박물관장이 21일 세종교육청에서 최근 교육부 용역 결과로 발표한 '우리 집에 왜 왔니'가 전래놀이라는 점에 반박하는 설명을 하고 있다. 2020.5.21

임 관장은 일본의 놀이학자들이 한국민속학회에서 자료를 요청해 관련 자료를 제공했다고 했으나 민속학회는 그것을 모두 묵살하고 일본 교수를 만나지 못했다거나 자료가 없다는 허술하기 짝이 없는 보고서를 냈다고 밝혔다.

그러면서 '우리 집에 왜 왔니'가 일본 놀이라고 증언한 일본 놀이학자들의 영상과 음성녹음, 책자 등을 그 증거로 공개했다.

그는 용역에 참여한 한 놀이학자의 주관적인 의견이 보고서 집필 과정에 대부분 반영됐기 때문이라고 주장했다.

임 관장은 "허술하게 보고서를 낸 것은 그대로 둘 일이 아니고 교육부에서도 부끄러운 놀이를 한시바삐 교과서에서 삭제해야 한다"며 "그동안 수집한 자료를 정리해 초등학교 선생님들이 보고 참고할 수 있도록 책으로 간행할 계획"이라고 말했다.

교육부는 지난해 교과서에 수록된 전통놀이 일부가 일본에서 유래했다는 주장이 제기되자 용역을 의뢰해 최근 그 결과를 공개했다.

'우리 집에 왜 왔니'는 일본 놀이 '하나이치몬메'와 비슷한 점이 있으나 노래 선율이나 가사 내용이 전혀 달라 일본에서 유래한 것은 아니라는 결론을 내렸다.

min365@yna.co.kr

제보는 카카오톡 okjebo
<저작권자(c) 연합뉴스, 무단 전재-재배포 금지> 2020/05/21 15:57 송고

2022년 4월 28일

초등교과서에 일본 전래놀이 빠졌다

김중규 기자 | 승인 2022.03.02 15:56 | 댓글 0

> 연기향토박물관, 교육부 회신 통해 국정교과서에 일부 놀이 수정, 보완 확인
> 임영수 관장, "아직도 많은 일본놀이가 전래놀이로 둔갑, 지속적으로 연구할 터"

연기향토박물관이 주장해온 초등교과서에 실린 전래 놀이가 일본 놀이라는 사실을 확인한 교육부에서 국정 교과서 수정, 보완 사실을 통보했다. 사진은 지난 2019년 5월 기자회견을 하는 임영수 관장

초등학교 교과서에 실린 일본에서 유래된 놀이가 수정, 보완됐다.

또, '여우야 여우야 뭐하니' 등 일본에서 들어왔다는 놀이도 연차적으로 초등학교 교과서에서 없어질 것으로 보인다.

이같은 사실은 그동안 전통 놀이의 일본 전래설을 주장해온 연기향토박물관과 광주 놀자학교 다놂 측에서 밝힌 것으로 일본전래놀이의 수정, 또는 보완은 교육부의 민원회신으로 최종 확인됐다.

교육부는 지난 달 28일 자 공문을 통해 "초등학교 교과서에 수록된 전래놀이에 대한 교육적 적절성 분석 정책 및 유사연구결과 등을 국정도서 편찬기관에 안내하여 2022학년도 초등학교 국어 및 과학 교과용 도서에 수록된 전래놀이가 수정, 보완됐다"고 답변했다.

이와 함께 검정교과서는 발행사에서 관련 내용을 검토하여 수정, 보완에 대해 판단할 수 있도록 안내했다고 전했다.

이는 교육부가 주도해서 발행하는 국정교과서는 놀이문화에 대한 오류를 바로 잡았고 민간 출판사 발행 검정 교과서에는 잘못된 사실을 통보해 추후 참고하도록 했다는 것이다.

연기향토박물관 측은 문제가 됐던 '우리 집에 왜 왔니'는 아예 국어교과서에서 빠졌고 '무궁화 꽃이 피었습니다'는 올해에는 3개 교과서에서 삭제됐다고 밝혔다.

나머지 일본 놀이라고 주장한 '여우야 여우야 뭐하니', '쎄쎄쎄' 등 4개는 연차적으로 수정, 보완해나갈 예정이라는 입장을 교육부로부터 전달받았다.

연기향토박물관과 광주 놀자학교 다놂은 지난 2019년 4월 우리나라 초등학교 교과서에 수록된 전래놀이의 상당부분이 일본에서 유래된 것으로 성장하는 아이들에게 일본식 놀이문화를 가르쳐서는 안 된다는 주장을 지속적으로 해왔다.

특히, 일부 놀이는 일제 강점기 당시 민족 정기를 말살하고 일본 정신을 은연중에 심기 위한 정책의 일환으로 보급됐다는 사실을 확인, 학계에 보고와 함께 교육 당국에 수정 및 보안을 요구해왔었다.

이런 가운데 연기향토박물관은 '우리 집에 왜 왔니'가 일본 놀이 '하나이치 몬메'에서 유래된 여자 정신대로 끌고가기 위한 놀이라는 사실을 밝혀 충격을 주기도 했다.

이를 두고 학계에서는 엇갈린 반응을 보였으나 문제가 된 27개 놀이 가운데 학계에서 이견이 없었거나 민족 정기 말살 의도 놀이 6개에 대해 교육부에서 이번에 수정, 또는 보완 조치를 내린 것이다.

임영수 연기향토박물관장은 "아직도 많은 놀이들이 일본에서 유래된 것조차 모른 체 초등학교 교과서에 실려 있다" 며 "앞으로도 지속적으로 연구하고 학계 발표를 통해 잘못된 전통놀이 문화를 바로 잡겠다"고 말했다.

저작권자 © 세종의소리 무단전재 및 재배포 금지

공동연구

전영숙 · 010-9626-2277
- 광주교육대학교 교육대학원 다문화교육학 석사졸업
- 전남대학교 일반대학원 디아스포라협동학 박사수료
- 전통놀이다문화교육연구소다놂/신바람광주놀자학교 대표
- 전라남도교육청 어린이 놀 권리 보장위원회 위원
- MBC, EBS, tvN, KBC 전통놀이 자문.연출 및 출연
- 송원대학교 휴먼산업대학원 글로벌한국학과 외래교수
- 한국영상대학교 유아교육학과 전통놀이와 음악 강사
- 원광디지털대학교 웰니스문화관광학과 놀이와 여가 강사

자문위원

서대기 · 010-6599-1921
- 마산초, 화성청계초 교장
- The-K 놀이 연구소장
- 대한민속놀이연구회장

김진환 · 010-3039-6820
- 안성마춤 전래민속놀이 문화연구회 대표

양쌍순 · 010-2437-5671
- 전통놀이 전문강사, 연기향토박물관 자문위원
- 세종시 조치원읍

정복미 · 010-5897-1018
- 대구시 달서구 죽전1길 82
- 전통놀이전문강사
- 연기향토박물관 자문위원

| 일본어자문

홍 은 희
- 010-5797-90911
- 경기도 수원시 권선구 곡반정동
- 효성여자대학교 일어일문학과 졸업
- 1995년부터 2010년까지 대구 달성군에 있는 TCC외국어학원(일본어) 경영 및 일본어 강사
- 기업체 파견 일본인들 대상으로 한 한국어 강사

초등학교 교과서 속 일본놀이 검수위원

강희숙
- 010-9272-8582
- 화성시 동탄대로 706, 동탄아이티밸리 2, (709호)
- 동탄 전통문화연구소(요리놀고) 대표
- 검수내용 : 딱지, 사방치기(돌차기), 땅따먹기

길미나
- 천안시 서북구
- (사) 원유 전통예절문화 협회 충남지부장
- 검수내용 : 꼬리잡기, 오뚝이, 시소

김규승
- 010-8254-1909
- 서울시 강동구 천중로
- (사) 세계전통문화놀이 협회 서울지부장
- 검수내용 : 무궁화 꽃이 피었습니다, 오징어연은 일본연, 딱지

김소영
- 010-8443-7756
- 전북 전주시 완산구 학봉 1길 5-2
- (사) 전통문화콘텐츠 연구소 연 대표이사
- 검수내용 : 여우야 여우야 뭐하니, 오징어연은 일본연, 꼬리잡기

김정숙
- 010-5366-5028
- 세종특별자치시 보듬2로 42
- 유치원 교사
- 검수내용 : 우리집에 왜 왔니, 말타기, 가을 운동회 청군백군

권수인 · 010-6283-5723
· 천안시
· 전래놀이 전문 강사
· 검수내용 : 무궁화 꽃이 피었습니다, 쎄쎄쎄, 여우야 여우야 뭐하니

박미순 · 010-2721-1055
· 경기도 안성시 장기로86번길 36
· 전래놀이 전문 강사
· 검수내용 ; 비석치기, 오뚝이, 끝말잇기

박진희 · 010-3627-7518
· 광주광역시 북구 설죽로 595
· 신바람 광주 놀자 학교 교육 이사
· 검수내용 : 비석치기, 수건돌리기, 진놀이

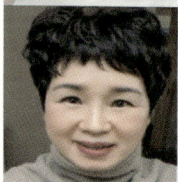

박하영 · 010-8225-2770
· 경기도 오산시
· 전통놀이 강사
· 검수내용 : 무궁화 꽃이 피었습니다, 쎄쎄쎄, 여우야 여우야 뭐하니

배정화 · 010-5239-7588
· 세종특별자치시 달빛로 77
· 우리 전통놀이 전문 강사
· 검수내용 : 비석치기, 수건돌리기, 끝말잇기

서연아 · 010-5303-7705
· 경기도 화성시 동탄대로9길 20
· 전통놀이강사
· 검수내용 : 고무줄놀이, 비석치기, 수건돌리기

성의순 · 010-3213-9186
· 서울시 동작구 상도로 26가길 8
· (재) 우계 문화 재단 교육 이사, (현) 성균관 부관장
· 검수내용 : 줄넘기, 대문놀이, 기차놀이

양 한 석
- 010-2867-3425
- 세종특별자치시 마음로 151
- 전통놀이강사
- 검수내용 : 시소, 끝말잇기, 진놀이

오 주 은
- 010-8386-5579
- 경기도 군포시 산본로 386번길 21
- 매화 노리 대표
- 검수내용 : 가위바위보, 고무줄놀이, 딱지

육 준 이
- 010-9012-1727
- 광주광역시 광산구 수등로287
- 전통놀이 다문화교육 연구소 다 놂 소장
- 검수내용 : 가위바위보, 고무줄놀이, 우리집에 왜 왔니

윤 경 용
- 010-3249-2938
- 충남 공주시 사곡면 내송회동길 13-36
- 한국 전통놀이연구보급회 대표
- 검수내용 : 무궁화 꽃이 피었습니다, 쎄쎄쎄, 여우야 여우야 뭐하니

이 명 로
- 010-4764-3343
- 전북 정읍시 수성3로 26
- 샘 놀이터 대표
- 검수내용 : 오징어언은 일본연, 딱지, 구슬치기

이 재 철
- 010-3885-1232
- 부산광역시 사하구 하단동 하신번영로 233
- 퇴계학 연구원 이사, 성균관전인, 밀양농어촌인성학교 인성강사
- 검수내용 : 구슬치기, 땅따먹기, 오뚝이

하 화 용
- 010-8784-4669
- 인천시 미추홀구 주안서로3 스위트리아
- (사) 숲엔 놀자 대표
- 검수내용 : 가위바위보, 고무줄놀이, 딱지

편집을 마치며

어린이들은 학교에서 배우는 놀이를 스폰지처럼 그대로 흡수하여 습득한다.

그리고 어릴 때 놀았던 놀이는 훗날 저마다 가슴속에 추억의 놀이로 남게 된다.

문제는 추억의 놀이를 우리 전통 놀이로 인식하고 있다는 것이다.

『초등학교 교과서 속 일본놀이』 책자를 편집하며, 세월이 흘러 세상이 변했음에도 우리는 기존의 놀이 문화를 아무 비판 없이 다음 세대에 전승했고, 선생님께 배운 놀이를 아이들은 우리 전래 놀이라고 학습함으로써 계속해서 세대 간에 잘못 전승되고 있었음을 성찰할 수 있었다.

어릴 때부터 좋은 습관을 길러주는 게 부모의 역할이라면, 올바른 놀이 문화를 지도하는 게 선생님들의 역할일 것이다.

지금이라도 일제 강점기에 일본에서 전래 된 일본 놀이와 우리 놀이를 구별할 줄 아는 어린이로 교육하여, 올바른 역사교육과 놀이 문화가 정착되는데 이 책이 보탬이 되기를 간절히 바란다.

편집자 박 하 영

초등학교 교과서 속 일본놀이

발 행 일	2022년 6월 10일
발 행 인	임영수(연기향토박물관장)
발 행 처	도서출판 어처구니(연기향토박물관)
	세종시 연서면 양대길 34-4
	등록번호 제2022-000014호
	등록일자 2022년 3월 18일
	전화 044-862-7449, 010-3428-7449
	이메일 yghmuseum@hanmail.net
편집위원	박하영
인 쇄 처	도서출판 성원인쇄기획 (대표 장영석)
	전화 044-864-3386, 010-5461-4587